Biologisch gärtnern

DORLING KINDERSLEY
London, New York, Melbourne, München und Delhi

Für Dorling Kindersley

Cheflektorat Anna Kruger
Chefbildlektorat Alison Donovan
Projektmanagement Jonathan Ward
Herstellung Wendy Penn
Redaktionelle Beratung Pauline Pears

Für Dorling Kindersley produziert von cobaltid
The Stables, Wood Farm, Deopham Road,
Attleborough, Norfolk NR17 1AJ, UK
www.cobaltid.co.uk

Bildbetreuung Paul Reid, Alison Gardner
Redaktion Louise Abbott

Für die deutsche Ausgabe:
Programmleitung Monika Schlitzer
Projektbetreuung Regina Franke
Herstellungsleitung Dorothee Whittaker
Herstellung und Covergestaltung Mareike Hutsky

Coverfoto vorn: Derek St Romaine/The Garden Collection

Bibliografische Information Der Deutschen Bibliothek
Die Deutsche Bibliothek verzeichnet diese Publikation in
der Deutschen Nationalbibliografie;
detaillierte bibliografische Daten sind im Internet über
http://dnb.ddb.de abrufbar.

Titel der englischen Originalausgabe:
Grow Organic

© Dorling Kindersley Limited, London, 2008
Ein Unternehmen der Penguin-Gruppe
© Text HDRA/Garden Organic

© der deutschsprachigen Ausgabe by
Dorling Kindersley Verlag GmbH, München, 2009
Alle deutschsprachigen Rechte vorbehalten

Übersetzung Wiebke Krabbe
Redaktion Sabine Drobik

ISBN: 978-3-8310-1354-8

Printed and bound in Germany by Mohn

Besuchen Sie uns im Internet
www.dk.com

Hinweis
Die Informationen und Ratschläge in diesem Buch
sind von den Autoren und vom Verlag sorgfältig erwogen und geprüft,
dennoch kann eine Garantie nicht übernommen werden.
Eine Haftung der Autoren bzw. des Verlags und seiner Beauftragten für
Personen-, Sach- und Vermögensschäden ist ausgeschlossen.

INHALT

1   **10 Einleitung**
12 Biologisch gärtnern – eine Einführung
18 Bio-Gartenbau – was steckt dahinter?
22 Kurswechsel

2   **24 Der Boden**
26 Den Boden kennenlernen
32 Biologische Bodenpflege
34 Organische Bodenverbesserung
36 Kompostierung im Garten
44 Laubkompost
46 Wurmkompost
50 Gründünger
52 Tierische Düngemittel
54 Organische Düngemittel

3   **56 Wasser und Bewässerung**
58 Wasser sparen
62 Wasser richtig einsetzen
66 Welches Wasser?

4   **68 Unkraut**
70 Die üblichen Verdächtigen
72 Mulch gegen Unkraut
76 Unkrautbekämpfung

5   **82 Pflanzengesundheit**
84 Natürliches Gleichgewicht
86 Wachstumsprobleme

88 Pflanzenkrankheiten
90 Pflanzenschädlinge
92 Gesundheitsvorsorge
96 Verbündete des Gärtners
100 Biologische Schädlingsbekämpfung

6   **104 Tiere im Garten**
106 Sicherer Unterschlupf
108 Geschützte Plätze
114 Nahrung für alle
118 Willkommen am Wasser
124 Wildblumen und Wiesen

7   **126 Gartenplanung**
128 Planen mit Verstand
130 Landschaftsgestaltung und Materialien
132 Holz
134 Bodenbeläge
138 Mauern, Zäune, Sichtschutz
142 Hecken
146 Rasen und Rasenpflege

8   **152 Gehölze**
154 Warum Bäume wichtig sind
158 Kappen und entwipfeln
162 Sträucher
166 Kletterpflanzen
168 Rosen
170 Gehölze pflegen

9

174 Krautige Pflanzen
176 Krautige Pflanzen kennenlernen
178 Gestaltungsstile
184 Der Kübelgarten
190 Krautige Pflanzen pflegen
196 Pflanzennachwuchs

10

204 Gemüse
206 Warum Gemüse biologisch anbauen?
210 Welcher Standort für Gemüse?
212 Gemüsebeete
216 Gemüseanbau ohne Umgraben
218 Essbare Landschaften
222 Gemüse im Kübel
224 Gemüse im Gewächshaus
228 Anbauplanung
230 Fruchtfolge
234 Die Kohl-Familie
238 Die Zwiebel-Familie
240 Die Kürbis-Familie
242 Die Erbsen- und Bohnen-Familie
244 Die Mangold-Familie
246 Die Salat-Familie
248 Die Kartoffel-Familie
252 Die Mohrrüben-Familie
254 Gemüse aussäen
260 Gemüse pflanzen
264 Gemüsepflanzen pflegen
268 Ernte und Lagerung

11

272 Kräuter
274 Warum Kräuter pflanzen?
276 Wo gedeihen Kräuter?
282 Kräuter richtig pflegen
284 Kräuter ernten und trocknen

12

286 Obst
288 Warum Obst anbauen?
294 Äpfel
300 Birnen
302 Pflaumen, Reineclauden und Zwetschgen
304 Kirschen
306 Pfirsiche und Nektarinen
308 Erdbeeren
310 Himbeeren
213 Brombeeren und Hybriden
314 Schwarze Johannisbeeren
316 Rote und Weiße Johannisbeeren
318 Stachelbeeren
319 Heidelbeeren

320 A–Z der Pflanzenprobleme
342 Register
352 Dank

Vorwort

Es ist noch gar nicht lange her, dass Biogärtner belächelt und als Ökospinner abgestempelt wurden. In den letzten Jahren hat sich das Gesundheits- und Ernährungsbewusstsein der Verbraucher aber erheblich verändert und immer mehr Menschen sehen auch den größeren Zusammenhang zwischen Lebensmittelproduktion, Gesundheit, Umweltbelastungen und Klimawandel.

Wer Wert auf eine gesunde Ernährung legt, kommt heute an Lebensmitteln aus biologischer Produktion nicht mehr vorbei. Und wer einen eigenen Garten – oder auch nur einen Balkon – hat, wird über kurz oder lang ein, zwei Töpfchen mit frischen Kräutern aufstellen. Von dort ist es bis zur ersten Erdbeer- oder Salatpflanze nicht mehr weit.

Biologisch zu gärtnern ist keine exakte Wissenschaft, sondern eher das Wiederfinden einer Bodenständigkeit (im eigentlichen Sinne des Wortes). Früher wandelte sich der Speisezettel im Lauf des Jahres, je nachdem, was im Garten gerade reifte. Im Frühling gab es frische Erdbeeren und Spargel, im Winter Deftiges mit Kraut und Rüben. Heute können wir nahezu alle Obst- und Gemüsesorten zu jeder Jahreszeit kaufen. Das mag seinen Reiz besitzen, hat aber auch in mehrfacher Hinsicht seinen Preis. Erdbeeren, die zu Weihnachten auf den Tisch kommen, haben einen weiten Weg zurückgelegt, der mit beträchtlichen Transportkosten und Umweltbelastungen verbunden ist. Das wirkt sich auf den Verkaufspreis aus. Und damit sie den Transport überhaupt überstehen, wurden sie unreif geerntet, was zu Lasten des Geschmacks geht.

Biologisch zu gärtnern ist auch keine Religion, die verlangt, dass der Supermarkt ab sofort tabu ist. Wer Obst und Gemüse selbst anpflanzt, gewinnt einfach mehr Einfluss darauf, was auf den Teller bekommt. Das bezieht sich einerseits auf die Qualität, andererseits aber auch auf die Auswahl, denn das Angebot an interessanten Saaten ist erheblich größer als das, was der Lebensmittelhandel zu bieten hat.

Biologisch zu gärtnern macht Spaß. Das Anlegen und Gestalten eines Gartens ist eine kreative Beschäftigung, und ein bisschen Bewegung an der frischen Luft gibt es umsonst dazu. Das Ernten ist ungemein befriedigend – und die Verwertung der Erträge bietet kreativen Köchen noch einmal viel Spielraum.

Biologisch zu gärtnern hat nicht nur mit Obst und Gemüse zu tun. Damit ein Garten ein »gesundes Ganzes« wird, gehören auch Blumen, Bäume und Sträucher dazu, in denen sich Vögel, Schmetterlinge und andere Nützlinge einfinden.

Haben all diese Gründe Sie neugierig gemacht – aber Sie wissen nicht so recht, wie Sie Ihren Garten nun auf »Bio« umstellen können? Dann lesen Sie einfach weiter! Viel Vergnügen.

1. Einleitung

Einfach ausgedrückt ist biologischer Gartenbau eine umwelt- und menschenfreundliche Art des Gärtnerns. Die Herangehensweise eignet sich für Gartenneulinge und versierte Gärtner, für Gärten aller Formen, Stile und Größen, in der Stadt ebenso wie auf dem Land. Wer biologisch gärtnert, kann seinen Garten ganz nach eigenem Geschmack gestalten und dabei das gute Gefühl haben, »seinen Teil« zum Schutz der Umwelt beizutragen.

Der biologische Weg hilft, ein Gefühl für das Kultivieren von Pflanzen zu entwickeln. Er vermittelt uns wieder Respekt für das Land, auf dem wir leben, und für alles, was es uns schenkt.

EINLEITUNG 13

Biologisch gärtnern – eine Einführung

Mit biologischen Methoden lässt sich jeder Gartenstil verwirklichen und die biologische Vorgehensweise bietet jedem Gärtner die Gelegenheit, die Natur vor der eigenen Haustür gesund zu erhalten.

Von Nahrung und Blumen

Die Biogarten-Bewegung entstand um die Mitte des 20. Jahrhunderts. Schon damals begannen einige Leute, die Entwicklungen der Landwirtschaft, der Lebensmittelproduktion sowie des gewerblichen – und in seinem Kielwasser des privaten – Gartenbaus infrage zu stellen. Ihnen ging es hauptsächlich um die Produktion gesunder Nahrungsmittel, deshalb konnte sich der Bioanbau auf diesem Sektor besonders schnell durchsetzen. Aber biologische Methoden eignen sich nicht nur für Gemüsebeet und Obstgarten, sondern auch für den Ziergarten, den Rasen, das Gehölzbeet oder den Blumenkasten.

Bio hat Zukunft

In den letzten zehn Jahren ist das Interesse an einer biologischen Lebensweise insgesamt gestiegen. Die frühen Visionäre, die noch vor gar nicht langer Zeit als »Öko-Spinner« galten, sind erwachsen geworden und haben sich durchgesetzt. Bioläden haben guten Zulauf und immer mehr Supermärkte erweitern ihr Bio-Sortiment. Regierungen fördern den biologischen Landbau und Forschungsprojekte, und immer mehr Privatleute möchten ihren Garten biologisch bestellen. Dazu tragen Lebensmittelskandale und begründete Ängste über die Gesundheitsschädlichkeit von Pestiziden bei. In einer Zeit, in der auch der Klimawandel deutlich spürbar wird und die Problematik von Kohlenstoff-Emissionen in aller Munde ist, bietet der biologische Gartenbau eine praktische Möglichkeit, selbst etwas zur Gesunderhaltung von Mensch und Umwelt beizutragen.

(Links) **Gesund und lecker** Mit dem Ziel, den Anbau gesunder Lebensmittel zu fördern, gründete Lawrence D. Hills in England die gemeinnützige Organisation »Garden Organic«, die Informationen für jedermann liefert und auch Seminare anbietet. Ein nachahmenswertes Konzept!

(Rechts) **Neue Wege** Biologischer Gartenbau bietet auch Lösungsansätze für Umweltfragen. Beispielsweise kann eine Wassereinsparung erreicht werden, indem man geeignete Zierpflanzen auswählt und indem man Mulch ausbringt, der die Verdunstung von Bodenfeuchtigkeit reduziert.

Bio – was haben Sie davon?

Biologischer Gartenbau hat einen entscheidenden Vorteil: Er ist gesund – für Sie, für Ihre Familie und für die Tier- und Pflanzenwelt.

Gesunde Ernährung

Niemand kann garantieren, dass biologisch angebautes Obst und Gemüse ganz frei von Pestiziden ist – dafür ist unsere Natur schon zu stark verschmutzt. Aber für seinen Anbau werden keine der chemischen Produkte verwendet, die im konventionellen Gartenbau üblich sind. Todesfälle durch Pestizide kommen in Europa kaum vor, es ist aber wahrscheinlich, dass auch kleine Mengen, die wir zu uns nehmen, einen kumulativen Effekt haben und letztlich chronische Erkrankungen verursachen können. Besonders gefährdet sind Säuglinge und kleine Kinder wegen ihres geringen Körpergewichts.

Wer biologisch gärtnert, hat immerhin Gewissheit, dass sein Obst und Gemüse so gesund – und frisch – ist, wie es heutzutage möglich ist. Und es ist erwiesen, dass biologisch angebaute Produkte mehr Vitamin C und andere lebenswichtige Stoffe enthalten als Obst und Gemüse aus konventionellem Anbau.

Pestizide sind nicht nur auf dem Teller ein Problem. Manche Schnittblumen werden aus Ländern importiert, in denen Pestizide erlaubt sind, die in Deutschland nicht verwendet werden dürfen. Schon darum ist es sinnvoll, auch Blumen selbst zu kultivieren.

Gesunder Garten

Wer biologisch gärtnert, kann komplett auf Pestizide verzichten. So können Sie, Ihre Kinder, Ihre Haustiere und heimische Wildtiere den Garten ohne Gesundheitsrisiko genießen.

EINLEITUNG 15

Gesunde Tierwelt

Durch Umweltschäden hat die heimische Tierwelt in Bezug auf die Individuenzahlen und den Artenreichtum gelitten. Es ist erschreckend, dass früher verbreitete Vögel wie Sperlinge, Singdrosseln und Lerchen inzwischen selten geworden sind. Viele andere weniger bekannte Arten sind heute sogar ernsthaft bedroht.

Es liegt nahe, dass Tiere sich in biologischen Landwirtschaftsbetrieben und Gärten wohlfühlen. Wenn mehr Bauern und Gärtner auf chemische »Kampfstoffe« verzichten würden, ließe sich die Verringerung der Wildtierbestände noch aufhalten. Studien haben nachgewiesen, dass auf biologisch bewirtschafteten Flächen eine höhere Individuenzahl und eine größere Artenvielfalt von Tieren lebt als auf konventionell bestellten Flächen. Und selbst wenn ein Privatgarten im Vergleich zur Landwirtschaft winzig scheinen mag, leistet er doch seinen Beitrag. Ein Biogarten muss nicht groß sein, um viele verschiedene Tiere anzulocken. Und je mehr Vögel, Schmetterlinge und andere Kleintiere sich in einem gesunden Garten einfinden, desto mehr Verbündete haben Sie als Gärtner bei der biologischen Schädlingsbekämpfung.

Gesunde Umwelt

Umweltverschmutzung ist allgegenwärtig. Müllverbrennungsanlagen schaffen uns zwar die stetig wachsenden Abfallberge vom Hals,

(Unten, von links nach rechts) **Ernten macht zufrieden** Ein Biogarten ist eine gesunde Umgebung für die Familie. Wer selbst Obst und Gemüse anbaut, wird das Vergnügen neu entdecken, dass jede Saison ihre spezielle Ernte bietet. Obendrein kann es spannend sein, wenig bekannte oder alte, einheimische Sorten auszuprobieren. Wer seinen Ziergarten biologisch bestellt, kann außerdem attraktive, gesunde Blumen für die Vase schneiden.

aber niemand hat sie gern in der Nachbarschaft. Wichtige Aspekte des biologischen Gartenbaus sind Wiederverwertung und Recycling. Insofern trägt ein Biogarten auch zur Verringerung des Müllaufkommens bei.

In den letzten 50 Jahren sind durch die intensive Landwirtschaft erhebliche Umweltschäden entstanden. Ökologisch bedeutsame Landschaftselemente wie Knicks, Wildhecken, Blumenwiesen, Dorfteiche und Feuchtgebiete verschwanden, wo sie »störten«. Durch Überdüngung wurden Flüsse und Seen verschmutzt – teilweise so stark, dass sich Algen übermäßig ausbreiten konnten und Gewässer »umkippten«. Pestizide gibt es überall – an Land, in Meeren, selbst am Nord- und Südpol sammeln sie sich im Fettgewebe von Seehunden, Pinguinen, Eisbären und anderen Tieren, die oben in der Nahrungskette stehen, an.

Biologischer Land- und Gartenbau kommt ohne chemische Produkte aus, schont also die Umwelt. Außerdem wird Wert auf die Erhaltung der Lebensräume von heimischen Kleintieren gelegt, die eine wichtige Funktion in der Schädlingsbekämpfung übernehmen. Insofern ist es kaum verwunderlich, dass auch durch wissenschaftliche Vergleiche die wesentlich bessere Nachhaltigkeit des biologischen Gartenbaus belegt ist.

Gesundes Portemonnaie

Die versteckten Kosten der konventionellen Landwirtschaft sind beträchtlich. Allein Trinkwasser-Klärverfahren zur Reduzierung der Pestizid-Belastung verschlingen jährlich enorme Summen. Noch teurer ist das Entfernen von Nitraten. Und weil diese Kosten natürlich auf den Endverbraucher abgewälzt werden,

EINLEITUNG 17

befürworten auch Unternehmen der Wasserwirtschaft inzwischen die biologische Landwirtschaft.

Auch im Privatgarten helfen biologische Methoden, Kosten zu sparen. Wer Kompost und Laubmulch selbst macht, braucht keine Dünger und Bodenverbesserer zu kaufen. Und natürlich kostet auch das Obst und Gemüse viel weniger als im Bioladen.

Gesunde Zukunft

»Die Erde gehört uns nicht, wir haben sie nur von unseren Kindern geliehen«, lautet eine indianische Weisheit. Sie ist absolut überzeugend – und vielleicht der beste Grund, auf biologische Methoden umzusteigen.

Weil weltweit immer mehr Nahrungsmittel verbraucht werden, steigt der Verbrauch chemischer Hilfsstoffe immer noch an, gleichzeitig verringert sich die Bandbreite der Arten und Sorten, die auf diese Stoffe ansprechen. Genmanipulation ist das neueste Schlagwort und zugleich der krasse Gegensatz zum biologischen Anbau. All diese Entwicklungen lassen Ortsgegebenheiten, traditionelles Wissen, Nachhaltigkeit, Artenvielfalt und Energieaspekte außer Acht. Konventionelle Landwirte mögen behaupten, dass sich die Welternährung nur auf diese Weise sicherstellen lässt. Aber das ist eine anfechtbare Meinung und die wachsende Bio-Bewegung bietet gesündere, nachhaltigere Zukunftsperspektiven.

(Unten, von links nach rechts) **Das Beste aus beiden Welten** Einheimische Wildpflanzen, die Insekten und andere Tiere einladen, haben eine zarte, altmodische Schönheit. Aber Bio-Gartenbau ist von Nostalgie weit entfernt. Er setzt auf bewährte, traditionelle Methoden (vor allem arbeitssparende wie den Kartoffelanbau ohne Umgraben) und sucht nach Wegen, auch Materialien unserer Zeit sinnvoll zu recyceln.

EINLEITUNG

Bio-Gartenbau – was steckt dahinter?

Beim biologischen Gartenbau geht es nicht nur darum, anstelle von Kunstdünger und chemischen Pestiziden natürlichere Produkte zu verwenden. Er hat in Theorie und Praxis noch viel mehr wichtige Aspekte.

Die Grundprinzipien

Wer biologisch gärtnert, muss sich zuerst einmal die Komplexität der vielfältigen Beziehungen zwischen den lebenden Organismen bewusst machen. Und dann gilt es, innerhalb dieses sensiblen Geflechts und im Einklang mit der Natur zu arbeiten.

Den Boden ernähren

Konventionelle Düngemittel sind meist löslich, sodass ihre Inhaltsstoffe den Pflanzen direkt zur Verfügung stehen. Der organische Gartenbau dagegen setzt auf Organismen, die im Boden leben und den Pflanzen die Nährstoffe verfügbar machen.

Es mag unglaublich klingen, aber in einem einzigen Teelöffel fruchtbarer Erde leben mehr Bakterien und Pilze als Menschen auf diesem Planeten. Sie zerkleinern Kompost, Dünger und andere organische Materialien, die dem Boden zugeführt werden, und versorgen so die Pflanzen kontinuierlich mit Nährstoffen.

(Im Uhrzeigersinn von oben links) **Schön und nützlich** Nicht nur nostalgische Bauerngärten kann man biologisch bestellen, sondern auch moderne Anlagen und sogar »Designergärten«. Der Trick besteht darin, die Natur einen Teil der Arbeit übernehmen zu lassen – zum Beispiel Marienkäfer anzulocken, die Blattläuse fressen, oder den natürlichen Zyklus von Welke und Neuaustrieb für die Bodenverbesserung zu nutzen.

SPIELREGELN FÜR DEN BIOGARTEN

▦ Bestellen Sie den ganzen Garten biologisch: Nutz- und Zierpflanzen, Rasen und Wege.

▦ Laden Sie heimische Tiere ein, die bei der Schädlingsbekämpfung helfen.

▦ Lernen Sie, Schädlinge von ihren natürlichen Feinden (also Nützlingen) zu unterscheiden.

▦ Nutzen Sie die Stärken Ihres Gartens.

▦ Kümmern Sie sich sorgfältig um die Bodengesundheit.

▦ Stellen Sie Kompost und Laubkompost zur Düngung und Bodenverbesserung her.

▦ Setzen Sie auf Recycling und Wiederverwertung, um das allgemeine Müllaufkommen zu reduzieren.

▦ Informieren Sie sich über Bezugsquellen für Saatgut aus biologischem Anbau.

▦ Wählen Sie Bau- und Pflastermaterialien, Bodenverbesserer und andere Produkte unter Umweltgesichtspunkten.

▦ Fangen Sie Regenwasser auf und reduzieren Sie den Wasserverbrauch durch Bodenverbesserung und geeignete Pflanzen.

▦ Kaufen Sie möglichst einheimische Produkte.

▦ Setzen Sie traditionelle Methoden ein, wo es möglich ist.

▦ Nutzen Sie die neuesten wissenschaftlichen Erkenntnisse, wenn sie sich für den Biogarten eignen.

▦ Verwenden Sie keinen Kunstdünger.

▦ Verzichten Sie auf Lagerfeuer – der Rauch ist umweltschädlich.

▦ Bekämpfen Sie Unkraut ohne Gift.

▦ Vermeiden Sie Pestizide und umweltschädliche Holzimprägnierungen.

▦ Pflanzen Sie keine genmanipulierten Arten und Sorten.

▦ Streben Sie Artenvielfalt und die Erhaltung bedrohter Arten an.

Gleichzeitig verbessern sie durch ihre Tätigkeit die Struktur des Bodens. Auf einem Boden, der auf diese Weise ernährt wird, wachsen gesunde und widerstandsfähige Pflanzen heran.

Natürliche Schädlingsbekämpfung

Alle Lebewesen können von Schädlingen und Krankheiten befallen werden, denn sie sind ein Glied in der Nahrungskette. Wer biologisch gärtnert, kann aber die natürlichen Schädlingsbekämpfer zu seinen Verbündeten machen, indem er ihnen günstige Lebensbedingungen anbietet. Barrieren und Fallen für Schädlinge können eingerichtet werden oder man kann resistente Arten pflanzen, auf vorteilhafte Pflanzennachbarschaften achten und eine regelmäßige Fruchtfolge einhalten, um auf Pestizide verzichten zu können.

Unkraut-Recycling Jäten von Hand mag mühsamer scheinen als der Griff zur Unkrautspritze. Unkraut entzieht dem Boden aber Nährstoffe, und wer es kompostiert, führt diese Nährstoffe dem Boden wieder zu.

Unkraut

Unkraut dient Tieren als Nahrung. Andererseits konkurriert es mit erwünschten Pflanzen um Nährstoffe und Wasser und oft sieht es hässlich aus. Chemische Unkrautvernichtungsmittel haben im Biogarten nichts verloren, aber es gibt andere Möglichkeiten, um Flächen in Ordnung zu halten: Sie können umgraben, hacken, mulchen, jäten oder Unkraut mit einem Gasbrenner abflämmen.

Umweltschutz

Durch ganzheitliche Herangehensweise, schonenden Umgang mit den begrenzten Rohstoffvorräten und minimale Umweltverschmutzung ist der biologische Gartenbau ein wichtiger Schritt auf dem Weg zu einer gesünderen Zukunft. Im Biogarten werden Lebensräume für einheimische Kleintiere geschaffen. Recycling, Wiederverwendung und Vermeidung von Einweg-Materialien stehen im Vordergrund. Und nach Möglichkeit werden einheimische Produkte verwendet statt solcher, die über weite Wege (bei hohem Treibstoffverbrauch) transportiert werden müssen.

Wohlergehen von Mensch und Tier

Die biologische Landwirtschaft legt auch Wert auf artgerechte Tierhaltung. Legebatterien und Schweine-Schnellmast sind indiskutabel. Konsequenterweise sollte man im privaten Biogarten auch auf Nebenprodukte – etwa Dünger – aus dieser Intensiv-Tierhaltung verzichten. Normalerweise wird beim biologischen Land- und Gartenbau tierischer Mist eingesetzt. Wer möchte, kann aber auf Produkte tierischen Ursprungs völlig verzichten. Gartenkompost, Gründünger, Laubkompost und Dünger auf Pflanzenbasis sind »tierfrei« und gut für den Biogarten geeignet.

Auch menschliche Belange spielen eine immer größere Rolle, denn Menschen, die in der Landwirtschaft beschäftigt sind, profitieren durch bessere Lebens- und Arbeitsbedingungen vom Prinzip des fairen Handels und vom biologischen Anbau.

(Rechts, von oben) **Materialien und Methoden**
Moderne Materialien wie feines Vlies sind im Biogarten ebenso akzeptabel wie traditionelle Frühbeete und Glasglocken, denn auch sie lassen sich wiederverwerten. Warum soll man Vogelscheuchen kaufen, wenn in so vielen Zeitschriften schillernde CDs kostenlos beiliegen? Und wer braucht importierte Hölzer, wenn es beim Holzhof im Ort so schöne Rundhölzer gibt?

Kurswechsel

Der Umstieg zum biologischen Gartenbau bedeutet mehr, als einen anderen Dünger zu verwenden (obwohl das auch dazugehört). Betrachten Sie Ihren Garten als biologische Einheit und unterstützen Sie die natürlichen Prozesse. Dazu gehört auch, dass Sie Langzeitstrategien zur Erhaltung der Bodengesundheit und zur Kontrolle von Krankheiten und Schädlingen entwickeln.

WIE GRÜN IST IHR GARTEN?

Ob Sie schon biologische Methoden anwenden, können Sie anhand des Kastens auf Seite 18 prüfen. Kurz gesagt gehört zu einem richtigen Biogarten:

- Komposthaufen
- Behälter für Laubkompost
- »Tierfreundliche« Pflanzen
- Mulch
- Regentonne
- Teich oder Wasserspiel
- Lebensraum für Tiere

(Von links nach rechts) **Das gehört dazu** Nistkasten, Rindenmulch, Regentonne

Erst einmal anfangen

Den ersten Schritt zum Biogarten vollzieht man am besten als großen Sprung – durch Umstellung auf biologische Methoden und durch Verzicht auf Chemie in allen Gartenbereichen. In diesem Buch finden Sie viele wertvolle Tipps für die Umstellung, ob Sie nun ein leeres Grundstück neu anlegen, ein verwildertes in Ordnung bringen oder einen bestehenden Garten umstellen wollen.

Dieses Buch ist ein Praxisratgeber, der darüber informiert, welche Methoden und Materialien sich für den biologischen Gartenbau eignen und welche nicht. Im Vordergrund stehen Verfahren, die darauf abzielen, den Garten zu einem relativ unabhängigen System werden zu lassen. Da es aber trotzdem manchmal notwendig ist, Dünger oder Mittel zur Schädlingsbekämpfung zu kaufen, finden Sie hier auch Informationen über geeignete Produkte.

Wie lange dauert es?

Im gewerblichen Gartenbau veranschlagt man für die Umstellung auf biologische Methoden eine Übergangszeit von zwei Jahren. In dieser Zeit wird der Garten biologisch bestellt, aber die Pro-

Sie haben die Wahl Ein Kompostsilo gehört in den Biogarten – aber woraus sollte es bestehen? Ideal sind alte Bretter oder Paletten, selbstverständlich ohne schädliche Holzschutzmittel.

dukte dürfen noch nicht als »Bioware« verkauft werden. Ob ein Privatgarten sofort auf die Umstellung anspricht oder etwas mehr Umgewöhnungszeit braucht, hängt davon ab, wie er vorher bewirtschaftet wurde.

Einkaufsgewohnheiten ändern

Manche Gartencenter bieten biologische Produkte an, größer ist das Angebot aber bei speziellen Versandhändlern. Im Idealfall würde man in einem Biogarten nur Produkte verwenden, die aus biologischer Kultur oder Herstellung stammen. Das ist aber leider noch nicht möglich. Manchmal wird man deshalb auch Saatgut aus konventionellem Anbau oder Mist von Tieren verwenden, die nicht biologisch aufgezogen wurden.

Um das Prinzip der Nachhaltigkeit zu wahren, sollten Sie möglichst viele Materialien recyceln oder wiederverwerten. Nur ungeeignete Pestizide und Herbizide sollten Sie schnellstens entsorgen – aber nicht in die Mülltonne werfen oder in den Abfluss gießen, sondern bei der Sondermüll-Annahmestelle des zuständigen Entsorgungsunternehmens abgeben.

Fremdhilfe

Wer Biogarten-Neuling ist oder einfach Erfahrungsaustausch und Anregungen sucht, sollte einmal einschlägige Zeitschriften durchblättern oder im Internet auf die Suche gehen: Es gibt viele Informationsseiten und Diskussionsforen für begeisterte Biogärtner.

2. Der Boden

Für einen Biogärtner ist der Boden der bedeutendste Faktor seines Gartens. Aufbau und Erhalt eines fruchtbaren, gesunden Bodengefüges hat oberste Priorität. Böden von schlechter Qualität lassen sich auf verschiedene Weise verbessern, aber zuerst gilt es, Genaueres über den Bodentyp, seine Struktur und Konsistenz herauszufinden. Der Bodentyp hängt von der regionalen Lage und den geologischen Gegebenheiten ab. Die Bodenstruktur wird durch vorherige Kulturmaßnahmen beeinflusst, also davon, ob und wie der Boden in der Vergangenheit gepflegt wurde. Bodentyp und -struktur bestimmen mit, ob der Boden eher sauer oder alkalisch ist. Und das wiederum hat Auswirkungen darauf, wie viele Mikroorganismen darin leben und welche Pflanzen darauf gedeihen.

Unterirdische Welt Der Boden ist ein »lebendiger« Untergrund, der auf die Pflanzen und ihr Gedeihen ebenso viel Einfluss hat wie die Bedingungen über der Erde.

Den Boden kennenlernen

Mit der Zeit lernt man beim Bearbeiten den Boden gut kennen und beobachtet, welche Pflanzen prächtig und welche weniger gut gedeihen. In einem neuen Garten oder Beet sollte man aber den Boden einmal genauer unter die Lupe – und in die Hand – nehmen. Prüfen Sie, wie der Boden sich anfühlt (siehe S. 28). Achten Sie darauf, welche Tiere darin leben, und kaufen Sie ein einfaches Testset, um festzustellen, ob der Boden sauer, alkalisch (basisch) oder neutral ist.

Bodenstruktur

Die Fruchtbarkeit des Bodens hängt nicht allein von seinem Nährstoffgehalt ab. Sie ist die Summe aller Faktoren, die für das Pflanzenwachstum wichtig sind. Eine wichtige Rolle spielt auch die Struktur. Schwerer, toniger Boden enthält zwar viele Nährstoffe, aber die Pflanzen wachsen schlecht, weil sich die Wurzeln im nassen, schweren Grund nicht ausbreiten können. Lufträume

Lohnender Einsatz Je mehr man die Bodenstruktur durch sorgfältige Pflege und Einarbeiten von organischer Substanz verbessert, desto gesünder wachsen die Pflanzen heran.

DER BODEN

DIE BODENSTRUKTUR ERKENNEN

Gute Struktur

- Pflanzenwurzeln dringen tief in den Boden.
- Der Geruch ist angenehm erdig.
- Wasser bleibt nach Regen nicht lange in Pfützen stehen.
- Der Boden lässt sich relativ leicht umgraben.
- Es gibt keine verdichtete Schicht in der Deckerde.
- Es sind viele Würmer und deren Gänge zu sehen.
- Die oberste Erdschicht ist krümelig und in nassem und trockenem Zustand gut zu bearbeiten.

Schlechte Struktur

- Die Pflanzen wurzeln flach.
- Der Geruch ist unangenehm.
- Wasser bleibt in Pfützen stehen (*unten*) oder versickert sofort.
- Der Boden ist klebrig, hart-klumpig oder sehr trocken.
- Es gibt eine verdichtete Schicht in der Deckerde.
- Wenig Würmer sind zu sehen.
- Die Oberfläche ist bei Regen matschig und bei Trockenheit hart.

zwischen den Bodenkrümeln sind für die Pflanzen ebenso wichtig wie für die Tiere im Boden. Wenn Wasser alle Luft aus dem Boden verdrängt und tagelang nicht abfließt, »ertrinken« die Pflanzen. Und wenn ein solcher Boden dann austrocknet, kann er steinhart werden – das weiß jeder, der nach einer Trockenperiode versucht hat, einen Lehmboden umzugraben. Um solche Böden zu verbessern, muss man Luft einarbeiten – in Form grober, saugfähiger organischer Substanz.

In leichten, sandigen Böden andererseits sind die Lufträume zwischen den Erdpartikeln so groß, dass Wasser kurzerhand durchfließt und in einer Tiefe versickert, in die Wurzeln – vor allem von jungen Pflanzen – nicht gelangen. Dabei nimmt das Wasser auch noch einen Teil der ohnehin spärlichen Nährstoffe mit in die Tiefe. Zur Bodenverbesserung arbeitet man in diesem Fall beispielsweise Laubkompost unter, der die Wasser- und Nährstoffspeicherung des Bodens erheblich verbessert.

Im Gegensatz zum Bodentyp kann also die Bodenstruktur beeinflusst werden. In diesem Kapitel erfahren Sie, wie man die Bodenstruktur erkennt, verbessert und – was ebenso wichtig ist – wie man vermeidet, sie zu schädigen.

Was steckt im Boden?

Etwa die Hälfte des Volumens besteht aus kleinen mineralischen Partikeln von verwittertem Gestein, organischer Substanz und Lebewesen. Die andere Hälfte sind Luft und Wasser. Für Nährstoffe sorgen sowohl die mineralische als auch die verrottende organische Komponente.

Gesteinspartikel und Bodentyp

Im Lauf von Jahrmillionen verwittern Felsen zu winzigen Partikeln, die den Hauptbestandteil der meisten Böden bilden. Größe und chemische Zusammensetzung der Partikel hängt von der Gesteinsart ab, aus der sie entstanden sind – also von Lage und geologischen Gegebenheiten Ihres Gartens. Sie beeinflussen den Bodentyp. Man unterscheidet drei Arten von Gesteinspartikeln: Sand, Schluff und Ton. Die Anteile der verschiedenen Partikel bestimmen, wie der Boden bezeichnet wird, wie er sich verhält und wie er bearbeitet wird. Die meisten Böden enthalten eine Mischung aller drei Partikelarten. Sind sie in ungefähr gleicher Menge vertreten, spricht man von Lehmboden. Hat eine Art einen höheren Anteil, spricht man von sandigem, tonigem oder schluffigem Boden – und der Boden zeigt Eigenschaften der jeweiligen Partikelart. Es ist nicht immer leicht, den Bodentyp exakt zu bestimmen, zumal manche Gärten Mischungen verschiedener Böden enthalten. Eine grobe Einschätzung gewinnt man aber, indem man etwas Boden zwischen den Fingern reibt oder zu einer Kugel dreht.

■ **Tonböden** Böden mit einem hohen Anteil von Tonpartikeln lassen sich zu einer Kugel oder Wurst formen. Sie sind meist dicht, klebrig und schwer zu bearbeiten, weil die winzigen Tonpartikel zusammenkleben und kaum Luft durchlassen. Aber sie enthalten normalerweise viele Nährstoffe.

■ **Sandböden** Das andere Extrem sind sandige Böden, die meist trocken sind. Durch die großen Zwischenräume der Partikel fließt Wasser schnell in die Tiefe ab und nimmt dabei auch Nährstoffe mit. Diese Böden haben aber den Vorteil, dass sie sich im Frühling schnell erwärmen und leicht zu bearbeiten sind.

Boden begreifen Sandiger Boden fühlt sich körnig an und zerkrümelt zwischen den Fingern (*links*). Feuchter Tonboden ist klebrig und lässt sich zwischen den Fingern kneten (*rechts*).

DER BODEN 29

■ **Schluffböden** Dieser Typ liegt zwischen dem Ton- und dem Sandboden. Er fühlt sich weich, fast seifig, an und hinterlässt Spuren an den Händen. Er ist fruchtbar, verdichtet aber leicht und kann schwer zu bearbeiten sein.
■ **Moorböden** Diese Böden bilden sich in einem nassen, sauren Milieu, in dem organische Substanz nicht vollständig verrottet. Sie enthalten viel organische Substanz, sind leicht zu bearbeiten, können aber sehr sauer sein (siehe S. 30) und trocknen im Sommer schnell aus.
■ **Kalkböden** Diese Böden entstehen aus Kalkgestein. Sie sind meist basisch und durchlässig.

Leben im Boden

Im Gartenboden leben viele Organismen – von mikroskopisch kleinen Bakterien und Pilzen bis hin zu größeren Tieren wie Regenwürmern, Käfern, Schnecken und Insektenlarven. Viele sorgen für das Recycling von organischer Substanz (siehe unten), indem sie sie zerkleinern und die enthaltenen Nährstoffe den Pflanzen wieder verfügbar machen. Durch ihre Aktivität wird auch die Bodenstruktur verbessert.

Manche Bodenbewohner sind Pflanzenschädlinge, andere können Krankheiten übertragen. Die meisten sind aber harmlos oder nützlich. Ebenso wie über der Erde sorgt eine große Artenvielfalt dafür, dass einzelne Arten nicht überhand nehmen. In einem Boden mit hohem Gehalt an organischer Substanz siedeln sich rasch viele verschiedene Mikroorganismen an.

Organische Substanz

Als »organische Substanz« bezeichnet man die verrottenden Überreste von Pflanzen und Tieren sowie tierische Ausscheidungen. Sie ist von großer Bedeutung für den Boden, weil sie den Mikroorganismen Nahrung und den Pflanzen Stickstoff liefert. Ohne organische Substanz wäre der Boden nichts als steriler Gesteinsstaub. Durch Bodenlebewesen und natürliche

SICHTBARE BODENBEWOHNER

Die bekanntesten Bodenbewohner sind Würmer (*rechts oben*). Sie ziehen organische Substanz unter die Erde, ehe sie sie fressen. Dadurch wird die krümelige Konsistenz gefördert. Ihre Gänge bringen Luft in den Boden und verbessern die Durchlässigkeit. Und ihre Ausscheidungen enthalten Pflanzennährstoffe. Auch Asseln (*Mitte*) und Hundertfüßer krabbeln im Boden. Laufkäfer (*unten*) und ihre Larven sind effektive Schädlingsjäger. Weniger erfreut sind Gärtner über Tausendfüßer, Schnecken und Schnakenlarven, obwohl auch diese ein Anzeichen für einen gesunden Boden mit großer Artenvielfalt sind.

Oxidation wird die organische Substanz ständig zersetzt und ist in der Natur ständig in den natürlichen Kreislauf aus Absterben und Erneuerung eingebunden. Das Endprodukt des Zersetzungsvorganges nennt man »Humus«. Er speichert Wasser, enthält Pflanzennährstoffe und verbessert die Bodenstruktur. Kurz gesagt, organische Substanz
■ dient Bodenorganismen als Nahrung,
■ fördert die Artenvielfalt im Boden,
■ verbessert die physikalische Bodenstruktur,
■ speichert Wasser,
■ liefert Pflanzen Nährstoffe und bindet sie im Boden.

Pflanzennährstoffe

Pflanzennährstoffe entstehen durch Zersetzung von Mineralpartikeln und organischer Substanz. Gesunder Boden enthält eine große Bandbreite von Pflanzennährstoffen in größeren (Hauptnährstoffe) und kleineren Mengen (Spurenelemente). Den größten Anteil an Nährstoffen liefern die Mineralpartikel, aber auch in organischer Substanz sind sie enthalten. Stickstoff kommt nur in lebendem (oder verrottendem) Gewebe vor, darum ist voluminöse, organische Substanz eine so wichtige Nährstoffquelle.

Die meisten Böden enthalten das ganze Spektrum der Nährstoffe. Manchmal fehlen Stickstoff, Phosphor, Kalium und eventuell Magnesium, weil Pflanzen davon besonders viel verbrauchen. Bei Unterversorgung mit diesen oder anderen Spurenelementen drohen Mangelerscheinungen. Allerdings werden Mangelerscheinungen nicht immer durch das Fehlen eines bestimmten Nährstoffs verursacht. Ist einer zu reichlich vorhanden – zum Beispiel bei Überdüngung – kann die Pflanze andere eventuell nicht aufnehmen. Auch eine schlechte Bodenstruktur, Wassermangel oder ein ungünstiger pH-Wert (siehe unten) können die Nährstoffaufnahme behindern. Stickstoff und einige andere Nährstoffe werden zudem leicht aus dem Boden ausgeschwemmt.

Wer den Boden nach organischen Prinzipien pflegt, versorgt seine Pflanzen meist ausgewogen. Wenn in einem neuen Garten aber Pflanzen aus unklaren Gründen schwächeln, kann eine Bodenanalyse helfen, Mängeln oder Unausgewogenheiten auf die Spur zu kommen. Ideal ist eine Bodenanalyse für biologischen Gartenbau, die nicht nur Auskunft über die aktuell vorhandenen Nährstoffe gibt, sondern auch über das Potenzial des Bodens.

Bodenchemie

Ein wichtiges Merkmal des Bodens ist sein pH-Wert, der aussagt, wie sauer oder alkalisch der Boden ist. Die pH-Skala reicht von 1 (extrem alkalisch) bis 14 (extrem sauer). Die meisten Böden liegen im Bereich zwischen 4 und 8, die meisten Pflanzen vertragen Werte zwischen 5,5 und 7,5, nur einige, darunter Rhododendren

Was Nährstoffe leisten Der Unterschied zwischen einer gesunden Pflanze und einer mit Mangelerscheinungen ist leicht zu erkennen – nicht aber, welcher Nährstoff fehlt. Meist ist es sinnvoller, den Boden zu »ernähren« statt die Pflanze zu behandeln.

Auswirkungen der Bodenchemie Ein bekannter, aber eindrucksvoller Indikator für den Säuregehalt des Bodens sind Bauernhortensien. Auf saurem Boden blühen sie blau, auf alkalischem Boden tragen sie rosa Blüten.

und Heidekraut, benötigen sauren Boden. Für Gemüse liegt der ideale pH-Wert bei 6,5–7, für Obst bei 6–6,5. Nur Heidelbeeren benötigen sauren Boden. Der pH-Wert wird durch den Kalziumgehalt des Bodens bestimmt. Vor allem aus durchlässigen Böden kann Kalzium ausgeschwemmt werden, sodass der Boden allmählich saurer wird.

Wie wirkt sich der pH-Wert aus?

Der pH-Wert beeinflusst die Nährstoffaufnahme der Pflanzen. In sehr sauren Böden können Nährstoffe ausgeschwemmt werden oder sich in schädlicher Konzentration im Wasser lösen. Andererseits kann es vorkommen, dass Nährstoffe im Boden eingeschlossen und dadurch für die Pflanzen nicht verfügbar sind. Pflanzen, die extremere pH-Werte tolerieren, sind an solche Bedingungen angepasst. Drahtwürmer und Schnakenlarven sind Schädlinge, die in sauren Böden häufiger vorkommen.

Nützliche Regenwürmer mögen keine sauren Böden. Manche Krankheiten wie Kartoffelschorf treten auf alkalischen Böden verstärkt auf, die Kohlhernie dagegen in geringerem Maß. Darum wird oft empfohlen, den Boden vor dem Pflanzen von Kohlgewächsen zu kalken.

Warum ein pH-Test? Wer einen neuen Garten übernimmt, hat es nach der pH-Bestimmung leichter, geeignete Pflanzen auszusuchen. Den pH-Wert eines neuen Gemüsebeets sollte man immer testen. Sets zur pH-Bestimmung bekommt man in jedem Gartencenter.

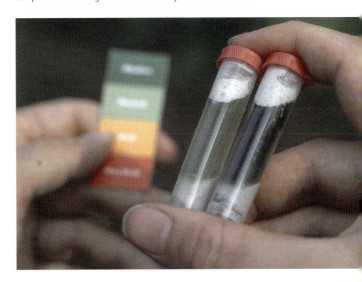

Biologische Bodenpflege

Die richtige Pflege des Bodens hängt von seinem Typ ab, aber auch von der Behandlung in der Vergangenheit und davon, was darauf wächst oder wachsen soll. Eine Wildblumenwiese etwa, die nährstoffarmen Boden benötigt, darf nicht gedüngt werden. In freier Natur werden Pflanzen nie gedüngt, gemulcht oder gegossen. Sie gedeihen dort, wo sie konkurrenzfähig sind. Die Gartenarbeit wird also viel einfacher, wenn Sie Ihre Zierpflanzen entsprechend den Standortbedingungen Ihres Gartens auswählen. Wer auf einen sandigen, nährstoffarmen Boden Pflanzen setzt, die Trockenheit vertragen, muss nicht viel Pflegeaufwand treiben. Im Gemüsegarten ist etwas mehr Bodenpflege nötig, damit die Ernte gut ausfällt.

Der biologische Weg

Bei der biologischen Bodenpflege kommen bewährte Gärtnermethoden zum Einsatz. Vor allem voluminöse organische Substanz wie Kompost, Stallmist und Gründünger werden verwendet und nur bei Bedarf durch organische Düngemittel (Naturprodukte tierischen, pflanzlichen oder mineralischen Ursprungs) ergänzt. Gartenkompost aus Grünabfällen ist sinnvolles Recycling. Er verbessert den Boden und hilft, Müll oder schädliche Gase durch Verbrennen zu vermeiden. Biogärtner folgen dem Vorbild der Natur und recyceln tierische und pflanzliche Abfallprodukte, um damit den Boden zu ernähren, statt die Pflanzen direkt zu düngen. Mikroorganismen im Boden arbeiten die organische Substanz in den Boden ein. Dabei wird die Bodenstruktur verbessert und den Pflanzen Nährstoffe verfügbar gemacht. In einem Boden mit aktiver Mikrofauna gedeihen Pflanzen gut.

Gewichtsverteilung Um Bodenverdichtung zu vermeiden, stellt man sich bei der Gartenarbeit am besten auf ein Brett. Besonders wichtig ist das auf Ton- und Schluffböden.

DER BODEN

Bodenverdichtung vermeiden

Besonders schwere Böden werden durch regelmäßiges Betreten oder die Bearbeitung bei Nässe verdichtet. Legen Sie daher Wege an und ziehen Sie Pflanzen auf Beeten, die schmal genug sind, um sie vom Weg aus zu bearbeiten. Durch regelmäßiges Bearbeiten mit einem mechanischen Kultivator kann unter der Erde eine verdichtete Schicht entstehen, die Pflanzenwurzeln nur schwer durchdringen können.

Umgraben und mulchen

Graben Sie nur um, wenn es nötig ist – etwa um harten, verdichteten Boden umzubrechen. Durch das Umgraben wird die Verrottung der organischen Substanz beschleunigt, außerdem können dabei Unkrautsamen an die Oberfläche befördert werden, wo sie munter keimen. Selbst ein Gemüsegarten lässt sich ohne regelmäßiges Umgraben kultivieren (siehe S. 216). Hat sich erst einmal ein gesundes Bodengefüge entwickelt, genügt es, organische Substanz als Mulch aufzustreuen. Sie wird von den Bodenlebewesen ins Erdreich eingearbeitet.

Vor allem schwere Böden sollten nur bei geeignetem Wetter umgegraben werden. Es darf nicht so nass sein, dass die Erde am Spaten klebt, aber auch nicht so trocken, dass Sie harte Klumpen zerschlagen müssen.

BIOLOGISCHE BODENPFLEGE KURZ GEFASST

- **Den Boden ernähren** Eingearbeitete voluminöse organische Substanz (siehe nächste Seite) dient Bodenorganismen als Nahrung, die wiederum Struktur und Fruchtbarkeit des Bodens fördern.
- **Vorsichtig gehen** Zu häufiges Betreten verdichtet den Boden. Verdichteter Boden enthält wenig Luft, Wurzeln können ihn schlecht durchdringen und es leben wenig Mikroorganismen darin.
- **Nur bei Bedarf umgraben** Umgraben kann nützlich sein, aber es stört auch die Bodenstruktur.
- **Abdecken** Starker Dauerregen führt zu Erosion und Nährstoffverlust. Um die Bodenstruktur zu schützen, Pflanzen abdecken oder im Winter nackten Boden mulchen.
- **Vorsicht mit Pflanzennährstoffen** Überdüngung schadet mehr als Nährstoffmangel. Orientieren Sie sich immer am Zustand Ihrer Pflanzen.

Vom Weg aus Schmale Beete sind eine gute Lösung für schwere Böden. Wegen der erhöhten Kanten kann man reichlich organische Substanz einarbeiten. Bearbeitet werden sie von den Wegen aus, also ohne die Beete durch Betreten zu verdichten.

DER BODEN

Organische Bodenverbesserung

Voluminöses Material organischen Ursprungs erhält und pflegt die Bodenstruktur. Leichte Böden halten Wasser und Nährstoffe besser, schwere Böden werden durchlässiger. Außerdem enthält es wichtige Nährstoffe, die bei seinem Abbau durch Bodenorganismen freigesetzt werden.

Im Kasten gegenüber werden einige organische Bodenverbesserer vorgestellt. Ihr Gehalt an Nährstoffen, vor allem Stickstoff, ist unterschiedlich hoch. Natürlich kann der Nährstoffgehalt nur ungefähr angegeben werden, denn er hängt von der genauen Zusammensetzung, der Art und Dauer der Lagerung ab. Normalerweise ist es nicht nötig, nährstoffreiches Material zu verwenden. Nährstoffarme Bodenverbesserer können trotz ihres geringen »Düngewerts« einen wichtigen Beitrag zur Erhaltung der Bodenfruchtbarkeit leisten.

Küchen- und Gartenabfälle und Stallmist müssen vor der Verwendung kompostiert werden, um ihre Nährstoffe zu stabilisieren und das Ausbringen zu vereinfachen.

Wo kommen organische Bodenverbesserer her?

Recycling ist eins der Grundprinzipien des Bio-Gartenbaus. Es spart Kosten, weil wenig zugekauft werden muss, und reduziert die »Müllmengen« aus Küche und Garten. Doch selbst wenn man alle Bio-Abfälle kompostiert, wird die Menge selten ausreichen. Dann ist es sinnvoll, sich in der Umgebung nach anderen Quellen umzusehen.

Kompost kann man an vielen Recyclinghöfen kaufen, verrotteten Stallmist bieten Pferdehöfe und Reitställe an. Im Idealfall sollte

Organische Bodenverbesserer
1. Laubkompost – verrottetes Herbstlaub **2.** Verbrauchtes Pilzsubstrat **3.** Gartenkompost **4.** Mist und anderer Abfall aus dem Hühnerauslauf **5.** Grünschnittkompost aus der Kompostierungsanlage **6.** Grobe Rinden-Hackschnitzel

DER BODEN 35

das Produkt ein Bio-Siegel tragen. Ist das nicht der Fall, erkundigen Sie sich ruhig beim Verkäufer nach der Zusammensetzung. Das Stichwort »organisch« allein ist kein Gütesiegel. Es bedeutet nur, dass die Inhaltsstoffe pflanzlichen oder tierischen Ursprungs sind – aber nicht unbedingt, dass sie geeignet sind für einen biologischen Garten.

Organisches Material ausbringen

Alle Bodenverbesserer können als Mulch aufgelegt werden. Die meisten kann man auch untergraben (siehe Kasten), etwa 15–20 cm, denn dort breiten sich die Pflanzenwurzeln aus, ist also eine gute Bodenstruktur besonders wichtig. Materialien mit mittlerer oder hoher Nährstoffkonzentration sollten nur im Frühling und Sommer verwendet werden. Im Winter wachsen die Pflanzen kaum, würden die wertvollen Nährstoffe also gar nicht nutzen. Hinsichtlich der Menge ist bei nährstoffreichen Materialien die Faustregel »viel hilft viel« definitiv falsch. Zu viel Stickstoff beispielsweise fördert das Blattwachstum zu Lasten von Blüten und Früchten. Nicht genutzte Nährstoffe werden ausgeschwemmt und gelangen ins Grundwasser. Am besten orientieren Sie sich an Zustand und Gedeihen Ihrer Pflanzen.

ORGANISCHE BODENVERBESSERER

■ **Gartenkompost** (siehe S. 36–43) Mittlerer Nährstoffgehalt. Untergraben oder aufstreuen.

■ **Grünschnittkompost** Niedriger Nährstoffgehalt (meist wenig Stickstoff, aber viel Kalium). Erhältlich bei Gemeinde-Kompostierungsanlagen.

■ **Markenprodukte** Unterschiedlicher Nährstoffgehalt (Packungsaufschrift prüfen). Untergraben oder aufstreuen.

■ **Wurmkompost** (siehe S. 46–49) Hoher Nährstoffgehalt. Normalerweise nur in kleinen Mengen verfügbar.

■ **Stallmist mit Stroh** (siehe S. 52–53) Mittlerer bis hoher Nährstoffgehalt. Muss vor dem Untergraben gut verrottet sein. Keinen Mist aus Schnellmastbetrieben verwenden. Mist von Bio-Höfen ist noch schwirig zu bekommen.

■ **Verbrauchtes Pilzsubstrat** Mittlerer Nährstoffgehalt. Meist alkalisch, also für Kalkflieher nicht geeignet. Vorzugsweise aus Bio-Pilzkulturen beziehen.

■ **Laubkompost** (siehe S. 44–45) Niedriger Nährstoffgehalt. Je nach Alter untergraben oder als Mulch verwenden.

■ **Stroh** Niedriger Nährstoffgehalt. Gut zum Mulchen. Möglichst vom Bio-Hof holen.

■ **Rinden- und Holzhackschnitzel** Niedriger Nährstoffgehalt. Am besten nur als Mulch im Ziergarten verwenden. Bei der Verrottung untergegrabener Hackschnitzel wird dem Boden Stickstoff entzogen (gilt auch für Pferdemist mit Sägespänen).

Kompostierung im Garten

Ein Komposter ist eine Recyclinganlage für Küchen- und Gartenabfälle und zugleich eine Möglichkeit, einen erstklassigen Bodenverbesserer mit mittlerem bis niedrigem Nährstoffgehalt herzustellen. Ein Komposter (oder zwei, oder drei …) gehört in jeden Garten. Die Kompostierung wird oft als hohe Kunst beschrieben, dabei ist sie ganz einfach und für jedermann leicht zu lernen. Die Umwandlung organischer Abfälle in Kompost übernehmen Lebewesen – von Mikroorganismen bis hin zu Würmern, die sich scheinbar von allein einstellen. Sie müssen ihnen nur eine geeignete Mischung von Zutaten zum Zersetzen zur Verfügung stellen.

Worin wird kompostiert?

Zum Kompostieren genügt ein einfacher, abgedeckter Haufen in einer Gartenecke, aber eine Kiste oder Tonne (siehe S. 40–43) sieht ordentlicher aus und lässt sich leichter handhaben. Am besten legen Sie den Kompost auf nacktem Boden oder Gras an, keinesfalls auf gepflastertem Untergrund. Er kann in der Sonne oder im Schatten stehen, muss aber leicht zugänglich sein. Auch ringsum muss genug Platz zum Einfüllen, Entnehmen und Mischen des Materials sein. Die Größe des Komposters hängt von der Menge der bei Ihnen anfallenden Grünabfälle ab. Große Komposter sind (aus gutem Grund) besser, trotzdem stimmen Sie das Volumen am besten auf Ihren Bedarf ab. Wer wenig Gartenabfall hat, aber Küchenabfälle kompostieren möchte, könnte faserreiches Material untermischen (siehe gegenüber) oder einen

Das Kompost-Wunder Wenn die Mischung der Zutaten stimmt, verwandeln nützliche Organismen im Lauf der Zeit Grün- und Küchenabfälle (*unten links*) in guten Kompost. Er sollte eine locker-krümelige Konsistenz haben und angenehm nach Waldboden riechen.

sauberen Wurmkomposter (siehe S. 46–49) anschaffen.

Was darf auf den Kompost?
Hauptsächlich kommen Grünabfälle wie Unkraut und Rasenschnitt auf den Kompost, Obst- und Gemüseabfälle und vielleicht etwas Papier und Pappe, aber auch Stallmist mit Stroh. Alles, was einmal gelebt hat, kann kompostiert werden, aber einige Dinge sollte man aus praktischen und hygienischen Gründen doch lieber weglassen.

»Grüne« und »braune« Abfälle
Das Geheimnis guten Komposts besteht in der Mischung verschiedener Arten von Zutaten. Frische, »grüne« Materialien mit hohem Feuchtigkeitsgehalt (etwa Rasenschnitt) verrotten schnell zu einem stinkenden Schlamm. Um das zu verhindern, mischt man sie mit härteren, trockenen »braunen« Zutaten. Diese würden allein langsamer verrotten, steuern aber Faserstoffe bei, die den Kompost auflockern.

Viele kompostierbare Materialien enthalten grüne und braune Anteile in ausgewogenem Verhältnis. Mit etwas Erfahrung bekommt man ein Gefühl für die richtige Zusammensetzung. Wenn der Inhalt des Komposters nass aussieht und unangenehm riecht, mischt man trockenes Strukturmaterial unter. Und ist er zu trocken, wird frischer Grünabfall zugefügt.

Ansonsten braucht der Kompost nur Luft und Wasser. Materialien wie Gras, die schnell zusammenfallen, werden mit gröberen Fasern gemischt, um Luft in den Kompost zu bringen. Bei Trockenheit den Kompost ab und zu begießen oder feuchte Grünabfälle untermischen.

Faserstoffreicher Kompost
Vor allem in kleinen Gärten reicht die Menge an »braunen« Abfällen oft nicht aus, um den Feuchtegehalt der Küchenabfälle auszugleichen. In diesem Fall können auch Küchenpapier,

Trockenlegen Wenn Ihr Garten klein und pflegeleicht ist, kommt wahrscheinlich nicht genug faserreiches Material zusammen – die Mischung ist unausgewogen und der Kompost stinkt. Dann können Sie auch Papier, Pappröhren oder Kartons – zerrissen und zerknüllt – untermischen, um Luft in den Kompost zu bringen.

Packpapier, Pappröhren oder Kartons – grob zerkleinert oder zerknüllt – als Strukturmaterial eingesetzt werden. Das Mengenverhältnis zwischen feuchten Küchenabfällen und trockenem Material sollte etwa gleich sein.

Kompost-Starter
Frische Grünabfälle bringen den Rottevorgang im Kompost schnell in Gang. Der Handel bietet verschiedene Produkte an, die die Rotte beschleunigen sollen, doch wenn die Mischung im Kompostsilo stimmt, kommen Sie gut ohne aus.

Unkraut und Teile kranker Pflanzen
Damit sich lästige Unkräuter nicht ausbreiten, müssen Sie auf den Kompost wandern, ehe sie Samen gebildet haben. Mehrjährige Wurzel-

Bitte kompostieren
1. Verwelkte Sommerblumen
2. Verblühte Schnittblumen
3. Rasenschnitt, mit zerknülltem Zeitungspapier aufgelockert
4. Altes Stroh
5. Gartenunkräuter (vor der Samenbildung)
6. Küchenabfälle
7. Frischer Heckenschnitt
8. Kleintierstreu (z.B. aus dem Hamster- oder Kaninchenkäfig)

unkräuter füllen Sie zusammen mit etwas Rasenschnitt in einen schwarzen Plastiksack und lassen sie ein Jahr lang verrotten. Dann können sie auf den Komposthaufen gegeben werden.

Bei der Rotte entsteht Wärme, die viele Krankheitserreger abtötet. Trotzdem sollte man Teile von Pflanzen, die mit hartnäckigen Krankheiten wie Kohlhernie oder Weißfäule befallen sind, nicht auf den Kompost geben. Mit Krautfäule befallenes Laub von Tomaten und Kartoffeln kann bedenkenlos kompostiert werden.

Hecken- und Strauchschnitt

Grünen, saftigen Heckenschnitt kann man direkt auf den Kompost geben. Härterer Schnittabfall sollte möglichst geschreddert werden. Dann gibt man ihn in einen separaten Komposter, begießt ihn und mischt frischen Grünschnitt unter, um die Rotte zu beschleunigen. Nach sechs oder mehr Monaten kann das Material als Mulch unter Sträucher ausgebracht werden.

Verholzte Gartenabfälle

Harte, holzige Pflanzenteile verrotten viel schneller, wenn sie zerkleinert werden. Wer viele Gehölze hat, kann einen Häcksler mieten oder kaufen, es gibt allerdings in Handhabung und Geräuschpegel erhebliche Unterschiede. Tragen Sie bei der Arbeit mit dem Häcksler immer robuste Handschuhe und eine Schutzbrille und seien Sie beim Häckseln von Pflanzen, die Giftstoffe enthalten, besonders vorsichtig.

Wer viel Platz hat, kann Zweige auch in einer Ecke aufhäufen und im Lauf einiger Jahre verrotten lassen. In solchen Holzhaufen fühlen sich viele Kleintiere wohl (siehe S. 108–111). Manche Äste können Sie vielleicht auch als Pflanzenstützen gebrauchen. Und notfalls kann man den Gehölzschnitt auch zum Recyclinghof bringen. Verbrennen sollten Sie nur krankes Pflanzenmaterial, denn der Rauch schadet der Umwelt und belästigt die Nachbarn.

WAS WIRD KOMPOSTIERT?

Die meisten organischen Abfälle können auf dem Kompost recycelt werden. Große Mengen der mit * gekennzeichneten Arten kompostiert man am besten separat. Auch Holzasche und Eierschalen können kompostiert werden.

»Grüne«, schnell verrottende Abfälle

- Rasenschnitt
- Geflügelmist (ohne Streu)
- Junge Pflanzen und Unkräuter, Brennnesseln jedes Alters

Mittlere Rottedauer

- Obst- und Gemüseabfälle
- Rhabarberblätter
- Teebeutel, lose Teeblätter, Kaffeesatz
- Reste von Gemüsepflanzen
- Stallmist mit Stroh
- Schnittblumen
- Junger Heckenschnitt
- Kleintierstreu von Pflanzenfressern (Hamster, Kaninchen)
- Mehrjährige Unkräuter *

»Braune«, langsam verrottende Abfälle

- Altes Stroh
- Harte Pflanzen und Gemüsestrünke
- Verholzte Beetpflanzen
- Herbstlaub *
- Strauchschnitt, Schnitt von Immergrünen *
- Papprühren, Eierkartons
- Zerknülltes Küchen- und Zeitungspapier

Nicht kompostieren

- Fleisch- und Fischabfälle
- Hundekot, gebrauchte Katzenstreu
- Einwegwindeln
- Kohlenasche
- Kunststoff, Styropor, Glas, Blechdosen

Kompost-Behälter

Komposter kann man kaufen oder – möglichst aus Recyclingmaterialien – selbst bauen. Solange der Komposter einige Anforderungen erfüllt (siehe rechts), können Sie die Gestaltung nach Geschmack und Gartenstil selbst bestimmen. Stellen Sie den Komposter an einen gut erreichbaren Platz auf nackten Boden oder Gras. Der Komposter kann einen festen Standort haben oder gelegentlich umgesetzt werden.

Wer einmal mit der Kompostierung begonnen hat, wird bald weitere Behälter brauchen. Um den Komposter frei zu machen, kann der Inhalt zur Nachrotte entnommen, aufgehäuft und mit schwarzer Folie abgedeckt werden.

Den Komposter füllen

■ Sammeln Sie grüne und braune (siehe S. 39) Abfälle, die kompostiert werden können.

■ Das Material in den Komposter geben, bis an die Ränder verteilen, andrücken und – wenn es trocken ist – begießen.

■ Wann immer Material anfällt, wird es auf den Kompost gegeben. Küchenabfälle mit dem Material im Komposter mischen.

■ Weil das Material während der Rotte zusammensackt, wird Ihr Komposter vielleicht nie ganz voll.

■ Nach sechs bis zwölf Monaten (oder wenn der Komposter fast voll ist) nichts mehr zugeben.

■ Einen neuen Kompost beginnen und den alten gründlich durchrotten lassen.

(Im Uhrzeigersinn von oben links) **Verschiedene Komposter**
1. Ein Komposter aus Latten, die aufeinander gesteckt werden, ist einfach zu füllen und umzusetzen.
2. Kompakte Kompost-Silos aus Recyclingkunststoff haben meist unten eine Klappe zum Entnehmen des fertigen Komposts. Einen Boden haben sie nicht, man kann sie einfach anheben.
3. Bei traditionellen Holzkompostern lassen sich zur Entleerung auf einer Seite die Bretter herausheben.
4. Vier Holzpfähle, etwas Maschendraht und eine Front aus Holzlatten – fertig ist ein preiswerter, praktischer Komposter.

DER IDEALE KOMPOSTER

■ Solide Bauweise
■ Große Öffnung zum leichten Befüllen
■ Regendichter Deckel oder Abdeckung, die nicht wegweht
■ Volumen mindestens 220 Liter, Abmessungen mindestens 75×75×100 cm
■ Abnehmbare Front zur Entleerung, alternativ leicht anzuhebendes Gefäß

■ Manche Komposter haben eine Frontklappe zur Entnahme des fertig verrotteten Materials von unten. Wenn man regelmäßig Kompost entnimmt, können oben laufend weitere Abfälle eingefüllt werden.

Tipps für schnelleren Kompost

Füllt man den Komposter in einem Arbeitsgang mit einer guten Mischung von Abfällen, entwickelt sich eine kräftige Rottewärme, die auch Unkrautsamen abtötet.

■ Grobe, harte Teile mit einem Spaten zerhacken oder schreddern.

■ Den Kompost warm halten. Die untere Lage verrottet meist zuerst und erzeugt dabei Wärme, die aufsteigt. Damit sie nicht verloren geht, den Kompost abdecken oder einen Behälter mit Deckel verwenden. Die Abdeckung hält Feuchtigkeit im Kompost und verhindert, dass er bei Regen zu nass wird.

■ Den Kompost gelegentlich umsetzen. Den Komposter ausleeren, den Inhalt gründlich mischen und wieder einfüllen. Dadurch lässt sich die Rotte wieder in Gang bringen, wenn sie zum Stillstand gekommen ist. Wird langsam verrottendes Material kompostiert, kann man beim Umsetzen den Prozess kontrollieren und bei Bedarf die Mischungsverhältnisse entsprechend korrigieren.

DER STAPEL-KOMPOSTER

Solche Komposter aus Holz sind leicht zu bauen und sehen im Garten recht ordentlich aus. Man kann sie streichen oder lasieren und auch einen passenden Deckel dafür bauen. Zusammengesetzt wird der Komposter aus mehreren gleichen Rahmen, die mithilfe der leicht vorstehenden Eckleisten (*siehe oben*) aufeinander gestapelt werden.

1 Der Komposter kann mit der Füllung wachsen. Wenn der Inhalt den oberen Rand erreicht, einfach einen neuen Rahmen aufsetzen.

2 Den Kasten laufend füllen, bis alle Rahmen verwendet sind. Eine Höhe von 1 m sollten Sie dabei nicht überschreiten. Den Inhalt gleichmäßig verteilen, leicht andrücken und bei Trockenheit gießen.

3 Wenn neben dem Komposter etwas Platz ist, fällt das Umsetzen leicht. Einfach die Rahmen einzeln abnehmen, nebenan wieder aufsetzen und den Inhalt umfüllen.

DER BODEN 43

Wie lange dauert es?

Der Kompost kann verwendet werden, wenn er wie dunkler Waldboden aussieht (siehe S. 36) und die ursprünglichen Zutaten nicht mehr erkennbar sind – abgesehen vielleicht von vereinzelten Zweigen oder Maiskolben. Im Sommer dauert die Rotte manchmal nur zwölf Wochen, wenn Sie die Tipps auf Seite 41 befolgen, sie kann aber auch ein Jahr oder länger dauern. Schneller und langsamer Kompost sind gleichwertig.

Kompost verwenden

Gartenkompost ist ein Bodenverbesserer mit mittlerem Nährstoffgehalt (siehe S. 34–35). Die empfohlene Menge liegt bei etwa zwei vollen Schubkarren (100 Liter) auf 5 m^2. Das entspricht einer etwa 1 cm dicken Mulchschicht. Kompost wird im Frühling oder Sommer als Mulch ausgebracht oder höchstens 20 cm tief in den Boden eingearbeitet.

GRABENKOMPOSTIERUNG

Eine weitere Möglichkeit zur Kompostierung besteht darin, einen Graben auszuheben und mit Küchen- und Gartenabfällen zu füllen. Ist der Graben fast voll, wird er mit Erde abgedeckt und der Grabenkompost hält Feuchtigkeit und Nährstoffe genau dort bereit, wo sie benötigt werden. Für Erbsen und Bohnen im Herbst einen Graben in Spatenbreite und -tiefe in der gewünschten Reihenlänge ausheben. Für jede Kürbispflanze eine Grube von 1×1 m graben. Grünabfälle einfüllen und zwischendurch mit etwas Erde bestreuen. Den fast vollen Graben mit Erde verschließen und einige Monate ruhen lassen. Wenn sich der Boden gesetzt hat, kann zum geeigneten Zeitpunkt gesät werden.

Kompost im großen Garten Wer einen großen Garten hat und Gemüse anpflanzt, ist mit einer Reihe von Kompostern besser bedient als mit einem großen Haufen. Ist ein Abteil voll, wird der Inhalt mit einer Forke ins nächste umgesetzt und dabei gleich gemischt. Ist das erste Abteil später wieder voll, müsste der Kompost im zweiten durchgerottet sein, sodass Sie es leeren und zum nächsten Umsetzen frei machen können. Alternativ fügen Sie ein drittes Abteil an.

LAUBKOMPOST IN PHASEN

1 Frisch gesammelte Blätter können ganz kompostiert oder mit dem Rasenmäher zerkleinert werden.

2 Ein Jahr später: Der grobe Laubkompost ist ein gutes Mulchmaterial.

3 Zwei Jahre alter Laubkompost eignet sich zur Boden- und Rasenverbesserung und als Zutat für Topf- und Kübelsubstrate.

Laubkompost

Wenn im Herbst die Blätter abfallen und am Boden verrotten, entsteht dunkler Laubkompost, ein ausgezeichneter Bodenverbesserer. Das Kompostieren von Laub ist ganz einfach. Sie brauchen nur reichlich Herbstblätter und ein Behältnis, aus dem sie nicht herauswehen können. Laub mit der Biotonne abfahren zu lassen oder zu verbrennen ist eine Verschwendung wertvoller Ressourcen.

Welche Blätter eignen sich?

Kompostieren kann man das Herbstlaub aller laubabwerfenden Bäume und Sträucher. Immergrüne wie Lorbeerkirsche und Ilex eignen sich nicht. Je nach Baumart dauert der Prozess unterschiedlich lange, doch letztendlich verrotten alle Blätter. Vom Rasen sammelt man Blätter am einfachsten auf, indem man mit dem Mäher darüberfährt. Verwendet man keinen Fangkorb, ziehen Würmer die zerkleinerten Blätter bald in den Boden. Wenn die Menge nicht reicht, fegen Sie Laub auf einer ruhigen Straße zusammen oder holen welches – mit Genehmigung – aus einem Park oder vom Friedhof. Blätter von befahrenen Straßen können aber mit Öl und Ruß belastet sein. Und aus dem Wald sollten Sie keinesfalls Laub zum Kompostieren holen.

Laubkompost herstellen

Sammeln Sie im Herbst abgefallenes Laub ein – am besten nach einem Regen, wenn es feucht ist. Die Blätter in den Komposter füllen oder in einer Ecke aufhäufen und verrotten lassen.

Einfache Komposter für Laub kann man kaufen oder aus Pfosten und feinem Maschendraht selbst bauen. Ein Deckel oder geschlossene Seiten sind nicht nötig, aber der Komposter sollte gerade groß genug für die anfallende Laubmenge sein. Kleine Mengen kann man auch in schwarze Plastiksäcke stopfen. Volle Säcke locker zubinden, dann mit der Grabgabel einige Löcher ins Plastik stechen. Noch einfacher ist es, die Blätter in einer windgeschützten Ecke aufzuhäufen und abzuwarten.

Die Kompostierung von Laub verläuft normalerweise langsam und ohne viel Wärmeentwicklung. Je nach Laubart und Ver-

DER BODEN 45

wendung kann es neun Monate bis zwei Jahre dauern, ehe der Kompost gebrauchsfertig ist.

Laub und Laubkompost verwenden

Laubkompost ist ein Bodenverbesserer mit geringem Nährstoffgehalt (siehe S. 34–35) und nach einem Jahr ein Mulch mit guter Wasserspeicherung. Er muss noch nicht ganz durchgerottet sein, sollte aber deutlich dunkler und krümeliger aussehen als das Ursprungsmaterial. Lässt man das Laub ein oder zwei Jahre länger verrotten, kann man den feineren Kompost für Topfsubstrate und zur Rasenverbesserung benutzen. Laubkompost wird als 10 cm dicke Schicht oberflächlich aufgebracht oder mit einer Grabgabel leicht eingearbeitet. Alle Pflanzen können zu jeder Jahreszeit damit gemulcht werden. Weil Laubkompost viel Feuchtigkeit speichert, ist die Ausbringung im Frühling, wenn sich der Boden erwärmt hat, besonders sinnvoll. Im Winter eignet er sich zum Abdecken leerer Beete, in denen im Frühling kleine Gemüsesamen (z. B. Mohrrüben) gelegt werden sollen. Auch als Winterschutz für frostempfindliche Stauden eignet er sich, wenn er mit Tannenzweigen beschwert wird. Mit Lehm und Sand gemischt kann man ihn auf den Rasen streuen, um den Boden zu lockern.

Komposter für Laub Einige Pfosten in den Boden rammen, feinen Maschendraht daran befestigen – fertig ist der Laubkomposter. Die Blätter fallen beim Verrotten stark zusammen.

DER BODEN

Wurmkompost

Manche Würmer, die in der Natur in Laub-, Mist- und Komposthaufen leben, haben sich auf die Zersetzung pflanzlicher Abfälle spezialisiert. Eine Kolonie solcher Würmer kann man in ein Behältnis setzen und mit Küchenabfällen »füttern«, um so nährstoffreichen Wurmkompost zu gewinnen. Ein Wurmkomposter kann das ganze Jahr über in Betrieb sein. Er ist vor allem dann praktisch, wenn nur kleine Mengen Obst- und Gemüseabfälle regelmäßig aus der Küche anfallen. Große Mengen Grünabfall können Kompostwürmer nicht bewältigen.

Klein, aber wirksam Ein kompakter, geschlossener Wurmkomposter passt in einen kleinen Garten und sogar auf die Terrasse. Er sollte nicht in praller Sonne stehen und im Winter in den Schuppen oder die Garage geräumt werden.

Würmer bei der Arbeit

Für den Wurmkompost braucht man spezielle Kompostwürmer. Normale Regenwürmer aus dem Garten sind nicht geeignet. Kompostwürmer sind hocheffiziente Recyclingspezialisten, die sich bei guten Bedingungen schnell vermehren. Man beginnt die Kompostierung am besten mit 1000 Würmern (ca. 500 g), die man aus einem bestehenden Komposthaufen, einem Misthaufen oder einem anderen Wurmkomposter holt. Man kann die Würmer auch über das Internet, in Zoo- und Angelgeschäften kaufen. Die Würmer brauchen ein feuchtes, dunkles Milieu, etwa in einer Plastiktonne oder Holzkiste.

Der Komposter

Sie können Wurmtonnen kaufen oder auch eine alte Plastik-Mülltonne oder eine Kiste (mit Deckel) aus Holz oder Kunststoff umfunktionieren. Die Würmer fressen meist an der Oberfläche, darum sollte das Gefäß recht weit sein und so eine große Oberfläche bieten. Wurmdicht hingegen braucht es nicht zu sein, denn wenn es den Würmern gut geht, wandern sie nicht ab. Gute Dränage ist wichtig, weil Küchenabfälle viel Feuchtigkeit enthalten und die Würmer ertrinken, wenn es zu nass wird (siehe S. 49). Wenn der Komposter nicht umgesetzt werden

Würmer für die Tonne Kompostwürmer haben eine typische rot-gelbe Streifenzeichnung. Ihre Eier befinden sich in winzigen, zitronenförmigen Kokons.

Weiße Besucher Kleine weiße Würmer, so genannte Enchytraiden, treten manchmal in großer Zahl auf. Sie sind harmlos, deuten aber auf ein saures Milieu hin.

muss, braucht er keinen Boden. Zwei oder drei Rahmen eines Stapelkomposters (siehe S. 42), direkt auf den Boden gesetzt und abgedeckt, eignen sich bestens.

Wohin mit dem Wurmkomposter?

Am aktivsten sind die Würmer bei Temperaturen zwischen 12 und 25 °C. Sie überleben erheblich niedrigere Temperaturen, arbeiten dann aber langsamer. Am besten steht der Wurmkomposter dort, wo die Temperatur nicht zu stark schwankt – also nicht in der prallen Sommersonne. Im Winter stellt man die Tonne am besten in einen Schuppen oder ein warmes Gewächshaus oder verpackt sie vor Frosteinbruch in isolierendes Material. Eine Wurmtonne mit integriertem Flüssigkeitsbehälter kann im Schuppen oder auf der Veranda stehen und im Sommer ins Freie gestellt werden. Andere Behälter müssen auf nacktem Boden stehen, der überschüssige Flüssigkeit aufnimmt.

Fütterung der Würmer

In einem Wurmkomposter verarbeitet man Küchen- und Gemüsemengen, die oft, aber in kleiner Menge anfallen. Die Würmer können keine großen Portionen auf einmal verarbeiten. Überschüssige Nahrung fault, ehe die Würmer sie zersetzen können, und beginnt zu stinken. Dann können die Würmer, die keine faulende Nahrung verarbeiten, sterben. Auch kleine Mengen von Gartenabfällen können von Würmern kompostiert werden. Unangenehmer

WAS DARF IN DEN WURMKOMPOSTER?

Ja

- Gemüseschalen
- Abfälle von Gemüsepflanzen
- Eierschalen
- Obstabfälle
- Gekochte Gemüsereste
- Zerkleinertes Papier, Papiertüten
- Küchenpapier
- Kaffeesatz
- Teeblätter
- Zwiebelschalen
- Eierkartons

Nein

- Größere Mengen Zitrusschalen
- Milchprodukte
- Fleisch und Fisch
- Exkremente von Hunden und Katzen
- Gekaufte Blumen

Würmer einfangen Wenn der fertige Wurmkompost ausgebreitet wird, suchen sich die Würmer einen kühlen, feuchten Platz – hier unter nassem Zeitungspapier. Dann kann man sie leicht aufnehmen und wieder in die Tonne setzen.

Coole Kollegen Kompostwürmer bevorzugen ein kühles, feuchtes, dunkles Milieu, aber bei Kälte verlangsamt sich ihre Aktivität. Im Winter sollte man die Tonne in den Schuppen oder die Garage stellen oder im Freien mit Luftblasenfolie oder Stroh isolieren.

VERWENDUNG VON WURMKOMPOST

- In der Wachstumsperiode als Mulch für Starkzehrer wie Kürbis oder Zucchini verwenden.
- Als oberste Schicht in die Töpfe von Zimmerpflanzen geben. Falls nötig, 2 cm des Topfsubstrats entfernen und durch Wurmkompost ersetzen. Wie üblich gießen.
- Unter gekauftes Substrat mischen, um Nährstoffgehalt und Wasserspeichervermögen zu verbessern. Praktisch für Hängeampeln!
- Als Zutat für selbst gemachtes Pflanzsubstrat verwenden.

Geruch lässt sich vermeiden, indem man monatlich etwas Gartenkalk (siehe S. 55) auf den Kompost streut.

Die wöchentliche Verarbeitungsmenge hängt von der Anzahl der Würmer und der Temperatur ab. Mehr als 3–4 Liter Bioabfall auf einmal sollten Sie nicht einfüllen. Beginnen Sie mit kleinen Mengen und steigern sie langsam. Schauen Sie sich den Kompost an, ehe Sie neues Material einfüllen. Größere Stücke werden zerkleinert, um die Zersetzung zu erleichtern. Wenn keine Abfälle anfallen, können die Würmer trotzdem mehrere Wochen überleben. Aber geben Sie ihnen keinesfalls einen Vorrat, ehe Sie in Urlaub fahren. Die überschüssige Menge verfault, bevor die Würmer sie verwerten können.

Häufige Probleme

Ein gut funktionierender Wurmkomposter stinkt nicht. Wenn zugefügte Bioabfälle nicht verwertet werden und der Kompost zu riechen beginnt, ist etwas nicht in Ordnung. Die Hauptprobleme sind Überfütterung oder zu viel Feuchtigkeit – als Folge schlechter Dränage oder Überfütterung. Sind noch lebende Würmer im Kompost zu sehen, füttern Sie sie eine Weile nicht. Mischen Sie saugfähiges Material wie Zeitungspapier, Eierkartons, Küchenpapier oder Pappröhren unter den Kompost, streuen Sie Gartenkalk darauf und öffnen Sie verstopfte Dränagelöcher. Sind keine aktiven Würmer zu entdecken, müssen Sie annehmen, dass sie tot sind. Dann leeren Sie die Tonne und beginnen neu.

Im Sommer erscheinen in der Komposttonne manchmal winzige, schwarze Fruchtfliegen. Sie sind harmlos, aber lästig und lassen sich reduzieren, indem man jede Futtergabe mit dem Kompost mischt. Alternativ kann man sie in einer Falle fangen, etwa in offenen Gläsern oder speziellen Insektenfallen mit Orangensaft, Cidre oder Apfelessig. Pestizide sind selbstverständlich tabu.

Den Kompost entnehmen

Nach einigen Monaten regelmäßiger Fütterung haben die Würmer nährstoffreichen, dunklen Kompost produziert, der am Grund des Komposters liegt. Um eine kleine Menge zu entnehmen, schieben Sie einfach die obere Lage unverarbeiteten Materials mit den Würmern beiseite. Möchten Sie eine größere Menge Kompost entnehmen, füllen Sie das unverarbeitete Material mit den Würmern kurzfristig in einen anderen Behälter, nehmen den Kompost heraus und geben Würmer samt Futter wieder in den Komposter.

Einfangen der Würmer

Wenn sich im entnommenen Kompost viele Würmer befinden, möchten Sie sie vielleicht einfangen und wieder in den Komposter setzen. Dazu verteilen Sie den Kompost an einem sonnigen, trockenen Tag höchstens 5 cm dick auf einer harten Oberfläche. Feuchten Sie mehrere Lagen Zeitungspapier an und decken Sie ein Drittel bis die Hälfte der Kompostfläche damit ab. Nach einigen Stunden sind die Würmer unter das Papier gekrochen und Sie können Sie in den Komposter schaufeln. Wenn Sie den Vorgang wiederholen, können Sie fast alle Würmer einfangen.

Verwendung von Wurmkompost

Wurmkompost aus Gemüseabfällen ist ein nährstoffreicher Bodenverbesserer (siehe S. 34–35) mit krümeliger Konsistenz. Er enthält mehr und leichter verfügbare Nährstoffe als Gartenkompost, hat einen hohen Humusgehalt und speichert Wasser gut. Wegen dieser Eigenschaften und weil er nur in kleinen Mengen anfällt, wird er meist als konzentrierter Dünger gegeben und nicht als Strukturmaterial. Die anfallende Flüssigkeit (siehe Kasten rechts) kann als Flüssigdünger verwendet werden.

Flüssigkeit auffangen Gekaufte Wurmkomposter haben meist einen Hahn zum Ablassen der nährstoffreichen Flüssigkeit. Stellt man die Tonne auf Ziegelsteine, kann man leicht einen Behälter unter den Hahn halten.

KOMPOST-FLÜSSIGKEIT

Gemüseabfälle enthalten viel Flüssigkeit, die sich in Kunststofftonnen sammeln kann. Die Würmer ertrinken, wenn die Flüssigkeit nicht abfließen kann. Hat der Komposter am Boden ein Reservoir, in dem sich die Flüssigkeit sammelt, kann man sie mithilfe eines gewöhnlichen Regentonnen-Ablasshahns abzapfen. Die nährstoffreiche Flüssigkeit kann auf den Gartenkompost gegossen oder im Mischungsverhältnis 1:10 mit Wasser als Flüssigdünger für Kübelpflanzen verwendet werden. Die Ergebnisse sind allerdings etwas unberechenbar.

Gründünger

Als Gründünger bezeichnet man Pflanzen, die weder Zierwert haben noch gegessen werden. Man sät sie und gräbt sie später unter, um den Boden zu verbessern. Manche binden Stickstoff, andere unterdrücken mit ihrem dichten Laub Unkraut, wieder andere lockern mit ihrem Wurzelwerk schwere Böden auf.

Warum Gründünger säen?

■ **Zur Nährstoffanreicherung** Klee zum Beispiel nimmt Stickstoff aus der Luft auf und bindet ihn durch »Knöllchen« an seinen Wurzeln im Boden. Wenn die Pflanzen untergegraben werden und kompostieren, steht er anderen Arten zur Verfügung. Andere Gründüngerpflanzen bilden lange Wurzeln, mit denen sie Nährstoffe aus der Tiefe holen, sodass nach ihnen gesäte Flachwurzler davon profitieren können.

■ **Zum Schutz des Bodens** Gründüngerpflanzen verhindern, dass der Boden durch heftigen Regen verdichtet wird. Das ist vor allem auf tonigen Böden nützlich.

■ **Zur Strukturverbesserung** Roggen beispielsweise lockert mit seinem ausgedehnten, feinen Wurzelwerk schwere Böden. Auf leichteren Böden halten die Wurzeln die Partikel zusammen und verbessern so die Wasserspeicherung.

■ **Zur Unkrautbekämpfung** Gründüngerpflanzen keimen und wachsen schnell und behindern die Entwicklung von Unkraut-Sämlingen (siehe S. 74).

■ **Zur Schädlingsbekämpfung** Frösche, Käfer und andere Nützlinge schätzen den feucht-kühlen Schatten der Gründüngerpflanzen. Manche Schädlinge lassen sich verwirren, wenn Gründünger zwischen Gemüse wächst.

■ **Zur Bodenerholung** Um dem Boden einmal eine Pause zu gönnen, säen Sie langsamer wachsenden Gründünger und lassen ihn eine Saison stehen. Dadurch kann sich der Boden vom Gemüseanbau erholen, gleichzeitig werden Struktur und Nährstoffgehalt verbessert.

Welcher Gründünger ist richtig?

Die Wahl des Gründüngers hängt davon ab, was er bewirken soll, wie lange und womit das Beet vorher bepflanzt war und was Sie anschließend

anbauen wollen. Auch Jahreszeit und Bodentyp spielen eine Rolle. Die Liste der Möglichkeiten mag lang und unübersichtlich scheinen, aber wenn Sie einige Grundregeln beachten, ist die Entscheidung einfach. Diese Fragen sollten Sie sich bei der Auswahl von Gründünger stellen:

■ Wie passt die Pflanzenart in meinen Fruchtfolgeplan (siehe S. 230–233)?
■ Wann will ich säen? Für die Wintersaat eignen sich nur überwinternde Arten.
■ Wie lange soll Gründünger auf dem Beet stehen? Manche Arten wachsen schneller als andere.
■ Was soll anschließend gepflanzt werden? Roggen kann noch einige Wochen nach dem Untergraben die Keimung hemmen, sollte also nicht vor der Aussaat kleinsamiger Arten verwendet werden. Leguminosen wie Klee oder Saat-Wicke dagegen binden Stickstoff im Boden, für den anschließend gesäte Starkzehrer wie Kürbis und Kohlgewächse dankbar sind.
■ Welche Art passt am besten zu meinem Boden?

Diese Informationen genügen, um den passenden Gründünger auszuwählen. Der Anbau ist immer gleich: Aussäen, wachsen lassen und nach einer bestimmten Zeit in die obersten 10–15 cm des Bodens einarbeiten. Grobe Pflanzenteile dabei mit dem Spaten zerhacken.

Gründünger untergraben Gründünger-Pflanzen müssen nach dem Untergraben schnell verrotten. Junge Pflanzen zersetzen sich schneller, darum werden sie untergegraben, ehe sie größer und zäher werden – im Idealfall, bevor sich Blütenknospen bilden. Wenn die Pflanze blüht und Samen bildet, können diese erneut keimen, was nicht immer erwünscht ist. Härtere Gründüngerpflanzen schneidet man ab, lässt sie wie Mulch auf dem Beet liegen oder wirft sie auf den Komposthaufen.

Der Zeitpunkt zum Untergraben

Das Untergraben erledigt man am besten einige Wochen vor der Aussaat oder Pflanzung. Für überwinterte Gründünger ist das zeitige Frühjahr ideal. Geben Sie dem Laub mindestens 1 Woche, besser 1 Monat Zeit zur Verrottung. Dann hat sich der Boden gesetzt und es kann gesät oder gepflanzt werden. Je jünger die Gründüngerpflanzen und je höher die Temperatur, desto schneller verrotten sie.

Gründünger ohne Umgraben

Wer nicht umgraben möchte, kann Gründüngerpflanzen auch abschneiden, das Laub auf dem Beet verrotten lassen und durch diese Schicht pflanzen oder säen. Genau wie eine Mulchschicht schiebt man die Blätter einfach beiseite, um Samen zu legen. Alternativ kann man die Blätter auf den Komposthaufen werfen.

(Von links nach rechts) **Gründünger** Luzerne (auch Alfalfa genannt); Roggen; Klee; *Phacelia* (eine prächtige Bienenweide, wenn sie blühen darf).

Tierische Düngemittel

Mist ist im Biogarten ein traditionelles Düngemittel, das besonders wertvoll ist, wenn es Anteile einer Einstreu enthält. Er ist ein voluminöses Strukturmaterial und liefert nach der Verrottung Nährstoffe in mittlerer bis hoher Konzentration.

Bodenverbesserung Mist tut viel für die Fruchtbarkeit des Bodens. Für alle, die tierische Produkte lieber vermeiden wollen, gibt es aber viele Alternativen.

Mist – aber woher?

Die meisten Biobauern verwenden ihren Mist auf dem eigenen Hof. Mist aus Intensiv-Aufzucht sollte man nicht verwenden, weil er Reste von pharmazeutischen Produkten enthalten kann. Ist kein Mist von einem Biohof zu bekommen, fragen Sie auf einem traditionellen Betrieb, auf dem die Tiere frei laufen dürfen. Reitställe und Reiterhöfe geben auch oft Mist an Selbstabholer ab. Erkundigen Sie sich aber, wann die Pferde die letzte Wurmkur bekommen haben.

Mist lagern

Mist muss vor der Verwendung im Garten verrotten, damit er den Pflanzen nicht schadet. Außerdem werden die Nährstoffe gebunden und können durch Regen nicht so leicht ausgeschwemmt werden. Man kann Mist auf den Komposthaufen geben. Enthält er Einstreu, kann man auch einen separaten Misthaufen anlegen. Geflügelmist ist sehr nährstoffreich. Wenn er keine Streu enthält, muss er auf den Kompost gegeben oder mit viel Stroh vermischt werden.

EINEN MISTHAUFEN AUFSETZEN

- Suchen Sie einen Platz, an dem der Mist einige Monate liegen kann.
- Trockenes Streumaterial muss gut durchfeuchtet werden.
- Drücken Sie das Material kräftig zusammen.
- Decken Sie das Ganze mit wasserdichter Folie ab.
- Mist vom Biohof drei Monate verrotten lassen, anderen Mist sechs Monate, damit Schadstoffe abgebaut werden. Wurden anstelle von Stroh Sägespäne als Einstreu benutzt, beträgt die Verrottungszeit ein Jahr und das Endprodukt sollte nur als Mulch verwendet werden.

DER BODEN 53

Fertigprodukte
Im Fachhandel bekommt man auch gebrauchsfertige Produkte aus Mist. Wählen Sie möglichst ein Produkt, das ein anerkanntes Bio-Label trägt. Im Zweifelsfall erkundigen Sie sich beim Hersteller nach der Herkunft des Rohmaterials. Das Stichwort »organisch« allein genügt nicht, denn es bedeutet nur, dass das Produkt von Lebewesen stammt – aber nicht, dass es sich auch für einen Biogarten eignet.

Andere Produkte auf Mistbasis
Pelletierter Hühnermist aus dem Fachhandel enthält Nährstoffe in hoch konzentrierter Form und gilt deshalb als Dünger im engeren Sinne (siehe S. 54). Lesen Sie auf der Verpackung nach, ob sich das Produkt für den Biogarten eignet. Manche Arten von Mist werden auch zur Herstellung von Flüssigdüngern verwendet und gelegentlich mit Spurenelementen angereichert.

Verwendung von tierischen Düngemitteln
Gut verrotteter Mist verbessert die Bodenstruktur und Wasserspeicherung. Er liefert Stickstoff, Kalium und andere Nährstoffe, jedoch hängt der Nährstoffgehalt von den Anteilen von Mist, Urin und Streumaterial ab. Eine Rolle spielt auch, ob der Mist abgedeckt oder dem Regen ausgesetzt war. Dennoch gilt er als Bodenverbesserer mit mittlerem bis hohem Nährstoffgehalt. Auf 5 m² Beetfläche verteilt man etwa zwei Schubkarren voll. Beim Umgang mit Mist Schnittwunden abdecken, Handschuhe tragen und nach der Arbeit die Hände unter fließendem Wasser waschen, ehe Sie Lebensmittel berühren. Wichtig ist auch ein zuverlässiger Tetanusschutz.

VERWENDUNG VON MIST
Verrotteter Mist kann untergegraben oder als Mulch verteilt werden, vor allem, wenn er viel Stroh enthält. Kontakt mit den Stängeln lebender Pflanzen sollte er aber nicht haben. Mist wird hauptsächlich im Gemüsegarten für Pflanzen mit großem Nährstoffbedarf verwendet, etwa Kartoffeln, Zucchini und Kürbisse, Tomaten und alle Kohlgewächse. Auch als Mulch für Rosen, die jedes Jahr stark beschnitten werden, eignet er sich gut. Stauden können im Abstand von zwei bis drei Jahren mit Mist gemulcht werden.

Hühnerhof Mist von frei laufenden Hühnern enthält viel Stickstoff und sollte nur sparsam verwendet werden.

Organische Düngemittel

Organische Düngemittel sind Produkte pflanzlichen, tierischen oder mineralischen Ursprungs. Die enthaltenen Nährstoffe werden meist langsam über einen längeren Zeitraum abgegeben, wenn der Dünger von Mikroorganismen zersetzt wird. Die langsame Nährstoffabgabe bekommt Pflanzen meist besser als die schnelle Wirkung chemischer Dünger, denn letztere begünstigt die Bildung weichen Grüngewebes, das besonders anfällig für Schädlinge und Spätfröste ist. Pelletierter Hühnermist, Blut-, Fisch-, Knochen- und Algenmehl sowie Mischprodukte enthalten mehrere Nährstoffe. Andere, etwa Gesteinsmehl, wirken spezifischer. Weil alle natürlichen Ursprungs sind, enthalten sie auch verschiedene Spurenelemente.

Natürlicher Dünger Seetang und Algen enthalten viele Pflanzennährstoffe und werden zur Herstellung von trockenen und flüssigen Düngemitteln verwendet. Sie sollten jedoch keine Algen am Strand sammeln, um sie im Garten zu verwenden.

Bei der Verwendung von Düngemitteln – vor allem Produkten tierischer Herkunft – sollte man die Grundregeln der Hygiene beachten. Befolgen Sie immer die Dosierungsanweisung, denn »viel hilft viel« ist der falsche Ansatz. Wenn eine Pflanze Anzeichen eines Mineralstoffmangels zeigt, muss das nicht daran liegen, dass dieses Mineral knapp ist. Ebenso können andere Faktoren die Aufnahme des betreffenden Nährstoffs verhindern (siehe auch S. 86–87). Anstelle der Symptome sollte man grundsätzlich die Ursache behandeln, aber als kurzfristige Lösung können auch lösliche Mineralstoffe gegeben werden. Die gängigsten sind Bittersalz (enthält Magnesium), Borax (enthält Bor) und Algen (enthalten Eisen). Holzasche ist ein natürlicher Kaliumlieferant, sollte aber wegen ihrer schnellen Löslichkeit besser auf dem Kompost recycelt werden.

Organische Düngemittel

■ **Knochenmehl** Fördert das Wurzelwachstum. Zur Bodenvorbereitung vor der Pflanzung von Sträuchern, Obstgehölzen und Stauden.

■ **Dünger auf Pflanzenbasis** Wird z. B. aus Beinwell, Luzerne oder Soja hergestellt.
■ **Pelletierter Geflügelmist** Hoher Stickstoffgehalt. Für einjährig kultivierte Gemüsebeete oder zur Aufwertung magerer Böden.
■ **Algenmehl** Verbessert die Humusbildung im Boden. Für einjährig kultivierte Beete, Obstgehölze und Rasen.
■ **Gesteinsmehl** Zum Ausgleich von Phosphormangel. Eine gute nichttierische Alternative zu Knochenmehl.
■ **Gartenkali** (pflanzl. Ursprungs) Versorgt Obst und Gemüse eine Saison lang mit Kalium.
■ **Gips** Liefert Kalzium, ohne den pH-Wert zu verändern. Zum Lockern schwerer Tonböden kann eine Mischung aus Gips und Dolomitkalkstein (80:20) verwendet werden.

pH-Wert-Veränderung durch »Kalken«

Wenn ein Boden zu sauer ist, kann sein pH-Wert angehoben werden, indem man gemahlenen Kalkstein (Kalziumkarbonat) oder Dolomitkalkstein (Kalzium-Magnesiumkarbonat) streut. Diese langsam löslichen Produkte wirken sanfter als Löschkalk oder Branntkalk. Normalerweise werden sie im Herbst ausgebracht, damit sie auf den Boden wirken können, ehe dieser im nächsten Frühling wieder bepflanzt wird. Es kann aber bis zu einem Jahr dauern, ehe sie ihre volle Wirkung entfalten. Die Dauer hängt auch vom Grad der erforderlichen ph-Wert-Korrektur ab. Normalerweise gibt man jährlich 200 g/m^2, bis der gewünschte pH-Wert erreicht ist. Dolomitkalkstein empfiehlt sich für Böden mit geringem Magnesiumgehalt.

(Rechts oben) **Dünger ausbringen** Beim gezielten Düngen einzelner Pflanzen Handschuhe tragen und nachher die Hände waschen – vor allem, wenn Produkte tierischen Ursprungs verwendet werden.

(Rechts unten) **Das Gemüsebeet kalken** Außer Handschuhen auch eine Atemschutzmaske tragen. Keinesfalls an windigen Tagen kalken, der aggressive Staub schädigt die Atemwege.

3. Wasser und Bewässerung

Ohne Wasser kann kein Leben existieren. Pflanzen benötigen Wasser für den lebenswichtigen Vorgang der Fotosynthese, für die Respiration und die Aufnahme von Nährstoffen. Anders ausgedrückt: Sie brauchen Wasser für Wachstum, Blüte und Fruchtbildung. Wer seinen Garten biologisch bestellt, denkt auch über den Umgang mit Ressourcen nach – und zu denen gehört das Wasser. Regenwasser von den Dächern des Wohnhauses, des Schuppens oder Gewächshauses kann man sammeln und anstelle von Leitungswasser verwenden, dessen Klärung und Aufbereitung aufwändig und teuer ist. Biologische Bodenpflege, durchdachte Pflanzenauswahl, gute Zeitplanung und gezieltes, angemessenes Bewässern tragen dazu bei, den Verbrauch dieser wertvollen Ressource gering zu halten.

Reserven anlegen Gut gepflegter Boden nimmt bei Regen reichlich Feuchtigkeit auf und speichert sie, sodass sie den Pflanzen zugute kommt.

Wasser sparen

Eine Reihe praktischer Methoden für alle Gartenbereiche bietet sich an, um den Wasserverbrauch zu verringern. Außerdem gibt es viele Pflanzen, die Trockenheit gut vertragen und an sonnigen Plätzen mit durchlässigem Boden gut gedeihen.

■ Wählen Sie Pflanzen, die mit dem Boden und dem Klima gut zurechtkommen. Wo Wasser knapp ist, empfehlen sich für den Ziergarten Sukkulenten, trockenheitsverträgliche Stauden, Gräser und Sträucher (siehe auch nächste Seite). Solche Pflanzen haben oft silbrig graues, manchmal behaartes oder filziges Laub wie der Ziest. Andere tragen winzige oder sehr schmale Blätter, denen ausdörrender Wind weniger ausmacht, und wieder andere haben fleischige Blätter mit zäher Haut, in denen sie Wasser speichern.
■ Verbessern Sie das Wasserhaltevermögen des Bodens oder erhöhen Sie in tonigen Böden die Verfügbarkeit des Wassers, indem sie organische Substanz einarbeiten (siehe S. 34–35).
■ Graben Sie stark verdichteten Boden um, damit sich Wurzeln besser ausbreiten können, – aber niemals bei trockenem Wetter, weil dadurch die Austrocknung noch beschleunigt wird.
■ Mulchen Sie mit Bodenverbesserern mit niedrigem Nährstoffgehalt (siehe S. 72–73), z. B. Laubkompost, Rindenhäcksel oder

Wüstengarten Sparsamer Umgang mit Wasser und durchdachte Pflanzenwahl lassen in der Wüste üppige Gärten entstehen. Davon können Biogärtner lernen.

anderem voluminösem Material, um Verdunstung und Unkrautwuchs zu verringern. Diese Mulchmaterialien verbessern die Struktur der Bodenoberfläche, erhöhen die Wasseraufnahme, verhindern das Abfließen von Wasser und die Pfützenbildung. Mulch soll Feuchtigkeit im Boden halten und nicht herausziehen. Trockener Boden wird vor dem Mulchen gewässert.

■ In trockenem Klima bindet eine Mulchschicht aus Kies oder Splitt Kondensfeuchtigkeit und gibt sie an den Boden weiter.

■ Beseitigen Sie Unkraut: Es konkurriert mit Ihren Pflanzen um das kostbare Wasser.

■ Wird ein Baum oder Strauch in den Rasen gepflanzt, decken Sie mindestens zwei Jahre lang eine 1 m² große Baumscheibe ab, um sie frei von Gras zu halten.

■ Mauern, Zäune, Hecken und begrünte Spaliere schützen andere Pflanzen vor austrocknendem Wind.

■ Verwenden Sie zur Anlage eines neuen Rasens trockenheitsverträgliches Gras. Bei Trockenheit nicht zu kurz mähen – es darf ruhig 7,5 cm lang werden. Wird Gras seltener gemäht, wurzelt es tiefer und verkraftet Trockenphasen besser.

■ Verlegen Sie statt Sprengern lieber Tropfschläuche (siehe S. 64–65).

■ Schattieren Sie Sämlinge und Jungpflanzen bei trockenem Wetter.

Querdenken Lassen Sie den Rasen im Sommer ruhig wachsen, er sieht dann bei trockenem Wetter schöner aus. Definieren Sie Unkraut zu »Wildblumen« um – so eine Blumenwiese kann ihren Reiz haben (siehe S. 124).

DAS LÄSST PFLANZEN AUSTROCKNEN:

■ **Sonnenschein:** An vollsonnigen Tagen verdunsten Pflanzen mehr Feuchtigkeit als an bedeckten.

■ **Temperatur:** Je wärmer es ist, desto höher liegt der Wasserverlust.

■ **Luftfeuchtigkeit:** Bei niedriger Luftfeuchtigkeit verlieren Pflanzen schneller Wasser.

■ **Wind:** Der Wind erhöht die Verdunstung von den Blattoberflächen.

Bäume und Sträucher für trockene Standorte

1 Ginster (*Cytisus*)
Kleiner bis mittelgroßer, blühender Strauch mit drahtigen Zweigen und winzigen Blättern. Ananasginster (*Argyrocytisus battandieri*) ist deutlich größer und besitzt einen charakteristischen Duft.

2 Esskastanie (*Castanea sativa*)
Wächst auf sandigem, leicht saurem Boden an warmen Standorten (Weinbauklima) zu einem stattlichen Baum heran.

3 Tamariske (*Tamarix*)
Bäume und Sträucher, die auch in windigen Küstenlagen gedeihen und – je nach Art – im Frühling oder Spätsommer/Frühherbst blühen.

4 Zistrose (*Cistus*)
Die immergrünen Sträucher aus dem Mittelmeerraum blühen den ganzen Sommer lang. Niedrige, breitwüchsige Arten empfehlen sich für Hochbeete. Andere Arten wachsen aufrechter.

5 Bartblume (*Caryopteris*)
Kleine, rundliche Sträucher, die im Spätsommer blaue Blüten tragen. Können jährlich stark zurückgeschnitten werden.

6 Lavendel (*Lavandula*)
Klassischer Strauch zur Einfassung von Wegen und Beeten. Schmale, silbrige Blätter und intensiver Duft. Das Foto zeigt Schopf-Lavendel.

7 Eukalyptus (*Eucalyptus*)
Kann als Baum kultiviert werden, gestutzte Pflanzen bilden aber meist größere Blätter. Wächst in Europa nur in milden Klimazonen.

8 Heiligenkraut (*Santolina*)
Niedrige Sträucher, gut für Einfassungen. Blüten in verschiedenen zarten und intensiven Gelb- und Goldtönen.

Stauden für trockene Standorte

1 Fackellilie (*Kniphofia*)
Robuste, Gruppen bildende Pflanze mit schmalen, riemenförmigen Blättern. Teilweise immergrün. Bienenweide.

2 Wolfsmilch (*Euphorbia*)
Eine große Gattung mit Pflanzen in vielen Größen und Höhen, oft mit auffälligen Blütenständen in Lindgrün, Gelb und Orange.

3 Edeldistel (*Eryngium*)
Stattliche, stachelige Pflanze, die wegen ihrer silbrigen Blätter dennoch elegant aussieht. Sehr haltbare, stahlblaue Blütenstände.

4 Fetthenne (*Sedum*)
Höhere Stauden dieser Gattung, etwa 'Ruby Glow', 'Herbstfreude' und 'Brilliant' tragen im Herbst Blüten in schönen, warmen Rosatönen. Die Blütenstände halten bis in den Winter, färben sich aber braun.

5 Königskerze (*Verbascum*)
Hohe Blütenähren über Rosetten aus meist graugrünen, behaarten oder filzigen Blättern. Wächst wild an trockenen, steinigen Hängen und auf offenem Grasland.

6 Ziest (*Stachys*)
Die meisten Arten bilden Teppiche aus grauen oder silbrigen, filzigen Blättern. Gut für den Kiesgarten.

7 Nelke (*Dianthus*)
Schöne Blüten mit Bauerngarten-Charme. Haltbare Schnittblumen, oft mit würzigem Duft. Blühen den ganzen Sommer lang, wenn welke Blüten regelmäßig entfernt werden.

8 Schmucklilie (*Agapanthus*)
Wüchsige Pflanze afrikanischer Herkunft. Besonders attraktiv in einem großen Kübel vor ruhigem Hintergrund. Bei uns bedingt winterhart.

Wasser richtig einsetzen

Der Wasserbedarf einer Pflanze verändert sich mit den verschiedenen Phasen ihres Lebenszyklus. Sämlinge sind wegen ihres kleinen Wurzelsystems anfällig für Wassermangel und vertrocknen leicht unwiderruflich. Neu gepflanzte Gehölze müssen in den ersten 1–2 Jahren bei Trockenheit gegossen werden, doch wenn sie sich einmal etabliert haben, kommen sie ohne Bewässerung aus.

Wann wird gewässert?

Manche Pflanzen müssen in einer bestimmten Lebensphase bewässert werden, wenn sie die gärtnerischen Erwartungen erfüllen sollen. Erbsen und Bohnen beispielsweise brauchen für die Blüten- und Samenbildung reichlich Wasser, davor jedoch weniger. Eine Kamelie kann im Frühling alle Knospen abwerfen, wenn sie im vorherigen Herbst an Wassermangel gelitten hat. Die kritischen Zeiten einiger Pflanzengruppen sind im Kasten gegenüber aufgeführt. Einige Gemüsearten brauchen nur wenig Wasser, wenn sie einmal angewachsen sind. Dazu gehören Kohlarten wie Brokkoli, Blumenkohl oder Rosenkohl, Möhren, Rote Bete, Porree, Zwiebeln, Pastinaken, Radieschen, Steckrüben und Herbstrüben.

Auch der Pflanzentyp beeinflusst den Wasserbedarf. Einige Pflanzen, die an extreme Trockenheit angepasst sind, gedeihen bei Wasserknappheit manchmal besser als bei Wasserüberfluss. Auch der Standort spielt eine Rolle. Pflanzen in Kübeln beispielsweise sind stärker auf die Versorgung durch den Gärtner angewiesen als ihre Artgenossen im Beet. Pflanzen im Regenschatten von Gebäuden oder Zäunen müssen öfter gegossen werden als Pflanzen in Lagen, die der Regen ungehindert erreicht.

KÜBELPFLANZEN

Pflanzen in Kübeln, Töpfen, Kästen und Ampeln müssen besonders sorgfältig bewässert werden. Das Substrat darf nie ganz austrocknen, aber auch nicht sumpfig-nass sein. Gießen Sie nicht nach einem Zeitplan, sondern achten Sie auf die Bedürfnisse der Pflanzen. Bei heißem, trockenem Wetter braucht eine große Ampel oder eine Tomatenpflanze im Kübel eventuell zweimal täglich Wasser. Gießen Sie immer auf das Substrat (*siehe Foto links*), nie auf die Blätter, von denen es abfließen würde.

Ist ein Kübel ausgetrocknet, stellen Sie ihn in eine Wanne mit Wasser, bis sich das Substrat vollgesaugt hat. Anschließend abtropfen lassen. Völlig ausgetrocknete Töpfe tauchen Sie komplett unter, bis keine Luftblasen mehr aufsteigen.

WANN BRAUCHT WELCHES GEMÜSE VIEL WASSER?

Bei trockenem Wetter müssen Sämlinge und Jungpflanzen aller Gemüsearten regelmäßig gegossen werden. Wenn sie größer sind, brauchen sie nur in bestimmten Lebensphasen – und natürlich bei extremer Trockenheit – Wasser.

Während der Blüte
- Erbsen und alle Bohnenarten
- Kartoffeln
- Gemüsemais (Zuckermais)

Während der Fruchtbildung
- Erbsen und Bohnen
- Mais, wenn die Kolben anschwellen
- Zucchini und Kürbisse
- Tomaten

Jederzeit
- Blattgemüse wie Salat und Spinat
- Sommer-Kohlsorten

Die richtige Tageszeit

Die besten Zeiten zum Gießen sind der frühe Morgen und der Abend, wenn Luft und Boden kühl sind und weniger Wasser durch Verdunstung verloren geht. Auch Brandflecken auf den Blättern, die durch die »Brennglaswirkung« von Wassertropfen entstehen, lassen sich so vermeiden. Pflanzen, die durch Schnecken gefährdet sind, sollte man aber nicht abends gießen, weil die Schnecken dann angelockt werden.

Wie viel Wasser?

Für Menge und Häufigkeit der Wassergaben lassen sich keine festen Regeln aufstellen, denn dafür müssen Pflanzenart, Temperatur und viele andere Faktoren berücksichtigt werden. In jedem Fall ist seltenes, durchdringendes Gießen besser als häufiges Beträufeln. Bei trockenem Wetter braucht man für Gemüse in Reihen etwa 11 l/m^2, um die Wurzelzone zu durchfeuchten. Kontrollieren Sie nach dem Gießen, ob das Wasser bis zu den Wurzeln vorgedrungen ist, denn unter einer nassen Oberfläche kann sich trockenes Erdreich verbergen. Falls nötig, geben Sie den Pflanzen Nachschlag.

Gemüse bewässern

Gemüse reagieren je nach Sorte und Wachstumsphase unterschiedlich auf Bewässerung. Wasser regt die Blattbildung an, was bei Blattgemüse erwünscht ist, bei Erbsen, Bohnen und Tomaten aber die Reife verzögern und den Geschmack beeinträchtigen kann. Verstärktes Blattwachstum bedeutet nicht automatisch höhere Erträge. Wer Zeit und Wasser sparen will, bewässert nur die »bedürftigen« Pflanzen.

Bewässerungsmethoden

Ob Sie sich für die Gießkanne oder eine High-Tech-Bewässerung entscheiden, hängt von Ihrem Budget, Ihrer Zeit und Ihrem Wasservorrat ab. Wichtig ist immer, dass das Wasser direkt auf den Wurzelbereich gelangt. Blätter, Blüten und Stängel sollten nicht befeuchtet werden, sonst droht Pilzbefall. Sprenger sind besonders uneffektiv und sollten nicht benutzt werden, weil ein Großteil des Wassers wegweht oder verdunstet, ehe es überhaupt den Boden erreicht. In trockenem Klima, wo häufig bewässert werden muss, ist ein eingegrabener Tropfschlauch praktisch, weil mehr Wasser unter die Erde gelangt, statt an der Oberfläche zu verdunsten (siehe auch gegenüber).

Gießen von Hand

Wenn man mit der Gießkanne oder einem Schlauch bewässert, bekommt jede Pflanze individuell zur richtigen Zeit die richtige Menge Wasser. Allerdings kostet diese Methode viel Zeit – und Sie brauchen für den Urlaub eine »Gießvertretung«. Zarte Sämlinge müssen mit einem feinen Sprühstrahl befeuchtet werden, sonst nehmen sie Schaden. Töpfe und Schalen mit Sämlingen wässert man nicht von oben, sondern stellt sie in eine flache Wanne mit Wasser, bis sich das Substrat vollgesaugt hat.

Am effektivsten ist die Handbewässerung, wenn das Wasser direkt in den Wurzelbereich gelangt. So wird die Verdunstung reduziert und das Umfeld bleibt trocken – dort wachsendes Unkraut muss dursten. Traditionell gräbt man

WASSER UND BEWÄSSERUNG

zu diesem Zweck neben einer Pflanze einen unglasierten Tontopf ein und füllt ihn mit Wasser, das langsam heraussickert. Alternativ kann man einen großen Trichter verwenden oder eine umgekehrte Plastikflasche ohne Boden mit locker aufgeschraubtem Deckel. Bei Bäumen und Sträuchern gräbt man am besten beim Pflanzen ein Stück perforiertes Dränagerohr so ein, dass ein Ende bis zur Wurzel reicht und das andere knapp aus der Erde schaut.

Bewässerungssysteme

Durch Schwerkraft versorgte Bewässerungssysteme werden in vielen Teilen der Erde eingesetzt. So ein System eignet sich auch für den privaten Garten, wenn das Grundstück abschüssig ist und eine geeignete Wasserquelle zur Verfügung steht. Praktischer sind aber meist Tropfschläuche. Das Wasser fließt durch die porösen oder gelochten Schläuche und sickert nach dem Austreten direkt in den Boden ein. Wenn solche Schläuche in der Erde vergraben, mit einer Mulchschicht oder einer Folie (siehe S. 74–75) abgedeckt sind, wird die Verdunstung fast völlig verhindert und alles Wasser kommt den Pflanzen zugute. Der Hahn am Ende des Schlauchs wird nur so lange aufgedreht, wie es notwendig ist – oder mit einer Zeitschaltuhr ausgestattet, die die Bewässerungszeit regelt.

Für Pflanzen in größeren Abständen oder für Reihen von Blumenampeln oder Kübeln kann eine Tropf-Bewässerung mit einzelnen Düsen praktischer sein.

Im Gewächshaus kann man Töpfe auch auf saugfähige Schaumstoffmatten stellen, deren eines Ende in einen Wasserbehälter gehängt wird. Durch die Kapillarwirkung wird das Wasser durch die Matte und das Substrat gezogen, sodass sich die Pflanzen selbst so viel Wasser holen, wie sie brauchen. Diese Methode eignet sich auch für die Urlaubsversorgung von Zimmerpflanzen.

> ### WASSER CLEVER NUTZEN
> ■ Hauptsächlich Sämlinge, frisch umgepflanzte und neu gepflanzte Gewächse gießen.
> ■ Am besten am frühen Morgen gießen.
> ■ Direkt auf das Substrat gießen, nicht auf die Blätter.
> ■ Nicht nur die Oberfläche benetzen, sondern den Boden gut durchfeuchten.
> ■ In den kritischen Wachstumsphasen verstärkt gießen.
> ■ Anstelle eines Sprengers Tropfschläuche verwenden.
> ■ Die Bewässerung per Zeitschaltuhr automatisieren.
> ■ Rasen nicht bewässern.

Bewässerungsmethoden Tropfschläuche zwischen den Pflanzen (*links*) oder knapp unter der Erdoberfläche sind eine besonders sparsame Art der Bewässerung. Eine traditionelle Methode ist das Eingraben von unglasierten Tontöpfen, hier zwischen Salatköpfen (*Mitte*); Deckel verringern die Verdunstung. Schlauch oder Gießkanne immer direkt auf den Boden in Wurzelnähe richten (*rechts*) oder Reservoirs wie Tontöpfe oder offene Rohrstücke eingraben. Auch Plastikflaschen ohne Boden können kopfüber mit gelockertem Deckel eingegraben werden.

Welches Wasser?

Regenwasser ist kostenlos und meist sauber, aber angesichts des Klimawandels reichen die aufgefangenen Mengen manchmal nicht aus. Wenn zusätzliches Wasser benötigt wird, überlegen Sie genau, ob für den Garten unbedingt Trinkwasser verwendet werden muss.

Leitungswasser

Natürlich ist Leitungswasser bequem. Es ist sauber und jederzeit fast überall verfügbar. Allerdings kostet diese Bequemlichkeit Geld und ist auch in Bezug auf die Umwelt bedenklich. Das Chlor im Leitungswasser kann Mikroorganismen im Boden und empfindliche Pflanzen schädigen. Oft enthält Leitungswasser auch Kalk, hat also einen eher hohen pH-Wert (siehe S. 30–31) und ist folglich für Pflanzen, die ein saures Milieu brauchen, schlecht geeignet.

Regenwasser

Regenwasser ist meist sauber, enthält wenig Giftstoffe und hat einen relativ niedrigen pH-Wert, sodass es von allen Pflanzen gut vertragen wird. Mithilfe von Dachrinnen und Fallrohren kann man von gewöhnlichen Dächern erstaunlich große Mengen in Tonnen, Becken und Teichen auffangen. Um abzuschätzen, wie viel Wasser Sie auffangen können, multiplizieren Sie die ungefähre Fläche Ihres Dachs mit der durchschnittlichen Niederschlagsmenge in Ihrer Region. Weil nicht jeder aufs Dach fallende Tropfen in die Tonne gelangt, ziehen Sie vom Ergebnis 25 % ab, um eine realistische Einschätzung zu erhalten.

Fangen Sie so viel Wasser wie möglich auf. Bei Trockenheit ist eine einzelne Regentonne schnell leer, stellen Sie daher an jedem Fall-

Wasser auffangen Regentonnen werden inzwischen auch aus Recycling-Kunststoff in vielen Größen und Formen zu erschwinglichen Preisen angeboten. Holztonnen sehen attraktiver aus, werden aber schnell undicht, wenn sie nicht randvoll sind.

WASSER UND BEWÄSSERUNG

rohr mehrere Tonnen auf, die mit Schläuchen verbunden werden. Die Tonnen sollten mit einem gut schließenden, undurchsichtigen Deckel ausgestattet sein. So kann das Wasser nicht verdunsten, es können keine Blätter oder andere Verunreinigungen hineinfallen, Algenwachstum und Mückenbrut wird unterdrückt und Kinder geraten nicht in Gefahr. Steht die Tonne hoch genug, können Sie möglicherweise die Schwerkraft für den Wassertransport nutzen und einfach einen Schlauch an den Ablaufhahn anschließen. Anderenfalls benutzen Sie eine Gießkanne oder eine kleine Pumpe.

Grauwasser

Als Grauwasser bezeichnet man »sauberes« Haushaltsabwasser, das in relativ großen Mengen anfällt und gut im Garten genutzt werden kann, sofern es nicht zu stark mit Rückständen von Reinigungsmitteln oder Ölen und Fetten belastet ist. Abwasser aus der Geschirrspülmaschine ist ungeeignet, weil das Spülmittel für Pflanzen zu aggressiv ist. Wasser aus Dusche und Badewanne (mit möglichst wenig Badezusätzen) eignet sich jedoch ebenso gut wie Wasser, in dem Gemüse gewaschen wurde. Man kann es mit Eimern oder Kannen transportieren oder abpumpen.

Abgesehen vom Wasser, in dem Gemüse gewaschen wurde, sollte man Grauwasser nicht für essbare Pflanzen verwenden. Auch für Kalkflieher eignet es sich nicht. Wenn Sie Grauwasser verwenden, setzen Sie es am besten nach einem Rotationsprinzip ein, damit sich nicht in einzelnen Gartenbereichen Rückstände ansammeln.

Wasser aus Badewanne und Dusche kann gesundheitsschädliche Bakterien enthalten und sollte deshalb sofort verbraucht werden. In einigen Ländern gibt es bereits Filtersysteme für Haushalts-Grauwasser, die solche Probleme lösen. Es wäre zu hoffen, dass mittelfristig geeignete Systeme in allen neu gebauten Häusern installiert werden.

Doppelt genutzt Wasser aus Badewanne und Waschbecken kann in Tonnen aufgefangen werden, ehe es in die Kanalisation fließt. Es sollte zügig verbraucht werden, denn es kann Bakterien enthalten, die sich schnell vermehren. Verbinden Sie den Überlauf der Tonne mit der Abwasserleitung, sonst bilden sich auf dem Boden um die Tonne Pfützen.

Grauwasser Jeden Tag fließen viele Liter fast sauberes Wasser durch den Abfluss, die man besser nutzen könnte. Grauwasser, das keine Rückstände von Ölen, Fetten oder Reinigungsmitteln enthält, eignet sich sogar für Obst und Gemüse. Gießen Sie es direkt auf den Boden – nicht auf die Blätter, wo ein Großteil durch Verdunstung verloren geht.

4. Unkraut

Ob ein Gewächs ein Unkraut ist oder nicht, hängt davon ab, um welche Pflanzenart es sich handelt, wo sie wächst und welche Wirkung sie auf andere Pflanzen hat. Kurz gesagt, ein Unkraut ist eine aggressiv wachsende Pflanze an einem Platz, an dem sie nicht erwünscht ist. Im Biogarten geht es nicht darum, das Unkraut restlos auszurotten, sondern es in angemessenem Rahmen einzudämmen. Manche sogenannten Unkräuter können im Garten durchaus eine positive Funktion haben – und damit sind sie keine Unkräuter mehr.

Gute alte Hacke Die Hacke ist ein traditionelles, sehr praktisches Werkzeug, um Unkrautwurzeln kurz unter der Erdoberfläche zu durchtrennen.

Die üblichen Verdächtigen

Unkräuter können einjährig oder zweijährig sein, krautige oder verholzende Stauden und sogar Baumarten. In diesem Kapitel erfahren Sie Wissenswertes darüber, warum Unkraut nicht (oder nur schwer) vergeht und mit welchen biologischen Methoden man es bekämpfen und im Zaum halten kann. Wer verbreitete Unkrautarten, vor allem mehrjährige, erkennt (siehe S. 80–81) und weiß, wie sie sich vermehren, ausbreiten und schwierige Bedingungen überstehen, hat es leichter, Bekämpfungsstrategien zu entwickeln.

UNKRAUT – NICHT NUR SCHLECHT
Unkräuter haben auch positive Eigenschaften. Manche

- sehen hübsch aus,
- sind essbar,
- locken Insekten an, die Vögeln und Fledermäusen als Nahrung dienen,
- liefern Samen, die Vögel und andere Tiere fressen,
- dienen den Raupen verschiedener Schmetterlings- und Nachtfalterarten als Lebensraum,
- locken nützliche Insekten an, die Schädlinge fressen,
- liefern Nektar für Bienen, Hummeln und einige seltene Schmetterlinge,
- sind mineralstoffreiche Biomasse für den Kompost.

Unkräuter setzen verschiedene Methoden ein, um zu überleben und sich auszubreiten.

Einjährige und Zweijährige Einjährige Unkräuter bilden innerhalb eines Jahres Blüten und Samen. Manche – wie Vogel-Sternmiere – bringen in einem Jahr mehrere Generationen hervor und vermehren sich sogar im Winter. Zur Vermehrung und Ausbreitung produzieren sie reichlich Samen. Einjährige Unkräuter findet man vor allem in Boden, der oft bearbeitet wird, etwa in Beeten mit einjährigen Blumen oder Gemüse.

Zweijährige bilden im zweiten Standjahr Blüten und verbreiten sich ebenfalls durch Samen. Sie findet man eher in Stauden- und Gehölzbeeten, wo der Boden nicht jährlich bearbeitet wird.

Mehrjährige Mehrjährige Unkräuter setzen für Ausbreitung und langfristiges Überleben verschiedene Strategien ein. Sie vermehren sich durch Samen, aber auch auf vegetativem Wege durch Ausläufer, Stolonen, Rhizome oder lange, tief reichende »Pfahlwurzeln«.

Biologische Unkrautbekämpfung

- Lernen Sie Ihr Unkraut kennen. Wer weiß, womit er es zu tun hat, kann leichter die optimale Bekämpfungsmethode wählen.
- Planen Sie vor einer dauerhaften Bepflanzung reichlich Zeit für die Bekämpfung mehrjähriger Unkräuter ein (evtl. mehr als ein Jahr).

UNKRAUT

AUSBREITUNG

1 Samen Viele Unkräuter bilden Samen in großer Zahl, die durch Wind, Wasser und Tiere verbreitet oder beim ruckartigen Aufplatzen der Samenhüllen verstreut werden.

2 Ausläufer und Stolonen Ausläufer sind oberirdisch kriechende Triebe, die an den Sprossknospen Wurzeln und Jungpflanzen bilden. Stolonen sind überhängende Triebe, die an den Spitzen Wurzeln bilden.

3 Wurzeln und Rhizome Manche Wurzeln können wieder austreiben, wenn sie nicht ganz ausgegraben werden. Bei Rhizomen – unterirdisch kriechenden Trieben – können aus kleinen Teilstücken neue Pflanzen wachsen.

4 Zwiebeln und Knollen Fleischige Speicherorgane brechen beim Ausgraben oder Auszupfen der Pflanze leicht ab und bilden im nächsten Jahr neue Pflanzen. Bei der Bodenbearbeitung werden sie großflächig verteilt.

■ Wählen Sie Methoden, denen Sie zeitlich und kräftemäßig gerecht werden können.
■ Seien Sie beim Grundsäubern von Flächen realistisch. Nehmen Sie sich nicht mehr vor, als Sie langfristig unkrautfrei halten können.
■ Lassen Sie nackten Boden nie frei. Bepflanzen Sie ihn, decken Sie ihn ab oder säen Sie Gründünger (siehe S. 50–51).
■ Mulchen (siehe nächste Seite) macht wenig Mühe, kann aber Unkraut vernichten und seine Keimung verhindern.

Zierpflanzen mit Unkraut-Wesen

Manche der lästigsten Unkräuter wurden früher einmal wegen ihres hübschen Aussehens und kräftigen Wuchses (!) als Zierpflanzen importiert. Dazu gehört der Japanische Knöterich, der um 1825 als geschätzte Neuheit in britische Gärten eingeführt wurde. Heute ist die Pflanzung in England verboten, denn es ist eines der hartnäckigsten bekannten Unkräuter und lässt sich kaum ausrotten.

Niemand ist davor gefeit, potenzielle Unkräuter zu pflanzen, die als Gartenpflanzen angeboten werden. Schling-Flügelknöterich (*Fallopia baldschuanica*) beispielsweise ist zur schnellen Begrünung hässlicher Zäune beliebt, kann aber binnen weniger Jahre einen ausgewachsenen Baum überwuchern. Echte Goldnessel (*Lamium galeobdolon*) und Großes Immergrün (*Vinca major*) sind Bodendecker, die schnell ein komplettes Beet vereinnahmen können.

Mulch gegen Unkraut

Mulchen ist ein wichtiger Aspekt der biologischen Bodenpflege und eine wirkungsvolle Methode, Unkraut zu unterdrücken. Eine dicke, lockere Mulchschicht verhindert die Keimung von Samen. Mit Pappe oder perforierter (wasserdurchlässiger) schwarzer Folie bekommt man sogar Wurzelunkräuter in den Griff.

Lose Mulchmaterialien

Auf unkrautfreiem Boden bietet eine 10 cm dicke Mulchschicht wirkungsvollen Schutz vor neuem Unkraut. Einzelne unerwünschte Pflänzchen lassen sich leicht auszupfen. Für den Biogarten ist ein organischer, biologisch abbaubarer Mulch die beste Wahl, weil er Käfer, Hundertfüßer und andere Schädlingsvertilger anlockt, die sich in der dunkel-feuchten Deckschicht wohlfühlen.

Kompostierbare Mulchmaterialien

▨ Rindenmulch hat eine schöne, dunkle Farbe. Nur für Stauden- und Gehölzbeete.

▨ Holz-Hackschnitzel sind preiswerter als Rindenmulch. Vor dem Ausbringen eine Zeit lang ankompostieren. Für Jungpflanzen nur bedingt geeignet. Nur für Stauden- und Gehölzbeete.

▨ Grünschnitt-Kompost aus der kommunalen Kompostierungsanlage verrottet schneller als Rindenmulch und Hackschnitzel. Nur für Stauden- und Gehölzbeete.

▨ Gehäckselten Strauchschnitt kann man selbst herstellen oder kaufen. Frisch für Wege, ankompostiert für Gehölz- und Staudenbeete.

▨ Stroh und Heu sehen etwas unordentlich aus und halten etwa ein Jahr. 15 cm dick ausbringen. Wenn Heu verrottet, gibt es Nährstoffe an den Boden ab, es kann aber auch Unkrautsamen enthalten. Für ein- und mehrjährige Pflanzungen.

▨ Laubkompost (siehe S. 44–45) wird selbst gemacht und hält nicht sehr lange. Am besten auf Folie ausstreuen. Für ein- und mehrjährige Pflanzungen.

Andere lose Mulchmaterialien

▨ Kies und Schiefersplitt eignen sich für Pflanzen, die trocken-heiße Standorte mögen. Eine Mulchfolie sorgt dafür, dass die dekorative Mulchschicht länger hält, weil sie sich nicht mit dem Erdreich vermischt.

▨ Glaschips aus Recyclingglas haben keine scharfen Kanten und sehen ungewöhnlich aus. Nur über Mulchfolie verlegen.

▨ Kakaoschalen sind ein Abfallprodukt der Schokoladenindustrie. Mindestens 5 cm dick ausbringen.

Losen Mulch ausbringen

Warten Sie, bis sich der Boden erwärmt hat und nach einem Regen durchfeuchtet ist. Entfernen Sie Unkraut und arbeiten Sie bei Bedarf Dünger oder Bodenverbesserer ein. Dann wird der Boden geglättet. Wenige Tage nach der Unkrautbeseitigung verteilen Sie den Mulch sehr großzügig, weil er noch zusammensackt. Damit er Wirkung zeigt, muss die Schicht, nachdem sie sich gesetzt hat, 10 cm dick sein. Lassen Sie um Blattstiele, Stängel und Stämme von Pflanzen einen kleinen Rand frei.

(Im Uhrzeigersinn von oben links) **Kompostierbare Mulchmaterialien** Dekorativer Rindenmulch eignet sich für Gehölzbeete und den Boden unter Hecken. Rasenschnitt über einer Lage Zeitungspapier (siehe auch S. 74) wird gern fürs Gemüsebeet benutzt. Einjähriger Laubkompost. Gut verrottetes Stroh.

74 UNKRAUT

LEBENDER MULCH
Als Bodendecker eignen sich vor allem robuste Zierpflanzen, die sich schnell ausbreiten (beispielsweise Thymian, *ganz oben*) und Unkraut Nährstoffe, Licht und Wasser erfolgreich streitig machen. Pflegeleichte, niedrige Sträucher (siehe S. 163) empfehlen sich für schlecht zugängliche Gartenbereiche. Gründünger (siehe S. 50–51) wie Buchweizen, Roggen oder *Phacelia* eignen sich gut zur Unterdrückung von Unkraut auf Beeten, die – etwa über den Winter – einige Monate frei bleiben. Man kann sie auch zwischen weiträumig stehenden Sträuchern säen. Kräftige, schnell wachsende Einjährige wie die Sumpfblume (*Limnanthes douglasii*) oder Schleifenblume (*Iberis*) lassen sich ebenso einsetzen. Klee verträgt etwas Schatten, beispielsweise zwischen Reihen von Gemüsemais (*oben*). Er wird breitwürfig gesät, wenn der Mais etwa 15 cm hoch ist. Nach der Maisernte kann der Klee über den Winter als Bodenschutz stehen bleiben.

Lebender Mulch
Ein dichter Teppich aus niedrigen Pflanzen kann wie ein »lebender Mulch« Unkraut unterdrücken. Langlebige Bodendecker halten, wenn sie sich erst einmal ausgebreitet haben, den Boden unter Sträuchern unkrautfrei. Schneller, aber auch kurzlebiger entsteht die gleiche Wirkung durch dicht gesäte Einjährige oder Gründüngerpflanzen.

Vliese, Folien & Co.
Verschiedene kompostierbare und synthetische Materialien können als Barriere eingesetzt werden, um Unkraut das Licht und somit die Lebensgrundlage zu entziehen. Durch eingeschnittene Löcher können Pflanzen eingesetzt werden. Aus optischen Gründen und um die Lebensdauer der Membranen zu verlängern, sollte man sie mit losem Mulch abdecken. Das als Membran verwendete Material muss Luft und Wasser durchlassen, wenn es länger als einige Monate auf dem Boden liegen soll. Um hartnäckige, mehrjährige Unkräuter (siehe S. 80–81) zu beseitigen, kann es notwendig sein, den Boden mehrere Jahre lang abzudecken. Für solche Fälle sind synthetische Folien die beste Wahl, ansonsten empfehlen sich biologisch abbaubare Materialien.

Biologisch abbaubare Membranen
■ Zeitungspapier hält eine Saison. Es eignet sich für Beete mit einjährigen Blumen und neu angelegte Staudenbeete. Das Papier mindestens achtlagig in überlappenden Reihen zwischen den vorhandenen Pflanzen auslegen und mit Rasenschnitt oder Laubkompost beschweren.
■ Pappe hält ebenfalls eine Saison. Sie wird überlappend ausgelegt, damit kein Unkraut durch die Ritzen wächst. Mit Stroh oder Heu beschweren. Wüchsige Pflanzen wie Kürbisse können durch die Pappe gepflanzt werden.

UNKRAUT 75

■ Spezielles, stabiles Mulchpapier wird auf Rollen verkauft und eignet sich für den Gemüsegarten.
■ Im Fachhandel bekommt man auch biologisch abbaubare »Folien« auf Stärkebasis.

Synthetische Materialien
■ Synthetische Gewebe, die auch als Böschungsmatten eingesetzt werden, eignen sich zur langfristigen Unkrautbekämpfung. Sie sind wasserdurchlässig, müssen aber mit losem Mulch abgedeckt werden, weil sie durch direktes Sonnenlicht porös werden können.
■ Kunststoffgewebe ist ebenfalls wasserdurchlässig und für die mittelfristige Unkrautbekämpfung geeignet. Um die Haltbarkeit zu verlängern, wird es mit losem Mulch abgedeckt.
■ Schwarze Folien gibt es in verschiedenen Stärken. Dicke, undurchlässige Folie eignet sich, um Flächen völlig von Pflanzen zu befreien (siehe S. 79), sollte aber von Zeit zu Zeit angehoben werden, damit Licht und Luft an den Boden gelangen. Dünnere, perforierte Mulchfolie lässt Wasser durch, ist aber nicht sehr haltbar. Sie wird meist im Gemüsegarten eingesetzt. Die Ränder der Folie ins Erdreich eingraben oder mit Steinen oder Brettern beschweren.

Durch eine Membran pflanzen
Entfernen Sie zuerst alles Unkraut und arbeiten Sie einen Bodenverbesserer ein. Falls nötig, glätten Sie den Boden, ehe Sie die Abdeckung ausbreiten. Folienkanten werden 25–30 cm tief eingegraben, Zeitungspapier und andere Materialien können mit Drahtbügeln, Steinen oder Bohlen beschwert werden. Dann stellen Sie die Pflanzen mit ihren Töpfen an die vorgesehenen Positionen. Für jede Pflanzstelle mit einem scharfen Messer die Membran kreuzweise einschneiden und aufklappen, die Pflanze einsetzen und gießen. Die Membran wieder auflegen und mit losem Mulch zudecken. Unkraut, das an der Pflanzstelle erscheint, wird regelmäßig abgeschnitten, um seine Wuchskraft zu schwächen.

Lichtundurchlässig Pappe (*unten links*) setzt man hauptsächlich im Nutzgarten ein. Synthetikgewebe (*rechts*) hält im Erdbeerbeet Unkraut in Schach.

Unkrautbekämpfung

Selbst bei sorgfältigster Vorbeugung muss man von Zeit zu Zeit nachwachsendem Unkraut zu Leibe rücken. Das Hacken und Jäten kann aber ganz entspannend und befriedigend sein. Man muss es nur angehen, wenn das Unkraut noch klein ist – also regelmäßig. Schiebt man die Arbeit hinaus, wird sie umso mühsamer. Ein verwildertes Grundstück von Hand zu säubern ist mühsam. Aber wer die verschiedenen Unkräuter sicher erkennt, hat es leichter, die richtigen Bekämpfungsmethoden zu wählen.

(Oben) **Gras ausgraben** Graspflanzen entwickeln dicke, faserige Wurzeln, denen mit der Hacke schwer beizukommen ist. Deshalb rüttelt man die Wurzeln vor dem Herausziehen mit einer Handgabel los.

(Links) **Handarbeit** Wer regelmäßig von Hand jätet, wenn der Boden feucht ist, wird bald eine gewisse Routine entwickeln und vielleicht sogar Spaß an der Arbeit finden. Unkraut, das in lockerem Mulch keinen festen Halt hat, lässt sich besonders leicht auszupfen.

Jäten von Hand

Das Jäten mit der Hand ist die einzige »selektive« Methode der biologischen Unkrautbekämpfung. Nur »echtes« Unkraut wird entfernt, aber Sämlinge von Einjährigen und andere erwünschte Pflänzchen bleiben stehen. Falls nötig, werden die Wurzeln mit einer Handgabel oder Hacke gelockert. Selbst einjährige Unkräuter können nachwachsen, wenn man beim Herausziehen die Wurzel abreißt. Am leichtesten geht das Jäten nach einem kräftigen Regen auf Beeten, die nicht betreten und verdichtet werden und mit einer dicken Mulchschicht bedeckt sind.

Hacken

Hacken gibt es in verschiedenen Ausführungen für kleine und große Flächen und zum Arbeiten im Stehen oder Knien. Wer die Handhabung erst einmal beherrscht, kann mit der Hacke schnell Beete und Kieswege sauber halten. Die Methode eignet sich vor allem für Sämlinge ein- und zweijähriger Unkräuter, doch wenn man mehrere Jahre lang mehrjährigem Unkraut regelmäßig das Grün abhackt, kann es so geschwächt werden, dass es schließlich abstirbt.

Abflämmen

Mit Hitze kann man binnen Sekunden abtöten. Die Pflanzen verbrennen nicht, sondern vertrocknen und sterben ab. Meist setzt man für diese Methode Gasbrenner mit austauschbaren Gasflaschen ein, es gibt aber auch Heißluft-, Infrarot- und Kombinationsgeräte. Sie sind praktisch zum Säubern von befestigten Flächen wie Wegen, Einfahrten und Terrassen, weil viele Sämlinge in einem Arbeitsgang abgeflämmt werden können. Robustere Zweijährige brauchen eventuell drei bis sechs Hitzebehandlungen und mehrjähriges Unkraut kann durch wiederholtes Abflämmen ebenfalls allmählich geschwächt werden. Der Vorteil dieser Methode ist, dass die Hitze auch Unkrautsamen im Boden abtötet.

HACKEN – SO IST ES RICHTIG

■ Arbeiten Sie mit einer Hacke, die Sie gut handhaben können und deren Stiel die richtige Länge hat. Eine Holländerhacke (*unten*) schiebt man vom Körper weg, eine Zughacke führt man mit ziehenden Bewegungen.

■ Mit einer scharfen Klinge ist die Arbeit effektiver.

■ Hacken Sie regelmäßig, wenn das Unkraut noch klein ist.

■ Hacken Sie, wenn es noch trocken ist, aber bald regnen soll.

■ Beim Säen von Blumen und Gemüse sollten Sie zwischen den Reihen genug Platz zum Hacken lassen – oder die Pflanzabstände so eng anlegen, dass Unkraut keine Chance hat.

Grundsäuberung überwucherter Flächen

Unkraut macht sich schnell auf ungenutzten Flächen breit. Zuerst stellen sich ein- und zweijährige Arten ein, doch bald setzen sich die hartnäckigen mehrjährigen Unkräuter durch. Zum Glück lässt sich auch ein völlig verwilderter Garten ganz ohne Herbizide mit einer oder zwei der unten erklärten Methoden wieder in Ordnung bringen.

Abschneiden

Eine erste sinnvolle Maßnahme ist es, das Unkraut abzuschneiden, um die Samenbildung und Ausbreitung zu verhindern. Allein durch regelmäßiges Abschneiden über Jahre hinweg lassen sich sogar Wurzelunkräuter beseitigen.

Am besten schneidet man, wenn die Knospen sich zu runden beginnen. So wird die Wurzel geschwächt und die Samenbildung unterbunden. Schneller und leichter als mit einer Schere geht die Arbeit mit einer Sichel, die aber regelmäßig geschärft werden muss. Alternativ kann man einen Freischneider mit Elektro- oder Verbrennungsmotor oder – auf ebenem Boden – einen Rasenmäher benutzen.

Umgraben

Das Umgraben mit der Grabgabel ist eine wirkungsvolle, aber anstrengende Methode, um viele Wurzelunkräuter in einem Zug zu beseitigen. Leichter geht es, wenn man den Boden zuerst mit dem Spaten oder einer Zughacke umbricht und einige Wochen mit einer Folie abdeckt, ehe man zur Gabel greift. Vor allem Unkraut mit langen Wurzeln (Löwenzahn und Ampfer) sowie Quecke und Giersch lassen sich auf diese Weise beseitigen, wenn man gründlich vorgeht.

Tragen Sie keinesfalls die oberste Erde mitsamt den Unkrautwurzeln ab, denn dabei nehmen Sie dem Boden seine fruchtbarste Schicht.

Mechanische Bearbeitung

Große Flächen können mit einem mechanischen Kultivator bearbeitet werden, aber diese Methode hat auch Nachteile. Steckt der Boden voll von Wurzelunkräutern, ist die Arbeit sehr schwer. Außerdem werden die Wurzeln der mehrjährigen Unkräuter zerhackt – und aus jedem Teilstück kann eine neue Pflanze wachsen, sodass sich das Unkrautproblem potenzieren kann. Am besten setzt man den Kultivator im Spätfrühling oder Frühsommer ein, wenn der Boden trocken und die Wachstumsaktivität

Ausgraben Um Acker-Kratzdisteln auszugraben, lockert man den Boden mit der Grabgabel und zieht dann die ganze Wurzel heraus.

UNKRAUTWURZELN

1 Vogel-Sternmiere, Garten-Schaumkraut, Gewöhnliches Greiskraut und andere Einjährige bilden flache, feine Wurzeln, die sich leicht entfernen lassen.

2 Manche Arten wie Acker-Kratzdistel, Acker-Winde und Quecke bilden weitläufige Netzwerke aus kriechenden Wurzeln. Um jedes Teilstück sorgfältig zu entfernen, muss man den Boden behutsam auflockern.

3 Die langen Pfahlwurzeln von Löwenzahn und Ampfer muss man im Ganzen entfernen, sonst treiben sie wieder aus. Vor allem Löwenzahn kann aus kleinsten Wurzelresten nachwachsen. Zum Glück breiten sich diese Arten nicht unterirdisch aus, was das Ausgraben erleichtert. Man sollte aber darauf achten, dass sie keine Samen ausbilden und sich auf diese Weise vermehren.

des Unkrautes groß ist. Lassen Sie den Boden ruhen, bis das Unkraut wieder austreibt, und arbeiten Sie ihn dann noch einmal durch. Kann der Kultivator nur einmal eingesetzt werden, wählen Sie für den zweiten Arbeitsgang die Hacke oder eine andere Methode. Es ist allerdings leichter, ganze Unkrautpflanzen auszugraben, als den zahlreichen Nachwuchs aus den Wurzelteilstücken in den Griff zu bekommen. Einen leichten, mechanischen Kultivator kann man auch zur Unkrautbekämpfung zwischen Gemüsereihen einsetzen.

Bodensäuberung ohne Umgraben

Eine Abdeckung, die kein Licht durchlässt, tötet Unkraut mit der Zeit ab. Wer eine Fläche in einen Rasen oder ein Blumenbeet umwandeln möchte, sollte es im Frühling abdecken, um im Herbst an die Gestaltung gehen zu können. Die Beseitigung mehrjähriger Unkräuter kann allerdings mehrere Jahre dauern. Wüchsige einjährige Pflanzen wie Kürbisse und Sonnenblumen kann man durch Pappe oder Folie pflanzen. Wenn sich durch die Einschnitte vorwitzige Unkräuter schieben, reißen Sie sie regelmäßig gründlich aus, um sie nachhaltig zu schwächen. Besonders wirkungsvoll ist der Lichtentzug während der Zeit, in der das Unkraut aktiv wächst.

Gras drüber wachsen lassen

Wo sich Giersch oder Schachtelhalm hartnäckig breit gemacht haben, können Sie auch Gras säen oder Rollrasen legen. Nach zwei oder drei Jahren regelmäßigen Mähens sollte das Unkrautproblem weitgehend gelöst sein. Auf lange Sicht lohnt sich diese aufwändige Maßnahme.

Mehrjährige Unkräuter bekämpfen

1 Gewöhnliches Hexenkraut
Nicht aussäen lassen. Vorsichtig ausgraben, die spröden Rhizome brechen leicht ab. Alternativ einige Jahre mit lichtdichtem Material abdecken.

2 Giersch
Auf kleinen Flächen alle Wurzelteile sorgfältig ausgraben. Auf großen Flächen regelmäßig hacken oder 2–3 Jahre lang mit lichtdichtem Material abdecken. Alternativ Gras säen und einige Jahre lang kurz mähen.

3 Ampfer
Sämlinge mit der Hacke entfernen. Die Wurzel bis in mindestens 15 cm Tiefe entfernen. Samenbildung verhindern.

4 Acker-Winde
Auf kleinen Flächen alle Wurzelteile sorgfältig ausgraben. Auf großen Flächen regelmäßig hacken oder 2–3 Jahre mit lichtdichtem Material abdecken.

5 Sauerklee
Durch Umgraben kaum zu beseitigen, weil fast immer einige der kleinen, rosafarbenen Rhizome im Boden bleiben. Einige Jahre lichtdicht abdecken oder Gras säen und regelmäßig mähen.

6 Brombeere
Jungpflanzen ausgraben, sobald sie zu erkennen sind. Ältere Pflanzen häufig knapp über dem Boden abschneiden oder, soweit möglich, ausgraben.

7 Zaunwinde
Auf kleinen Flächen alle Wurzelteile sorgfältig ausgraben. Auf großen Flächen regelmäßig hacken oder 2–3 Jahre mit lichtdichtem Material abdecken.

8 Schachtelhalm
Regelmäßig hacken oder einige Jahre mit lichtdichtem Material abdecken. Alternativ Gras säen und über mehrere Jahre kurz mähen.

9 Kriechender Hahnenfuß
Kleine Pflanzen hacken. Größere Pflanzen ausgraben oder 1–2 Jahre mit lichtdichter Folie abdecken.

10 Scharbockskraut
Nicht ausgraben: Die kleinen Knöllchen und Bulbillen fallen leicht ab. Mit lichtdichter Folie abdecken.

11 Japanischer Flügelknöterich
Mindestens 10 Jahre lang während der Wachstumszeit im 2-Wochen-Rhythmus abschneiden. Alternativ 5 Jahre lang größere Pflanzen im Früh- bis Hochsommer im Ganzen ausreißen. Blätter und Wurzeln nicht auf den Komposthaufen geben, sondern vorher in schwarzen Plastiksäcken gründlich verrotten lassen (siehe S. 37–39). Selbst winzige Wurzelreste treiben wieder aus.

12 Acker-Kratzdistel
Junge Pflanzen hacken. Lichtdichte Folie auslegen oder die Pflanzen größer werden lassen und abschneiden, ehe sie blühen. Wiederholen. Den Boden umgraben und einen wüchsigen Gründünger wie Rot-Klee säen, der die Pflanzen evtl. verdrängen kann.

13 Quecke
Den Boden lockern und alle zähen, weißen Rhizome entfernen. Durch Hacken im Spätsommer schwächen oder 2–3 Jahre eine lichtdichte Folie auflegen.

14 Löwenzahn
Blüten sofort entfernen, wenn sie sich zeigen, und niemals Samen bilden lassen. Einzelne Pflanzen mit der kompletten Wurzel ausgraben. Auf größeren Flächen lichtdichte Folie auslegen.

15 Gänsedistel
Blüten entfernen, sobald sie sich zeigen. Niemals Samen bilden lassen. Regelmäßig hacken oder Mulchfolie auslegen. Manchmal genügt, wie bei der Ackerdistel, auch die Konkurrenz durch Gründünger.

16 Brennnessel
Mit der Grabgabel ausgraben oder die mattenartigen Wurzelgeflechte mit einem Spaten »abschälen«. Alternativ mehrere Jahre mit Mulchfolie abdecken. Blüten- und Samenbildung unterbinden.

5. Pflanzen-gesundheit

Erst seit wenigen Generationen setzen Gärtner zur Bekämpfung von Schädlingen und Krankheiten auf chemische Mittel. Dabei haben viele vergessen, dass man auch ohne Chemie gesundes Gemüse und prächtige Blumen kultivieren kann. In diesem Kapitel erfahren Sie Wissenswertes zu Pflanzenschädlingen und Krankheiten und lernen eine Reihe von traditionellen und modernen Methoden kennen, mit denen Sie als Biogärtner Ihre Pflanzen gesund erhalten und mögliche Probleme weitgehend eindämmen können.

Aus der Nähe Viele Tiere, die im Garten leben, sind ausgesprochen hübsch. Es wäre schade, Geschöpfe wie die Raupe des Königskerzenmönchs unüberlegt zu verbannen. Für ein ausgewogenes Verhältnis zwischen Schädlingen und ihren natürlichen Feinden kommt es vor allem auf Artenvielfalt an.

Natürliches Gleichgewicht

Das Funktionieren natürlicher Ökosysteme beruht auf einer enormen Vielfalt von Tier- und Pflanzenarten, von denen viele mit bloßem Auge gar nicht zu erkennen sind. Die Aktivitäten und Wechselbeziehungen all dieser Wesen erhalten unseren Planeten am Leben. Biologische Methoden zielen darauf ab, die Artenvielfalt über und unter der Erde zu fördern und damit die Mechanismen der Natur zu unterstützen. Marienkäfer und andere »Räuber« vertilgen viele Schädlinge, wenn sie geeignete Lebensbedingungen vorfinden. Ein biologisch gepflegter Boden ist besser in der Lage, sich selbst gesund zu erhalten und gesunde Pflanzen hervorzubringen. Ein Garten ist kein völlig natürliches Ökosystem, aber mit feinfühliger Planung, Gestaltung und Bewirtschaftung lässt sich viel für die Artenvielfalt tun – und damit für einen blühenden, gesunden Garten.

WAS KANN SCHIEF GEHEN?

In gut gepflegten Gärten und natürlichen Ökosystemen sind die Pflanzen meist gesund. Wie Tiere besitzen sie ein Abwehrsystem gegen Krankheitserreger und erkranken nur selten ernsthaft. Wenn sich Probleme einstellen, können diese Ursachen vorliegen:

- Umweltfaktoren, etwa Wassermangel
- Mineralstoffmangel, z. B. Magnesium-Knappheit
- Schädlinge, die Teile der Pflanze fressen
- Krankheiten, verursacht durch Pilze, Bakterien oder Viren

(Im Uhrzeigersinn von oben links)
Pflanzen-Probleme Erbsen, belastet durch Hitze und Trockenheit. Gelbfärbung zwischen den Blattadern, z. B. bei Mineralstoffmangel. Befall durch den Schädling Stachelbeer-Sägewespe. Krautfäule der Kartoffel.

PFLANZENGESUNDHEIT

Mit der Natur arbeiten

Im Biogarten geht es darum, natürliche Wege zur Eindämmung von Krankheiten und Schädlingen zu finden, statt sie mit Chemie zu bekämpfen. Das oberste Ziel ist die Schaffung eines gesunden Gartens, doch der ist nicht zwangsläufig schädlings- und krankheitsfrei. Die biologische Herangehensweise ist realistisch: Man akzeptiert, dass Pflanzen manchmal eben Flecken und andere Schäden zeigen – genau wie Menschen gelegentlich Pickel oder kleine Zipperlein bekommen. Biogärtner greifen nicht auf schnell wirkende, chemische Mittel mit all ihren Nebenwirkungen zurück, sondern setzen auf Vorbeugung und natürliche Bekämpfung von Krankheiten und Schädlingen.

Alte und neue Strategien

Zur Umstellung auf biologischen Gartenbau gehört mehr, als künstliche Produkte gegen »natürlichere« Spritzmittel auszutauschen. Vielmehr werden bewährte, traditionelle Methoden wie Bodenverbesserung, Fruchtfolge, Begünstigung natürlicher Räuber, manuelles Entfernen von Schädlingen und erkrankten Pflanzenteilen, Hygiene und zeitgerechtes Säen und Pflanzen mit modernen Techniken kombiniert, etwa der Wahl resistenter Arten und Sorten, biologischer Schädlingsbekämpfung, Pheromon-Fallen und leichten Schutzvliesen. Es gibt einige wenige so genannte »biologische« Spritzmittel, doch sie sollten nur im Notfall verwendet werden.

Widerstandskraft

Gesunde Pflanzen sind recht widerstandsfähig gegen Krankheiten und Schädlinge. Wenn Pflanzen aber sehr jung, sehr alt oder durch ungünstige Standortbedingungen belastet sind, können die gleichen Erreger lebensbedrohlich werden. Grundsätzlich nimmt die Widerstandskraft einer Pflanze mit ihrer Größe zu. Ein kleiner Salatsämling ist selbst durch geringen Befall mit Läusen extrem gefährdet, während es einer stattlichen Eiche nichts ausmacht, wenn Tausende von Insekten von ihren Blättern fressen.

Flüssiger Algenextrakt (siehe S. 195) ist ein bekanntes Kräftigungsmittel, das man auf die Wurzeln träufeln oder auf die Blätter sprühen kann, um die Widerstandskraft von Pflanzen zu verbessern. Es sind auch andere pflanzliche Produkte auf dem Markt, die eine ähnliche Wirkung besitzen sollen. Während der Umstellungsphase des Gartens kann der Einsatz solcher Produkte sinnvoll sein.

Moderne Vogelscheuche Seit jeher verteidigen die Menschen ihre Ernte gegen hungrige Vögel. Moderne Biogärtner mit einer Ader für kreatives Recycling setzen überflüssige CDs zum Abschrecken von Vögeln ein.

BIOLOGISCHER PFLANZENSCHUTZ

- Organische Bodenbewirtschaftung
- Auswahl von Pflanzen, denen Boden und Standort zusagen
- Verwendung gesunder Pflanzen und Samen
- Anbau resistenter Arten und Sorten
- Pflanzung von Blumen, Schaffung von Lebensraum für Nützlinge
- Einsatz biologischer Bekämpfungsmaßnahmen
- Verwendung von Schädlingsbarrieren, Fallen und Abdeckungen für die Ernte
- Verzicht auf Pestizide

Wachstumsprobleme

Zu den Umweltbedingungen einer Pflanze gehört neben dem »Wetter« über der Erde auch der Zustand des Bodens. Insofern kann man Mineralstoffmangel im Boden als Umweltproblem bezeichnen, ebenso wie Trockenheit oder starken Wind. Umweltprobleme können Pflanzen direkt schädigen, aber auch indirekte Wirkung haben, indem sie die Anfälligkeit gegen Krankheiten und Schädlinge erhöhen.

Wasser

Bei Wassermangel welken Pflanzen. Schon kurzzeitiger Wassermangel kann sie schwächen und anfällig machen. Bei längerem Wassermangel kann das Wachstum stagnieren oder Gewebe in allen oder einigen Blättern absterben. Auch Spätfolgen kommen vor. Kamelien beispielsweise werfen im Frühling die Knospen ab, wenn sie im vorherigen Herbst zu wenig Wasser bekommen haben.

Pflanzen können aber auch welken, wenn der Boden zu nass ist – entweder durch zu reichliches Gießen oder schlechte Dränage. In staunassem Boden gelangt keine Luft an die Wurzeln und sie stellen ihre Tätigkeit ein. Dadurch stirbt Gewebe ab und es entstehen Eintrittspforten für Pilze und Bakterien.

Frost

Selbst frosttolerante Pflanzen besitzen Teile, die durch Kälte geschädigt werden können, vor allem Triebknospen, junge Triebe und Blüten von Obstbäumen. Wenn das Wasser in den Zellen gefriert, dehnt es sich aus und sprengt die Zellwände. Die Folge sind schwarzbraune Flecken abgestorbenen Gewebes, meist an den Triebspitzen.

Mechanische Schäden

Diese Schäden können durch Hagel, starken Regen, Sturm, zu viel oder zu wenig Sonne verursacht werden. Auch Verbrennungen auf Blättern durch Wassertröpfchen, die in der Sonne wie Brenngläser wirken, gehören dazu. Sie äußern sich durch braune, abgestorbene Flecken auf den Blättern. Verbrennungen auf Tomatenfrüchten führen zum Grünkragen: Die Früchte reifen am Stielansatz nicht aus. Solche Schäden lassen sich vermeiden, indem man morgens oder abends gießt oder die Pflanzen schattiert. Das Zertreten und Verletzungen durch Geräte, vor allem Freischneider, zählen ebenfalls zu den mechanischen Schäden.

Indirekte Wirkung Blütenendfäule (*links*) ist ein Kalziummangel, der bei Tomaten und Paprika meist infolge von Wassermangel auftritt. Das Kalzium kann im Boden vorhanden sein, wird aber wegen der Trockenheit im Wurzelbereich von den Pflanzen nicht aufgenommen. Häufig bei Kübelpflanzen, die unregelmäßig gegossen werden – oder erst, wenn die Blätter schlaff werden.

MINERALSTOFFMANGEL

Bei Mineralstoffmangel können Pflanzen Krankheitssymptome zeigen oder sogar absterben. In einem funktionierenden Biogarten kommt das zum Glück selten vor. Organisch bewirtschaftete Böden enthalten normalerweise alle Nährstoffe, die Pflanzen brauchen.

In kalkhaltigen Böden können die vorhandenen Nährstoffe wegen des hohen pH-Werts manchmal von den Pflanzen nicht aufgenommen werden. In diesem Fall kann eine Zusatzversorgung notwendig sein (siehe S. 54–55). Mangelerscheinungen können auch durch übermäßige Mengen eines anderen Elements hervorgerufen werden. Bei Überdosierung von kaliumreichem Dünger beispielsweise kann die Magnesiumaufnahme der Pflanzen behindert werden und sie zeigen Anzeichen von Magnesiummangel oder ihre Früchte verderben vorzeitig. Anhand der Symptome allein lassen sich Mangelerscheinungen nur schwer identifizieren, zumal sie leicht mit Viruserkrankungen zu verwechseln sind. Bei hartnäckigen Problemen kann eine professionelle Bodenanalyse Aufschluss bringen (siehe S. 30).

1 Eisenmangel ist ein verbreitetes Problem, das sich fast immer durch Gelbfärbung zwischen den Blattadern äußert. Er tritt vor allem auf alkalischen Böden auf.

2 Manganmangel (an Kartoffelblättern), häufig auf torfigen und schlecht durchlässigen Böden.

3 Phosphormangel (an Tomatenblättern), häufig auf sauren Böden.

4 Kaliummangel (bei Grünen Bohnen [= Gartenbohnen]), häufig auf leichten oder sandigen Böden.

5 Stippigkeit (bittere, verhärtete Pünktchen) in Äpfeln, verursacht durch Kalziummangel, häufig auf leichten, sandigen Böden.

6 Bormangel bei Gemüsemais kann durch zu starkes Kalken verursacht werden, das die Aufnahme dieses Spurenelements behindert.

Pflanzenkrankheiten

Krankheiten werden durch Mikroorganismen wie Pilze, Bakterien oder Viren hervorgerufen, die ins Pflanzengewebe eindringen. Diese Parasiten ernähren sich vom Pflanzengewebe, verursachen Zellschäden oder Absterben der Zellen und manchmal Wachstumsstörungen oder Geschwüre.

Pilzkrankheiten

Pilze sind Pflanzen ohne Chlorophyll, die folglich nicht durch Fotosynthese ihre eigene Nahrung erzeugen können. Die meisten ernähren sich von totem oder absterbendem Pflanzengewebe, einige überwinden aber die Abwehrmechanismen von Pflanzen und ernähren sich von lebendem Pflanzengewebe.

Anhand der Symptome unterscheidet man verschiedene Arten von Pilzkrankheiten, etwa Mehltau oder Fäule. Die meisten Pilze verbreiten sich durch Sporen von Pflanze zu Pflanze. Manche Sporen, darunter die der Kohlhernie, können über 40 Jahre im Boden ruhen, ohne ihre Aktivität zu verlieren. Der Pilz, der den Apfelschorf verursacht, überwintert in infizierten Blättern am Boden. Pilzkrankheiten treten vorwiegend bei feucht-warmen Bedingungen auf, weil sich die Sporen in feuchter Luft und im Wasserfilm auf der Blattoberfläche besser bewegen können.

Um einem Befall vorzubeugen, achten Sie auf Sauberkeit und gute Luftzirkulation zwischen den Pflanzen, gießen Sie nicht zu viel und bevorzugen Sie resistente Sorten. Die Bekämpfung ist schwierig, doch der vorsichtige Einsatz erlaubter Fungizide (siehe Kasten oben) kann den Schaden in Grenzen halten.

ZULÄSSIGE ORGANISCHE FUNGIZIDE

Diese Produkte sollten Sie nur als letztes Mittel einsetzen. Befolgen Sie die Regeln zum richtigen Spritzen (siehe S. 320) und lesen Sie auf dem Etikett nach, ob das Produkt sich für die befallene Pflanze eignet.

■ **Schwefel** Natürlich vorkommendes Mineral zur Bekämpfung von Echtem Mehltau und Sternrußtau bei Rosen. Kann Raubmilben schädigen und sollte nicht verwendet werden, wenn Nützlinge ausgesetzt wurden.

■ **Kaliumbikarbonat** Gegen Echten und Falschen Mehltau sowie Sternrußtau z.B. bei Rosen, Obstgehölzen und Kürbisgewächsen.

Bakterielle Infektionen

Bakterien sind einzellige Organismen, die sich durch Teilung vermehren. Bei Pflanzen können sie Welke, Fäule, Krebs und Gallen verursachen. Verbreitete bakterielle Krankheiten sind Kartoffelschorf, Feuerbrand und verschiedene Obstbaum-Krebsarten. Im Gegensatz zu Pilzen

Fruchtkörper Die meisten Pilze, die Pflanzen schädigen, sind so klein, dass man sie nur anhand ihrer Symptome erkennt. Eine Ausnahme bildet der Hallimasch (hier die Fruchtkörper).

Pflanzenkrankheiten Obere Reihe: Symptome von Pilzkrankheiten. **1.** Grauschimmel oder Botrytis an Trauben. **2.** Blattfleckenkrankheit. **3.** Kräuselkrankheit des Pfirsichs. Untere Reihe: Symptome von **4.** Kartoffelschorf. **5.** Obstbaumkrebs an einem Apfelbaum. **6.** Gurkenmosaikvirus an einem Blauregen

dringen Bakterien nur durch Verletzungen ins Pflanzengewebe ein, die durch Schädlinge oder auch beim Schnitt verursacht werden können. Die Behandlung beschränkt sich auf das Entfernen befallener Pflanzenteile, die Vorbeugung schlicht auf Sauberkeit.

Viren

Bei Viren handelt es sich um genetische Substanz in einer Proteinhülle. Sie dringen in die Zellen höherer Organismen ein und »kapern« das darin enthaltene genetische Material, um sich zu vermehren. Die Energie der Zelle nutzen sie zur Produktion zahlreicher Viren, die auf benachbarte Zellen übergehen. Dadurch wird das Wachstum der Wirtspflanze gestört und es kann zu Missbildungen und Fehlfunktionen kommen. Viren können sich nicht allein fortbewegen, sondern werden von Insekten oder anderen Tieren von infizierten Pflanzen auf gesunde übertragen. Pflanzensaft saugende Schädlinge wie Blattläuse, Weiße Fliegen und Zikaden sind typische Überträger.

Viren sind so klein, dass man sie unter einem konventionellen Mikroskop nicht sehen kann. Benannt werden sie meist nach der Pflanze, an der sie zuerst entdeckt wurden, und nach den Symptomen, die sie verursachen. Zur Vorbeugung wählen Sie resistente Sorten und bekämpfen die Insekten, die für die Übertragung sorgen.

SCHÄDLINGSFRASS

1 Saftsauger
Schädlinge wie Blattläuse (*siehe Foto*), Weiße Fliegen und Spinnmilben besitzen nadelfeine Mundwerkzeuge, mit denen sie Pflanzen anstechen und deren Saft saugen. Dadurch wird die Wuchskraft gehemmt, es kann zu Verkrüppelungen kommen. Durch die Einstichstellen können Bakterien eindringen. Saftsauger können Viren übertragen, und auf ihren Ausscheidungen (Honigtau) siedeln sich oft Pilze an.

2 Wurzelfresser
Einige Raupen, Käferlarven (*Foto: Drahtwürmer an Kartoffel*), parasitische Nematoden (sog. Älchen), der Gefurchte Dickmaulrüssler und die Kleine Kohlfliege fressen Wurzeln. Dadurch wird die Wasser- und Nährstoffaufnahme behindert, das Wachstum gehemmt und die Pflanzen schwächeln.

3 Blattfresser
Viele Raupen (*Foto: Raupe einer Sägewespe*), Käfer und ihre Larven sowie Schnecken ernähren sich von Blättern, andere Larven fressen Gänge in Blätter. Dadurch wird die Fotosynthese beeinträchtigt, die Pflanze wird schwach und setzt wenig Früchte an.

4 Blütenfresser
Ohrenkneifer, Thripse und Rapsglanzkäfer (*Foto*) fressen Blüten und Knospen. Die Schäden können hässlich aussehen, sind aber selten bedrohlich.

5 Gallenbildner
Die Larven einiger Fliegen und Wespen können Wachstumsstörungen verursachen, die man Gallen nennt. Für die abgebildete Eichengalle ist eine winzige Wespenart verantwortlich. Die Gallen selbst sind meist harmlos, aber die Gallenbildner können Viren übertragen.

6 Fruchtfresser
Manche Raupen, Käfer- und Fliegenlarven fressen Früchte in frühem Entwicklungsstadium, während Vögel und Wespen (*Foto*) reife Früchte bevorzugen. Der Schaden hält sich meist in Grenzen, aber die angefressenen Früchte sind ungenießbar und durch die Wunden können Erreger eindringen.

PFLANZENGESUNDHEIT 91

Pflanzenschädlinge

Die wenigsten Gartenbewohner sind Schädlinge. Viele sorgen für die Bestäubung oder das Recycling von Nährstoffen, andere halten Schädlinge in Schach. Manche haben auch gar keine direkte Auswirkung auf den Garten und stellen dennoch einen wichtigen Teil der gesunden Artenvielfalt dar. Allein wegen ihres schönen Aussehens oder interessanten Verhaltens sollte jedem Biogärtner daran gelegen sein, sie in seinen Garten einzuladen.

Was sind Schädlinge?

Schädlinge sind große, kleine und mikroskopisch winzige Tiere, die den Gartenpflanzen übermäßigen Schaden zufügen oder den Genuss am Aufenthalt im Freien erheblich stören. Oft werden Schädlinge anhand ihrer Fressgewohnheiten oder ihres Schadbildes kategorisiert (siehe gegenüber). Es gibt jedoch Überschneidungen zwischen den Kategorien: Manche Blattfresser greifen auch Stängel an, manche Saftsauger machen sich auch über Blüten und Wurzeln her.

Schwierige Zuordnung

Manche Tiere lassen sich nicht eindeutig als Schädlinge oder Nützlinge einordnen. Der Grund dafür sind Veränderungen ihrer Gewohnheiten im Lauf des Jahres oder ihres Lebenszyklus, aber auch die Anfälligkeit bestimmter Pflanzen. Ohrenkneifer beispielsweise können Dahlien übel zurichten, leisten aber auch einen wichtigen Beitrag zur Bekämpfung von Blattläusen sowie Eiern von Faltern und Gefurchten Dickmaulrüsslern. Selbst die gefräßigen Schnecken haben einen Nutzen, denn sie zerkleinern verrottende Pflanzenteile. Ernste Schäden richten Schnecken nur an jungen Pflanzen und an einigen anfälligen Arten wie Funkien und Rittersporn an, die man gezielt schützen kann.

Viele Tiere, die an Pflanzen fressen, richten keinen Schaden an und werden darum im Biogarten nicht als Schädlinge eingestuft. Ein gutes Beispiel sind Schaumzikaden, die im Spätfrühling und Sommer oft an Rosen auftreten. Meist sitzen nur ein oder zwei der Saftsauger auf einer Pflanze (ein Tier pro Schaumklümpchen), während Blattläuse Kolonien von mehreren Tausend Tieren bilden können. Andere Tiere fressen nur junges Pflanzenmaterial und suchen sich andere Nahrung, wenn dieses kräftiger und fester wird.

Schäden durch Haustiere

Als Schädlinge bezeichnet man meist Tiere, die Pflanzen fressen. Aber auch andere Tiere können Pflanzen »im Vorbeigehen« Schaden zufügen oder den Boden mit ihren Ausscheidungen verunreinigen, etwa Katzen und Hunde.

Freund oder Feind?
Ohrenkneifer (Foto: Weibchen mit Eiern) sollte man im Garten tolerieren, weil sie einen wertvollen Beitrag zur Schädlingsbekämpfung leisten. Man findet sie manchmal in Früchten – doch normalerweise kriechen sie nur in Löcher, die von anderen Tieren gefressen wurden.

Gesundheitsvorsorge

Biogärtnern stehen verschiedene Methoden zur Verfügung, um Schädlinge und Krankheiten in Schach zu halten. Die meisten sind nicht neu und haben viel mit gesundem Menschenverstand zu tun. Die Methoden zielen hauptsächlich auf Vorbeugung ab, reduzieren nicht nur Krankheiten und Schädlinge, sondern haben auch andere positive Wirkungen.

Der Boden kommt zuerst
Der Boden hat erheblichen Einfluss auf die Pflanzengesundheit. Lernen Sie ihn kennen (siehe S. 26–31) und verbessern Sie Struktur und Fruchtbarkeit, wo es nötig ist. Kompostierte organische Substanz kann dazu beitragen, Schädlinge und Krankheiten zu verhüten und den Pflanzen mehr Widerstandskraft zu geben.

Sauberkeit im Garten
Die Ausweitung von Problemen und die Übertragung von Krankheiten und Schädlingen von einer Saison zur nächsten lässt sich durch Sauberkeit verhindern.

■ Kompostieren Sie Gartenabfälle, aber schieben Sie Material, das mit schädlichen Pilzen oder Bakterien infiziert ist, in die Mitte des Haufens. Pflanzen, die von hartnäckigen Erregern wie der Kohlhernie befallen sind, sowie Zweigschnitt von Bäumen mit Krebsbefall sollten Sie verbrennen oder in den Müll geben.

■ Mit Viren befallene Pflanzen müssen entfernt und schnellstmöglich kompostiert werden. Die meisten Viren können ohne lebenden Wirt nicht existieren und sterben auf dem Kompost ab.

(Oben) **Pflanzkartoffeln** Für Kartoffeln und manche Obstsorten gibt es ein »Gütesiegel«, das Virusfreiheit garantieren soll. Ansonsten empfehlen sich resistente Sorten.

(Links) **Hygiene auf dem Kompost** Die bei der Verrottung entstehende Wärme tötet viele Erreger ab. Mit z. B. Kohlhernie befallene Pflanzen sollte man aber verbrennen oder in den Müll geben.

■ Kartoffel- und Tomatenpflanzen laufen manchmal spontan auf dem Kompost auf. Sie sollten entfernt werden, weil sie mit Krautfäule infiziert sein können.

■ Beseitigen Sie Pflanzen mit Schädlingsbefall aus den Beeten, ehe die Schädlinge Nachwuchs bekommen oder ihre Entwicklung abschließen.

■ Beseitigen Sie Schädlingskolonien von überwinternden Pflanzen wie Rosenkohl und anderen Kohlgewächsen. Kompostieren Sie Reste befallener Pflanzen oder graben Sie sie ein, bevor Sie neue Pflanzen setzen, auf die die Schädlinge überwandern können.

■ Beim Umgraben im Winter können im Boden überwinternde Schädlinge freigelegt werden, sodass sie von Vögeln und Laufkäfern gefressen werden. Räumen Sie im Herbst aber nicht allzu penibel auf, sondern denken Sie daran, Schädlingsvertilgern wie Käfern, Hundertfüßern, Igeln und Fröschen geschützte, ungestörte Überwinterungsmöglichkeiten zu lassen.

Die richtigen Pflanzen

Wählen Sie Pflanzen, die zu den Klima- und Bodenbedingungen in Ihrem Garten passen. Sie werden gedeihen und weniger anfällig für Krankheiten und Schädlinge sein. Achten Sie beim Pflanzenkauf darauf, gesunde Exemplare ohne Anzeichen von Infektionen oder Schädlingen zu erhalten, und kaufen Sie Samen bei einem renommierten Anbieter. Seien Sie geschenkten Pflanzen gegenüber skeptisch. Das mag unfreundlich klingen, aber eine Hauptübertragungsquelle für Krankheiten und Schädlinge sind Geschenke »über den Gartenzaun«.

Widerstandskraft

Immun ist keine Pflanze, Pflanzenzüchter haben aber Sorten hervorgebracht, die gegen bestimmte Schädlinge und Krankheiten resistent sind, was vor allem dann von Vorteil ist, wenn die Gefahr eines bestimmten Befalls groß ist.

Resistente Rosen Rosen gelten als besonders anfällig für Krankheiten wie Sternrußtau und Mehltau. Pflanzen Sie Ihre Rosen daher nicht gemeinsam in ein »Rosenbeet«, dort breiten sich die Erreger leichter aus, und wählen Sie resistente Sorten (siehe S. 169) wie 'Buff Beauty' (*Foto oben*).

Fruchtfolge

Durch das Einhalten eines Fruchtfolgeplans im Gemüsegarten (siehe S. 230) nutzt man nicht nur die Nährstoffe optimal aus, sondern verhindert auch die Anreicherung von Krankheitserregern oder Schädlingen im Boden. Mehrjährige Pflanzen wie Rosen, Erdbeeren, Äpfel oder Birnen sollten nicht an Plätze gepflanzt werden, an denen vorher die gleiche Art stand. Es kann vorkommen, dass die neuen Pflanzen nicht gedeihen, weil sich im Boden artspezifische

Erreger angereichert haben, gegen die die Vorgängerpflanze eine Resistenz entwickelt hatte.

Pflanzengesellschaften

Wenn bestimmte Pflanzen miteinander kombiniert werden, können beide oder eine von der Nähe profitieren. Dieses Prinzip wird oft als Grundlage der biologischen Krankheits- und Schädlingsbekämpfung betrachtet, ist aber nur eine von verschiedenen Methoden.

In Büchern findet man allerlei Listen »guter« und »schlechter« Nachbarn, doch die genaue Wirkweise der Nachbarschaften ist nicht erwiesen und es wird auch selten erwähnt, in welchem Mengenverhältnis die Pflanzen gesetzt werden sollen.

Pflanzen, die nützliche Räuber und Parasiten (siehe gegenüber und S. 98–99) anlocken, sind natürlich »gute Nachbarn« im Gemüsebeet und am Fuß von Obstbäumen und Sträuchern.

Mischkultur

Jede Monokultur ist ein Paradies für Krankheiten und Schädlinge, darum ist es immer sinnvoll, verschiedene Pflanzen zu kombinieren – nicht nur im Gemüsebeet, sondern in allen Gartenbereichen. Wenn sich eine Kombination in Ihrem Garten bewährt, bleiben Sie dabei. Was an einem Standort funktioniert, kann an einem anderen fehlschlagen.

Beobachtungen sprechen dafür, dass der strenge Geruch von Tagetes Weiße Fliegen aus dem Gewächshaus vertreiben kann – sofern die Tagetes blühen. Im Gemüseanbau hat

Mischkultur und Pflanzengesellschaften Schädlinge, die ihren Wirt anhand seines typischen Geruchs finden, können durch stark riechende Nachbarpflanzen verwirrt werden. Traditionelle Kombinationen wie Mohrrüben und Zwiebeln (*oben*) oder Tagetes und Tomaten (*Mitte*) haben durchaus ihre Bewandtnis. Grundsätzlich ist es sinnvoll, niedrige Blumen mit offenen Blüten am Fuß von Gemüse zu säen (*unten*), weil sie Bestäuber und Raubinsekten anlocken und obendrein hübsch aussehen.

PFLANZENGESUNDHEIT

sich gezeigt, dass Mohrrüben weniger durch die Möhrenfliege befallen werden, wenn sie zusammen mit Zwiebeln kultiviert werden. Die Wirkung hält aber nur an, solange die Zwiebeln aktiv wachsen, und lässt nach, wenn die Zwiebeln sich verdicken. Im Garten ist die Wirkung dieser Kombination geringer.

Verwirrung stiften

Neuere Forschungsergebnisse zeigen, dass eine Mischkultur den Schädlingsbefall eindämmt, indem sie die Wahrscheinlichkeit verringert, dass Schädlinge auf einer geeigneten Wirtspflanze landen. Kohl zeigt beispielsweise deutlich weniger Befall durch Kohlblattläuse und die Kleine Kohlfliege, wenn er mit andersartigem Gemüse wie Bohnen oder einer Untersaat aus Klee kombiniert wird. Wenn eine Kohlfliege auf einer Pflanze landet, »schmeckt« sie diese mit den Füßen. Und landet sie nacheinander auf mehreren geeigneten Pflanzen, legt sie Eier. Gehört die Nachbarpflanze jedoch einer anderen Art an, fliegt sie eventuell weiter.

Schützende Pflanzen

Die abwechselnde Pflanzung anfälliger und resistenter Gemüsepflanzen scheint ebenfalls Erfolg zu bringen. Im kommerziellen Anbau hat man festgestellt, dass mehltauanfällige Salate geschützt werden, wenn sie in jeder Reihe abwechselnd mit einer resistenten Salatsorte gepflanzt werden.

EINLADUNG FÜR NÜTZLINGE

Blüten locken Insekten durch ihre Farben (einschließlich solcher, die das menschliche Auge nicht sehen kann) und durch ihren Geruch an. Nützlinge fliegen auf:

1 große, kräftig gefärbte, offene Blüten wie die Kokardenblume, deren »Zielscheiben«-Muster Insekten den Weg in die Mitte zeigt,

2 Pflanzen mit Röhrenblüten (selbst winzigen) in flügen Blütenständen wie bei der *Phacelia*, die bei Nektarfressern mit langer Zunge oder Saugrüssel beliebt sind,

3 flächige Blütenstände wie die des Kälberkropfs; auf dem Foto links eine Mohrrübe, die im Boden geblieben ist und im zweiten Standjahr blüht,

4 Einjährige mit offenen Blüten und langer Blühperiode wie die Sumpfblume (*Limnanthes*).

Siehe auch S. 114–117.

PFLANZENGESUNDHEIT

Verbündete des Gärtners

Ein wesentlicher Aspekt der biologischen Schädlingskontrolle besteht darin, den natürlichen Feinden der Schädlinge gute Lebensbedingungen anzubieten. Der Einsatz von Pestiziden stört das natürliche Verhältnis von Schädlingen und Nützlingen. Meist schaden die Pestizide den Nützlingen sogar mehr als den Arten, gegen die sie eingesetzt werden. Durch den Einsatz solcher Gifte haben sich sogar Arten zu Schädlingen entwickelt, die vorher von Nützlingen vertilgt wurden. Zum Beispiel wurde die Obstbaum-Spinnmilbe (Rote Spinnmilbe) erst nach der Einführung von Winterspritzungen mit Teeröl um 1930 zum Problem.

Natürliche Feinde

Viele Tiere im Garten fressen Schädlinge. Manche – darunter Marienkäfer – nimmt man erfreut wahr, andere sieht man kaum. Bei Igeln und einigen anderen wird die Bedeutung zur Schädlingsbekämpfung auch aus sentimentalen oder ästhetischen Gründen überbewertet. Viele unscheinbare Geschöpfe dagegen halten unbemerkt die Schädlingspopulationen in Grenzen. Auf der nächsten Seite werden einige einsatzfreudige Schädlingsbekämpfer näher vorgestellt. Sie sollten diese Tiere kennen, damit Sie ihnen gute Lebensbedingungen schaffen können und sie bei ihrer nützlichen Arbeit unterstützen.

Um die Zahl der Nützlinge in Ihrem Garten zu erhöhen, verzichten Sie auf Pestizide (auch auf die am Ende dieses Kapitels genannten). Pestizide wirken direkt auf nützliche Räuber und Parasiten, indem sie sie abtöten, und sie wirken indirekt, indem sie ihnen die Nahrung entziehen. Kombiniert man blühende Pflanzen, Gemüse und Obst, stellen sich bald Nützlinge wie Raubwespen, Schwebfliegen und Florfliegen ein, die als erwachsene Tiere Nektar aus Blüten fressen.

Lebensraum und Unterschlupf

Ein Teich (siehe S. 118–123) lockt Nützlinge an, die einen Teil ihres Lebenszyklus im Wasser verbringen. Solitärwespen nehmen Holzstöße gern als Nistplatz an, Florfliegen überwintern in Kästen (siehe S. 108–113). Eine dicke Mulchschicht und geringe Bodenbearbeitung schaffen günstige Bedingungen für Laufkäfer (die wichtigsten Feinde der Schnecken) und in dichtem Gras unter Hecken überwintern neben Laufkäfern auch Marienkäfer.

Blaumeisen-Fütterung Ein durchschnittliches Blaumeisenpaar fängt zum Großziehen seiner Brut bis zu 15 000 Raupen. Die kleinen Meisen finden immer weniger natürliche Nistplätze, nehmen aber Nistkästen im Garten gern an (siehe S. 112). Manche Paare kehren mehrere Jahre lang zum Brüten in den gleichen Kasten zurück.

Marienkäfer beim Angriff Erwachsene Marienkäfer fressen schwarze und grüne Blattläuse, aber ihre ungeflügelten Larven fügen den Läusepopulationen noch größeren Schaden zu. Das Gleiche gilt für Florfliegen. Um die Population dieser Nützlinge im Garten zu vergrößern, kann man sie bei Spezialanbietern kaufen (siehe Kasten rechts).

KLEINE HELFER

Viele natürliche Räuber und Parasiten kann man im Versandhandel bestellen. Marienkäfer und Florfliegen verstärken die bereits vorhandene Population, andere Nützlinge werden gezielt gegen bestimmte Schädlinge eingesetzt, beispielsweise die Raubwespe *Encarsia formosa* gegen Weiße Fliegen im Gewächshaus. Den besten Erfolg bringt das Aussetzen von Nützlingen in geschlossenen Räumen, etwa im Wintergarten oder Gewächshaus. Einige können auch im Freien eingesetzt werden, wenn die Bedingungen ihnen zusagen und die Nachttemperaturen ein Minimum nicht unterschreiten. Im Kapitel »A–Z der Pflanzenprobleme« (siehe S. 320–341) finden Sie Empfehlungen für derzeit erhältliche Nützlinge. Bedenken Sie, dass es Lebewesen sind und bereiten Sie alles vor, damit Sie sie nach der Lieferung sofort freilassen können.

Nützlinge gegen Schädlinge

1 Raubkäfer
Käfer verschiedener Familien (v.a. Kapsiden und Anthocoriden) fressen Pflanzenschädlinge. Hier greift eine Anthocoriden-Larve eine Blattlaus an.

2 Tachiniden (Raupenfliegen)
Die ausgewachsenen Weibchen sehen aus wie borstige Stubenfliegen. Sie legen Eier auf andere Insekten, vor allem Larven von Schmetterlingen und Nachtfaltern. Die Fliegenlarven wachsen parasitisch in den Wirtsinsekten heran.

3 Marienkäfer
Erwachsene Tiere und Larven (*Foto*) fressen Blattläuse und andere Schädlinge. Im Versandhandel zu beziehen (siehe S. 97).

4 Frösche, Kröten und Molche
Die erwachsenen Tiere fressen verschiedene Schädlinge. Die Jungen leben im Wasser, also ist ein Teich notwendig.

5 Nematoden
Dies sind parasitische, mikroskopisch kleine Würmer, die im Versandhandel zu beziehen sind (siehe S. 97) und gegen Schnecken und Gefurchte Dickmaulrüssler eingesetzt werden.

6 Schwebfliegen
Die Larven (*Foto*) vieler verbreiteter Arten fressen gern Blattläuse. Ihre Farbe variiert, manchmal sind sie fast durchsichtig.

7 Raubwespen
Die erwachsenen Weibchen legen Eier in andere Insekten. Die Larven entwickeln sich als Parasiten und töten den Wirt. Einige Arten sind im Versandhandel zu beziehen (siehe S. 97).

8 Weberknechte
Die dünnbeinigen Bodenräuber ernähren sich von winzig kleinen Gliederfüßern.

9 Florfliegen
Eine einzige Larve (Foto) kann im Lauf ihrer Entwicklung bis zu 300 Blattläuse vertilgen. Zur Überwinterung Kästen aufstellen (siehe S. 112). Im Versandhandel erhältlich (siehe S. 97).

10 Wespen
Erwachsene Weibchen der solitär lebenden Arten (Foto: Lehmwespe) sammeln Schädlinge als Nahrung für ihre Larven. Staaten bildende Wespen sind im Frühling/Frühsommer als Räuber nützlich, im Spätsommer machen sie sich aber über reifendes Obst her.

11 Raubmilben
Viele Raubmilben ernähren sich hauptsächlich von Milbenarten, die Pflanzen fressen. Diese frisst Eier der Obstbaum-Spinnmilbe. Auch über den Versandhandel zu beziehen (siehe S. 97).

12 Echsen
Viele Arten fressen ausschließlich Insekten und andere wirbellose Schädlinge wie Schnecken. Diese ausgewachsene Blindschleiche ist ein emsiger Schneckenjäger.

13 Hundertfüßer
Diese Räuber unterscheiden sich von den Pflanzen fressenden Tausendfüßern auch dadurch, dass sie pro Körpersegment nur ein Beinpaar besitzen. Sie bewegen sich schneller als Tausendfüßer und fressen Schnecken, Schneckeneier und Insekten, die im Boden leben.

14 Raubmücken
Die Larven einiger dieser winzigen Mücken wandern und ernähren sich ausschließlich von Blattläusen. Manche sind im Versandhandel erhältlich (siehe S. 97).

15 Käfer
Viele Erdkäfer und Kurzflügler (Foto) und deren Larven fressen Eier von Schnecken und junge Schnecken sowie Insekten, die im Boden leben. Mulch und ein kaum bearbeiteter Boden sind günstige Lebensbedingungen für sie.

16 Spinnen
Alle Spinnen fressen Insekten und andere Arthropoden. Die Fangmethoden variieren und nicht alle Spinnen bauen Netze.

Biologische Schädlingsbekämpfung

Im Biogarten – wie auch sonst im Leben – ist Vorbeugung besser als Heilung. Es gibt viele Methoden, Schädlinge von Ihren Pflanzen fernzuhalten oder »umzuleiten«. Pestizide, selbst biologisch akzeptable, sollten immer nur den letzten Ausweg darstellen.

Barrieren bauen

Seit dem Mittelalter friedet man Gärten mit Mauern oder Zäunen ein, um Kaninchen fernzuhalten. Obstkäfige sind eine traditionelle Methode zum Schutz der Obststräucher vor Vögeln. Barrieren gegen andere Schädlinge sind dagegen neuere Erfindungen. Häufig handelt es sich um Netze mit feinen Maschen (kleiner als 1,5 mm), die Insekten nicht durchdringen können. Sie lassen Licht, Wasser und Luft durch, aber keine Schadinsekten. Gartenvlies ist im Gegensatz zu Netzen kein Gewebe. Man benutzt es, um Jungpflanzen vor Witterungseinflüssen zu schützen. Es hält auch Schädlinge fern, doch wenn es zu lange auf den Pflanzen bleibt, behindert es die Luftzirkulation und begünstigt Pilzbefall und Schneckenfraß.

Für die Möhrenfliege genügt ein einfacher, 45–50 cm hoher Zaun als Barriere. Die Weibchen bleiben auf der Suche nach Wirten dicht über dem Boden, weil sie schlecht fliegen können und leicht vom Wind abgetrieben werden. Der Zaun hält die Fliegen von den Mohrrüben fern und erzeugt zugleich eine aufsteigende Luftströmung, die den Mohrrübengeruch nach oben lenkt – und mit ihm die Fliegen.

Kein Zutritt »Käfige« aus dünnen, verzweigten Reisern (*links*) schützen Kohlköpfe vor Vögeln. Für jüngere Pflanzen bieten »Einzelgewächshäuser« aus leeren Plastik-Wasserflaschen (*rechts*), fest in den Boden gedrückt, auch Schutz vor Schnecken.

Abwechslung Vögel lernen schnell, dass Vogelscheuchen keine ernste Gefahr darstellen. Darum sollten Sie verschiedene Modelle einsetzen und regelmäßig umstellen. Der schwebende »Raubvogel« (*oben links*) aus einer Kartoffel und Federn ist eine originelle Idee. Wirkungsvolle Vogelscheuchen erzeugen oft Geräusche oder – wie die Spiegelkugel (*Mitte*) – Lichtreflexe. Die Windmühle (*rechts*), selbst gebaut aus einer alten Plastikflasche kann beides.

Kohlweißlinge und andere gute Flieger lassen sich nur fernhalten, indem man die Pflanzen abdeckt. Dadurch werden die Pflanzen auch vor der Kleinen Kohlfliege geschützt, die ihre Eier an den Kohlpflanzen ablegt, nachdem sie auf deren Blättern gelandet ist. Spezielle »Kohlkragen« (siehe S. 236) oder umgedrehte Joghurtbecher mit abgeschnittenem Boden schützen die Kohlstrünke vor den Fliegen.

Ein Leimanstrich hindert kriechende Insekten am Vorankommen. Traditionell wird er zur Bekämpfung des Kleinen Frostspanners im Obstgarten eingesetzt. Das flügellose Weibchen kriecht im Herbst oder Winter die Stämme hoch, um Eier abzulegen. An Bäumen, die weniger als vier Jahre alt sind, sollte man den Leim auf Papierstreifen auftragen, nicht direkt auf den Stamm. Wenn der Baum an Stützen gebunden ist, müssen auch diese mit Leimringen versehen werden.

Fangen und absammeln

In einem kleinen Garten kann man durch manuelles Absammeln viel erreichen. Vernichtet man frühzeitig die ersten Eindringlinge, lässt sich ein schwerer Befall meist verhindern. Mit regelmäßigem Absammeln bekommt man auch hartnäckige Schädlinge wie Schnecken in den Griff. Sinnvoll ist auch, befallene Pflanzen zu entfernen, geschädigte Pflanzenteile abzuschneiden oder von

BANNMEILE

Ein Ring aus trockenem oder sehr rauem Material wie Kies, Eierschalen, Kleie oder gekauften Gesteinsprodukten schützt Jungpflanzen vor Schnecken, die ungern über solche Materialien kriechen. Allerdings halten solche Barrieren selten lange – schon gar nicht bei Regenwetter. Außerdem können Schnecken sie unterirdisch unterwandern. Kupfer, das hinüberkriechenden Schnecken einen Schlag versetzt, ist wirkungsvoller. Neben Kupferringen gibt es auch zuschneidbares, kupferbeschichtetes Gewebe und Kupferklebeband.

PHEROMONFALLEN

Pheromonfallen für Falter bestehen meist aus einer geschützten, klebrigen Platte und einem Träger mit weiblichem Sexuallockstoff. Die Männchen reagieren auf den Lockstoff, fliegen in die Falle und bleiben an der Leimplatte hängen. Das Fangen der Männchen hat auf die Population kaum Auswirkungen, weil die überlebenden Männchen ihre toten Kollegen gern vertreten. In einem kleinen Garten können aber einige Fallen die Zahl der Männchen ausreichend reduzieren oder den Prozess der Partnersuche soweit stören, dass die nächste Generation kleiner ausfällt.

gesunden Pflanzen die Teile zu entfernen, die besonders anfällig sind (etwa die frischen Triebspitzen von Dicken Bohnen, die Schwarze Bohnenblattläuse anlocken).

Schnecken kann man absammeln oder auch in Fallen fangen. Bei einem abendlichen Gartenrundgang mit Taschenlampe findet man viele von ihnen. Legen Sie Plastik-Blumenuntersetzer oder Reststücke von Folie oder Teppich aus, kriechen die Schnecken tagsüber darunter und Sie können sie bequem beseitigen. Bewährte Schneckenfallen sind auch eingegrabene Plastikbecher mit Bier (unten rechts). Der Rand muss etwas über das Erdreich vorstehen, damit keine Käfer hineinfallen.

Leimfallen funktionieren nach dem gleichen Prinzip wie Fliegenfänger. Pheromonfallen (siehe Kasten links) sind eigentlich zur Überwachung der Schädlingspopulationen gedacht, können aber in kleinen Bereichen auch den Befall verhindern.

Enten und Hühner picken gern Schnecken auf, vor allem Laufenten sind ausgesprochen gute Schneckenfänger und fügen den Pflanzen keinen Schaden zu. Hühner könnten Sie ab und zu für kurze Zeit im Gemüsegarten laufen lassen.

Sammeln und Fallen stellen Größere, gut sichtbare Schädlinge wie Sägewespen-Raupen (*unten links*) kann man leicht absammeln, auch Blätter mit starkem Befall durch kleinere Schädlinge sind leicht zu beseitigen. Manchmal muss man die Schädlinge aus ihrem Versteck locken. Schnecken lieben Freibier und kriechen über den Rand eingegrabener Plastikbecher mit Bier (*unten rechts*), in dem sie ertrinken. Der Rand der Becher muss über den Boden vorstehen, damit nützliche Laufkäfer nicht das gleiche Schicksal ereilt.

Füttert die Schädlinge!

Wenn junge Gemüse- und Zierpflanzen in ein frisch bearbeitetes Beet gepflanzt werden, machen sich oft die Schnecken darüber her. Setzen Sie einige Tage vorher junge Salatpflanzen oder legen Sie welke Salatblätter unter Steine oder Dachpfannen, um die Schnecken abzulenken. Nehmen Sie die Blätter alle paar Tage weg – mitsamt den Schnecken – und legen Sie neue aus. Ein Haufen Beinwellblätter kann ebenfalls helfen, ein Beet vor der Bepflanzung schneckenfrei zu machen. Die Blätter und die davon fressenden Schnecken bleiben einige Tage an ihrem Platz und werden dann abends beseitigt. Legt man um junge Pflanzen einen Ring aus geschnittenen Beinwellblättern, lassen sich Schnecken oft ablenken, bis die Pflanzen kräftiger sind.

Pestizide im Biogarten

Als allerletzte Lösung stehen für Biogärtner einige wenige organische Pestizide zur Auswahl (siehe Kasten rechts). Sie sind meist harmloser als synthetische Pestizide und werden schneller abgebaut, aber auch sie können negative Auswirkungen auf Lebewesen haben, die nicht bekämpft werden sollen. Verwendungsempfehlungen werden von Organisationen gegeben, die Richtlinien für biologischen Gartenbau festlegen.

Pestizide vor dem Gesetz

Der Einsatz von Pestiziden ist gesetzlich geregelt und es ist verboten, Produkte zu verwenden, die nicht offiziell zugelassen sind. Die Liste der zugelassenen Mittel ist von Land zu Land verschieden. In Deutschland ist der Einsatz von *Bacillus thuringiensis*, insektizider Seife, Pyrethrum und Rapsöl zur Bekämpfung von Schadinsekten erlaubt. Genehmigte Pestizide sind Kaliumbikarbonat und Schwefel (siehe S. 88). Außerdem sind Quassia, Neem, Knoblauchöl und Granulosevirus zugelassen.

Häufig wird angenommen, dass Pestizide natürlichen – zumeist pflanzlichen – Ursprungs im Biogarten unproblematisch sind. In Bezug auf die Umwelt mögen solche Produkte relativ harmlos sein, doch sofern keine offizielle Genehmigung vorliegt, können sie nicht empfohlen werden. Und da die Prüf- und Genehmigungskosten hoch sind, ist mit der Zulassung vorerst nicht zu rechnen. Von selbst gemachten Spritzmitteln ist grundsätzlich abzuraten. Brennnesselaufguss, Rhabarberabsud und einige andere sind relativ harmlos, andere jedoch hochgiftig.

Nützlinge schützen Selbst für den Biogartenbau zugelassene Pestizide wirken nicht selektiv und schaden auch Nützlingen. Wenn es unvermeidlich ist, spritzen Sie am Abend, wenn keine Bienen aktiv sind, und niemals bei Wind, damit das Spritzmittel nicht unkontrolliert verteilt wird.

ZUGELASSENE PESTIZIDE

- Pflanzenöle und andere Pflanzenprodukte mit physikalischer Wirkung

- Produkte auf Stärkebasis mit physikalischer Wirkung

- Natürliche Pyrethrum-Produkte (enthalten Pyrethrin aus *Chrysanthemum cinerariifolium*)

Setzen Sie diese Mittel nur im Notfall ein und befolgen Sie immer die Regeln zum richtigen Spritzen (siehe S. 320). Lesen Sie die Produktbeschreibung genau, um sicherzugehen, dass das Mittel den gewünschten Schädling bekämpft, ohne den Pflanzen zu schaden.

6. Tiere im Garten

In einem Garten voller Leben hält man sich gern auf. Hier kann man sich entspannen und als Teil der Natur fühlen. Bienen, Schmetterlinge und Vögel machen ebenso viel Freude wie Blumen und Früchte. Aber auch die winzigen Gartenbewohner können sehr interessant sein, zumal sie ein wichtiges Glied der Nahrungskette darstellen. Im Hinblick auf die Vielfalt der Tierwelt sind Biogärten konventionell bestellten Gärten meist um Längen voraus.

Voller Leben Auf einer Wildblumenwiese summt es nur so vor Leben. Viele Gräser dienen Raupen als Nahrung und ohne Raupen gäbe es keine Schmetterlinge.

Sicherer Unterschlupf

Weil die Städte stetig wachsen, die Intensiv-Landwirtschaft zunimmt und immer öfter Pestizide eingesetzt werden, spielen private Gärten als Lebensraum für heimische Tiere eine beachtliche Rolle. Schätzungen zufolge machen Privatgärten heute etwa die Hälfte der vorhandenen natürlichen Flächen aus. Gleichzeitig wächst die Zahl der Tiere, die in Gärten nicht nur kurzzeitig Unterschlupf suchen, sondern dort dauerhaft Quartier beziehen.

In Biogärten fühlen sich Tiere besonders wohl, weil dort Pestizide kaum oder gar nicht zum Einsatz kommen. Nützliche Räuber und Parasiten, die Schädlinge und Krankheiten unter Kontrolle halten, dienen ihrerseits größeren Tieren als Nahrung. Durch Einsatz voluminöser organischer Substanz wird die Entstehung einer gesunden Mikroflora und -fauna im Boden gefördert und auch diese Mikroorganismen haben ihren Platz in der Nahrungskette. Es steht nicht zu befürchten, dass bei einer Zunahme des Tierbestandes auch der Schädlingsbefall zunimmt. Studien haben ergeben, dass auf biologisch bewirtschafteten Landwirtschaftsbetrieben Menge und Artenvielfalt der Tiere größer ist als auf konventionellen Höfen, dass jedoch die Zahl der Schädlinge nicht zu-, sondern eher abnimmt.

Gute Lebensbedingungen

Wer heimischen Tieren optimale Bedingungen bieten will, könnte ein kleines »Reservat« mit speziellen Pflanzen anlegen, die für Tiere wertvoll sind. Alle Tiere im Garten haben die gleichen Grundbedürfnisse. Sie brauchen Nahrung,

Wintervorrat In diesem modernen Garten liefern Blumen und Samenstände Schmetterlingen und Vögeln Nahrung. Lassen Sie Samenstände über den Winter stehen, um Vögeln einen Futtervorrat und Marienkäfern ein Überwinterungsquartier zu bieten.

TIERE IM GARTEN 107

geschützte Plätze zum Leben und zum Aufziehen der Jungen sowie Wasser zum Trinken und Baden. In diesem Kapitel erfahren Sie, wie Sie diese Elemente in Ihren Garten integrieren können.

Erwarten Sie aber keine Wunder. Sie können zwar gute Bedingungen für Vögel, Kleinsäuger, Insekten und andere schaffen, doch kommen müssen sie von allein. Trotz aller Bemühungen werden Sie vielleicht Besuch von anderen Tierarten bekommen, als Sie eigentlich einladen wollten.

Ordentlich oder natürlich?

Einer der schwierigeren Aspekte des tiergerechten Gartens besteht darin, einen Mittelweg zwischen Ordnung und Chaos zu finden. Zum Glück kann man auch einen bestehenden Garten so gestalten, dass Tiere sich in ihm wohlfühlen und er dennoch nicht verwildert aussieht. Ein tierfreundlicher Garten kann ebenso gut aussehen wie jeder andere – oder sogar schöner. Der nostalgische Bauerngartenstil ist eine Möglichkeit, das »geordnete Chaos« zu kultivieren und dabei die Bepflanzung unter Kontrolle zu behalten. Aber es gibt noch andere interessante Möglichkeiten. Moderne Gärten, in denen nach dem Rasterprinzip große Staudengruppen mit robusten Gräsern (siehe S. 180–181) abwechseln, sehen nicht nur hinreißend aus, sondern fördern auch den Tierbestand. In einem Garten ohne Gifte, aber mit vielen verschiedenen Pflanzen, die Nahrung und Unterschlupf bieten, wird sich bald eine große Artenvielfalt einstellen.

GROSSE UND KLEINE TIERE

Schmetterlinge und Libellen können ebenso wie Vögel und kleine Säugetiere faszinierend sein. Und sehen Sie sich einmal aus der Nähe an, was auf Blüten krabbelt.

■ **Libellen** (*unten links*) und Teichjungfern sind nicht nur in direkter Wassernähe anzutreffen. Die Männchen verteidigen ihre Reviere gegen andere Insekten.

■ **Krabbenspinnen** (*unten Mitte*) gibt es in ähnlich vielen bunten Farben wie Vögel. Und sie können ihre Farbe dem Untergrund anpassen.

■ **Baumwanzen** (*unten rechts*) fressen an Gräsern, Wildgemüse, wilden Schmetterlingsblütlern und Sträuchern. Sie nehmen die Brutpflege sehr ernst.

Achten Sie auch einmal auf Rote Samtmilben – winzige, rote Tiere, die auf warmen, trockenen Pflastersteinen krabbeln und praktischerweise Schädlinge wie die Rote Spinnmilbe (Obstbaum-Spinnmilbe) vertilgen.

■ **Der Violette Laufkäfer** (siehe Foto S. 29) ist ein attraktiver Räuber mit schwarzen Deckflügeln, deren Ränder violett schillern. Am liebsten frisst er Schnecken.

Geschützte Plätze

Alle Tiere brauchen sichere Plätze zum Ausruhen, Schlafen und Aufziehen der Jungen, und diese Plätze können auch im Garten geschaffen werden. Die Bandbreite reicht von individuell gebauten Nistkästen (siehe S. 112–113) bis zu alltäglichen Dingen wie dem Komposthaufen, dem Mulch oder einem Holzstoß. Viele Tiere leben auch in und unter Hecken.

Willkommenes Dickicht Wo Tiere Schutz und Nahrung finden, bleiben sie gern. Diese bezaubernde gemischte Hecke besteht aus Wildrosen mit leuchtend roten Hagebutten und *Clematis vitalba* mit ihren duftigen Samenständen. Weitere Pflanzen, die Unterschlupf und Futter bieten, sind gegenüber aufgeführt.

Hecken und Zäune

In einer Hecke (siehe S. 142–145) finden viele Tiere Schutz vor Räubern und schlechtem Wetter. Hier können sie fressen, balzen, sich paaren, Nester bauen und ihre Brut großziehen. Die Hecke bietet im Winter Schutz vor Kälte und an ihrem Fuß bleibt es recht trocken. Im abgefallenen Laub unter der Hecke finden Insektenfresser reichlich Nahrung – nicht nur Vögel, sondern auch Igel, Feldmäuse und Spitzmäuse.

Um brütende Vögel nicht zu stören, sollte man Hecken erst im Hoch- oder Spätsommer schneiden. Fruchthecken werden erst gestutzt, wenn die Vögel die letzten Beeren geerntet haben. Lassen Sie die Blätter am Grund der Hecke möglichst liegen. Wenn Ihr Garten zu klein für eine Hecke ist, begrünen Sie den Zaun oder die Mauer an der Grundstücksgrenze mit Efeu, Geißblatt, Clematis oder anderen Kletterpflanzen. Leiten Sie die Pflanzen so, dass der untere Mauer- oder Zaunbereich gut verdeckt wird, und schneiden Sie sie nicht zu gründlich. Dichte, immergrüne Kletterpflanzen sind als Unterschlupf für Tiere ideal.

Kriech- und Kletterpflanzen

In dichtem Efeu und anderen Kletterpflanzen, die nur wenig geschnitten werden, verstecken sich viele kleine Vögel wie Zaunkönige und Meisen in kalten Winternächten. Wald- und Steinkäuze schätzen hohe, mit Efeu bewachsene Bäume. Abgestorbene Äste nehmen Spechte manchmal als Nahrungsquelle oder Nistplatz an. Sägen Sie abgestorbene Äste, die keine Gefahr darstellen, nicht unbedingt ab, denn sie liefern Insekten Nahrung und Vögeln Schutz.

Verkehrsnetz

Kleine Säugetiere laufen ungern über offenes Gelände, auch kurz gemähten Rasen und gepflasterte Flächen meiden sie lieber.

109

SCHÖNE VERSTECKE

Heckenpflanzen

Buche* (*Fagus sylvatica*)
Schwarzdorn/Schlehe* (*Prunus spinosa*)
Wein-Rose* (*Rosa rubiginosa*)
Holz-Apfel* (*Malus sylvestris*)
Schwarzer Holunder* (*Sambucus nigra*)
Schneeball* (*Viburnum opulus*)
Weißdorn* (*Crataegus*)
Hasel* (*Corylus avellana*)
Stechpalme* (*Ilex aquifolium*)
Hainbuche* (*Carpinus betulus*)

Sträucher

Zwergmispel (*Cotoneaster*)
Andenstrauch (*Escallonia*)
Liguster (*Ligustrum*)
Lorbeerkirsche 'Otto Luyken' (*Prunus laurocerasus*)
Feuerdorn (*Pyracantha*)
Japanische Weinbeere (*Rubus phoenicolasius*)

Kletterpflanzen

Brombeere* (*Rubus* sp.) und verwandte Hybriden
Hunds-Rose (*Rosa canina*) und verwandte Rosenarten
Geißblatt* (*Lonicera periclymenum*)
Efeu* (*Hedera helix*)
Waldrebe (Neben der eingebürgerten *Clematis vitalba* sind auch andere Arten geeignet.)
Jungfernrebe (*Parthenocissus*)

* einheimische Pflanze

Blumen für Tiere
1. Hunds-Rose
2. Schwarzer Holunder
3. Rotdorn (*Crataegus laevigata* 'Paul's Scarlet')
4. Schneeball
5. Weidenblättrige Zwergmispel
6. Lorbeerkirsche
7. Efeu
8. Geißblatt

Bedrohte Art Übertreiben Sie es beim Aufräumen im Garten nicht, sondern lassen Sie etwas totes und verrottendes Holz liegen, das für den Lebenszyklus des Hirschkäfers wichtig ist. Dieses Weibchen, das im Gegensatz zum Männchen kein »Geweih« trägt, sucht einen Platz zur Eiablage. Die Larven können bis zu fünf Jahre in verrottenden Ästen leben und sich vom Holz ernähren. Hirschkäfer sind nur noch selten in Gärten zu finden.

Versuchen Sie, Verbindungen zwischen den bepflanzten Flächen zu schaffen, um den Tieren durchgehende Wege durch den Garten anzubieten, auf denen sie von Feinden nicht so leicht entdeckt werden. Dichte Sträucher und Hecken sind gute Verstecke und Bodendecker, die sich an Flächen mit höherem Gras oder Staudenbeete anschließen, geben den Tieren Deckung, wenn sie sich bewegen. Wenn Sie einen geschlossenen Zaun bauen, lassen Sie etwas Abstand zum Boden oder sägen Sie in regelmäßigen Abständen Löcher in die Bretter, um Igeln und anderen kleinen Tieren Zugang zu verschaffen.

Rasen

Um vielfältige Lebensräume zu schaffen, kombinieren Sie gemähten Rasen mit Bereichen mit höherem Gras. Singdrosseln, Stare und andere Vögel finden ihre Nahrung im kurzen Gras, während heimische Amphibien längeres Gras benötigen. Damit der Garten nicht ungepflegt wirkt, lassen Sie nur an ausgesuchten Stellen das Gras lang wachsen, etwa unter einer naturnahen Hecke oder unter Bäumen. Ein sauber gemähter Weg genügt oft, um einer Fläche mit höherem Gras Struktur zu geben und zu verhindern, dass sie ungepflegt aussieht.

Mähen Sie nicht das ganze hohe Gras an einem Tag. Wenn eine Fläche gemäht werden muss, beginnen Sie an einem Ende und arbeiten Sie von der Seite zur Mitte hin, um den Tieren einen Fluchtweg freizulassen. Mähen Sie keinesfalls kreisförmig, sonst werden Mäuse und Frösche gefangen wie Kaninchen in einem Getreidefeld.

Schuppen und Komposthaufen

Ein Gartenschuppen ist für viele Tiere ein gutes Versteck. Damit Schmetterlinge zum Überwintern hineinkriechen können, lassen Sie die Tür an einem sonnigen Herbstnachmittag offen und schließen sie erst am späten Abend. Heimische Vögel nisten manchmal an unerwarteten Plätzen und finden Ihren Schuppen vielleicht genau so praktisch wie Sie.

Wenn Sie regelmäßig einen Haufen Laub zum Kompostieren aufsetzen (siehe S. 44–45), zieht vielleicht ein Igel für den Winterschlaf ein. Lassen Sie in der Wandung des Kompostsilos eine Öffnung, durch die er bequem hinein- und herausschlüpfen kann.

Ringelnattern, die für den Menschen harmlos sind, legen manchmal in Komposthaufen Eier ab oder überwintern darin. Wer die Nattern in seinem Garten hat und halten möchte, sollte einen

TIERE IM GARTEN

großen Kompost an einem sonnigen Platz anlegen. Wie Schwalben kehren auch Schlangen oft Jahr für Jahr an den gleichen Nistplatz zurück, aber zum Ausbrüten brauchen sie die Rottewärme des Komposts, der deshalb jedes Jahr neu aufgesetzt werden sollte. Anfang Oktober oder zwischen Mitte April und Mitte Mai, wenn die Jungen geschlüpft sind, können Sie den Kompost umsetzen, ohne die Schlangen zu stören.

Unter dem Mulch

Viele kleine Tiere verstecken sich unter dem Mulch. Eine Schicht aus Rindenmulch gibt Käfern und Hundertfüßern Schutz, während Frösche, Kröten, Spitzmäuse, Spinnen und Molche sich in Heu oder Stroh wohlfühlen. Lassen Sie über Winter den Mulch auf einigen Flächen unberührt, damit die Tiere darin ungestört überwintern können.

Igel mögen größere Holzstöße mit Abständen von mindestens 10 cm zwischen den unteren Scheiten. Legen Sie das Holz an einen geschützten Platz, etwa unter Bäume oder Sträucher, wo die Igel nicht gestört werden. Igel sammeln trockenes Laub, um ihr Nest zu polstern – also lassen Sie ruhig einige einladende Blätter in der Nähe liegen.

Reflektierte Wärme

Legen Sie in einem sonnigen Gartenbereich ein Hügelbeet mit einem Unterbau aus Geröll und einer dünnen Schicht Mutterboden an. Darin gedeihen viele interessante Pflanzen, die durchlässigen Boden brauchen, etwa Thymian, Leimkraut (*Silene maritima*) und Sonnenröschen (*Helianthemum*), außerdem können hier Amphibien überwintern und Eidechsen im Sommer sonnenbaden. Wiesel verstecken sich gern zwischen den Steinen, haben aber auch nichts gegen ein kurzes Stück Dränagerohr in einem ruhigen Gartenbereich einzuwenden.

Kühl und feucht Frösche, Igel, Molche, Käfer und Schwebfliegen schätzen kühl-feuchte und möglichst dunkle Plätze, zum Beispiel einen Laubkompost-Haufen (siehe S. 44–45) oder einen Holzstoß.

Warm und trocken Wiesel, Spitzmäuse, Waldmäuse, Kröten, Blindschleichen, Spinnen und verpuppte Schmetterlingsraupen fühlen sich in den Nischen und Lücken einer sonnigen Trockenmauer (*unten*) oder eines Steinhaufens wohl.

Quartiere für alle

Der Fachhandel bietet spezielle Nistkästen für verschiedene Tierarten an. Manche sind schlicht, andere aufwendiger gestaltet. Wichtig ist aber nur, dass der Kasten auf die Bedürfnisse der potenziellen Bewohner zugeschnitten ist.

Igel und Frösche

In penibel aufgeräumten Gärten haben Igel es schwer, ein geschütztes Winterquartier zu finden. Vor allem in der Stadt gibt es für sie kaum natürliche Zuflucht und sie nehmen einen Igelkasten unter einer Hecke oder einem dichten Strauch gern an. Auch Froschkästen sind empfehlenswert. Sie sollten an einem windgeschützten Platz an einer Nordwand stehen.

Vögel

Selbst auf Grundstücken mit reichlich Nistgelegenheiten kann ein Nistkasten dazu beitragen, dass eine scheuere Art sich im Garten wohlfühlt. Käufliche Kästen bestehen meist aus unbehandeltem Holz. Kästen aus einer Mischung aus Beton und Sägemehl sind empfehlenswert, wenn Nesträuber im Garten leben. Hängen Sie Nistkästen leicht zugänglich auf, denn im Herbst müssen sie unbedingt gesäubert werden. Ideal ist ein vor Regen, praller Sonne und Nesträubern geschützter Platz an einer warmen Mauer, einer Schuppenwand oder einem Baumstamm.

Insekten

Auch Insekten wissen ein Winterquartier zu schätzen. Marienkäfer, Ohrenkneifer und andere überwintern in der Natur in hohem Gras, totem Laub oder hohlen Pflanzenstängeln. Darum sollten Sie das Aufräumen der Staudenbeete auf den Frühling verschieben. Für Schwebfliegen kann man Überwinterungskästen aus Holz kaufen oder aus einer Plastikflasche und Wellpappe leicht selbst

Welcher Kasten für welchen Vogel?
Die Größe des Einfluglochs ist maßgeblich dafür, welche Vogelart in einen Kasten einzieht. Öffnungen mit 2,5 cm Durchmesser eignen sich für Sumpf-, Weiden- und Tannenmeisen. Trauerschnäpper, Kohlmeisen und Feldsperlinge benötigen größere Öffnungen. Rotkehlchen, Bachstelzen und Fliegenschnäpper bevorzugen einen Kasten mit offener Front, niedrig aufgehängt in einer Hecke.

Nobelherbergen Im Fachhandel werden verschiedene aufwändige Kästen angeboten, beispielsweise für Schwebfliegen, Mauerbienen und Fledermäuse (*von links nach rechts*). Blaumeisen fressen manchmal an Bienenkästen, doch keine Angst, die tiefer in den Röhren liegenden Eier erreichen sie nicht. Wenn vor Ihrer Tür eine Straßenlaterne steht, können Sie abends vielleicht den Fledermäusen bei der Jagd zuschauen.

TIERE IM GARTEN 113

machen (siehe rechts). Lebensmittelverpackungen aus Kunststoff lassen sich auch als Quartiere für Marienkäfer zweckentfremden: Einfach in den Deckel eines eckigen Behälters mit einer Stricknadel einige kleine Löcher stechen, den Behälter mit Stroh füllen und über Winter an einen trockenen Platz unter einem Strauch oder einer großen Staude legen.

Mauerbienen sind nützliche Obstbaum-Bestäuber. Sie und andere Bienenarten ziehen gern in Holzklötze mit vielen Bohrungen ein. Sie können auch Trinkhalme in einen wasserdichten Kasten stapeln oder spezielle Bienenkästen kaufen. Weil die Mauerbienen den Winterschlaf früh beenden, sollten diese Kästen im Frühling noch vor der Apfelblüte angebracht werden – am besten in offener Lage an einer sonnigen Südwestwand.

Fledermäuse

Fledermäuse sind selbst in großen Städten keine Seltenheit. Weil eine Zwergfledermaus bis zu 2000 Mücken und andere kleine Insekten pro Nacht vertilgt, sollte man den Nachtjägern Plätze zum Ausruhen und Schlafen anbieten.

Ein Fledermauskasten sollte aus unbehandeltem Holz bestehen und innen sägerau sein, damit sich die Fledermäuse leicht aufhängen können. Hängen Sie ihn in mindestens 3 m Höhe an eine schattige, windgeschützte Wand. Davor sollte reichlich freier Luftraum vorhanden sein. Wenn Sie in die Nähe Einjährige wie beispielsweise Ziertabak (*Nicotiana*) pflanzen, die ihre Blüten abends öffnen und Nachtfalter anlocken, werden sich bald Fledermäuse einstellen. Bis die Fledermäuse die Kästen annehmen, kann aber etwas Zeit vergehen.

Herberge für Schwebfliegen Von einer leeren Getränke-Plastikflasche (2 Liter) den Boden absägen. Dann ein Stück Wellpappe von etwa 80–100 cm Länge aufrollen und in die Flasche schieben. Drähte, die am unteren Rand durch die Flaschenwandung gesteckt werden, halten die Pappe in der Flasche. Eine Schnur um den Hals knoten und das »Hotel« (mit Deckel) vor Ende August an einem geschützten Platz aufhängen.

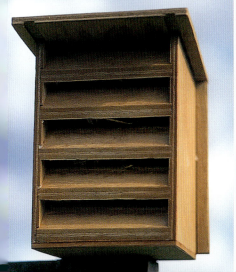
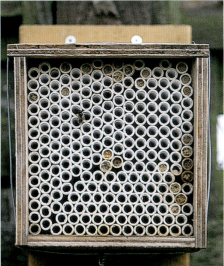

Nahrung für alle

Nicht nur Vögel kommen zum Fressen in den Garten. In einem Biogarten finden heimische Pflanzen- und Fleischfresser aller Arten und Größen Nahrung – vor allem, wenn Sie zur Versorgung beitragen. Nektar, Pollen, Blattläuse, Raupen, Schnecken, Beeren und Samen stehen auf dem Speiseplan.

Vögel füttern – aber richtig

Viele Gärtner haben Freude daran, Nüsse, Fett und Samen für die Vögel auszulegen. Doch wer einmal mit dem Füttern anfängt, muss es beibehalten, denn durch das Nahrungsangebot entsteht eine dichtere Population als der Garten von Natur aus versorgen könnte. Damit die Vögel nicht zu sehr von der Fütterung abhängig werden, pflanzen Sie lieber Gewächse, die ihnen und anderen Tieren Nahrung bieten. Beerensträucher, Samenstände und Gräser locken viele Arten an, lassen Sie darum einige Stauden Samen ausbilden. Wenn Vögel eine gute Futterquelle finden, kommen sie immer wieder, was uns Gärtnern nur recht sein kann. Eine Singdrossel beispielsweise frisst in einer einzigen Saison über 10 000 Raupen, Fliegen, Schnecken und andere Schädlinge. Allerdings mögen Vögel süße Beerenfrüchte ebenso gern wie wir Menschen.

Blumen als Nahrung

Nicht nur heimische Wildblumen sind Nahrungsquellen für Tiere. Gartenblumen – ausgenommen überzüchtete mit gefüllten Blü-

FUTTERSTRÄUCHER FÜR VÖGEL

- **Erle** (*Alnus*): Schwanzmeisen, Finken, Feldsperlinge
- **Berberitze** (*Berberis*): Drosseln, Schnäpper, Finken, Meisen, Kleiber
- **Seidelbast** (*Daphne*): Amseln, Schnäpper, Finken, Dorngrasmücken
- **Holunder** (*Sambucus*): Rotkehlchen, Amseln, Drosseln, Zaunkönige, Heckenbraunellen, Meisen, Stare, Tauben
- **Felsenbirne** (*Amelanchier*): Stare, Dorngrasmücken, Finken, Rotkehlchen
- **Liguster** (*Ligustrum*): Meisen, Kernbeißer, Grünfinken, Sperlinge, Singdrosseln, Rotkehlchen
- **Spindelstrauch** (*Euonymus*): Drosseln, Mönchsgrasmücken, Meisen, Finken

Kinderstube für Schmetterlinge Viele Schmetterlingsraupen ernähren sich von Gräsern und brauchen einen Bereich mit hohem Gras. Einige Raupen überwintern an Grashalmen, andere verpuppen sich dort. Um sie nicht zu stören, sollten Sie hohes Gras erst im Spätfrühling mähen.

ten – enthalten manchmal sogar mehr Nektar und blühen oft länger. Besonders nützlich für viele Insekten sind die altmodischen Bauerngartenblumen mit etwas kleineren Blüten. Je nach Fressmethode bevorzugen Insekten verschiedene Blütenformen, darum ist eine abwechslungsreiche Bepflanzung günstig (siehe S. 95). Aus Blüten mit tiefem Schlund bedienen sich Bienen und Schmetterlinge (siehe nächste Seite) mit ihren langen Zungen. Hummeln beispielsweise haben kürzere Zungen als der Admiral, aber längere als Honigbienen. Weit ausgebreitete Blüten oder flache Blütenstände wie die von Kälberkropf und Fenchel eignen sich am besten für Schwebfliegen, Raubwespen und andere kleine Insekten.

Die nächsten Glieder der Nahrungskette

Von Blüten angelockte Insekten sowie ihre Eier, Larven und Raupen dienen Vögeln, räuberischen Käfern, Raubwespen, kleinen Säugetieren und Amphibien als Nahrung. Viele Gartenschädlinge sind letztlich eine wichtige Nahrungsquelle für andere, nützliche Tiere.

Ein Blaumeisenpaar beispielsweise fängt pro Brutsaison etwa 7000–8000 Insekten, meist Larven der Apfelsägewespe und des Apfelblütenstechers. Im Winter fressen sie auch Blattläuse und Larven des Apfelwicklers. Blattlauskolonien fügen kräftigen, älteren Pflanzen nicht unbedingt Schaden zu, dienen aber Raubwespen als »Kinderstube« und anderen Fressfeinden als Nahrungsquelle und Brutstätte. Ehe Sie also gegen Schädlinge vorgehen, geben Sie der natur eine Chance – vielleicht nimmt sie Ihnen die Arbeit ab.

Frösche und Kröten leben ganzjährig im Garten, wenn sie genug Nahrung finden. Sie fressen vor allem Schnecken und andere kleine Wirbellose, was natürlich jeden Gärtner freut. Wer möchte, kann ihnen zusätzlich Mehlwürmer und Köderwürmer anbieten. Kröten können so zahm werden, dass sie aus der Hand fressen, und sie lernen bei regelmäßiger Fütterung schnell, an einem bestimmten Platz auf die Mahlzeit zu warten.

Blumen für Bienen

1 *Rosa canina*
Hunds-Rose
Honigbienen schätzen die »wilde«, ungefüllt blühende Rose mit den goldgelben Staubgefäßen.

2 *Lonicera periclymenum*
Geißblatt
Wüchsige Kletterpflanze mit schwerem Duft, die viele Bienen und Hummeln anlockt.

3 *Perovskia* 'Blue Spire'
Perowskie
Mittelding zwischen Staude und Strauch: ideal für den Vordergrund eines sonnigen Beetes mit durchlässigem, nicht zu nährstoffreichem Boden.

4 *Monarda* 'Mahogany'
Indianernessel
Der Name verrät, dass die Blume aus der Prärie Nordamerikas stammt. Sehr gute Bienenweide.

5 *Echium vulgare* 'Blue Bedder'
Natternkopf
Zweijährige mit leuchtend blauen Blütenähren, die bei der Sorte 'Blue Bedder' etwa 45 cm hoch werden. Einige frostempfindlichere Arten werden bis 4 m hoch.

6 *Iberis umbellata* Fair-Serie
Schleifenblume
Die mehrjährige Schleifenblume hat meist weiße Blüten. Einjährige Arten blühen oft in verschiedenen Rosatönen.

7 *Verbena* 'Tapien Violet'
Verbene
Alle Verbenen stehen bei Bienen hoch im Kurs. Viele sind mehrjährig, diese gehört aber einer der beliebten »Serien« an, die als Einjährige kultiviert werden.

8 *Achillea filipendula* 'Parker's Variety'
Schafgarbe
Alle Kulturformen der Schafgarbe haben – wie die Wildform – flache Blütenstände aus vielen winzigen Blüten, die als »Landeplatz« dienen.

Blumen für Schmetterlinge

1 *Aster-amellus*-Sorten
Astern
Die Zuchtformen dieser Art sind besonders unempfindlich gegen Mehltau.

2 *Sedum spectabile*
Fetthenne
Bildet im Spätsommer bis Herbst Blüten, die sehr lange halten.

3 *Buddleja × weyeriana*
Sommerflieder
Die bekannteste Form des »Schmetterlingsflieders« trägt Blüten in Violett, doch die Falter fliegen ebenso auf die ungewöhnlicheren Blütenfarben.

4 *Lunaria annua* 'Variegata'
Silberblatt
Das Foto zeigt eine Sorte mit weiß panaschierten Blättern, die sich – wie alle einjährigen Silberblatt-Sorten – reichlich selbst aussät.

5 *Coriandrum sativum*
Koriander
Eine schöne, einjährige Pflanze für den Wildblumen- oder Kräutergarten. Blätter und Samen können zum Würzen in der Küche verwendet werden.

6 *Origanum* 'Kent Beauty'
Oregano
Diese niedrige, duftende Kulturform mit den rosa-grünen Blüten gedeiht am besten auf einer niedrigen, sonnigen Mauer.

7 *Scabiosa caucasica* 'Clive Greaves'
Skabiose
Die Skabiose und ihre Verwandte, die Knautie oder Witwenblume, machen im Bauerngarten eine gute Figur.

8 *Hebe* 'Great Orme'
Strauchveronika
Schmetterlinge schätzen alle Sträucher dieser Art, vor allem aber die Sorten 'Great Orme' und 'Midsummer Beauty'.

Willkommen am Wasser

Ein Teich, selbst ein winziger, kann das Zentrum Ihrer Naturoase darstellen. Verschiedene Tiere finden sich aus ganz unterschiedlichen Gründen am Teich ein. Einige trinken, andere jagen über dem Wasser, andere suchen darin Schutz oder Nahrung, manche brauchen ihn zur Fortpflanzung. Einige verbringen ihr ganzes Leben darin, andere nur einen Teil ihres Lebenszyklus.

Schon ein kleiner Wasserbehälter genügt, um Vögel und Amphibien anzulocken. Vögel brauchen zum Trinken und für das tägliche Bad sauberes Wasser in flachen Gefäßen – selbst ein umgedrehter Mülltonnendeckel genügt ihnen dafür. Senken Sie ihn in den Boden ein oder bauen Sie aus Mauersteinen eine »Rampe«, damit auch durstige Igel das Wasser erreichen können. Wer kleine Kinder hat und aus Sicherheitsgründen auf einen Teich ver-

Kleines Paradies Ein Teich muss nicht groß sein, um eine Vielfalt von Tieren anzulocken. Wasserpflanzen wachsen schnell und müssen von Zeit zu Zeit ausgedünnt werden, damit sie den Teich nicht überwuchern. Tiere, die dadurch gestört werden, kehren aber meist schnell zurück.

zichtet, könnte sich für einen Sprudelstein oder ein Wandbecken entscheiden oder die Teichoberfläche mit einem stabilen, starren Schutzgitter abdecken.

Der optimale Platz

Ein Teich sollte an einem sonnigen Platz und nicht unter überhängenden Bäumen liegen. In einem schattigen Teich fällt die Artenvielfalt wesentlich geringer aus als in einem sonnigen. Höheres Gras und größere Pflanzen an mindestens einer Seite bieten Amphibien, die mehr Zeit an Land als im Wasser verbringen, Deckung und Nahrung. In ungestörten Bereichen mit hohem Gras, dickem Mulch und Stein- oder Holzhaufen können Frösche, Kröten und Molche auch überwintern.

Ist der Teich vom Haus aus einsehbar, mähen Sie im Sichtbereich eines Fensters das Gras kürzer, um das Treiben beobachten zu können. Mähen Sie das Gras regelmäßig ab dem Mittleren Frühling, wenn die Jungtiere aus dem Teich zu kriechen beginnen. Wenn Sie nach einem Regen mähen, halten Sie genau Ausschau nach Jungfröschen.

Ein tierfreundlicher Teich

Natürlich hängt die Größe des Teiches von der Grundstücksgröße ab, aber eine Mindestgröße von 3 m² ist empfehlenswert. Ein Ufer sollte flach abfallen, damit kleine Tiere sicher ans Wasser gelangen. In der Mitte sollte das Wasser mindestens 60 cm tief sein, sodass es im Sommer kühler bleibt und im Winter nicht gefriert. Beim Baumaterial für den Teich haben Sie die Wahl zwischen Beton, Lehm, fertigen Kunststoffschalen oder Teichfolie. Folie ist besonders einfach zu handhaben und lässt viel Spielraum bei der Formgebung (siehe nächste Seite). Natürlicher Lehm, der in Platten- oder Mattenform angeboten wird, hält am längsten. Damit das Material gut hält, müssen Sie an den Rändern eine gute Zugabe kalkulieren. Lassen Sie sich beim Händler über den Materialbedarf für Ihre vorgesehene Teichgröße beraten.

Zum Füllen des Teiches kann Leitungs- oder Regenwasser verwendet werden. Leitungswasser muss 48 Stunden ruhen, damit sich das Chlor verflüchtigen kann. Erst dann werden Schwimmblatt- und Sauerstoffpflanzen eingesetzt. Tiere werden sich bald von allein einfinden. Es kommt öfter vor, dass sich das Wasser neuer Teiche plötzlich grün färbt. Das ist kein Grund zur Panik – diese »Algenblüte« verschwindet von selbst, man kann den Prozess aber unterstützen (siehe S. 123).

GÄSTE AM WASSER

Zu den Tieren, die im oder am Wasser leben, zählen:
Frösche (*unten, oberes Foto*),
Molche,
Fledermäuse,
Taumelkäfer,
Wasserläufer (*Mitte*),
Teichläufer,
Rückenschwimmer,
Wasserschnecken,
Schwimmkäfer,
Libellen und Teichjungfern,
Schwalben (*unten*).

Einen naturnahen Teich anlegen

Machen Sie sich am besten zeitig im Frühling an die Arbeit, damit Pflanzen und Tiere bis zum folgenden Winter reichlich Zeit zur Eingewöhnung haben. Dieser Teich wird mit einer flexiblen Butyl-Folie ausgelegt. PVC-Folie ist für den Biogarten nicht zu empfehlen, denn sie enthält Weichmacher, die im Verdacht stehen, Krebs zu erregen, und auch ihre Entsorgung ist nicht unproblematisch. Beim Kauf der Folie kalkulieren Sie ringsherum eine Zugabe von mindestens 30 cm ein.

1. Ein Loch ausheben, das etwas größer als der vorgesehene Teich ist. Mindestens eine Uferseite muss flach abfallen (15–30° Gefälle). Ein Bereich des Teiches muss mindestens 60 cm tief sein (in Gegenden mit kalten Wintern auch tiefer), damit das Wasser nicht bis zum Grund gefriert. Bauen Sie am Ufer eine Stufe für Flachwasserpflanzen in Körben ein.

2. Spitze Steine, Wurzeln und andere Gegenstände entfernen, die die Folie beschädigen könnten. Die Grubenwände festklopfen und prüfen, ob die Ränder eine einheitliche Höhe haben. Eine 10 cm dicke Schicht feinen Bausand in die Grube geben und glätten. Dann die Grube mit Pappe, altem Teppichboden oder speziellem Teichvlies auslegen.

3. Beim Ausbreiten der schweren Folie in der Grube brauchen Sie Helfer. Sie muss an der tiefsten Stelle fest aufliegen und wird am Rand mit Steinen beschwert. Soll der Teich direkt bepflanzt werden, geben Sie nun Erde hinein.

4. Jetzt wird Wasser eingefüllt, das durch sein Gewicht die Folie fest an die Grubenwand drückt. Stellen Sie sich nicht auf die Folie, sonst kann sie sich nicht gleichmäßig an die Grubenwand anlegen. Wenn der Teich voll ist, schneiden Sie den Folienrand ringsum ab, sodass ein Überstand von 30–35 cm bleibt.

5. Die Folienränder mit Erde, Rasen oder Steinen bedecken, um sie vor Sonnenlicht zu schützen. Die Lebensdauer der Folie (ca. 20 Jahre) wird durch direktes Sonnenlicht verkürzt. Steine eventuell mit Mörtel befestigen (es darf aber kein Zement ins Wasser fallen).

6. Wenn der Teich mit Leitungswasser gefüllt wurde, warten Sie 24 Stunden, damit sich das Chlor verflüchtigt. Danach hat es sich auch der Temperatur seiner Umgebung angepasst und Sie können Pflanzen einsetzen.

HEIMISCHE PFLANZEN FÜR TEICHE

Sauerstoff bildende Unterwasserpflanzen

Hornkraut (*Ceratophyllum demersum* und *C. submersum*)

Tausendblatt (*Myriophyllum spicatum* und *M. verticillatum*)

Wasserstern (*Callitriche*, unten); besonders wertvoll für Molche, die ihre Eier in die Blätter wickeln.

Schwimmblattpflanzen

Wasserlinse (*Lemna*)

Seerosen: Heimische Arten sind für kleine Teiche zu wüchsig. Empfehlenswert sind die duftenden Sorten der *Nymphaea odorata*, z.B. 'W.B. Shaw', oder auch *N. pygmaea* und *N. tetragona*.

Flachwasserpflanzen

Pfeilkraut (*Sagittaria sagittifolia*)
Bitterklee (*Menyanthes trifoliata*)
Igelkolben (*Sparganium erectum*)
Bachbungen-Ehrenpreis (*Veronica beccabunga*)
Blumenbinse (*Butomus umbellatus*)
Zungen-Hahnenfuß (*Ranunculus lingua* und die Sorte 'Grandiflorus')
Kalmus (*Acorus calamus*)
Froschlöffel (*Alisma*)

Pflanzen im Teich

Eine gut gemischte Teichbepflanzung bietet vielen Tieren Schutz und Nahrung. Neben Pflanzen für die Flachwasserzone und Arten mit Schwimmblättern brauchen Sie Gewächse, die das Wasser mit Sauerstoff anreichern. Schwimmblätter, die 50–60 % der Wasseroberfläche bedecken sollten, beschatten das Wasser und dämmen das Algenwachstum ein. Pflanzen mit untergetauchten Blättern und Stielen dienen Wasserbewohnern als Versteck und Nahrungsquelle oder zur Eiablage (z.B. für Molche). Setzen Sie möglichst einheimische Arten ein, exotische können in kurzer Zeit Ihren Teich zuwuchern. Besonders berüchtigt sind Nadelkraut-Dickblatt (*Crassula helmsii*), Wasserfarn (*Azolla filiculoides*) und Papageienfeder (*Myriophyllum aquaticum*). Falls Sie Pflanzkörbe verwenden, füllen Sie sie mit speziellem, nährstoffarmem Teichsubstrat.

Frösche erwünscht

Frösche siedeln sich binnen ein oder zwei Jahren in einem Teich an. Stellen sich keine ein, ist der Teich entweder ungeeignet oder liegt abseits von ihrer Wanderroute. Wenn Sie Letzteres vermuten, setzen Sie Froschlaich aus einem gesunden Teich ein, der möglichst nicht weiter als 1 km von Ihrem Garten entfernt liegt. Sammeln Sie keinen Froschlaich in freier Natur. Fische sollten Sie nicht in einen naturnahen Teich setzen, weil sie das Ökosystem stören können.

TIERE IM GARTEN

Teichpflege

Ein naturnaher Teich für Tiere braucht nicht viel Pflege. Wenn Sie auf einen etwas »ordentlicheren« Teich Wert legen, versuchen Sie dennoch, das Ökosystem nur zu stören, wenn es unvermeidlich ist.

Im Sommer entfernen Sie Fadenalgen, indem Sie eine Astgabel oder Harke in dem Teppich drehen und herausziehen. Schwimmende Pflanzen wie Wasserlinse kann man mit einem Sieb herausschöpfen. Lassen Sie abgefischte Pflanzen über Nacht am Teichrand liegen, damit versehentlich gefangene Tiere wieder ins Wasser gelangen können. Danach werfen Sie die Reste auf den Kompost.

Sehr wüchsige Teichpflanzen kann man zurückschneiden oder teilweise ausreißen. Dünnen Sie die Masse untergetauchter Blätter um etwa ein Drittel aus – am besten im Spätsommer, ehe Tiere in die Winterruhe gehen. Andere Teichpflanzen können bei Bedarf alle zwei bis drei Jahre geteilt werden.

Wenn im Herbst Blätter ins Wasser fallen, fischen Sie sie ab oder spannen Sie frühzeitig ein Netz über das Wasser. Das Laub darf nicht im Wasser bleiben, denn die darin enthaltenen Nährstoffe »düngen« die Algen. Lassen Sie aber unbedingt etwas Schlamm am Teichgrund liegen.

Algenblüte

Ein typisches Teichproblem ist die »Algenblüte«, wenn sich das Wasser erbsengrün färbt oder mit Fadenalgen zuwächst. Die Ursache ist meist ein Überangebot an Nährstoffen. Die Grünfärbung tritt meist im Frühling auf, wenn sich das Wasser erwärmt, und verschwindet, sobald die Sauerstoffpflanzen zu wachsen beginnen. Fadenalgen sind hartnäckiger, aber wenn man eine Astgabel oder Harke in das Gewirr steckt und dreht, kann man sie herausziehen. Auch ein feines Netz voller Gerstenstroh oder Lavendelschnitt schafft Abhilfe (siehe rechts).

Und so können Sie vorbeugen:
- Sauerstoff liefernde Unterwasserpflanzen sollten etwa 25–33 % des Wasservolumens einnehmen.
- Schwimmblätter sollten mindestens die Hälfte, aber nicht mehr als zwei Drittel der Wasseroberfläche beschatten.
- Verwenden Sie zum Nachfüllen bei Trockenheit Regenwasser, aber kein mineralstoffreiches Leitungswasser.
- Verwenden Sie zum Füllen der Pflanzkörbe nur nährstoffarmes Teichpflanzensubstrat.
- Falls nötig, säubern Sie den Teich jährlich.

SICHERER RÜCKWEG

Bringen Sie Algen, die Sie aus dem Teich gefischt haben, nicht gleich auf den Kompost. Lassen Sie sie über Nacht am Ufer liegen, damit versehentlich gefangene Tiere wieder ins Wasser gelangen können.

Algen bekämpfen Auf Gerstenstroh, das man in Netzen ins Wasser hängt, siedeln sich schnell nützliche Bakterien an und bekämpfen Algen auf natürliche Weise.

Wildblumen und Wiesen

Jeder Biogärtner, der Tiere auf sein Grundstück einladen will, sollte eine Fläche mit hohem Gras und Wildblumen einplanen. In solchem Bewuchs fühlen sich Schmetterlinge, Bienen, Spinnen und andere Insekten wohl, aber auch Wirbellose und kleine Säugetiere.

Rasen wird Wiese

Sie können einfach in einem Teilbereich des Rasens das Mähen einstellen und abwarten, was wächst. Gräser und Blumen (die im Zierrasen oft als Unkraut betrachtet werden) entwickeln sich, blühen und bilden Samen. Irgendwann muss aber gemäht werden, sonst etablieren sich auch strauchige Pflanzen. Dabei kommt es auf den richtigen Zeitpunkt an, damit die Samen ausgestreut werden und im folgenden Jahr neue Blumen wachsen. Soll die Wiese im Frühling blühen, mähen Sie im Hochsommer. Um die Sommerblüte anzuregen, wird erst im Frühherbst gemäht.

Lassen Sie das gemähte Gras zwei bis drei Tage liegen, damit reife Samen auf die Erde fallen. Dann harken Sie das Heu zusammen und kompostieren es. Das Heu muss entfernt wer-

EINE WIESE SÄEN

1 Die Samen mit Sand mischen. So lassen sie sich besser streuen und Sie können gut erkennen, wo bereits gesät wurde und wo nicht.

2 Mit Bambusstäben oder Schnüren ein Raster markieren, um die empfohlene Saatdichte leichter einhalten zu können. Die Samen gleichmäßig ausstreuen.

3 Nach der Aussaat die Samen leicht andrücken, damit sie guten Bodenkontakt haben. Nicht mit Erde bedecken – viele Wildblumen brauchen zur Keimung Licht.

4 Bei trockenem Wetter die Fläche feucht halten, bis die Samen gekeimt und die Sämlinge kräftig sind. Einjährige Wiesenblumen blühen z. T. schon nach sechs Wochen, mehrjährige können bis zu zwei Jahre brauchen, um sich zu etablieren.

TIERE IM GARTEN 125

Ländlich lässig Selbst in relativ kleinen Gärten lässt sich ein Eckchen für Wildblumen abzweigen. Die meisten Gärtner mähen die Wiese heute mit einem lärmenden Freischneider mit rotierendem Nylonfaden. Der Umgang mit der Sense braucht etwas Übung.

Frisch gemäht Lassen Sie das Heu auf der Wiese trocknen und schütteln Sie die Samen heraus, wenn Sie es einsammeln.

den, sonst gibt es Nährstoffe an den Boden ab – Wildblumen bevorzugen aber nährstoffarmen Boden. Wer möchte, kann auch Grassoden abstechen und stattdessen Wildblumen wie wilde Witwenblume, Schlüsselblume, Schafgarbe oder Klee säen oder pflanzen. Auch kleine Blumenzwiebeln können eingesetzt werden.

Eine Blumenwiese säen

Im Fachhandel bekommen Sie Saatgutmischungen mit Wildblumen und Gräsern für verschiedene Bodentypen und Lagen. Am besten wählt man Arten, die in der Region heimisch sind, und sät im Frühling. In freier Natur sollten Sie keine Samen sammeln, Sie können aber Freunde, die eine Blumenwiese besitzen, um Saat bitten.

Wildblumen gedeihen am besten auf nährstoffarmem Boden. Bearbeiteter, angereicherter Gartenboden bekommt ihnen nicht so gut. Graben Sie die Fläche um, sodass magerer Unterboden nach oben gelangt. Ist die nährstoffreiche Bodenschicht dick, tragen Sie einen Teil ab und ersetzen ihn durch kärgeren Boden. Dann den Boden glätten und einige Wochen ruhen lassen, damit er sich setzt. Anschließend entfernen Sie Unkrautsämlinge mit der Hacke, damit Sie Ihre Wiese auf »sauberen« Boden säen können (siehe Kasten gegenüber).

Alternativen zur traditionellen Wiese

Wenn Ihr Boden nährstoffreich ist, werden Sie mit Wildblumen wenig Glück haben. Versuchen Sie es dann mit einer Mischung aus Gerste und Wildblumen, die in Getreidefeldern wachsen, etwa Kornblumen, Klatschmohn und Ringelblumen. Im Frühling und Sommer sieht die Wiese hinreißend aus, aber im Winter ist der Boden kahl. Wenn die Pflanzen sich selbst aussäen dürfen und der Boden jedes Frühjahr behutsam umgegraben wird, genügt eine Aussaat für viele Jahre.

7. Gartenplanung

Immer größere Flächen werden zementiert, asphaltiert oder von der Intensiv-Landwirtschaft in Anspruch genommen. Darum gewinnen private Gärten als »lebende Landschaften« an Bedeutung. Ob ein Garten zu einem funktionierenden Ökosystem werden kann, hängt auch von seiner Gestaltung und den verwendeten Materialien für Wege und Terrassen, Einfahrten, Zäune, Mauern, Hecken, Rasenflächen, Gartengebäude und dekorative Elemente ab.

Das Grundgerüst Die »Bausubstanz« des Gartens besteht hauptsächlich aus Holz und Stein. Bei der Gestaltung steht es Ihnen frei, sich für Hecken und Rasen als »weiche« Alternativen zu Zäunen, Mauern und gepflasterten Flächen zu entscheiden.

128 GARTENPLANUNG

Planen mit Verstand

Die Bandbreite der Materialien und Gestaltungskonzepte ist heute größer als je zuvor. Zeitschriften und Fernsehsendungen liefern uns Anregungen, die Möglichkeiten der Materialien auszuschöpfen – für simple Wege und aufwendige, kreative Lösungen. Was bedeutet das für den Biogarten?

Will man die Grundgedanken des biologischen Gartenbaus auf die Substanz des Gartens anwenden, muss man sich mit den Materialien beschäftigen. Das bezieht sich auf die Gewinnung der Rohstoffe, die Verarbeitung, den Transport, die Verwendung im Garten, die Auswirkungen auf das Ökosystem Garten und schließlich auf ihre Wiederverwertbarkeit. Schon in der Planungsphase sollte man möglichst natürliche, wiederverwertbare Materialien verwenden und auch die Auswirkungen der eigenen Entscheidungen auf die Natur im Ganzen bedenken. Dabei spielen nicht nur Design und Materialeigenschaften eine Rolle, sondern auch die zukünftige Instandhaltung.

Richtlinien finden

Erst seit kurzer Zeit macht man sich über die Umweltaspekte von Gartenmaterialien und -gestaltung Gedanken. Da viele Firmen sich zunehmend um umweltgerechte Produkte bemühen, ändern sich Qualitäten und Angebote ständig.

Da es zurzeit keinen Standard für biologisch akzeptable Baumaterialien gibt, müssen die Grundprinzipien der Nachhaltigkeit und Umweltschonung angewandt werden. Materialien wie einheimisches Holz aus kontrollierter Forstwirtschaft schneiden in Bezug auf Nachhaltigkeit und Umweltfreundlichkeit gut ab. Andere sollte man vermeiden, etwa weil sie Giftstoffe enthalten, weil die Gewinnung der Rohstoffe die Umwelt belastet oder weil ihre Herstellung die Luft verschmutzt. Dieses Kapitel möchte Ihnen helfen, die richtigen Baumaterialien für Ihren Biogarten zu wählen.

So geht es auch Die Herstellung eines Obelisken mit Plastikbeschichtung verbraucht viel Energie und auch seine Entsorgung ist problematisch. Ein selbst gebautes Rankgestell aus Weidenruten wird am Ende seines Lebens zu Kompost.

Neue Technologien Für kleine Stromverbraucher wie Gartenleuchten oder Springbrunnenpumpen kann Sonnenenergie genutzt werden. Kleine Solarzellen ermöglichen eine umweltfreundliche Stromversorgung.

Landschaftsgestaltung und Materialien

Baumaterialien und andere Produkte haben Auswirkungen auf die Umwelt, die man sich oft nicht bewusst macht. Im Kasten gegenüber finden Sie Informationen, die Ihnen die Wahl des Materials erleichtern sollen. Leider erfüllen die wenigsten Produkte alle Umweltkriterien, darum sind manchmal Kompromisse nötig. Stein beispielsweise ist kein nachwachsender Rohstoff, aber er ist langlebig. Bambusstangen sind ein nachwachsender Rohstoff, für den aber hohe Transportkosten anfallen. Ein ausgewogenes Verhältnis ist schon ein guter Anfang.

WENN SCHON PLASTIK ...

Ob Folie oder starre Platten zum Bau eines Schuppens – vermeiden Sie im Garten möglichst die Verwendung von PVC. Dieser Kunststoff enthält den sehr langlebigen Giftstoff Dioxin, der sich in der Nahrungskette anreichert und auch während der Herstellung und Entsorgung frei werden kann. Außerdem enthält PVC Weichmacher, die im Verdacht stehen, Krebs, Nierenschäden und Störungen der Fortpflanzungsorgane zu verursachen.

Sie haben die Wahl

Informationen, die man für eine überlegte Entscheidung benötigt, sind nicht immer auf Produkten aufgedruckt. Fragen Sie nach! Woher stammen die Rohmaterialien? Welches Umweltkonzept verfolgt der Hersteller? Was unternimmt er, um Umweltschäden zu beheben?

Das können Sie tun

Wenn Sie keine Antwort auf Ihre Fragen erhalten, teilen Sie dem Hersteller mit, dass Sie sich für ein anderes Produkt entscheiden werden. In den letzten zehn Jahren hat gerade die Nachfrage der Endverbraucher dazu geführt, dass das Angebot an biologischen Lebensmitteln und »Fair-Trade«-Produkten stetig gewachsen ist. Das Umweltbewusstsein der Kunden hat zur Entwicklung torffreier Substrate (siehe S. 186–187) geführt, zur Kompostierung von Biomüll und zur Verringerung des Verkaufs von Gartenmöbeln und anderen Produkten aus tropischen Harthölzern. Die Masse der Kunden kann eine Menge bewegen.

Das Plastikproblem

Es gibt viele verschiedene Kunststoffe. Manche belasten die Umwelt dermaßen, dass einige Regierungen ihre Verwendung bereits einschränken. Für Laien ist es schwierig, zwischen mehr oder weniger schädlichem Plastik zu unterscheiden – PVC sollten Sie möglichst nicht verwenden. Kunststoffe verrotten nicht. Früher füllten sie die Deponien, heute werden sie meist verbrannt, dabei werden giftige Gase frei. Bis die Hersteller oder andere Organisationen sinnvolle Recycling-Lösungen für Kunststoffe gefunden haben, muss man sie als problematisch betrachten.

GARTENPLANUNG **131**

DIE LÖSUNGEN

▪ **Schäden vermeiden** Kaufen Sie möglichst keine Produkte, die Menschen oder der Umwelt schaden können.

▪ **Auf Nachhaltigkeit achten** Bevorzugen Sie Holz aus kontrollierter Forstwirtschaft, aus einheimischen Niederforsten oder hiesigen Bambuskulturen.

▪ **Nichterneuerbare Rohstoffe effizient nutzen** Metall nur einsetzen, wo Stabilität und Leichtigkeit eine Rolle spielen.

▪ **Recyceln und wiederverwenden** Nutzen Sie vorhandene Materialien und kaufen Sie gebrauchte Baustoffe.

▪ **Einheimische Quellen** Vor Ort erhältliche Materialien wie die Pergola-Stangen aus Hopfen vermeiden Kosten und Umweltbelastung durch lange Transportwege.

▪ **Handarbeit** Die Fertigung von Hand erfordert keine fossilen Brennstoffe: Muskelkraft ist eine erneuerbare Energiequelle.

▪ **Boden schützen** Verwenden Sie Erdaushub im Garten. Niemals guten Boden mit Bauschutt mischen.

▪ **Instandhaltung** Wählen Sie Baumaterialien, die langfristig wenig Pflege brauchen. So sparen Sie Energie, Zeit und Geld.

DIE PROBLEME

▪ **Gewinnung der Rohstoffe** Steinbrüche und andere Gewinnungsstätten können das Grundwasser belasten und Lebensräume verschmutzen oder zerstören. Die Arbeit selbst kann gesundheitsschädlich sein.

▪ **Transport** Lange Transportwege kosten Energie und belasten die Umwelt. Schwere, importierte Terrakottakübel (*Foto oben*) mögen als Schnäppchen angeboten werden, doch der Preis für die Umwelt ist hoch.

▪ **Verarbeitung** Für die industrielle Verarbeitung werden fossile Brennstoffe verbraucht. Es kann zur Verschmutzung von Luft, Land oder Wasser kommen.

▪ **Benutzung** Materialien aus begrenzt vorhandenen Rohstoffen werden oft nicht effizient genutzt. Manche Materialien erfordern einen hohen Instandhaltungsaufwand.

▪ **Entsorgung** Wenn ein Produkt nicht kompostiert oder wiederverwendet werden kann, fallen für die Entsorgung zusätzliche Kosten an.

▪ **Giftstoffe** Behandelte Hölzer und Mauersteine können schädliche Substanzen an die Umwelt abgeben.

Holz

Unabhängig von Holzart und Herkunft sollte in einem Biogarten nur Holz aus nachhaltig bewirtschafteten Forsten eingesetzt werden. Das FSC-Siegel (Forest Stewardship Council) garantiert, dass Holz aus nachhaltiger Forstwirtschaft stammt. Holz aus der Bewirtschaftung von Niederwäldern (siehe S.158) ist ebenfalls ein nachwachsender Rohstoff. Es wird in Mischwäldern gewonnen, die ein bedeutender Lebensraum für viele Tierarten sind.

ALTERNATIVEN ZU KONVENTIONELLEN HOLZSCHUTZMITTELN

Ein Produkt, für das zum Zeitpunkt der Veröffentlichung dieses Buches der Antrag auf Genehmigung für den nicht-professionellen Einsatz gestellt war, sind Borstäbe. Die Stäbe gelten als unschädlich für Mensch und Umwelt. Die glasartigen, wasserlöslichen Stäbe werden unter Einwirkung hoher Temperaturen aus Borverbindungen hergestellt. In das Holz werden in Bereichen, die besonders verrottungsgefährdet sind, Löcher gebohrt, in die diese Stäbe geschoben werden. Anschließend werden die Löcher mit Pfropfen geschlossen. Dringt Feuchtigkeit ins Holz, lösen sich die Stäbe auf und setzen Borsäure frei, die Fäulnispilze abtötet. Eine ähnliche Wirkung haben borhaltige Anstriche.

Holzschutzmittel

Ein Problem gekaufter Bauhölzer für den Außenbereich besteht darin, dass Produkte wie Pfosten, Zaunfelder oder Komposter bereits werksseitig mit einem Holzschutzmittel imprägniert sind. In einem Biogarten sollte man aber auf Holzschutzmittel verzichten, sofern es sich nicht um umweltfreundliche Produkte handelt.

Wo Pfosten, Einfassungen oder Komposter Kontakt zum Erdreich haben, verrottet das Holz besonders schnell. Darum werden solche Produkte oft mit giftigen Chemikalien wie Kupfer-Chrom-Arsen (CCA) behandelt, die hochwirksam sind und lange halten. Die Hersteller behaupten, dass diese Produkte bei sachgemäßer Verwendung fest in den Holzfasern gebunden bleiben, aber manche Experten fürchten, dass sie ins Erdreich gelangen oder ausdünsten können. Solche Chemikalien haben im Biogarten nichts zu suchen. Außerdem dürfen behandelte Hölzer nicht verbrannt werden, weil dabei hochgiftige Abgase entstehen.
Holz, das keinen direkten Bodenkontakt hat und darum weniger leicht verrottet, wird meist mit weniger giftigen Schutzmitteln behandelt. Ganz sicher kann man aber nicht sein, denn zurzeit ist die Deklaration der verwendeten Holzschutzmittel nicht gesetzlich vorgeschrieben.

Neue Einkaufsgewohnheiten

Bis sich in der Holzindustrie umweltfreundliche Imprägnierungsmittel durchgesetzt haben, sollten Sie lieber im örtlichen Sägewerk oder Holzhof nach unbehandeltem Holz fragen. Streichen Sie es lieber selbst mit umweltfreundlichen Produkten aus natürlichen Pflanzenölen, Harzen und anderen ungiftigen Stoffen.

Ehe Sie zum Holzschutzmittel greifen, überlegen Sie, wofür das Holz verwendet werden soll und wie lange es halten muss. Baumstützen bleiben meist nur einige Jahre an ihrem Platz, es ist also nicht nötig, sie so zu behandeln, als müssten sie 25 Jahre halten. Beeteinfassungen, Komposter und andere Hölzer ohne tragende Funktion können sogar unbehandelt bleiben. Irgendwann verrotten diese Hölzer und müssen ersetzt werden – doch das kostet oft weniger als die Schutzanstriche.

Früher wurden auch Eisenbahnschwellen gern zur Gartengestaltung verwendet. Heute sind sie wegen der giftigen Imprägnierung nicht mehr erhältlich, aber man bekommt ähnliche Bauhölzer aus unbehandeltem Hartholz.

Widerstandsfähiges Holz

Manche Hölzer sind von Natur aus kaum anfällig für Verrottung. Das Kernholz von Eichenstämmen beispielsweise kann unbehandelt verarbeitet werden. Unbehandeltes Lärchenholz hält bei Bodenberührung etwa zehn Jahre, ohne Bodenkontakt doppelt so lange. Rotzedern-Holz tut etwa 20 Jahre seinen Dienst, ebenso Edel-Kastanien-Holz, das traditionell für Pfosten und Pfähle verwendet wird. Unbehandeltes Kiefernholz hält etwa fünf Jahre. Trockenes, gut abgelagertes Holz ist teurer als frisches Holz, hält aber meist länger und verzieht sich nicht so leicht.

(Rechts, von oben) **Holz im Garten** Zum Bau eines Komposters sind Holzreste immer noch gut genug. Material für Pflanzenstützen und Rankhilfen kann man oft im eigenen Garten «ernten» (siehe auch S. 158–161). Gartenmöbel aus wetterbeständigem Hartholz bekommen mit den Jahren eine schöne Patina.

Bodenbeläge

Terrassen, Wege, Einfahrten und Böden von Schuppen und Arbeitsbereichen werden meist aus harten Materialien gebaut. Oft ist ein tiefes Fundament erforderlich, für das Boden ausgehoben werden muss. Bei der Materialwahl und der Arbeitsweise sollten Umweltaspekte berücksichtigt werden.

Umweltaspekt
Beschränken Sie durchgehende, gepflasterte Flächen auf ein Minimum. Im Gegensatz zum Erdboden werden sie kaum von Tieren besiedelt und auch Regenwasser kann nicht versickern, was angesichts der Klimaveränderungen ein Problem darstellen kann. Pflasterflächen mit breiten Fugen, in denen Kräuter oder alpine Pflanzen wachsen, bieten jedoch vielen Arten Lebensraum. Die Steine speichern im Sommer Wärme, die Eidechsen und anderen kleinen Tieren angenehm ist, zumal die Pflanzen ihnen Deckung geben.

Kampf dem Unkraut
Wer einen ordentlichen Garten liebt, kann Unkraut in Pflasterfugen vorbeugen. Unter Kies wird ein wasserdurchlässiges Vlies (siehe S. 75) verlegt, unter Steinen und Platten eine dicke Schicht aus Schotter und Sand. In die Fugen sollten Sie Mörtel geben – keinen Sand, in dem Unkräuter leicht wurzeln können. Weil Zement und Beton keine sonderlich umweltfreundlichen Materialien sind, bietet sich für viele Zwecke – auch für Pflasterfundamente und Fugen – Kalkmörtel als Alternative an.

Erdarbeiten
Um einen Bereich zu pflastern, muss oft die oberste Erdschicht abgetragen werden. Überlegen Sie schon bei der Planung, wie die Erde abtransportiert werden soll und was damit geschehen soll. Vielleicht möchten Sie in der Nähe ein Hochbeet oder einen Rasen anlegen? Falls mit Maschinen gearbeitet werden muss, sollten sie möglichst klein und leicht sein, um Energiever-

FINDLINGE IM BIOGARTEN
Findlinge im Garten stoßen bei Umweltschützern auf Skepsis, weil die eindrucksvollsten, attraktivsten Steine oft aus wertvollen Lebensräumen stammen. Vom Wasser ausgewaschener Kalkstein beispielsweise stammt aus einem hoch spezialisierten Lebensraum, der sich im Lauf von Jahrtausenden entwickelt hat und in dem Pflanzen wachsen, die sonst nirgends gedeihen. Angesichts dieses Problems hat der verstorbene Geoff Hamilton ein Verfahren zur Herstellung eines »Steins« entwickelt, der durch die Witterung eine schöne Patina bekommt und auf dem auch Pflanzen gut wachsen. Natursteinvorkommen sind begrenzt und sollten nicht für dekorative Zwecke ausgebeutet werden. Wer seine »Steine« nicht selbst herstellen will, könnte gebrauchte Steine oder Kunststein aus Steinstaub verwenden.

Kalkmörtel Zement gilt als umweltschädlich, weil die Produktion viel Energie verschlingt und Abgase freisetzt. Außerdem wird er oft unsachgemäß verwendet. Zum Verlegen und Verfugen von Pflastermaterialien ist Kalkmörtel eine umweltfreundliche Alternative.

brauch, Abgase und Lärmbelästigung in Grenzen zu halten. Denken Sie auch daran, dass zur Herstellung jeder Maschine ebenfalls Energie und Materialien verbraucht werden, wenngleich diese Umweltbelastung in Relation zur Lebensdauer der Maschine gesetzt werden muss.

Naturstein

Granit, Sandstein, Kalkstein, Schiefer und andere Naturgesteine sind sehr langlebig, aber nur in begrenzter Menge auf der Erde verfügbar. Kunststein besteht aus Steinstaub, der in Steinbrüchen anfällt, und Bindemitteln wie Zement oder Kunstharz. Zur Herstellung von Kunststein wird mehr Energie benötigt als zur Gewinnung von Naturstein und auch die Produktion der Kunstharze kann die Umwelt belasten.

Einheimische Steine empfehlen sich für gepflasterte Flächen, weil sie dem authentischen Charakter der Region entsprechen. In welchem Maß der Abbau von Naturstein die Umwelt schädigt, hängt davon ab, wie das jeweilige Unternehmen die Förderstätte betreibt und rekultiviert. Kosten und Umweltbelastung muss man relativieren, weil Naturstein viele Generationen lang hält. Wird er in seiner natürlichen Form verwendet, fällt kaum energieintensive Bearbeitung an.

Gebrauchte Materialien

Gebrauchte Ziegel, Natursteine, Betonplatten, Hölzer oder Natursteinplatten kann man gut für einen neuen Bodenbelag recyceln. Bei gebrauchten Ziegeln sollten Sie aber

Trittsicherheit Ziegel und Pflastersteine können durch Algenbewuchs rutschig werden. Chemische Reinigungsmittel gehören nicht in den Biogarten – ein Hochdruckreiniger ist ebenso wirkungsvoll.

nachfragen, ob sie wetterbeständig sind. Schwere, dicke Mauersteine halten meist länger als flachere Verblendsteine, allerdings gibt es auch sehr strapazierfähige Verblender aus hart gebrannten, dauerhaften Tonqualitäten. Lassen Sie sich ruhig beim Fachhändler beraten.

Interessante Muster lassen sich durch die Kombination verschiedener Materialien, etwa Natursteinplatten, Ziegeln und Flaschenböden, gestalten. Soll eine Fläche mit ihrer Umgebung harmonieren, stimmen Sie ein Element wie die Farbe oder das Ziegelformat auf ein angrenzendes Gebäude ab. Bei Materialkombinationen vermittelt ein geordneter Rapport den Eindruck durchdachter Planung. Ähnlich ist die Wirkung, wenn man bunt gemischte Materialien mit einer einheitlichen Kante einfasst. Damit die Oberfläche glatt ausfällt, wählen Sie Materialien ähnlicher Stärke und bereiten Sie den Untergrund sorgfältig vor. Kalkmörtel für Fundament und Fugen ist umweltfreundlicher als Zement.

Kies und Splitt

Kies und Splitt sind in Steinbrüchen erhältlich. Kies kann vom Meeresgrund abgetragen worden sein, was den maritimen Lebensraum stört. Er sollte daher möglichst nicht verwendet werden. Als Alternative zu neuen Produkten bietet sich zerkleinerter Bauschutt an, der sehr dauerhaft ist und durchaus attraktiv aussehen kann.

Normalerweise reicht im Garten eine 2,5–5 cm dicke Kiesschicht auf einem Unkrautvlies (siehe S. 75) aus. Unter viel benutzten Wegen sollten Sie eine 10 cm dicke Schicht aus verdichtetem Schotter verlegen, in der Einfahrt planen Sie eine 20 cm dicke Schicht ein. Regelmäßiges Betreten und Befahren der Flächen macht Unkrautsämlingen das Leben schwer. Damit der Kies nicht in Beete abwandert, fassen Sie die Flächen mit senkrecht gestellten Brettern, gebrauchten Ziegeln oder Platten ein. Für Einfahrten ist eine stabilere Einfassung nötig, beispielsweise dickere Bohlen oder mit Mörtel verlegte Ziegel.

Holzböden Decks und Terrassen aus Holz finden immer mehr Liebhaber. Für eine erhöhte Terrasse (*unten links*) ist eine stabile Unterkonstruktion nötig. Dicke Baumscheiben in einem Bett aus Rindenmulch ergeben einen hübschen Weg (*unten rechts*), aber im Schatten siedeln sich auf Holz schnell rutschige Algen an.

Lehmkies

Lehmkies ist eine natürliche Mischung aus Lehm, gröberem Kies und feinem Sand. Verdichtet man ihn auf Höfen, Terrassen oder Einfahrten mit einer Walze, wirkt der Lehmanteil wie ein Bindemittel. Bei Trockenheit ist die Oberfläche sehr hart, aber um Pfützenbildung und Auswaschung der Oberfläche zu vermeiden, ist eine gute Dränage notwendig. Wenn der Lehmkies sorgfältig verteilt und verdichtet ist, siedeln sich darauf kaum Unkräuter an.

Manche Arten von Unterboden mit einem hohen Kies- oder Splittanteil können auch als Oberflächenmaterial verwendet werden. Damit die Oberfläche stabil wird, muss eventuell etwas Schotter zugefügt werden, jedoch erheblich weniger als beim Pflastern einer Fläche gleicher Größe.

Holz als Bodenbelag

Holz ist eines der umweltfreundlichsten Baumaterialien, das sich auch für Bodenflächen im Gartenbereich gut eignet. Bei Nässe kann es allerdings rutschig sein, wenn keine Rillen in die Oberfläche gefräst sind.

Aus neuem und gebrauchtem Holz kann man Decks und Terrassen bauen. Dicke Baumscheiben dienen als Trittplatten, massive Kanthölzer als Treppenstufen, Hackschnitzel als Mulch. (Weitere Hinweise zur Verwendung von Holz und Holzschutzmitteln siehe S. 132–133). Für den Bau von Holzdecks empfiehlt sich durables Hartholz wie Eiche, das ohne Holzschutzmittel auskommt. Wenn das Deck eine tragende Funktion hat, lassen Sie sich hinsichtlich der Bauweise und der Eignung des Holzes von einem Fachmann beraten.

Für Einfahrten, Wege und Terrassen sind auch schwere Platten aus Hartholz erhältlich. Sie harmonieren gut mit anderen Materialien wie Zierkies oder recyceltem Schiefer und können in interessanten Mustern verlegt werden. Stammscheiben eignen sich als Trittplatten, können mit einer Kanteneinfassung aber auch für größere Flächen verwendet werden. Auf feuchten, tonigen Böden kann eine Unterkonstruktion nötig sein. Die Lücken zwischen den Stämmen können bepflanzt oder mit feinem Sand gefüllt werden, der sich unter nackten Füßen angenehm anfühlt.

Besonders weich geht es sich auf Rindenmulch und Hackschnitzeln, die in einer dicken Schicht auf Unkrautvlies oder -folie verlegt werden: schnell, einfach und preiswert.

Lose Steinchen Splitt (*oben*) ist in verschiedenen Farben und Strukturen als Abfallprodukt von Steinbrüchen erhältlich. Es ist eine sinnvolle Alternative zu neu gewonnenem Kies (*unten*) oder Strandkieseln. In einen »Kiesgarten« mit einem Belag aus Splitt oder fein zerkleinertem Bauschutt gedeihen alpine Pflanzen ebenso gut wie auf den umstrittenen, großen Natursteinen (siehe S. 134).

Mauern, Zäune, Sichtschutz

Grenz- und Sichtschutzmauern erfüllen den gleichen Zweck wie Zäune. Sie werden aber aus massiveren Materialien auf einem tragfähigen Fundament gebaut und sind darum stabiler und langlebiger. Mauern speichern im Gegensatz zu Zäunen Wärme und geben sie abends langsam wieder ab. So schaffen sie für Pflanzen in ihrer Nähe ein etwas wärmeres Mikroklima. Andererseits verursachen sie mehr Verwirbelungen als durchlässige Zäune und Hecken. Ehe Sie eine Entscheidung fällen, überlegen Sie, welchem Zweck Ihre Barriere dienen soll.

Eine Hecke (siehe S. 142–145) ist zweifellos die umweltfreundlichste Begrenzung. Allerdings wachsen Hecken langsam, nehmen viel Platz ein und müssen oft geschnitten werden. Mauern und Zäune sind die bessere Wahl, wenn der Platz knapp ist und es darum geht, eine klare Grenze zu ziehen.

Gestalterische Überlegungen

■ **Prioritäten setzen** Dient die Barriere der Sicherheit, der Grenzmarkierung, dem Sicht- oder Windschutz? Soll sie architektonisch interessant oder dekorativ sein oder begrünt werden?

■ **Grundstücksgegebenheiten** In windigen Gegenden sind durchlässige Zäune notwendig. Bretterzäune mit Lücken in der Breite der Zaunlatten werden nicht so leicht umgeweht wie dichte Zäune. Stabile Spaliere mit kleinen Feldern lassen Wind durch, geben aber Sichtschutz.

■ **Tierfreundlichkeit** Damit Igel Zugang zum Garten haben, lassen Sie am Fuß von Mauern Lücken, sägen Sie Ausschnitte in Holzeinfassungen oder bauen Sie kurze Rohrstücke ein. Ein durchschnittlicher Garten ist als Revier zu klein und wenn Mauern und Zäune undurchdringlich sind, kommt kein Igel zu Besuch. Wenn Sie über Zäunen Querlatten anbringen, können Fledermäuse daran ausruhen.

Gartenmauer Niedrige Mauern sind nicht schwer zu bauen, schaffen aber zusätzlichen Pflanzraum im Garten. In der kleinen Stützwand ist ein Hochbeet mit durchlässigem Boden für sonnenhungrige Pflanzen entstanden. Lassen Sie im Mörtel Lücken oder stechen Sie mit einem Bleistift in die feuchten Fugen 15 cm tiefe Löcher, damit Mauerbienen und andere Nützlinge darin nisten können.

Grenzen ziehen Manchmal ist ein geschlossener Zaun sinnvoll (*links*). Offene Spaliere (*rechts*) gewähren aber Durchblicke auf dahinter liegende Bereiche.

Gartenmauern

Mauern verschlingen viele Tonnen Material. Weil die Natursteinvorkommen begrenzt sind, sollten Sie gebrauchte Steine vorziehen. Mauern sind nur da sinnvoll, wo es wirklich auf ihre Stabilität und Langlebigkeit ankommt. Preiswerter, umweltfreundlicher und ähnlich stabil sind Wände aus massiven Kanthölzern, beispielsweise gebrauchten Balken.

Gartenwände können vielen Tieren Lebensraum bieten. Ein dichter Bewuchs aus immergrünem Efeu beispielsweise gibt ruhenden und nistenden Vögeln sowie vielen Insekten Schutz. In Trockenmauern, die ohne Mörtel aufgesetzt werden, fühlen sich kleine Säugetiere, Reptilien und alpine Pflanzen wohl.

Zäune

Das üblichste und umweltfreundlichste Material für den Zaunbau ist Holz. Leider werden viele Zäune aus kurzlebigem Weichholz hergestellt und mit umweltschädlichen Holzschutzmitteln konserviert (siehe S. 132–133). Verrottungsgefahr besteht eigentlich nur bei Bodenkontakt des Holzes. Da die Zaunfelder aber selten Kontakt mit dem Erdreich haben, brauchen sie nur eine wasserabweisende Schutzlasur. Zaunpfähle können dort, wo Holz, Luft und Erde zusammentreffen, eher verrotten. Pfähle aus Eiche oder Edel-Kastanie sind von Natur aus dauerhaft (siehe S. 133). Einbetonierte Pfostenträger verlängern ebenfalls die Lebensdauer von Zaunpfählen und erleichtern das Austauschen.

Zu den konventionellen Zauntypen gehören Staketenzäune, Span-Flechtzäune und Rustikalzäune mit Querlatten. Flechtzäune

UMWELTFREUNDLICHE ZÄUNE

- Selbst gemachte Zaunfelder aus Weiden- oder Haselruten
- Flechtzäune aus Naturmaterialien Heidekraut, Schilf oder Bambus
- Holz aus nachhaltiger Wirtschaft, behandelt mit umweltfreundlichen Produkten oder unbehandelt
- Gebrauchtes Holz oder Sägeverschnitt

Finger weg!

- Mit Kupfer-Chrom-Arsen druckimprägniertes Holz
- Mit Kreosot behandeltes Holz
- Tropenholz und Holz aus fragwürdig bewirtschafteten Forsten
- Plastik oder recyceltes PVC

aus Weiden- und Haselruten kann man selbst herstellen oder kaufen. Auch Schilf oder Heidekraut kann zwischen Streben eingeflochten werden. Solche Zäune eignen sich, ebenso wie Spaliere und Bambusmatten, gut als »Raumteiler« im Garten.

Bambusstangen aus dem Handel sind oft um die halbe Welt transportiert worden. Für Pflanzenstützen, leichte Konstruktionen und Flächen können Sie auch Bambus aus eigener Ernte verwenden. Die Stangen müssen drei bis sechs Monate langsam trocknen. Man kann sie durchbohren, sollte sie aber nicht annageln, weil sie sich dann leicht spalten.

Andere Materialien
Zäune, Spaliere und Pfosten aus »synthetischem« Holz können sinnvoll sein, weil sie lange halten und nicht verrotten. Nur die Entsorgung ist noch etwas problematisch. Zäune aus Kunststoff oder Kombinationen aus Kunststoff und Draht sind ebenfalls schwierig zu recyceln, zumal einige zuvor in ihre Materialbestandteile zerlegt werden müssten.

Metalle, die nicht erneuerbar sind und bei Herstellung und Verarbeitung viel Energie verschlingen, sollte man für spezielle Zwecke reservieren, etwa für Balkon- und Dachgartengeländer, wo es auf Leichtigkeit und Stabilität ankommt. Wer dekoratives Schmiedeeisen sucht, das zum architektonischen Stil des Hauses passt, sollte sich beim Händler für recycelte Baumaterialien umsehen.

Alternativen zu Ziegeln und Steinen
In Gegenden, in denen Bauholz und Naturstein knapp oder zu teuer waren, baute man früher Wände aus einer Mischung aus örtlichem Lehm mit Stroh oder Heidekraut. Wenn solche Wände gut gebaut sind, können sie viele Jahre halten. Sie sind weniger wetterfest als Stein, müssen auf einem feuchtigkeitsfesten Fundament stehen

(Unten, von links) **Natürliche Materialien** Ein Zaun aus unbehandeltem Holz hält, bis die Hecke an seinem Fuß herangewachsen ist. Das Spalier ist mit umweltfreundlicher Farbe gestrichen und gibt den Kletterpflanzen einen schönen Rahmen. Leichte Binsenmatten können, wenn sie unansehnlich werden, noch als »Mulchmatte« dienen. Der frisch gepflanzte »Heckenzaun« aus überkreuzten Weidenruten wird in einigen Jahren dicht sein.

und mit einem Kragstein ausgestattet sein, der beidseitig wie ein kleines Dach übersteht und traditionell aus Reet oder Schiefer hergestellt wurde. Die Seitenflächen werden mit einem Verputz aus Kalkmörtel überzogen. Aus tonigem Boden kann man sogar Ziegel herstellen und ungebrannt verarbeiten, doch wenn der Tongehalt zu gering ist, müssen Kalk oder Zement zugefügt werden, damit die Ziegel halten.

Gestampfte Wände werden aus tonhaltiger Erde mithilfe einer Schalung hergestellt. Wände aus einem Haselrutengeflecht, das mit Lehm und Stroh aufgefüllt wird, sind ähnlich. Wer viel Platz hat, kann sogar preiswerte Strohballen wie Mauersteine verwenden, muss sie aber mit einer dicken Schicht Verputz überziehen.

Ein wirkungsvoller, umweltfreundlicher Lärmschutz besteht aus einem Geflecht aus frischen Weidenruten, das mit Erde aufgefüllt wird, sodass die Weidenruten wurzeln. Ähnlich wirkt eine mit Erde gefüllte Konstruktion aus getrockneten Ruten, die mit Bodendeckern bepflanzt wird. Flechtwände aus dicht zusammengedrücktem Schilf dämmen ebenfalls den Lärm.

Bambusstäbe Von vielen winterharten Gartenbambus-Arten kann man Stangen »ernten«. Bis sie 2–3 m lang sind, dauert es etwa drei Jahre. Man schneidet sie über einem Knoten, wo die Stangen geschlossen sind. So kann kein Regenwasser hineinlaufen und Fäulnis verursachen. Gut geeignet sind die Arten *Phyllostachys aureosulcata* var. *aureocaulis* (oben links), *P. nigra* (oben rechts), *P. violascens*, *P. viridiglaucescens* und *P. vivax*; *Pleioblastus simonii*; *Pseudosasa japonica*; *Semiarundinaria fastuosa*; *Yushania anceps*, *Y. maculata* und *Y. maling*.

Hecken

Als Sicht- oder Windschutz gepflanzte Hecken bieten auch vielen Tieren Nahrung und Unterschlupf. Auf windigen Grundstücken mit ausreichend Platz kann es sinnvoll sein, einen breiteren Gürtel aus mehreren Reihen verschiedener Bäume und Sträucher zu pflanzen, am besten eine Mischung aus laubabwerfenden und immergrünen Gehölzen.

Welche Pflanzen?

Für Hecken können Bäume und Sträucher verwendet werden (siehe nächste Seite). Auswahlkriterien sind das Aussehen, aber auch der Heckentyp – etwa akkurat gestutzt oder bunt blühend – und die Eignung der Pflanzen für das örtliche Klima, den Bodentyp und die Windverhältnisse auf dem Grundstück.

Für kalte, windige Lagen empfehlen sich Buche, Liguster und Kornelkirsche. An der Küste müssen die Pflanzen salzhaltigen Wind vertragen. Und wenn die Hecke Rehe oder anderes Wild aus dem Garten fernhalten soll, wählen Sie Pflanzen, die den Tieren nicht schmecken. Giftige Pflanzen wie Eibe sollten Sie vermeiden.

Strenge Hecken

Für akkurat geschnittene Hecken sind Immergrüne die beste Wahl, weil sie dem Garten ganzjährig Farbe und Struktur geben. Eibe (*Taxus baccata*) und Buchsbaum (*Buxus*) sind traditionelle Kandidaten. Buchs eignet sich hauptsächlich für niedrige Hecken, weil er langsamer wächst als Eibe.

Eine interessante Alternative zum Buchsbaum ist *Ilex crenata*, eine sehr schnittverträgliche, immergrüne Stechpalme mit kleinen, rundlichen Blättern. Sie ist für geschützte Lagen geeignet.

Liguster (*Ligustrum*) ist robust, kann aber im Winter trist aussehen, weil er nur bedingt immergrün ist. Buche (*Fagus sylvatica*) und Hainbuche (*Carpinus betulus*) färben sich im

TIPPS ZUR HECKENPFLANZUNG

■ Wurzelnackte Pflanzen, die im Winter angeboten werden, sind besonders preiswert.

■ Immergrüne werden im Herbst gepflanzt, laubabwerfende Arten von Herbst bis Vorfrühling.

■ Graben Sie keine Einzellöcher, sondern heben Sie einen 60–90 cm breiten Graben aus (*Foto rechts*).

■ Junge Heckenpflanzen könne mit Maschendraht vor Wildverbiss geschützt werden.

■ Frisch gepflanzte Hecken vor starkem Wind schützen.

■ Mulch unterdrückt Unkraut und reduziert die Verdunstung von Wasser. Im ersten Jahr bei Trockenheit gießen.

Feurige Pracht Eine lockere Hecke aus verschiedenen Feuerdorn-Sorten mit Beeren in Rot, Orange und Gelb hält mit ihren Dornen Eindringlinge aus dem Garten. Die Vögel fressen die gelben Beeren meist zuletzt.

Herbst goldbraun, werfen die Blätter aber erst ab, wenn im Frühling das neue Laub austreibt. Das rasante Höhenwachstum der (für geschützte Lagen geeigneten) Leylandzypressen (× *Cupressocyparis leylandii*) muss schon frühzeitig begrenzt werden. Wenn an der gewünschten Höhe noch 30 cm fehlen, beginnen Sie, die Oberkante der Hecke zu schneiden. Damit Zypressen nicht zu hoch werden, müssen sie mindestens zweimal jährlich geschnitten werden.

Naturnahe Hecken

Hecken müssen nicht penibel gestutzt werden. Wenn sie Blüten und Früchte tragen, finden sich bald viele verschiedene Tiere ein (siehe S. 108–109). Viele blühende Ziersträucher eignen sich ebenfalls für gestutzte oder naturnahe Hecken. Die Kornelkirsche beispielsweise trägt im Spätwinter zartgelbe Blüten und im Spätsommer leuchtend rote, essbare Beeren. Forsythien, die im Frühling blühen, eignen sich ebenso für Hecken wie Berberitzen, die hübsch blühen und mit ihren Dornen unerwünschte Besucher fernhalten.

Eine interessante Alternative ist ein »Heckenzaun« aus Weide (siehe S. 141 und S. 160–161): Im Winter werden frische Weidenruten in die Erde gesteckt und diagonal über Kreuz miteinander verflochten. Im Frühling bilden sie Wurzeln und treiben aus. Die Seitentriebe können in die Struktur eingeflochten werden.

HECKEN SCHNEIDEN

Sehr schnell wachsende Heckenpflanzen wie Leylandzypresse und Liguster müssen mindestens dreimal im Jahr geschnitten werden, bei den meisten anderen reicht ein Schnitt pro Jahr aus, wenn sie ausgewachsen sind. Wird zweimal geschnitten, darf der erste Schnitt erst nach dem Frost erfolgen, weil sonst empfindliche Triebe Schaden nehmen können. Ansonsten schneidet man Hecken am besten im Spätsommer, wenn die Hauptwachstumsphase endet. So hat man im Frühling eine schöne, akkurate Hecke. Schneiden Sie nicht zu zaghaft, sonst wird die Hecke schnell zu breit oder zu hoch. Beim Schneiden naturnaher Hecken aus Schneeball und anderen Pflanzen orientieren Sie sich am besten an den natürlichen Konturen der Sträucher.

Laubabwerfende Heckenpflanzen

1 *Berberis thunbergii* 'Rose Glow'
Berberitze
Trägt Blüten und Früchte, bildet aber wegen der spitzen Dornen eine Barriere gegen Eindringlinge.

2 *Carpinus betulus*
Hainbuche
Wie die Buche behält die Hainbuche das goldbraune Laub den Winter über.

3 *Cornus mas*
Kornelkirsche
Dieser Strauch ist etwas unordentlich im Wuchs, aber sehr robust. Er trägt im Spätwinter Blüten an den kahlen Zweigen.

4 *Fagus sylvatica*
Buche
Neben der Hainbuche ist die Buche eine der besten Pflanzen für gestutzte Hecken.

5 *Fuchsia magellanica* var. *molinae*
Freilandfuchsie
Viele Freilandfuchsien sind nicht völlig frosthart. Wählen Sie eine Art, der die Bedingungen in Ihrem Garten zusagen.

6 *Rosa rugosa*
Kartoffel-Rose
Die meisten Heckenrosen tragen ungefüllte Blüten. R. rugosa bildet wunderschöne, zerzauste Blüten in Kirschrot, denen rote Hagebutten folgen.

7 *Forsythia* 'Northern Gold'
Forsythie
Damit sie gut blüht und in Form bleibt, sollten die Blütentriebe nach der Blüte zurückgeschnitten werden.

8 *Crataegus laevigata* 'Rosea'
Weißdorn
Dieser Weißdorn ist eine der wenigen Heckenpflanzen, die auch bei regelmäßigem Schnitt blühen.

Immergrüne Hecken-pflanzen

1 *Lonicera nitida* 'Baggesen's Gold'
Glänzende Heckenkirsche
Eine beliebte Heckenpflanze mit winzigen, leuchtend gelben Blättern. Sehr schnittverträglich.

2 *Taxus baccata*
Eibe
Vögel fressen gern den ungiftigen, fleischigen Teil der roten Beeren. Alle anderen Teile der Pflanze sind giftig.

3 *Ilex aquifolium*
Stechpalme
Geschnittene Pflanzen tragen weniger Beeren. Es gibt viele Zuchtformen mit attraktiven weiß, cremeweiß oder gelb panaschierten Blättern, wählen Sie winterharte Sorten aus.

4 *Pyracantha* 'Golden Charmer'
Feuerdorn
Dichter, stacheliger Strauch, gut geeignet für Grundstücksgrenzen. Trägt im Herbst leuchtend orangefarbene Früchte.

5 *Ligustrum ovalifolium*
Liguster
Der Liguster wirkt geschnitten sehr ordentlich, aber langweilig. Lässt man die Sträucher freier wachsen, tragen sie duftende, weiße Blüten.

6 *Prunus laurocerasus* 'Otto Luyken'
Kirschlorbeer
Gute Wahl für Hecken, die recht hoch werden sollen. Kann auch im Frühling stark zurückgeschnitten werden.

7 *Potentilla fruticosa* 'Red Ace'
Fingerstrauch
Die Sträucher werden bis 1 m hoch und eignen sich gut für niedrige Hecken, etwa entlang von Wegen.

8 *Buxus sempervirens*
Buchsbaum
Er ist die beliebteste Immergrüne für sauber gestutzte Hecken und kann ungeschnitten bis 5 m hoch werden. Es gibt verschiedene kleinere, zwergwüchsige und schnell wachsende Sorten.

Rasen und Rasenpflege

Obwohl Holzdecks und Terrassen im Trend liegen, gehört für die meisten Gärtner auch ein Rasen zum Garten. Das ist gut so, denn vom Rasen profitieren viele Tiere und Regenwasser kann gut versickern. Ob Edelrasen im Golfplatz-Stil oder robuste Spielfläche – alle Rasentypen können biologisch gepflegt werden.

BIOLOGISCHE RASENPFLEGE – SO GEHT'S

- Wählen Sie die Grasarten entsprechend dem gewünschten Rasentyp und der Bodengegebenheiten aus.
- Fördern Sie das Graswachstum durch sinnvolle Bodenpflege.
- Mähen Sie bei starkem Wachstum häufiger, aber mähen Sie nicht zu kurz.
- Im Sommer kann kurzer Grasschnitt auf dem Rasen liegen bleiben: Er liefert Nährstoffe.
- Moos (siehe S. 151) sollte mit der Harke entfernt werden, damit es das Gras nicht verdrängt.

Ein Rasen kann verschiedene Funktionen erfüllen. Er kann Gestaltungs- oder Gliederungselement sein, als Hintergrund für bunte Blumen dienen oder zum Spielen und Entspannen genutzt werden. Er lässt kleine Gärten größer wirken, weil die offene Fläche den Garten heller macht und den Blick auf die dahinter liegenden Pflanzen freigibt.

Als Biogärtner betrachten wir den Rasen – wie den Teich oder die Wildhecke – als Ökosystem. Dabei spielt es keine Rolle, ob es sich um eine akkurat in Bahnen gemähte Fläche feiner Halme handelt oder um eine robuste Mischung verschiedener Pflanzenarten. Beide Rasentypen können biologisch gepflegt werden, allerdings erfordert der erste Typ erheblich mehr Arbeit.

Ein naturnaher Biorasen ist ein eigenständiger Lebensraum von großem Wert für Insekten, Vögel und andere Tiere. Wer außer Gras auch andere Pflanzen in seinem Rasen akzeptiert, leistet einen wichtigen Beitrag zur Artenvielfalt im Garten. Verzichtet man auf einer Teilfläche auf das regelmäßige Mähen, sodass sich Wildblumen selbst aussäen, finden Insekten und Vögel Nahrung, Brutplätze und Nistmaterial.

Biologische Rasenpflege

Der Rasen gehört zu den wenigen Flächen im Garten, die ständig von Pflanzen bedeckt sind,

Rasengäste Auf einem biologisch gepflegten Garten mit verschiedenen Gräsern und Blumen finden Vögel und Insekten reichlich Nahrung.

folglich kann man keine organische Substanz untergraben. Es ist aber möglich, Bodenverbesserer auszustreuen (siehe unten), um die Bodenstruktur und Mikrofauna zu erhalten und zu fördern. Gelegentlich – aber nicht unbedingt jährlich – kann auch eine Düngung sinnvoll sein. Wenn das Gras gut wächst und sattgrün ist, regen Düngergaben nur das Wachstum an und Sie müssen häufiger mähen. Wächst das Gras kümmerlich, geben Sie einen biologischen Universaldünger (siehe S. 54) oder versorgen Sie die ganze Fläche im zeitigen Frühling mit einem biologischen Rasendünger. Algenextrakt (siehe S. 195), flüssig oder in Pulverform, unterstützt im Frühling und Sommer Wachstum und Grünfärbung. Wächst das Gras weiterhin schwach, düngen Sie im Sommer noch einmal und verteilen Sie im Herbst einen Bodenverbesserer.

Vertikutieren und lüften

Direkt über dem Boden sammelt sich zwischen den Grashalmen mit der Zeit faseriges Pflanzenmaterial an, das verfilzen kann. Es behindert die Wasseraufnahme des Bodens, begünstigt Krankheiten und stört das Graswachstum. Dieser Filz kann mit einem Vertikutierer oder mit kräftigem Druck mit der Harke entfernt werden. Am besten entfilzt man den Rasen im Frühherbst, damit sich das Gras vor dem Winter erholen kann. Größere, kahle Stellen, die dabei entstehen, werden neu eingesät.

Beim Belüften werden Löcher in den Boden gestochen, durch die Luft und Wasser eindringen kann. Diese Behandlung tut verdichteten Rasenflächen gut, ist aber sehr anstrengend und nur dort notwendig, wo die Verdichtung ernsthafte Probleme mit sich bringt. Der beste Zeitpunkt ist der Frühherbst. Wenn Sie einen Lüfter mit hohlen Zinken verwenden, der etwa 10 cm tiefe Löcher in den Boden sticht, genügen Behandlungen in Intervallen von drei Jahren. Alternativ können Sie mit einer Grabgabel Löcher stechen oder für größere Flächen eine Maschine mieten. Weil dabei der Boden rings um die Einstiche verdichtet wird, ist auf schweren Böden der Einsatz eines Geräts mit hohlen Zinken sinnvoller.

Bodenverbesserung

Eine gute Bodenstruktur fördert die Aktivität von Würmern, wodurch die Dränage des Rasens verbessert wird. Bodenverbesserer werden in so dünner Schicht auf den Rasen gestreut, dass das Gras problemlos weiterwachsen kann. Auf stark verdichteten Rasenflächen ist es sinnvoll, den Boden zuerst mit einem

Herbstputz Damit der Rasen gesund bleibt, muss Herbstlaub entfernt werden. Verbrennen Sie es nicht, sondern stellen Sie in Kompostern oder Säcken (siehe S. 44–45) Laubkompost daraus her. Wer keinen Laubrechen hat, kann für kleine Flächen auch einen selbst gemachten Reisigbesen verwenden. Über größere Rasenflächen fährt man einfach mit dem Rasenmäher, der das Laub fein zerkleinert, sodass es liegen bleiben und von Würmern unter die Erde gezogen werden kann.

Rasen-Formschnitt Um diese witzige Sitzgruppe in Form zu halten, muss man sie regelmäßig mit einer Heckenschere »mähen«.

Laubrechen Mit diesem praktischen Werkzeug lässt sich Laub am besten vom Rasen entfernen. Im Gegensatz zu einer normalen Harke beschädigen die federnden Zinken die Grasnarbe nicht.

Lüfter mit hohlen Zinken zu bearbeiten und den Bodenverbesserer in die so geschaffenen Löcher zu fegen.

Bodenverbesserer können im Herbst und Frühling ausgebracht werden. Falls nötig, wird der Rasen zuerst entfilzt und dann auf eine Höhe von etwa 2,5 cm gemäht. Kürzer sollten Sie nicht mähen, sonst kann der Bodenverbesserer das Gras erdrücken. Auf leichten bis normalen Böden verwendet man eine Mischung aus zwei Teilen Humus und drei Teilen organischer Substanz mit geringem Nährstoffgehalt, etwa Laubkompost oder Grünschnittkompost (siehe S. 34–35). Wenn der Boden schwer und nass ist, mischen Sie drei Teile Sand mit einem Teil Humus und einem Teil organischer Substanz.

Die Mischung wird etwa 1 cm dick auf die ganze Fläche gestreut. Um Dellen im Rasen auszugleichen, füllen Sie mehrmals im Jahr etwas Bodenverbesserer hinein und drücken ihn gut an. Nach dem Ausstreuen arbeiten Sie den Bodenverbesserer mit einem harten Besen in die Grasfläche ein. Ein kräftiger Regen hat dieselbe Wirkung!

Rasenmähen

Wenn es warm und feucht genug ist, kann Gras ganzjährig wachsen. Regelmäßig mähen müssen Sie aber nur von Frühling bis Herbst. Die Intervalle richten sich danach, wie schnell Ihr Gras wächst. Im Frühling genügt es meist, einmal pro Woche zu mähen. Sehr ordentliche Rasenflächen und Spielrasen müssen vom Spätfrühling an meist öfter gemäht werden. Wer das regelmäßige Mähen im Sommer als Belastung empfindet, könnte nur Wege oder begrenzte Flächen kurz halten und in anderen Bereichen den Tieren einen Gefallen tun und das Gras höher wachsen lassen. Im Herbst

GARTENPLANUNG

verlangsamt sich das Wachstum und es muss seltener gemäht werden. Selbst im Winter wächst das Gras, doch meist ist der Boden feucht und Sie sollten – abgesehen von langen warmen Trockenperioden – nicht mähen.

Wie kurz Sie den Rasen mähen, hängt von Art und Qualität der Rasengräser und von der Nutzung der Fläche ab. Höheres Gras verträgt Trockenheit besser als kurz geschorenes und konkurriert erfolgreicher mit Unkraut. Wenn der Untergrund uneben ist, kann man mit einem zu niedrig eingestellten Mäher leicht die Grasnarbe abschälen.

Wohin mit dem Rasenschnitt?

Grasschnitt setzt bei der Verrottung viel Stickstoff frei. Er sollte möglichst auf dem Rasen liegen bleiben, um ihm Nährstoffe zuzuführen. Alternativ kann er kompostiert oder als Mulch verwendet werden. Mähen Sie im Spätfrühling und Sommer regelmäßig, sodass die kurzen Grasabschnitte auf dem Rasen liegen bleiben und natürlich verrotten können. Überlegen Sie, ob Sie sich einen Mulchmäher anschaffen (siehe Kasten rechts). Im zeitigen Frühling, im Herbst und wenn das Gras einmal höher ist, benutzt man besser einen Fangkorb für den Rasenschnitt. Bleibt langes Gras auf dem Rasen liegen, kann es das Wachstum behindern und Krankheitsbefall fördern.

Gegensätze Selbst wenn diese Rasenwege nicht perfekt gemäht sind, sehen sie neben den »Beeten« aus hohen Gräsern und Wildblumen sehr ordentlich aus. Diese Lösung macht wenig Arbeit und wirkt dennoch nicht ungepflegt.

RASENMÄHER

Für kleine, ebene Flächen eignen sich Spindelmäher, die man allein mit Muskelkraft betreibt. Sie sind besonders umweltfreundlich, weil sie weder Strom noch Benzin brauchen und wenig Lärm machen. Die Anschaffung ist preiswert, Verbrauchskosten fallen nicht an und etwas Krafttraining gibt es gratis dazu. Für größere Flächen braucht man einen Motormäher. Die beste Wahl für große Rasenflächen im Biogarten ist ein Mulchmäher, der das Gras fein hackt und auf die Fläche bläst, wo es natürlich verrotten oder von Würmern unter die Erde gezogen werden kann. Auf diese Weise werden dem Rasen Nährstoffe zugeführt und er muss seltener gedüngt werden.

■ Rasenmäher gehören zu den gefährlichsten Gartenwerkzeugen. Befolgen Sie immer die Sicherheitsvorschriften des Herstellers.

■ Verwenden Sie Elektromäher nur an Steckdosen mit FI-Schalter und kontrollieren Sie vor jedem Mähen Stecker und Kabel.

■ Um in Wohngebieten Lärmbelästigung zu vermeiden, schaffen Sie ein leises Modell an und halten Sie die gesetzlichen Ruhezeiten ein.

■ Lassen Sie die Messer regelmäßig schärfen und gelegentlich erneuern, wenn sie durch Steine Schaden genommen haben.

■ Kontrollieren Sie vor dem Mähen, ob sich an Rasenkanten oder in hohem Gras Frösche oder andere Tiere verstecken.

■ Sehr hohes, zähes oder nasses Gras kann den Motor überlasten. Mähen Sie solche Flächen phasenweise, indem Sie die Messer zuerst hoch und allmählich tiefer einstellen.

■ Um Schäden an Bäumen und anderen Elementen im Rasen zu vermeiden, decken Sie ringsum einen Kranz mit Mulch ab.

Rasenprobleme

Ein Rasen mit nur einer Grasart ist streng genommen eine Monokultur – also ein sehr unnatürlicher Zustand. Lässt man der Natur ihren Lauf, siedeln sich bald derbere Gräser und Wildblumen an, die wiederum verschiedene Tiere anlocken. Manche Gärtner verbringen viel Zeit damit, alles außer Gras aus ihrem Rasen zu verbannen. Andere gehen es entspannter an und akzeptieren auch »Unkräuter« wie Klee und Gänseblümchen.

Manche sogenannten Rasenunkräuter sind ausgesprochen nützlich. Die Wurzeln von Klee (siehe Kasten links) binden Stickstoff aus der Luft und geben ihn an den Boden ab. Davon profitieren auch Gräser, die zusammen mit dem Klee wachsen, sodass zusätzliche Düngergaben nicht erforderlich sind. Kleinblättrigen Kleesorten macht Wassermangel wenig aus und sie bleiben auch bei Trockenheit grün. Und woher nimmt man Gänseblümchen für einen sommerlichen Haarkranz – wenn nicht aus dem Rasen?

Unkraut im Rasen

Wenn Sie die Ratschläge zur biologischen Rasenpflege befolgen, sollte Ihr Rasen kräftig wachsen und sich gegen Unkraut behaupten können. Falls dennoch Unkrautprobleme auftreten, gibt es verschiedene Bekämpfungsmethoden.

- Einzelne Unkräuter wie Gänseblümchen, Spitz-Wegerich oder Löwenzahn werden mit einem alten Messer oder einem Unkrautstecher entfernt.
- Löcher, die beim Ausstechen von Unkraut entstehen, mit Pflanzsubstrat und Rasensamen füllen.
- Nicht zu kurz mähen. Kurzes Gras kann sich schlechter gegen Unkraut durchsetzen. Außerdem kann zu radikales Mähen das Gras schwächen.
- Vertikutieren Sie den Rasen (siehe S. 147), um Moos und Filz zu entfernen.
- Lüften Sie den Rasen (siehe S. 147), um Staunässe zu vermeiden, die dem Gras schadet und die Ausbreitung von Moos und bestimmten Unkräutern begünstigt.

Verbreitete Rasenunkräuter

Je nach Standort und Bodentyp breiten sich bestimmte Unkräuter bevorzugt aus. Das

NÜTZLICHES UNKRAUT

Im Biogarten sollte man Klee nicht als Unkraut behandeln, sondern erfreut begrüßen. Die Blüten locken mit ihrem Nektar Bienen an. Außerdem bindet die Pflanze Stickstoff aus der Luft und gibt ihn an den Boden ab, sodass Klee selbst auf magersten Böden wächst, weil er sich teilweise selbst versorgt. In Trockenphasen bestehen die grünsten Teile des Rasens oft aus Klee, der noch saftig aussieht, wenn die Gräser ringsum schon braun werden.

Wer nicht warten will, bis sich wilder Klee ansiedelt, kann eine kleinblättrige Sorte wie 'Kent' aussäen. Zuerst wird der Rasen vertikutiert, um Filz zu entfernen und die Erdoberfläche teilweise freizulegen. Dann säen Sie den Klee dünn (ca. 7,5–15 g /m²) auf die vorgesehene Fläche. So entsteht ein gleichmäßiger Teppich kleiner Kleeblätter, der zusammen mit dem Rasengras sehr gut aussehen kann.

(Rechts, von oben) **Rasenprobleme** Moos kann man ausharken. Oft ist aber eine schlechte Dränage die Ursache für Mooswuchs im Rasen und durch Lüften kann das Problem behoben werden. Wegerich und andere Rosetten bildende Unkräuter müssen ausgestochen werden, weil der Rasenmäher sie nicht erfasst.

Erkennen der Art kann schon Hinweise auf die beste Bekämpfungsmethode geben.

Gänseblümchen weisen auf einen alkalischen Boden hin und treten vor allem auf verdichteten oder sehr kurz gemähten Rasenflächen auf. Klee wächst gut auf magerem Boden und lässt sich durch Düngung eindämmen – allerdings hat er auch seinen Nutzen (siehe Kasten gegenüber). Wilder Sauerampfer kann auf sauren Böden lästig werden, lässt sich aber durch Kalken (siehe unten) bekämpfen. Wegerich und Disteln wachsen, wo das Gras dünn oder lückenhaft ist. Hinweise zur Bekämpfung von Schädlingen wie Ameisen, Schnaken und Maulwürfen finden Sie im Anhang (siehe S. 320–341).

Moos wirkungsvoll bekämpfen

Die Ausbreitung von Moos kann verschiedene Gründe haben. Es wächst oft auf feuchtem Boden mit schlechter Dränage, kann aber auch auf nährstoffarmem, saurem Boden auftreten (siehe unten). Es siedelt sich im Schatten an und breitet sich auf Flächen aus, die zu kurz gemäht wurden. Bei starkem Bewuchs entfernen Sie das Moos regelmäßig im Frühling und Herbst mit einer Harke und säen auf kahlen Stellen neues Gras. Dünger stärkt das Gras und hilft ihm, das Moos zu verdrängen. Kürzer als 2,5 cm sollten Sie einen moosgefährdeten Rasen nicht mähen.

Weil Moos für die Vögel ein wertvolles Nistmaterial ist, könnten Sie in einer Gartenecke etwas Moos wachsen lassen oder ausgeharktes Moos aufhäufen, damit sich die Vögel bedienen können.

Kalken

Die Bodenchemie (siehe S. 30–31) wirkt sich auch auf die Gesundheit des Rasens aus. Auf saurem Boden bildet sich schnell Filz im Rasen, der das Graswachstum behindert; außerdem wird die Ausbreitung von Moos (siehe oben) und verschiedenen Unkräutern wie Sauerampfer begünstigt. Liegt der pH-Wert unter 5,5–6, sollte er mit Kalk auf etwa 7 angehoben werden. Streuen Sie Gartenkalk oder Dolomitkalk (siehe S. 55) gleichmäßig dünn aus und harken Sie ihn ein. Die Behandlung jährlich wiederholen, bis der erforderliche pH-Wert erreicht ist.

8. Gehölze

Bäume, Sträucher und verholzende Kletterpflanzen sind langlebige Elemente im Garten. Bäume und Sträucher gliedern das Grundstück, lenken den Blick in die Höhe und geben dem Garten Charakter. Kletterpflanzen begrünen kahle Mauern und Zäune, man kann sie auch über Lauben, Bögen und sogar in Bäume ranken lassen. Alle Gehölze bieten Vögeln, kleinen Säugetieren und Insekten Unterschlupf, Nahrung und Nistmaterial. Als Gegenleistung für Kost und Logis tun die kleinen Bewohner ihren Anteil an der Schädlingsbekämpfung. Und was beim Schnitt von Gehölzen abfällt, findet auch allerlei praktische Verwendung.

Farbe und Form Die roten Zweige des Hartriegels leuchten im kahlen Wintergarten. Hartriegel und viele andere Sträucher bilden interessantere Blätter und auffälligere Triebe, wenn man sie kappt.

Warum Bäume wichtig sind

Die alte Gärtnerweisheit »Jäte, als ob du morgen stirbst, und pflanze Bäume, als ob du ewig lebst« hat ihre Bewandtnis. Viele Menschen scheuen sich, Bäume zu pflanzen, weil sie fürchten, sie in ausgewachsener Form nicht mehr zu sehen. Wenn man beim Begriff »ausgewachsen« an eine alte Eiche denkt, ist das richtig. Wer sich aber mit einem Stamm zufriedengibt, um den man bequem die Arme legen kann, und mit einer Krone, die Schatten für den Nachmittagskaffee spendet, sollte am besten gleich ein Pflanzloch graben. Es ist etwas Besonderes, einen Baum zu pflanzen – darum könnte dies auch ein schönes Ritual sein für einen besonderen Anlass wie den Einzug in ein neues Haus oder die Geburt eines Kindes.

Frühlingspracht Äpfel (*Malus*), Birnen (*Pyrus*) und Pflaumen (*Prunus*) sowie die Zierformen aus diesen Gattungen bezaubern schon früh im Jahr mit ihrer reichen Blüte. Daran haben aber nicht nur Gärtner Freude, sondern auch Bienen und andere Insekten, die um diese Jahreszeit unterwegs sind.

Schattenplätzchen Weil die Sommer immer wärmer werden, schätzt man inzwischen auch in nördlichen Ländern schattige Plätze. Ein kleiner Laubbaum spendet im Sommer angenehmen Schatten. Wenn im Herbst das Laub fällt, gelangt mehr Licht an den Boden.

GEHÖLZE

Bäume sind wichtig für die Umwelt. Sie reinigen unsere Atemluft, binden Staub, dämmen Lärm, liefern Tieren Nahrung und Deckung und spielen eine wichtige Rolle für die Klimaregulierung. Im Sommer spenden sie willkommenen Schatten, der einige Grad kühler ist als Gebäudeschatten. Im Winter beeinflusst ihr Geäst die Luftbewegung und schafft ein geschütztes Mikroklima.

Die richtige Wahl

Die wichtigsten Auswahlkriterien für einen Baum sind Eignung für Bodenbedingungen und Klima sowie seine endgültige Größe. Vor allem in kleinen Gärten ist außerdem wichtig, dass Bäume rund ums Jahr etwas zu bieten haben, etwa eine attraktive Rinde, eine interessante Blattfärbung oder -zeichnung, schöne Herbstfärbung, Blüten oder Früchte. Auch der vorgesehene Standort beeinflusst die Wahl der Baumart.

Der richtige Platz

Immer wieder hört man Gruselgeschichten über Baumwurzeln, die Fundamente beschädigt, Abflussrohre blockiert oder andere Gebäudeschäden verursacht haben. Dabei sind die Wurzeln nur selten die Ursache. Probleme können bei tonigem Boden auftreten, der bei langer Trockenheit schrumpft oder sich – meist nach dem Entfernen eines Baums – ausdehnt. Ein gesunder Baum entzieht dem Boden viel Wasser, und bei außergewöhnlich langer Trockenheit kann toniger Boden dadurch austrocknen und schrumpfen. Wird der Baum entfernt, entzieht er dem Boden kein Wasser mehr, sodass der Ton sich ausdehnt.

Manchmal finden Baumwurzeln einen Weg durch vorhandene Risse in Rohren. Wenn sie dann wachsen, kann es zum Rohrbruch kommen. Vor allem auf schweren Böden sollte man Birken, Kirschen, Äpfel, Birnen und Pflaumen nicht näher als 4 m am Haus pflanzen. Bei Eschen, Robinien, Rosskastanien, Linden, Platanen, Berg-Ahorn und Weide beträgt der Sicherheitsabstand 7 m, bei Eiche und Pappel sind 12 m Abstand zum Wohnhaus oder massiven Nebengebäuden nötig.

Benutzen Sie beim Pflanzen von Bäumen Ihren gesunden Menschenverstand. Beobachten Sie den Weg der Sonne im Tageslauf und überlegen Sie, wohin der Schatten fallen wird, sonst liegt ihr Lieblings-Frühstücksplatz womöglich später im tiefen Schatten. Die Baumwurzeln breiten sich unter der Krone aus und verringern den Feuchtigkeits- und Nährstoffgehalt in diesem Bodenbereich.

BÄUME FÜR KLEINE GÄRTEN

Acer griseum, A. campestre, A. palmatum und Sorten (die »japanischen« Zierahorn-Sorten)
Amelanchier lamarckii
Cornus kousa var. *chinensis*
Crataegus monogyna
Enkianthus campanulatus
Euonymus europaeus
Laburnum anagyroides
Liquidambar styraciflua (oben)
Malus 'Golden Hornet', *M.* 'John Downie' und andere Holzäpfel
Prunus (viele Arten und Sorten)
Sorbus (viele Arten und Sorten)

Bäume mit schönem Herbstlaub

1 *Acer campestre*
Feld-Ahorn
Die Blätter sind im Austrieb violett überhaucht, im Sommer dunkelgrün und im Herbst buttergelb. Robuster und schnellwüchsiger Baum.

2 *Quercus coccinea*
Scharlach-Eiche
Sie hat große, auffällig geteilte Blätter, die in ihrer leuchtenden Herbstfärbung für Blumenarrangements beliebt sind. Bevorzugt sauren Boden.

3 *Nyssa sinensis*
Tupelobaum
Dieser breit-konische Baum hat elegante, ausladende Zweige. Braucht Schutz vor kaltem, austrocknendem Wind.

4 *Parrotia persica*
Eisenholzbaum
Ältere Bäume haben eine attraktive, rötlich graue, abschilfernde Rinde. Trägt im Spätwinter winzige rote Blüten in Spinnenform an kahlen Zweigen.

5 *Acer palmatum*
Fächer-Ahorn
Es gibt viele Zuchtformen mit attraktivem Herbstlaub in Rot, Violett oder Orange. Die Sorte 'Sango-kaku' (*Foto*) trägt im Herbst gelbes Laub an korallenroten Zweigen.

6 *Acer japonicum*
Japanischer Ahorn
Abgebildet ist die Sorte 'Aconitifolium' mit ungewöhnlichen, grob gezähnten Blättern in Burgunderrot.

7 *Cornus kousa*
Chinesischer Blumen-Hartriegel
Die für kleine Gärten ideale Art hat dekorative Blüten, rote Früchte und Blätter in leuchtender Herbstfärbung.

8 *Stewartia monadelpha*
Scheinkamelie
Der hübsche, weiß blühende Baum aus Asien ist mit den Kamelien verwandt.

Bäume mit Blüten und Früchten

1 *Malus* 'Red Sentinel'
Holzapfel
Es gibt zahllose Holzapfel-Sorten. Alle tragen im Frühling schöne Blüten und im Herbst auffällige Früchte in verschiedenen Farbtönen.

2 *Prunus × subhirtella*
Higan-Kirsche
'Pendula Rosea Plena' (*Foto*) trägt an überhängenden Zweigen früh im Jahr große, zerzauste Blüten.

3 *Ilex aquifolium*
Stechpalme
Abgebildet ist die Sorte 'Amber' mit gelben Beeren. Die meisten Arten und Sorten tragen rote Beeren und Blätter mit stacheligen Rändern.

4 *Sorbus vilmorinii*
Rosafrüchtige Eberesche
Der kleine Baum blüht meist weiß und trägt Früchte in verschiedenen Farben.

5 *Prunus padus*
Traubenkirsche
Sie hat weiße Blütentrauben und schwarze Früchte, die sehr bitter schmecken, aber bei Vögeln hoch im Kurs stehen.

6 *Euonymus europaeus*
Spindelstrauch
'Red Cascade' (*Foto*) wächst zu einem kleinen Baum oder großen Strauch heran. An ausladenden Zweigen trägt er pinkfarbene Blüten, die aufplatzen und das orangefarbene Innere sehen lassen.

7 *Aesculus pavia*
Pavie
Die mit der Rosskastanie verwandte, aber viel kleinere Art hat zierliche, leuchtend rote Kastanien-»Blütenkerzen«.

8 *Cornus nuttallii*
Nuttalls Blumen-Hartriegel
Die Blüten sind unscheinbar, haben aber besonders auffällige Brakteen. Abgebildet ist die Sorte 'Colrigo Giant'.

Kappen und entwipfeln

Selbst Bäume, die normalerweise groß werden, kann man in einen kleinen Garten pflanzen, wenn man sie regelmäßig schneidet. Edel-Kastanien, Linden und Weiden können entwipfelt werden. Dabei schneidet man das Geäst etwa in Kopfhöhe bis an den Hauptstamm zurück. Beim Kappen lässt man anstelle eines Stammes nur einen sehr niedrigen Stubben stehen. Beide Schnitttechniken werden auch aus dekorativen Gründen angewandt. Und die »Abfallprodukte«, die beim Kappen und Entwipfeln anfallen, dienen im Biogarten als vielseitiges, nachwachsendes Baumaterial.

Altes Handwerk

Früher wurden Bäume entwipfelt, um verwertbares Holz zu gewinnen, aber die jungen Triebe außer Reichweite des Viehs zu halten. Auch das Kappen ist eine alte Form der Holzwirtschaft, die heute wieder belebt wird, um wichtige Niederwald-Landschaften und ihre Lebensräume zu erhalten und zu rekultivieren. Bei sorgfältiger Bewirtschaftung findet man in einem Niederwald eine für gemäßigte Klimazonen ungewöhnlich große Artenvielfalt.

Holzkohle ist ein wertvolles Nebenprodukt dieser Niederwald-Wirtschaft. Wer umweltbewusst grillen will, sollte sich in der Umgebung nach einer Bezugsquelle umhören, statt Kohle zu kaufen, die über weite Wege transportiert wurde, aus schlecht bewirtschafteten Forsten oder gar aus tropischen Wäldern stammt.

Durch das Entwipfeln und Kappen wird die Lebensdauer eines Baums meist verlängert. Eine Esche wird etwa 200 Jahre alt, aber wenn sie regelmäßig gekappt wird, treibt die Wurzel erheblich länger aus. Im Wald von Bradfield bei Bury St. Edmunds in der englischen Grafschaft Suffolk stehen auf staunassem Boden gekappte Eschen, die etwa 1000 Jahre alt sind.

(Unten, von links) **Wertvolle Ernte** Mit einer Hippe werden die Haselruten vom Stumpf geschnitten. Vor der Herstellung von Flechtzäunen und Gattern werden sie zum Trocknen gelegt. Behandelt man den Zierstrauch *Cornus stolonifera* 'Flaviramea' auf diese Weise, bildet er jährlich neue, leuchtend gefärbte Triebe.

In Europa kappt man traditionell Hasel, Eschen, Edel-Kastanien, Erlen, Berg-Ahorn, Weide, Hainbuche, Ahorn und Linde, aber auch andere Laubbäume sind geeignet. Der Schnittzyklus variiert. Weidenruten können jährlich geschnitten werden, dicke Eschen- oder Kastanienäste nach 20 oder mehr Jahren. Hasel für Zäune wird meist im Rhythmus von sechs bis acht Jahren geschnitten. Kastanie verwendet man traditionell für Pergolen, Esche für Gatter. Beide werden im 15-Jahres-Rhythmus geschnitten.

Stumpf und Stamm

Beim Kappen werden die Triebe eines Baums alle paar Jahre direkt über dem Stumpf oder der Wurzelplatte knapp über Bodenniveau zurückgeschnitten. Die Wurzel lebt weiter und aus dem Stumpf erheben sich neue Triebe. Beim Entwipfeln wird ähnlich vorgegangen, man lässt anstelle des niedrigen Stumpfes lediglich einen höheren Stamm stehen.

Wer diese Techniken lernt, kann Bäume und Sträucher pflanzen, die normalerweise für die heutigen, eher kleinen Grundstücke viel zu groß wären. Besonders beliebt sind Weide (*Salix*) und Hartriegel (*Cornus*), deren junge Triebe oft leuchtend gefärbt sind und die frische Farbe in den winterlichen Garten bringen.

Perückenstrauch und Trompetenbaum werden oft entwipfelt und in Gehölzpflanzungen oder gemischte Beete gepflanzt. Durch den regelmäßigen Schnitt bilden sie erheblich größere Blätter, die für andere Pflanzen einen schönen Hintergrund abgeben. Man kann diese Pflanzen jährlich schneiden oder – wenn sie etwas stattlicher werden sollen – alle zwei bis drei Jahre.

Verwendung von Gehölzschnitt

Beim Baumschnitt anfallende gerade Äste und Zweige können im Garten für viele Zwecke verwendet werden. Weil sich die Zweige je nach Baumart in Haltbarkeit, Belastbarkeit, Flexibilität und Farbe unterscheiden, sollten Sie ruhig experimentieren.

Entwipfeln – so wird's gemacht
1. Die interessante Struktur entwipfelter Bäume kommt vor allem im Winter zur Geltung. Im Frühling wird geschnitten. **2.** Zuerst mit der Rosenschere alle schwachen Triebe entfernen. So kommen Sie leichter an die dickeren heran. **3.** Jeweils kurze Stümpfe stehen lassen, aus denen im folgenden Jahr die neuen Triebe erscheinen. Dickere Triebe mit einer Astschere schneiden. **4.** Nach dem Schnitt sieht der Baum nackt aus, aber er treibt bald wieder kräftig aus.

(Unten, oberes Foto) **Beetkante** Nageln Sie – wie hier – kräftige Ruten an senkrechten Pflöcken fest oder setzen Sie die Pflöcke in kürzeren Abständen und flechten geschmeidige Ruten hindurch.

(Unteres Foto) **Rankhilfe für Kletterpflanzen** Solche Gerüste sind einfach zu bauen, indem man zugeschnittene Stangen mit Bindfaden zusammenschnürt und sie fest in den Boden steckt.

Hartriegel, Weide und Esche haben oft eine schöne, intensive Rindenfärbung und bieten sich daher zur Herstellung von Flechtzäunen an. Schält man die Rinde ab, sieht das Holz heller und sauberer aus.

Viele Arten, die normalerweise spröde sind, lassen sich verwenden, wenn man sie im Frühling schneidet. Um diese Zeit sind sie durch den aufsteigenden Saft flexibler und lassen sich – vor allem wenn sie jung sind – gut biegen und flechten. Ansonsten kappt man Bäume und Sträucher während der Winterruhe.

Selbst gemachte Pflanzenstützen

Rankhilfen für Kletterpflanzen kann man aus Ruten gekappter Gehölze und sogar aus gewöhnlichem Strauch- und Heckenschnitt herstellen. Bei Bodenberührung halten sie ein bis zwei Jahre, ohne Bodenkontakt länger. Verzweigte Äste eignen sich für Wicken und andere Pflanzen mit Halteranken, gerade Stangen sind günstig für windende Kletterpflanzen.

Stellen Sie flexible Ruten wie Zeltstangen auf. Damit diese »Wigwams« auch für schwere Kletterpflanzen wie Rosen stabil genug sind, flechten Sie aus dünnen Weidenruten im unteren Bereich einen breiten Streifen ein.

Für ein bogenförmiges Rankgerüst legen Sie zuerst die Teile auf festem Boden aus. Sie brauchen zwei senkrechte Stützen und drei oder vier Querstreben. Die oberen Enden der Senkrechten mit Draht zu einem Bogen zusammenbinden und dazwischen zur Stabilisierung die Querstreben mit Draht, Schnur oder Nägeln befestigen. Dann werden dünnere Ruten im Rautenmuster oder einem anderen Muster Ihrer Wahl eingeflochten.

Wenn Sie Weide verwenden, schälen Sie von den unteren Enden (oder den ganzen Stangen) die Rinde ab. Gleich nach dem Schnitt geht das ganz leicht. Schält man die Rinde nicht ab, bilden die Weidenruten Wurzeln. Diese Gewohnheit kann man allerdings auch nutzen, um »lebende« Weidenkonstruktionen zu bauen.

Lebende Weidenkonstruktionen

Aus frisch geschnittenen, grünen Weidenruten kann man elegante Rautenzäune flechten (siehe Foto auf S. 141). Die Weidenruten bilden Wurzeln und treiben wieder aus, sodass eine Mischung aus Zaun und Hecke entsteht. Solche »Heckenzäune« aus Weide bieten guten Sicht- und Windschutz und sind stabiler als manche gekauften Zäune. Normalerweise verwendet man wüchsige Arten wie *Salix daphnoides*, *Salix alba* und *Salix purpurea* und deren

Weiden-Wunderland Auf Gartenschauen kann man faszinierende, fantasievolle Konstruktionen aus lebender Weide bewundern. Allerdings müssen die Gebilde jährlich geschnitten werden, sonst wachsen die Weiden schnell zu stattlichen Bäumen heran.

Hybriden, doch andere Arten mit ausreichend langen und flexiblen Ruten sind ebenso geeignet. Weil Weidenruten so biegsam sind, kann man aus ihnen vielerlei Konstruktionen bauen, beispielsweise Bögen, Tunnel, Kuppeln und sogar Skulpturen. Die Ruten werden im Winter geschnitten und sofort verarbeitet, damit sie zuverlässig wurzeln. Sind sie einmal angewachsen, treiben sie jedes Jahr aus und müssen im Winter geschnitten werden, um die Form der Konstruktion zu erhalten. Wer einen Heckenzaun aus Weide baut, sollte bedenken, dass die Sommertriebe recht lang werden können – bis zu 1 m auf jeder Seite.

Eine einfache Weidenwand

An vielen Orten werden inzwischen Kurse im Weidenflechten angeboten, die informativ und vergnüglich sein können. Sie können es aber auch allein mit einem einfachen Sichtschutz versuchen. Dazu brauchen Sie frisch geschnittene Weidenruten, nach Länge gebündelt, und ein 1 m breites Stück Unkrautvlies oder -folie (siehe S. 74–75) in der Länge Ihres Sichtschutzes, außerdem eine Metallstange, einen Fäustel, eine Rosenschere und Draht.

■ Die Folie ausrollen und mit Drahtkrampen fixieren oder die Ränder eingraben.
■ Mit der Metallstange in einer geraden Linie 30 cm tiefe Pflanzlöcher in Abständen von 15–20 cm durch die Folie in den Boden stechen.
■ Dicke, stabile Ruten in die Pflanzlöcher stecken. Sie bilden die senkrechten Stützen.
■ Aus dünneren Ruten die Diagonalen einfügen: Auf einer Seite jeder Senkrechten im Winkel von 45° ein Pflanzloch stechen. Die Ruten hineinstecken und diagonal zwischen 4 Senkrechten durchflechten. Auf der anderen Seite spiegelbildlich vorgehen: Pflanzlöcher in entgegengesetzter Richtung stechen und die Ruten gegenläufig durch die Senkrechten flechten.

Sträucher

Sträucher bereichern den Garten durch interessante Blattformen und Farben, attraktive Zweige, Blüten und Früchte – und die Vögel, die sich in ihnen tummeln. Je nach Position und Verwendung können sie als Hintergrund dienen, als Bodendecker oder als Blickfang. Selbst Sträucher ohne Blüten und Früchte besitzen oft reizvoll panaschierte Blätter oder eine schöne Herbstfärbung.

Sträucher gibt es für jeden Standort und jeden Geschmack. Wer vor dem Kauf seine Hausaufgaben macht, wird leichter geeignete Arten finden, die gut gedeihen und wenig Pflege verlangen. Rhododendren tragen im Frühsommer Blüten in vielen verschiedenen Farben, brauchen aber sauren Boden. Hortensien kündigen mit ihren fülligen Blütenkugeln oder zarten »Spitzenhäubchen« den Spätsommer an, Schneeball-Arten tragen fast rund ums Jahr ihre duftenden Blüten, und der Spindelstrauch ist ein verlässlicher, robuster Bodendecker. Dekorativer Hartriegel wie *Cornus alba* 'Sibirica' und *C. stolonifera* 'Flaviramea' tragen zwar keine auffallenden Blüten, dafür färbt sich ihr Laub im Herbst leuchtend rosa und rot. Anschließend bringen ihre roten oder hellgrünen Zweige Farbe in den kahlen Garten, bis sie im Spätwinter zurückgeschnitten werden (siehe S. 158–161). Besonders eindrucksvoll ist die Wirkung, wenn man fünf oder mehr Sträucher als Gruppe pflanzt.

Vielseitiger Schneeball Den Gewöhnlichen Schneeball *Viburnum opulus* (*links*, zusammen mit Schneebeeren) kann man in eine Fruchthecke oder in den Beethintergrund pflanzen. *V. plicatum* 'Mariesii' (*gegenüber, links unten*) dagegen ist mit seinem ausladenden Wuchs und den flacheren, großen Blütenständen ein attraktiver Blickfang, der einen Ehrenplatz verdient. *V. × bodnantense* 'Dawn' (*gegenüber, rechts unten*) ist eine von mehreren Sorten, die vom Winter bis in den Vorfrühling duftende Blüten tragen.

GEHÖLZE 163

Ein Gehölzbeet anlegen

Größere Gehölze – vor allem immergrüne – unterdrücken Unkraut wirkungsvoll. Solange sie noch klein sind, erfordert der freie Boden zwischen ihnen etwas Aufmerksamkeit. Es ist möglich, Sträucher zunächst dicht zu pflanzen und später, wenn sie größer werden, einige auszugraben und an einen anderen Platz zu setzen. Diese Arbeit nimmt man am besten während der Winterruhe vor. Alternativ können Sie den Boden zwischen den Sträuchern mit Bodendecker-Stauden wie Lungenkraut bepflanzen, die allmählich verschwinden, wenn die wachsenden Sträucher ihnen Licht und Nährstoffe streitig machen. Eine weitere Möglichkeit besteht darin, Sträucher durch ein Unkrautvlies oder eine Folie zu pflanzen und diese mit Mulch oder Kies zu bedecken (siehe S. 74–75).

Sträucher als Bodendecker

Seit Mitte des 20. Jahrhunderts sind Bodendecker sehr beliebt, weil sie die Gartenarbeit erheblich erleichtern. Bei richtiger Auswahl und Verteilung brauchen sie, wenn sie sich erst einmal etabliert haben, kaum noch Pflege. Ideal sind immergrüne oder sehr dicht verzweigte Pflanzen mit niedrigem, ausladendem Wuchs. Sie lassen kaum Licht auf den Boden gelangen, sodass Unkraut dort nicht wachsen kann. Auch kriechende Koniferen erfüllen diese Funktion, sehen aber recht langweilig aus. Strauchveronika-Arten (*Hebe*) dagegen tragen über einen langen Zeitraum Blüten, sind jedoch vor allem in kühleren Gebieten eher kurzlebig. Bodendecker-Rosen wie 'Max Graf' und andere blühen in schönen Farben und halten mit ihren Stacheln unerwünschte Besucher fern. Weil sie aber das Laub abwerfen, unterdrücken sie Unkraut nicht so wirkungsvoll, zudem machen ihre Stacheln das Jäten unangenehm.

BODENDECKER-STRÄUCHER

Calluna vulgaris
Cotoneaster horizontalis (*oben*), *C. microphyllus*
Erica
Euonymus fortunei und Sorten*
*Gaultheria**
Hebe pinguifolia
*Hypericum calycinum**
Leucothoe fontanesiana und Sorten*
*Mahonia aquifolium**, *M. repens**
*Pachysandra terminalis**
Rosmarinus officinalis Prostratus-Gruppe
Rubus pentalobus 'Emerald Carpet'
Sarcococca hookeriana var. *humilis**
Stephanandra incisa 'Crispa'

* schattenverträglich

Sträucher, die jährlichen Schnitt vertragen

1 *Salix alba* var. *vitellina* 'Britzensis'
Silber-Weide
Eine Weidenart mit attraktiv gefärbten Zweigen im Winter, die jährlich gekappt werden können (siehe S. 158–161).

2 *Cotinus coggygria* 'Royal Purple'
Perückenstrauch
Trägt bei jährlichem, starkem Rückschnitt weniger Blüten, aber größere und kräftiger gefärbte Blätter.

3 *Fuchsia* 'Mrs Popple'
Freilandfuchsie
Frostgefährdet; bleibt besser in Form und blüht reicher, wenn sie im zeitigen Frühling zurückgeschnitten wird.

4 *Hydrangea paniculata*
Rispen-Hortensie
Eine Hortensienart mit sehr großen Blütenständen, sie kann jährlich radikal zurückgeschnitten werden.

5 *Philadelphus coronarius* 'Aureus'
Pfeifenstrauch
Ein Pfeifenstrauch, der wegen der leuchtend gelbgrünen Blätter beliebt ist. Starker Rückschnitt fördert Blattgröße und -färbung.

6 *Rubus cockburnianus*
Tangutische Himbeere
Trägt weiß bereifte Ruten, die im Winter dekorativ aussehen. Im Frühling knapp über dem Boden abschneiden.

7 *Buddleja davidii* 'Fascinating'
Sommerflieder
Wüchsige Sträucher, die in Form bleiben, wenn sie jährlich im Frühling stark zurückgeschnitten werden.

8 *Hypericum* 'Hidcote'
Johanniskraut
Robuste Johanniskraut-Sorte, die ungeschnitten bleiben kann, aber durch einen kräftigen Rückschnitt verjüngt wird.

Sträucher, die ohne Schnitt auskommen

1 *Daphne bholua*
Seidelbast
Diese – giftige – Pflanze sollte nicht geschnitten werden. Nur abgestorbene, kranke oder beschädigte Triebe entfernen. Frostharte Sorte auswählen!

2 *Berberis × carminea* 'Buccaneer'
Berberitze
Berberitzen kann man als Hecke stutzen, doch eigentlich brauchen sie nicht geschnitten zu werden. Nur ungünstig wachsende Zweige werden entfernt.

3 *Cotoneaster salicifolius*
Weidenblättrige Zwergmispel
Die meisten Cotoneaster brauchen keinen Schnitt. Bei dieser Art kann er sogar den von Natur aus eleganten Wuchs ruinieren.

4 *Hamamelis × intermedia* 'Jelena'
Zaubernuss
Bei der Zaubernuss sollte man nur abgestorbene, kranke oder beschädigte Zweige entfernen.

5 *Potentilla fruticosa* 'Princess'
Fingerstrauch
Als niedrige Hecke gepflanzt kann dieser Strauch nach der Blüte leicht gestutzt werden, damit er buschiger wächst.

6 *Choisya* 'Aztec Pearl'
Mexikanische Orangenblume
Überlange Triebe kürzen. Nur für milde Klimaregionen zu empfehlen!

7 *Rhododendron* 'Elizabeth'
Rhododendron
Rhododendren benötigen keinen regelmäßigen Schnitt, können aber zur Verjüngung recht drastisch gestutzt werden.

8 *Magnolia × loebneri* 'Leonard Messel'
Magnolie
Magnolien brauchen einen Platz, an dem sie zu voller Größe heranwachsen können. Möglichst wenig schneiden.

Kletterpflanzen

Kletterpflanzen lenken den Blick in die Höhe und nehmen dabei wenig Beetfläche ein. Sie eignen sich zum Begrünen von Mauern, Zäunen, Spalieren, Pergolen oder frei stehenden Gerüsten. Selbst in andere Pflanzen kann man sie wachsen lassen, wenn Größe und Wuchskraft zueinander passen. Eine Rambler-Rose kann einen stattlichen Baum erobern, eine zierliche Clematis durch einen Strauch klettern.

Anbinden Bänder aus Naturfasern verrotten mit der Zeit und schnüren die Triebe nicht ab. Kontrollieren Sie dennoch ab und zu an Pflanzen, deren Triebe schnell wachsen, ob Anbindestellen zu eng sind.

Kletter-Methoden

Efeu, Jungfernrebe und einige andere Pflanzen bilden Haftwurzeln oder Haftscheiben, mit denen sie sich festhalten. Sie sind die beste Wahl für Oberflächen, an denen man keine Rankhilfe anbringen kann. Blauregen windet seine Triebe um Pfosten, Seile oder Äste. Wein (*Vitis*) bildet Sprossranken, die sich um ihre Kletterhilfe (oder um andere Pflanzen) winden. Clematis hält sich fest, indem sie die Blattstiele um ihr »Klettergerüst« schlingt. Rosen halten sich mit ihren Stacheln an ihrer Rankhilfe fest. In der Natur, wo sie durch dichtes Strauchwerk wachsen, genügt dieser Halt. Im Garten muss man sie jedoch anbinden, um ihnen den Weg zu zeigen, den sie nehmen sollen.

Kletterpflanzen anbinden

Im Frühling und Frühsommer, wenn die Kletterpflanzen kräftig wachsen, sollte man sie an ihren Rankhilfen anbinden. Rosen und viele andere Pflanzen bilden an den Triebspitzen Blüten, während die Seitentriebe nur Blätter tragen. Bindet man die Triebe fast waagerecht an, wachsen die Seitentriebe senkrecht und bilden ebenfalls Blüten. Darum sollte man nicht alle Triebe nach oben lenken, sondern einige quer ans Rankgerüst binden, um mehr Blüten in Augenhöhe zu erhalten.

Verwenden Sie zum Anbinden weder Kunststoff noch Metall. Wenn die Triebe dicker werden, schneiden diese Materialien ins Holz und stören den Saftfluss. Anbindematerialien aus Naturfasern verrotten mit der Zeit oder reißen, wenn der Trieb dicker wird. Bis dahin ist die Pflanze meist schon an einem höheren Punkt angebunden und hat sicheren Halt. Trotzdem sollten Sie Kletterpflanzen regelmäßig kontrollieren, zu feste Bindungen lockern und neue Triebe anbinden. Je jünger die Triebe sind, desto geschmeidiger sind sie und desto leichter lassen sie sich anbinden.

GEHÖLZE **167**

REGELMÄSSIG SCHNEIDEN

■ **Clematis viticella** und ihre vielen Sorten und Hybriden blühen im Sommer. Sie sollten jährlich auf 30 cm zurückgeschnitten werden, damit sie viele junge Triebe mit Blüten in Augenhöhe bilden. Die Triebe vorsichtig anbinden.

■ **Kletterrosen** sollten jährlich ausgedünnt werden, um die Bildung neuer Triebe anzuregen. Die alten Blütentriebe werden auf ein bis zwei Augen zurückgeschnitten. Anschließend die Haupttriebe wieder möglichst waagerecht anbinden.

■ **Blauregen** (*Wisteria sinensis*, unten) wird zweimal im Jahr geschnitten. Im Sommer, wenn das Hauptwachstum endet, werden die neuen Triebe auf die Hälfte gekürzt. Im Winter werden diese Triebe bis auf zwei Knospen zurückgeschnitten. Das klingt mühsam, stellt aber sicher, dass man sich im folgenden Frühling an vielen duftenden, zartlila Blüten freuen kann.

RÜCKSCHNITT UNNÖTIG

■ **Clematis montana** (*oben*) ist eine wüchsige Clematis, die im Frühling hellrosa Blüten über dunkelgrünem Blattwerk trägt. Weil sie sehr groß wird, muss sie von Zeit zu Zeit stark zurückgeschnitten werden, was sie auch verträgt. Nach der Blüte schneiden.

■ **Hydrangea anomala** subsp. **petiolaris** ist eine kletternde Hortensienart, die sich an schattigen Wänden selbst festhält – ideal zum Begrünen für unansehnliche Garagen oder Schuppen. Sie hat eine rostbraune, abschilfernde Rinde, treibt im Frühling frischgrünes Laub und im Sommer weiße, flach-runde Blütenstände.

■ **Parthenocissus henryana** ist eine Jungfernrebe, die sich mit Haftscheiben festhält und im Herbst flammend rotes Laub trägt. Der wüchsige Kletterer ist gut geeignet, um eine Fassade zu begrünen. Man kann ihn auch durch eine hohe Kiefer klettern lassen, zu deren dunklem Grün das Herbstlaub einen tollen Kontrast bildet. Nur für Gegenden mit milden Wintern geeignet.

Rosen

Für viele Gärtner sind Rosen die Königinnen unter den Gartenblumen. Manche sind tatsächlich schwierig zu kultivieren – und einer der Hauptgründe für den Einsatz von Pestiziden in Gärten, die nicht biologisch bewirtschaftet werden. Wer aber die Sorten mit Bedacht wählt und für gute Wachstumsbedingungen sorgt, kann auch im Biogarten Rosen halten. Es gibt zwar noch keine absolut krankheitsresistente Rose, aber durchaus Arten und Sorten, die weniger anfällig sind (siehe gegenüber) und bei guten Standortbedingungen gesund bleiben.

Früchte für die Vögel *Rosa glauca*, *R. moyesii* und *R. rubiginosa* sind einmal blühende Arten, deren Hagebutten im Herbst den Vögeln als Nahrung dienen. Entfernt man welke Blüten, blühen Rosen meist länger und reicher, bilden aber keine Früchte.

Welche Rosen?

Manche Rosen eignen sich für den Biogarten besser als andere. Teehybriden und Floribunda-Rosen haben nicht gern Konkurrenz im Wurzelbereich, darum werden sie oft in ein separates Rosenbeet gepflanzt. Sie brauchen große Abstände, vertragen keine Unterpflanzung und sind, weil ein Rosenbeet eine Art Monokultur ist, anfällig für Krankheiten und Schädlinge.

Strauchrosen und Alte Rosen eignen sich wesentlich besser für den Biogarten, weil ihnen die Konkurrenz der Nachbarn weniger ausmacht und weil sie weniger anfällig für Krankheiten und Schädlinge sind. Außerdem nützen sie den Tieren im Garten und machen wenig Arbeit, weil man sie weniger ausputzen und schneiden muss. Besonders wertvoll sind Rosen, die Hagebutten bilden. Sie ziehen bestäubende Insekten an, liefern Vögeln und kleinen Säugetieren Nahrung und sehen im Herbst attraktiv aus. Wegen ihres lockeren Wuchses machen Strauchrosen auch in gemischten Beeten eine gute Figur. Arten wie *Rosa glauca* oder *R. moyesii* können ins Stauden- oder Gehölzbeet gepflanzt werden. *R. rugosa* mit den glänzenden Hagebutten eignet sich für eine stachelige Hecke.

Rosen pflanzen – wie und wo?

Am besten gefällt Rosen ein sonniger, offener Standort. Gute Luftzirkulation und ein Boden, der Feuchtigkeit speichert, beugen Krankheiten vor. Ungünstig sind Standorte, an denen sich Nässe stauen kann oder an denen der Boden sehr sauer oder alkalisch ist. Pflanzen Sie Rosen möglichst in ein gemischtes Beet. Moderne Rosen vertragen keine Konkurrenz und brauchen ein Beet für sich, das man aber mit niedrigen Blühpflanzen einfassen kann, um für Abwechslung zu sorgen und Nützlinge anzulocken.

Robuste Rosen

1 'Charles de Mills'
Eine altmodische Strauchrose vom Gallica-Typ, die keine Stacheln trägt. Sehr schön als Hecke.

2 'Blanc Double de Coubert'
Strauchrose mit dichtem, ausladendem Wuchs und den typischen, gerunzelten Blättern der Rugosa-Rosen. Bildet manchmal leuchtende Früchte. 'Roseraie de l'Haÿ' mit rotvioletten Blüten ist eine weitere empfehlenswerte Rugosa-Rose.

3 'Buff Beauty'
Beliebte, moderne Strauchrose mit großen Gruppen üppiger Blüten. 'Cerise Bouquet' mit pinkfarbenen Blüten und 'Fritz Nobis' mit rosa Blüten sind weitere moderne Strauchrosen, die selten an Krankheiten leiden.

4 Bonica
Eine moderne Strauchrose mit niedrigem, ausladendem Wuchs und dichten Gruppen von Blüten an den überhängenden Trieben. Gute Bodendeckerrose.

5 Rosa filipes 'Kiftsgate'
Wüchsige Kletterrose für große Gärten, stabile Zäune oder Pergolen. Weniger mächtige, aber relativ resistente Kletterrosen sind 'Maigold' (bronze-gelbliche Blüten) und 'Climbing Cécile Brunner' (hellrosa Blüten).

6 'Frühlingsmorgen'
Strauchrose mit hübschen, ungefüllten Blüten mit feinem Duft. Bienen bevorzugen die ungefüllten Blüten, in denen die Staubgefäße gut zugänglich sind.

7 Gertrude Jekyll
Eine stark duftende Englische Rose mit altmodischer Blütenform, die aber – wie eine moderne Strauchrose – öfter blüht.

8 'Just Joey'
Neben der scharlachrot blühenden 'Remembrance' gehört diese Sorte zu den unkompliziertesten traditionellen Strauchrosen.

Gehölze pflegen

Bis jetzt gibt es keine offiziellen Standards für die biologische Kultur von Zierpflanzen. Weil es langwierig ist, selbst Pflanzen zu ziehen, müssen Sie vielleicht konventionell kultivierte Arten kaufen und diese dann nach biologischen Prinzipien pflegen.

Alle Pflanzen gedeihen besser, wenn sie in gut vorbereiteten Boden gepflanzt werden. Je höher die Bodenqualität, desto schneller wachsen sie an. Unkräuter, vor allem mehrjährige, müssen entfernt werden (siehe S. 76–81). Wenn Sie ein neues Beet anlegen, sollten Sie die ganze Fläche umgraben und je nach Zustand des Bodens und Typ der Pflanzen Bodenverbesserer einarbeiten. Sollen Pflanzen mit unterschiedlichen Bedürfnissen kombiniert werden, arbeiten Sie ganzflächig Laubkompost oder anderes Material mit wenig Nährstoffen ein und geben gezielt Kompost oder verrotteten Stallmist in einzelne Pflanzlöcher.

Wann wird gepflanzt?

Containerware aus der Gärtnerei kann theoretisch jederzeit gepflanzt werden, doch die

BÄUME UND STRÄUCHER PFLANZEN

1 Heben Sie ein großes Pflanzloch in der doppelten Tiefe des Wurzelballens aus (ca. 45 cm). In schwerem Boden Grund und Seiten des Loches auflockern, damit die Wurzeln besser eindringen können. Den Wurzelballen der Pflanze gründlich wässern.

2 Die Pflanze ins Loch setzen und mit einem Stab prüfen, ob der Wurzelballen auf Höhe des Erdniveaus oder knapp darunter liegt. Kontrollieren Sie, ob die Pflanze schön ausgerichtet ist.

3 Ist eine Stütze notwendig, wird sie zuerst eingesetzt, um die Wurzeln nicht zu beschädigen. Dann die Pflanze ins Loch setzen und Erde – nach Bedarf mit Bodenverbesserer gemischt – einfüllen.

4 Den Boden gleichmäßig festtreten, gießen und mulchen.

GEHÖLZE **171**

BÄUME ANBINDEN

Bäume unter 1,5 m Höhe brauchen keine Stütze, sofern sie nicht an sehr windigen Standorten stehen. Größere Bäume werden bei der Pflanzung gestützt, damit der Wind den Wurzelballen nicht losrüttelt. In den meisten Fällen empfiehlt es sich, die Stütze schräg außerhalb des Wurzelbereichs in den Boden zu hämmern. Spezielle Baumbinder mit Abstandhalter verhindern Reibungsschäden an der Rinde des Baums. Große Bäume müssen eventuell drei bis fünf Jahre lang gestützt werden, kleinere ein bis zwei Jahre lang. Da die Stützen nicht Jahrzehnte halten müssen, gibt es keinen Grund, sie mit Holzschutzmitteln zu imprägnieren.

günstigsten Pflanztermine für Gehölze sind der Frühling und der Herbst. Bäume, die im Frühherbst in den noch warmen Boden gepflanzt werden, bilden vor Wintereinbruch neue Wurzeln. Pflanzt man im Frühling, haben sie nicht immer genug Zeit zur Wurzelbildung, bis es im Sommer heiß und trocken wird. So ist die Gefahr der Austrocknung größer.

Damit junge Pflanzen schnell anwachsen, halten Sie sie feucht, entfernen Sie Gras und Unkraut im Wurzelbereich und decken Sie um den Stamm eine mindestens 1 m² große Fläche mit Mulch ab. Noch einfacher ist es, durch ein Vlies oder eine Folie zu pflanzen (siehe S. 74–75) und diese mit losem Mulch oder Kies abzudecken.

Pflege nach der Pflanzung

Gleich nach der Pflanzung von Bäumen und Sträuchern werden kranke oder beschädigte Triebe entfernt. Sie können bei Bedarf auch die Form korrigieren. Frisch gepflanzte Gehölze müssen in Trockenphasen gegossen werden. Verteilen Sie in den ersten Jahren ab und zu einen biologischen Bodenverbesserer (siehe S. 34–35), der Feuchtigkeit im Boden hält, Unkraut unterdrückt und das Wachstum der Pflanze fördert.

Schädlinge und Krankheiten

Im Biogarten steht die Vorbeugung im Vordergrund. Wer die richtigen Pflanzen wählt und sie an geeignete Standorte pflanzt, tut viel für ein

Aufstrebend Bringen Sie Rankhilfen an, bevor Sie Kletterpflanzen einsetzen. Damit die Wurzeln nicht im Regenschatten liegen, pflanzen Sie sie in etwas Abstand zur Wand oder zum Zaun. Die Triebe werden mit Stangen zur Rankhilfe geleitet.

Schneiden – aber wo? Bei wechselständigen Knospen wird schräg über einer nach außen gerichteten Knospe geschnitten (*ganz oben*); bei gegenständigen (*oben*) schneiden Sie den Trieb knapp über den Knospen gerade ab.

Ausdünnen Bei zu dichten Sträuchern oder Kletterpflanzen einige der älteren Blütentriebe bis zum Ansatz eines kräftigen, jungen Seitentriebs zurückschneiden.

kräftiges, ausgewogenes Wachstum und verringert die Wahrscheinlichkeit von Krankheits- oder Schädlingsbefall. Gute Bodenvorbereitung und Pflege nach der Pflanzung sind wichtig. Wer auf Sauberkeit achtet, abgestorbene oder erkrankte Pflanzenteile regelmäßig entfernt und für eine gute Luftzirkulation sorgt, hat schon die wichtigsten Vorbeugungsmaßnahmen ergriffen. Etwas Toleranz und Gleichmut gehören aber auch dazu. Pflanzen sind ein Teil der Natur und darum nicht immer ganz perfekt. Ein paar Flecken hier oder ein angefressenes Blatt da sind nicht lebensbedrohlich. Im Anhang dieses Buches (siehe S. 320–341) finden Sie ausführlichere Informationen zu spezifischen Gehölzproblemen. Rosenliebhaber sollten die Einträge zu Blattläusen, Sternrußtau, Echtem und Falschem Mehltau und Rosenrost lesen.

Gehölze schneiden

Kontrollieren Sie Ihre Pflanzen regelmäßig und entfernen Sie kranke oder beschädigte Triebe sorgfältig, um den Ausbruch von Krankheiten zu verhindern. Mit dem Ausschneiden hoher Bäume sollten Sie aus Sicherheitsgründen einen Fachmann beauftragen.

Bei jüngeren Gehölzen kann durch den Schnitt auch die Form beeinflusst werden. Formkorrekturen sind auch bei älteren Sträuchern manchmal notwendig, wenn sie zu groß für ihren Standort werden oder Nachbarpflanzen bedrängen, sodass diese schief wachsen. Kletterpflanzen werden beim Anbinden geschnitten, wenn sie die Fläche ausfüllen, die ihnen zur Verfügung steht. Gehen Sie mit Bedacht an die Arbeit und überlegen Sie genau, ob ein Schnitt die Form verbessert. Normalerweise schneidet man Triebe über einem nach außen gerichteten Auge ab. Bei flächigen Kletterern und dreidimensionalen Sträuchern sollte man immer vermeiden, dass Triebe nach innen wachsen und sich kreuzen.

Jährlicher Strauchschnitt

Viele Sträucher braucht man nur gelegentlich von krankem, abgestorbenem oder beschädigtem Holz zu befreien (siehe S. 165). Einige Sträucher nehmen Schnittmaßnahmen sogar übel. Andere reagieren auf einen jährlichen Verjüngungsschnitt mit der Bildung neuer, kräftiger Triebe oder reicherer Blüte. Bei Lavendel ist nur ein »Haarschnitt« mit der Handschere nötig. Sommerflieder und andere schneidet man radikal bis knapp über dem Boden zurück.

Am besten erkundigen Sie sich schon beim Pflanzenkauf nach der Schnittverträglichkeit. Generell vertragen Bäume und Sträucher mit einem Jahreszuwachs von mehr als 30 cm einen

GEHÖLZE 173

kräftigen Rückschnitt (siehe auch S. 164) – das gilt auch für moderne Strauchrosen wie Teehybriden und Floribunda-Rosen. Viele dieser Pflanzen profitieren sogar vom radikalen Schnitt und wachsen schnell kräftiger nach. Langsam wachsende Pflanzen mit einem Jahreszuwachs von weniger als 30 cm sollte man nur radikal schneiden, wenn es unvermeidlich ist. Ansonsten stutzt man sie nur behutsam in Form und dünnt sie aus, indem man einige ältere Blütentriebe zurückschneidet oder – bei älteren Sträuchern – mit der Astschere an der Basis entfernt.

Die Blütezeit eines Strauches bestimmt, wann man ihn schneidet. Sträucher wie Forsythien, die im Frühling blühen, bilden im vorherigen Herbst Blütenknospen, die sich nach dem Winter öffnen. Nach der Blüte beginnt der Strauch zu wachsen – dann sollten Sie ihn schneiden. Weigelien und andere Sträucher, die im Spätfrühling und Sommer blühen, beginnen im zeitigen Frühling zu wachsen und bilden Triebe, an denen bis zum Frühsommer die Blütenknospen reifen. Solche Sträucher schneiden Sie, wenn sie keine Blätter tragen – also im Herbst oder Winter.

Zweige absägen Klettern Sie zum Ausschneiden nie in einen Baum und überlassen Sie das Absägen dicker Äste dem Fachmann. Dünne Zweige können Sie mit einer Handsäge entfernen. Zuerst den Ast von unten 2,5 cm tief einsägen (*unten links*), damit die Rinde nicht unkontrolliert einreißt. Dann von oben dem Einschnitt entgegensägen (*Mitte*). Zweige nie direkt am Stamm abschneiden, sondern einen kleinen Stumpf (*rechts*) stehen lassen. So bleibt die Wunde kleiner und der Baum erholt sich schnell.

WILDE TRIEBE

Viele moderne Rosen sind auf Wurzeln von Wildrosen veredelt (siehe auch Äpfel, S. 294). Wenn diese Wildrosenwurzeln austreiben, müssen die wilden Triebe entfernt werden, sonst verdrängen sie die erwünschten. Normalerweise erheben sie sich aus dem Boden und sehen anders aus als die der übrigen Pflanze. Schieben Sie die Erde beiseite, bis Sie den Ursprung des Wildtriebs sehen. Dann reißen Sie ihn mit einem kräftigen Ruck ab.

9. Krautige Pflanzen

Ein Kraut ist im botanischen Sinne eine Pflanze, die keinen dauerhaften, verholzten Spross bildet. Die große Gruppe der krautigen Zierpflanzen umfasst neben den ein- und zweijährigen Arten auch mehrjährige Stauden sowie Knollen- und Zwiebelpflanzen. Frostempfindliche (eigentlich mehrjährige) Stauden, die in unserem Klima einjährig kultiviert werden, gehören ebenso in diese Kategorie wie die Ziergräser. Dass hier nicht einfach von »Blumen« die Rede ist, hat seinen Grund, denn Funkien und andere Arten werden hauptsächlich wegen ihrer interessanten Blätter kultiviert.

Blätter und Blüten Bäume und Sträucher geben dem Garten dauerhafte Struktur, krautige Pflanzen sorgen für saisonale Abwechslung.

Krautige Pflanzen kennenlernen

Diese große Pflanzengruppe umfasst zahllose Arten in allen Größen, die dem Garten zu jeder Jahreszeit einen speziellen Charakter geben. Manche Pflanzen werden wegen ihrer Blüten geschätzt, andere wegen ihrer Blätter, wieder andere wegen beidem. Das Farbspektrum umfasst alle nur denkbaren Schattierungen. Für jeden Standort – trocken oder nass, sonnig oder schattig – finden sich geeignete Arten.

Rund ums Jahr Im Frühling lassen die Zwiebelblumen ihre kräftigen Farben leuchten, im Herbst präsentieren sich die verwelkenden Blüten anderer Stauden in eleganten, ruhigeren Tönen.

Stauden

Einige Stauden wie Gämswurz blühen schon im Frühling, die Hauptblüte liegt aber im Sommer und klingt erst im Spätherbst mit Astern und Sonnenhut aus. Sonnenröschen und andere Gartenstauden stammen ursprünglich aus Steppen und vertragen heiße, trockene Sommer gut. Andere, die in Wäldern heimisch sind, bevorzugen kühlen Schatten. Viele von ihnen blühen vor dem Hochsommer, weil dann die Bäume den relativ flach wurzelnden Stauden kaum Feuchtigkeit übrig lassen. Storchschnabel und Buntnesseln fühlen sich im Schatten besonders wohl. Andere Stauden, die in Feuchtgebieten oder an Fluss- und Seeufern heimisch sind, brauchen feuchten Boden. In diese Gruppe fallen viele Arten mit großen Blättern, etwa Mammutblatt, Zier-Rhabarber oder Rodgersie, die im Garten eindrucksvoll aussehen.

Ein- und Zweijährige

Pflanzen, die – wie Ringelblumen – innerhalb eines Jahres keimen, blühen und Samen bilden, nennt man Einjährige. Zweijährige wie der Fingerhut benötigen für diesen Ablauf zwei Jahre. Beide machen mehr Arbeit als Stauden, Zwiebelpflanzen und Gehölze, weil man sie jedes Jahr neu säen muss. Andererseits bieten sie die Möglichkeit, jährlich eine neue Farbkombination auszuprobieren.

Frostempfindliche Stauden

Stauden, die hiesige Winter nicht überleben, werden normalerweise wie Einjährige kultiviert und jährlich erneuert. Einige kann man aber in einem frostfreien Gewächshaus oder Treppenhaus überwintern, im Frühling zurückschneiden und umtopfen.

Zwiebeln und Knollen

Die meisten Zwiebelpflanzen blühen im Spätwinter oder Frühling, es gibt aber auch einige Sommer- und Herbstblüher. Schneeglöck-

KRAUTIGE PFLANZEN 177

chen, Alpenveilchen und andere Pflanzen, die in Wäldern heimisch sind, erwachen zum Leben, wenn die Bäume ihr Laub verlieren und mehr Licht und Wasser zum Waldboden gelangt. Sie bilden Blätter, Blüten und Samen, ehe sich im Frühling das Blätterdach wieder schließt. Tulpen andererseits stammen aus Regionen, in denen im Sommer beinahe Wüstenklima herrscht. Darum erscheinen auch sie zwischen Herbst und Spätfrühling. Überzüchtete Tulpen- und Narzissensorten mit extragroßen Blüten sollten Sie meiden, denn sie können oft nicht genug Energie speichern, um mehrere Jahre lang zu blühen. Unkomplizierter sind die einfacheren Arten und eng mit ihnen verwandte Selektionen.

Gräser
Streng genommen gehören Gräser entweder zu den Einjährigen oder den Stauden, sie werden aber meist gesondert behandelt. Die Blütenrispen größerer Arten geben dem Garten Höhe, sind dabei aber transparent wie eine Tüllgardine. Die schlanken Halme und Blätter und die fiedrigen Blütenstände wirken elegant und weich. Größere Gruppen bringen außerdem Bewegung und sanfte Geräusche in die Gestaltung, wenn sie sich im Wind wiegen und leise rascheln. Die stattlichen, eleganten Gräser sehen vor allem in Massenpflanzungen hinreißend aus. Viele nehmen im Herbst warme Gelb- und Rosttöne an, die in der tief stehenden Sonne herrlich leuchten.

PFLANZENTYPEN

1 Einjährige Von der Aussaat bis zur Samenreife brauchen sie nur ein Jahr. Sie können den Garten über Monate mit ihren Farben beleben. Das Foto zeigt die einjährige Mohnsorte 'Danebrog Laced'.

2 Zweijährige Diese Pflanzen bilden im ersten Standjahr nur Blätter. Blüte und Samenbildung folgen im zweiten Jahr. Manche kurzlebigen Stauden werden zweijährig kultiviert, um Krankheiten zu vermeiden. Stockrosen beispielsweise werden mit dem Alter anfälliger für Malvenrost.

3 Stauden Wenn Stauden standortgerecht gewählt werden, bilden sie Jahr für Jahr attraktive Blätter, Blüten oder Samenstände.

4 Zwiebelpflanzen Arten, die im Spätwinter und Frühling blühen, fühlen sich zwischen Stauden, Rabattenpflanzen, und unter laubabwerfenden Gehölzen wohl.

Gestaltungsstile

Stauden können in Beeten und Rabatten unter sich bleiben oder mit Einjährigen, Sträuchern oder Rosen kombiniert werden. Je nach Pflanzenart, Wuchsform und gewünschtem Effekt kann man sie zu kleinen oder großen, kompakten oder lockeren Gruppen anordnen.

Staudenbeete im englischen Stil

Prächtige Staudenbeete mit sorgfältig ausgewählten Arten, deren Blütezeiten sich im Lauf des Jahres abwechseln, haben vor allem in England Tradition. Sie kamen im frühen 20. Jahrhundert in Mode, als die Gärten der großen Gutshäuser von einer ganzen Schar von Gärtnern gepflegt wurden. Oft mussten sie nicht länger als sechs bis acht Wochen in voller Pracht blühen.

Heute sind die Gärten meist kleiner, aber wir erwarten, dass sie zu allen Jahreszeiten etwas fürs Auge bieten. Das lässt sich mit gemischten Beeten erreichen, in denen Sträucher, Rosen und allerlei krautige Pflanzen so miteinander kombiniert werden, dass das Beet rund ums Jahr eine gute Struktur hat. Auch ein- oder mehrjährige Kletterpflanzen passen in ein solches Beet und können, wenn sie über oder durch einen Strauch wachsen, zauberhaft aussehen. Und Einjährige können die Lücken füllen, die verblühte Zwiebelblumen und Stauden hinterlassen.

Traditionelle gemischte Beete und vor allem Staudenbeete erfordern viel Aufmerksamkeit, wenn sie immer prächtig aussehen sollen. Das Geheimnis ist sorgfältige Planung und regelmäßige Pflege (siehe S. 190–193). Weniger Arbeit machen naturnahe Pflanzungen (siehe S. 180) die vor allem auf dem europäischen Kontinent im vorigen Jahrhundert in Mode kamen.

Hausaufgaben

Angesichts des riesigen Arten- und Sortenangebots sollten Sie vor der Pflanzenwahl einige Grundüberlegungen anstellen. Winterhärte und Eignung für Boden und Lichtverhältnisse wollen bedacht sein. Auch die Farbe spielt eine wichtige Rolle. Und berücksichtigen Sie Zeitpunkt und Dauer der Blüte, können Sie dafür sorgen, dass selbst in Monaten Blüten erscheinen, in denen sonst nicht viel Interessantes im Garten geschieht. Damit eine Pflanze gut zu ihren Nachbarn passt, muss auch ihre Höhe einkalkuliert werden. Spielt die Höhe keine Rolle, haben niedrige Pflanzen den Vorteil, dass sie ohne Stützen auskommen.

Ein wichtiger Aspekt in jedem Garten, vor allem aber im Biogarten, ist die Krankheitsresistenz. Manche Arten sind besonders anfällig für Mehltau oder Rost, doch die Züchter haben sich bemüht, Sorten hervorzubringen, die widerstandsfähiger sind. Im Zweifelsfall liegen Sie mit alten Sorten, die sich seit Jahren bewährt haben, richtig. Und schließlich sollten Sie im Biogarten auch an die Tiere denken und Pflanzen wählen, die ihnen Samen oder Beeren, Nistmaterial und Deckung bieten (siehe S. 106–117).

Ein- und Zweijährige pflanzen

Manche Gärtner legen gern eine Rabatte ausschließlich mit Einjährigen an. Ökologisch sinnvoller ist es aber, sie mit anderen Blumen und sogar Gemüsepflanzen zu mischen. Sie bringen fröhliche Farben in die Beete und locken mit ihren Blüten Nützlinge wie Schwebfliegen und Florfliegen an, die Schädlinge dezimieren. Kurzlebige Pflanzen wie Vergissmeinnicht (*Myosotis*), Flockenblume (*Centaurea*) oder Kappenmohn (*Eschscholzia*) eignen sich auch gut, um Lücken zwischen neu gepflanzten Stauden, Bäumen oder Sträuchern zu füllen.

Den Standort bedenken Gauklerblumen, Iris und Farne (*gegenüber*) brauchen viel Wasser und wirken nur an feuchten Standorten glaubwürdig. Auf einem sonnigen Beet mit durchlässigem Boden sehen Blumen in feurigen Farben gut aus (*unten*). Hier wurden nordamerikanische Prärieblumen mit Montbretien aus der südafrikanischen Steppe kombiniert.

KRAUTIGE PFLANZEN

Naturnahe Beete

Wer die viele Arbeit, die ein traditionelles Staudenbeet macht, lieber vermeiden möchte und eine zwanglose Gartengestaltung schätzt, ist mit dem naturnahen Stil gut beraten, der im 20. Jahrhundert in Deutschland entstand und in den Niederlanden und anderen Ländern weiterentwickelt wurde. Ursprünglich wurde der Gestaltungsstil für große, öffentliche Grünanlagen entworfen, es spricht aber nichts dagegen, ähnliche Prinzipien im kleineren Privatgarten umzusetzen.

Die Gestaltung

Das Prinzip der naturnahen Gestaltung ist einfach zu verstehen: Die Pflanzen werden entsprechend den Gegebenheiten ausgesucht. Je nachdem, ob sie aus dem Wald, vom Waldrand, von Wiesen, Steppen, Felsen, Ufern oder aus dem Wasser stammen, werden sie im Garten an einen vergleichbaren Standort gepflanzt. Während in traditionellen Beeten die Pflanzen hauptsächlich nach ästhetischen Gesichtspunkten zusammengestellt werden, geht es hier um die Bildung von Pflanzengemeinschaften, die wenig Pflege und nur gelegentlich eine ordnende Hand brauchen. Wie in der Natur dürfen Pflanzenarten wandern, sich vermehren oder verringern, wenn sich die Gegebenheiten verändern.

Berücksichtigt man außerdem den natürlichen Wuchs einer Pflanze, kann man ihre normale Verbreitung simulieren. Königskerzen und

Ganz natürlich In dieser naturnahen Gartenanlage bilden verschiedene Bodendecker einen niedrigen Teppich, aus dem sich saisonale Blickfangpflanzen erheben. Wie in der Natur wachsen einige Pflanzen in großen Gruppen oder Streifen, andere stehen einzeln dazwischen.

KRAUTIGE PFLANZEN 181

Haltbare Samenstände Zwiebelpflanzen wie *Allium giganteum* (*rechts oben* neben *Stipa gigantea*) brauchen kaum Pflege und blühen Jahr für Jahr. Die Samenstände halten sehr lange und geben zusammen mit den verblichenen Rispen der Gräser (*rechts unten*) dem Garten im Winter Struktur.

andere verstreuen ihre Samen recht weiträumig um die Mutterpflanze. Astern dagegen breiten sich mit kriechenden Wurzeln aus und werden am besten in Gruppen oder Streifen gepflanzt. Berücksichtigt man diese Verbreitungsmerkmale, lässt sich eine natürlichere Wirkung erzielen als im traditionellen Beet mit geordneten Gruppen. Besonders überzeugend sehen Beete aus, wenn sie aus großen Flächen einer oder mehrerer Arten bestehen, die sich mischen und in denen wiederholt Blickfang-Pflanzen hervorstechen. Um Unkraut zu unterdrücken, wird der Boden mit einem langlebigen Mulch wie Kies oder Splitt bedeckt oder mit niedrigen Bodendeckern bepflanzt.

Arbeitsersparnis

Viel regelmäßige Pflege ist nicht nötig. Vor der Pflanzung muss der Boden gut vorbereitet und von Unkraut befreit werden. Wenn Sie Pflanzen wählen, denen Boden und Standort zusagen, brauchen sie weder Dünger noch Bodenverbesserer. Zudem wachsen die Pflanzen meist stämmig und kommen ohne Stützen aus. Das Jäten ersparen Ihnen Bodendecker, wenn sie sich erst einmal ausgebreitet haben. Abgesehen vom gelegentlichen Abzupfen welker Blüten brauchen Sie die Pflanzen nur einmal im Jahr – frühestens im Spätwinter – herunterzuschneiden. Viele Pflanzen haben attraktive Samenstände, in denen Nützlinge überwintern. Und Raureif bringt ihre interessanten Formen erst richtig zur Geltung.

Sehr wüchsige Pflanzen und Arten, die sich reichlich selbst aussäen, müssen Sie eventuell eindämmen, damit sie die anderen Arten nicht verdrängen.

Stauden für die Vase

1 *Helianthus* 'Triomphe de Gand'
Sonnenblume
Kinder lieben die riesigen, meist unverzweigten einjährigen Sonnenblumen. Diese Staude mit den verzweigten Stängeln blüht viele Sommer lang.

2 *Dierama pulcherrimum*
Trichterschwertel
Die Pflanze ist sehr hübsch an einem Teich oder Wasserspiel, braucht aber Sonne und durchlässigen Boden. Die zierlichen Blüten erscheinen über mehrere Wochen im Sommer.

3 *Eryngium × tripartitum*
Edeldistel
Stahlblaue Edeldisteln eignen sich trotz ihrer Stacheln gut zum Schnitt. Sie lassen sich ausgezeichnet trocknen.

4 *Stipa gigantea*
Federgras
Die Blütenstände dieses bis 2,5 m hohen Grases ähneln denen des Hafers. Sie lassen sich gut trocknen.

5 *Crocosmia* 'Jackanapes'
Montbretie
Diese Sorte mit den zahlreichen verzweigten Blütenstandsstielen wird gelegentlich auch unter dem Namen 'Fire King' verkauft.

6 *Aster turbinellus*
Aster
Astern sehen im Spätsommer im Beet schön aus und halten lange in der Vase. Pflanzen Sie Sorten, die nicht anfällig für Mehltau sind.

7 *Aquilegia formosa*
Akelei
Diese zarte Akelei ist mindestens so hübsch wie die Gewächshaus-Freesie – leider duftet sie nicht so intensiv.

8 *Astilbe* 'Irrlicht'
Astilbe
Die unkomplizierten Stauden tragen schöne, aber kurzlebige, fiedrige Blütenstände, die beim Trocknen warme Brauntöne annehmen.

Stauden für die kalte Jahreszeit

1 *Helleborus argutifolius*
Nieswurz
Nieswurz sowie Christ- und Lenzrosen blühen erstaunlicherweise mitten im Winter.

2 *Foeniculum vulgare*
Fenchel
Grüne und bronzeblättrige Fenchelarten haben haltbare Stängel, die mit einem Überzug aus Raureif sehr elegant aussehen.

3 *Bergenia* 'Ballawley'
Bergenie
Die Blätter vieler Bergenien-Sorten färben sich im Winter intensiv violett oder burgunderrot.

4 *Ajuga reptans* 'Burgundy Glow'
Günsel
Die silbrig pink gescheckten Blätter dieser kriechenden, immergrünen Bodendecker bilden im Winter attraktive Teppiche.

5 *Stachys byzantina*
Woll-Ziest
In sehr kalten Wintern kann er das Laub einziehen. Ansonsten sehen die silbrig filzigen Blätter mit einem Überzug aus Raureif bezaubernd aus.

6 *Iris foetidissima*
Übelriechende Schwertlilie
Im Winter platzen die Samenkapseln dieser nur bedingt winterharten Art auf und die orangeroten Früchte werden sichtbar. Üblen Geruch verbreiten nur die Blätter, wenn sie zerdrückt werden.

7 *Hakonechloa macra* 'Aureola'
Japangras
Dies ist ein asiatisches Gras, dessen leuchtend gelb-grün gestreifte Blätter sich im Herbst und Winter rosa färben.

8 *Allium tuberosum*
Schnitt-Knoblauch
Die Blätter können als Küchengewürz verwendet werden, die Blüten sehen bei Frost sehr hübsch aus.

Der Kübelgarten

In Kübeln kann man Bäume, Sträucher, Obstgehölze und sogar Gemüse ziehen (siehe S. 222), doch Pflanzgefäße mit Blumen aller Art haben vor allem in der Stadt heute ihren besonderen Wert. In dicht bebauten Gebieten haben Tiere oft Mühe, ein Zuhause oder nur einen Platz zum Ausruhen zu finden. Selbst der kleinste Hof mit einer Mischung verschiedener Blüten ist für sie von großem Wert.

Eindrucksvoll Ein großer Kübel mit vielen Pflanzen ist einfacher zu pflegen als ein Sortiment kleiner Töpfe. Hier wachsen einjährige Kletterpflanzen – Wicken und Kapuzinerkresse – an einem »Obelisken« aus Zweigen in einem Zinkeimer, in dessen Boden Löcher gebohrt wurden.

Kübelpflanzen biologisch pflegen

Eine der Grundlagen des biologischen Gartenbaus ist die Schaffung eines gesunden, fruchtbaren Bodens, der die Pflanzen mit allem Notwendigen versorgt. In beengten Gefäßen ist das nicht möglich. Trotzdem haben Kübel und Kästen vor allem in Stadtgärten ihre Berechtigung und es ist durchaus möglich, sie im biologischen Sinne zu kultivieren – also mit geeignetem Pflanzsubstrat und ohne künstliche Dünger und Pestizide.

Grüne Oasen in der Stadt

Begeisterte Kübelgärtner nutzen Mauerkronen, Pfosten, Fenstersimse und sogar Gartenmöbel für ihre wachsende Pflanzensammlung. Gerade für eine kantige Stadtkulisse ist so ein buntes, blühendes Gewand ein ausgezeichneter »Weichzeichner«. Außerdem macht eine solche Blütenvielfalt den kleinsten Hof, Balkon oder Dachgarten zum Paradies für viele heimische Tiere.

Stauden in Kübeln

Besonders empfehlenswert für Kübel sind Pflanzen, die lange gut aussehen – entweder ausdrucksvolle Blattgewächse wie Funkien oder Farne, oder Dauerblüher wie Storchschnabel. In einer schattigen Ecke fühlen sich auch Tränendes Herz oder Astilben wohl. Blaugraue Arten wie Blau-Schwingel (*Festuca glauca*) und Blaugrünes Schillergras (*Koeleria glauca*) oder bronzefarbige Segge (*Carex comans*) können separat in Kübeln stehen oder als Hintergrund für blühende Pflanzen dienen. Gräser haben den Vorteil, dass sie mit weniger Nährstoffen auskommen als andere Kübelpflanzen.

Winterharte Ein- und Zweijährige

Viele winterharte Einjährige blühen nur relativ kurz, lassen sich aber in Kübeln leicht ersetzen. Für Bienen und andere nützliche

KRAUTIGE PFLANZEN 185

Insekten sind sie wahre Magneten. Probieren Sie es einmal mit Steinkraut (*Alyssum*), Dreifarbiger Winde (*Convolvulus tricolor*), kleinwüchsigem Sonnenhut oder Ringelblumen. Vielleicht gefallen Ihnen auch die neuen, niedrigen Sonnenblumensorten. Zweijährige wie Goldlack, oder Vergissmeinnicht blühen schon zeitig im nächsten Frühling.

Zwiebeln und frostempfindliche Einjährige
Pflanzt man im Herbst eine Mischung von Blumenzwiebeln in einen geräumigen Kübel, kann man sich vom Spätwinter bis zum mittleren Frühling an den Blüten freuen. Setzen Sie von jeder Sorte mindestens drei Zwiebeln, das wirkt üppiger. Sind die Blüten verwelkt, können sie durch bunte Einjährige ersetzt werden, die den ganzen Sommer lang blühen – zur Freude vieler Nützlinge.

Die Pflanzgefäße
Pflanzen wachsen in edlen Tonkübeln so gut wie in alten Eimern. Geeignet ist jedes neue, alte oder zweckentfremdete Gefäß, solange es im Boden Dränagelöcher hat. Sie stellen sicher, dass überschüssiges Wasser, etwa bei Regen, ablaufen kann und die Pflanzen nicht »ertrinken«. Außerdem sollten Kübel stabil genug sein, um das Substrat zu halten, und frostfest sein.

Stimmen Sie Ihre Kübel auf den Gartenstil ab. Ein barocker Kasten oder eine Amphore aus antikisiertem Stein wirken ganz anders als ein Zinkeimer oder ein bunt gestrichener Blumenkasten. Viel Geld müssen Sie aber nicht ausgeben. Selbst simple Gefäße können edel wirken, wenn man sie einheitlich bepflanzt und ordentlich aufreiht.

(Unten, von links) **Pflanzideen** Mehrjähriges, bronzefarbiges Purpurglöckchen, duftende Zitronenverbene und die interessante, grasartige Binse *Juncus effusus* 'Spiralis'. Hauswurz und Glockenblumen in alten Kochtöpfen. Frühlingsarrangement mit Narzissen, *Iris reticulata* und Primeln.

MULTI-RECYCLING

Das Substrat, das beim Umtopfen übrig bleibt, kann kompostiert werden. Aber die anorganischen Dränagematerialien wie Kies oder Styropor haben auf dem Komposthaufen nichts verloren. Recyceln Sie doch einfach feinmaschige Kunststoffnetze, in denen beispielsweise Orangen verkauft werden. Das Dränagematerial locker einfüllen, das Netz zubinden, in den Kübel legen und Substrat daraufgeben. Wenn Sie den Kübel beim Umtopfen ausschütten, können Sie das »Dränagenetz« einfach aus dem alten Substrat nehmen, abspülen und wieder benutzen.

Dicht gedrängt Ein Vorteil von Kübeln ist, dass man viele Pflanzen auf engem Raum kombinieren kann – fast wie in einem lebenden Blumenstrauß. In der Natur könnte eine so enge Pflanzengemeinschaft nicht lange überleben. Aber wenn Sie hochwertiges Substrat verwenden, regelmäßig düngen und gießen, wird die Pracht den ganzen Sommer lang halten.

Pflanzsubstrate für Kübel

Füllen Sie Ihre Kübel mit gekauftem oder selbst gemischtem, biologischem Universalsubstrat ohne Torfanteile. Sparen Sie nicht an der Qualität, immerhin sollen Ihre Pflanzen auf engem Raum optimal gedeihen, und stimmen Sie die Substratzusammensetzung auf den Pflanzentyp ab. Arten, die Trockenheit vertragen, brauchen eine durchlässigere, nährstoffärmere Mischung als ein Kübel mit Blattgemüse. Für einen Kübel mit Einjährigen genügt Universalsubstrat, für eine Staude wie den stacheligen Neuseeländer Flachs, der jahrelang in seinem Kübel bleiben kann, sollte die Mischung mehr Nährstoffe und eventuell einen Teil Lehm oder Gartenboden enthalten. Lehm und Gartenboden sind schwerer als Fertigsubstrat, sodass Kübel mit höheren Pflanzen nicht so leicht umgeweht werden. Für Blumenampeln und Balkone, auf denen Kübel öfter verschoben werden müssen, empfehlen sich leichte, erdlose Substrate.

Torf und die Umwelt

In den letzten 50 Jahren haben erdlose Substrate Produkte mit Lehmanteilen fast völlig vom Markt verdrängt. Die neuen Substrate sind leicht, problemlos zu handhaben und vielseitiger als ihre Vorgänger. Durchsetzen konnten sie sich vor allem, weil sie Torf enthalten – die verrotteten Überreste vom *Sphagnum*-Moos und anderen Moorgewächsen. Weil durch die Torfgewinnung aber Moore – wichtige und einzigartige Lebensräume – zerstört

KRAUTIGE PFLANZEN 187

Aufgereiht Manche Gärtner sammeln alte Tontöpfe, weil sie fast so schön aussehen wie die Pflanzen darin. Weil Ton aber schnell austrocknet, stellt man solche Töpfe am besten an einen Platz, an dem es mittags schattig ist.

BITTE OHNE TORF
Der Fachhandel bietet verschiedene Substrate an, die als Alternative zu Torfprodukten eingesetzt werden können. Sie enthalten neben Lehm oft Kokosfasern oder andere Bestandteile. Umweltfreundliche Pflanzsubstrate, die aus kompostiertem Grünschnitt hergestellt werden, sind auch auf Recyclinghöfen und bei Kompostierungsanlagen erhältlich.

(Unten, von oben) **Torffreie Substrate** Universalsubstrat mit Lehmanteil, Grünschnitt-Substrat, Kokos-Substrat.

werden, sind solche Substrate im Biogarten nicht akzeptabel. Es geht auch ohne sie, denn das Engagement von Biogärtnern, Naturschutz- und Umweltorganisationen hat dazu geführt, dass die Hersteller torffreie Produkte entwickelt haben (siehe Kasten rechts). Sie enthalten verschiedene Fasermaterialien wie Kokos, kompostierte Bioabfälle wie Getreiderückstände, Rinde und Grünschnitt.

Die Dränageschicht
Alle Pflanzgefäße müssen im Boden Dränagelöcher haben. Damit diese nicht verstopfen, sollte man auf den Gefäßboden eine Schicht durchlässiges Material füllen und erst darauf das Substrat geben. Für gute Standfestigkeit sorgt Kies mit einer Korngröße von 3 cm. Zerbröselte Styroporverpackungen sind eine leichte Alternative und zudem eine Form des Recycling. Für die meisten Kübel empfiehlt sich eine Schichtstärke von 4 cm. Tonkübel erhalten einen gewissen Frostschutz, wenn die Dränageschicht ein Fünftel der Gesamthöhe ausmacht. Zusätzlich kann man die Kübel auf Ziegelsteine stellen, um Staunässe zu vermeiden.

Pflanzen aus heißen, trockenen Ländern haben gern eine Kies- oder Splittschicht auf dem Substrat, die die Wärme reflektiert und die Stängel vor Nässe – und somit vor Pilzbefall – schützt. Ganz nebenbei unterdrückt so eine Schicht Unkraut. Wer es gern bunt hat, kann auch Glasnuggets aus Recyclingglas verwenden.

Hängende Gärten

Blumenampeln bieten sich an, um Wände oder Pfosten mit frischen Farben aufzulockern. Im Gewächshaus schaffen Ampeln zusätzlichen Pflanzraum. Neben Zierpflanzen gedeihen auch Kräuter und sogar Tomaten gut in luftiger Höhe.

Kaufen Sie möglichst große Gefäße, verwenden Sie stabile Haken, die das Gewicht tragen können, und montieren Sie sie sorgfältig. Eine Ampel mit 40 cm Durchmesser ist recht schwer, aber leichter zu pflegen. Für die meisten Zwecke reichen 35 cm Durchmesser aus, aber 30 cm sind einfach zu wenig. Körbe aus offenem Drahtgeflecht können auch von den Seiten bepflanzt werden, sodass sie aussehen wie blühende Kugeln. Sie müssen allerdings ausgelegt werden und trocknen schneller aus als geschlossene Blumenampeln.

Einlagen und Substrate

Traditionell verwendet man zum Auslegen von Körben *Sphagnum*, doch der Abbau dieses Mooses zerstört seltene Lebensräume. Kaufen Sie umweltfreundliche Materialien oder machen Sie Ihre Einlage einfach selbst. Im Winter sieht Tannengrün als Ampeleinlage schön aus. Sie können auch einen alten Wollpullover passend zuschneiden oder aus Heu dicke »Kordeln« drehen. Aus dem Heu können im Sommer grüne Überraschungen sprießen, und wenn sie Ihnen nicht gefallen, schneiden Sie sie einfach mit der Schere ab.

»Künstliches Moos« aus grün gefärbter Wolle oder Kokosfaser ist als Mattenware oder fertig zugeschnitten und in Form gepresst erhältlich. Es kommt echtem Moos am nächsten.

Zweckentfremdet Gekaufte Ampeln und Ketten bestehen oft aus kunststoffummanteltem Metall, das schwierig zu recyceln ist. Aber in fast jedem Haushalt finden sich Gefäße, die umfunktioniert werden können. Dieser alte Einkaufskorb wurde mit umweltfreundlichem Material ausgelegt und an Juteseilen aufgehängt. Selbst ein ausgedienter Durchschlag aus der Küche kann witzig aussehen.

KRAUTIGE PFLANZEN 189

Wickeln Sie etwas von dem Material um den Rand der Ampel, um Reibungsschäden an den Pflanzenstielen zu vermeiden. Damit Ampeln nicht zu schwer werden, füllt man sie mit erdlosem Substrat und gibt zur besseren Wasserspeicherung ein organisches Quellmittel aus Algenmehl hinzu. Bis zu 25 % Wurmkompost (siehe S. 46–49) können zum Substrat gegeben werden, um Nährstoffgehalt und Wasserhaltevermögen zu erhöhen.

Pflanzen für Ampeln

Jedes Jahr im Spätfrühling kommt ein großes Angebot an Pflanzen für Töpfe und Kübel auf den Markt. Weil viele Arten frostempfindlich sind, sollten Sie der Kauflust widerstehen, bis keine Gefahr von Nachtfrösten mehr besteht. Am schönsten sehen Ampeln aus, wenn man sie mit einer Mischung aus hängenden und aufrechten Pflanzen bestückt, die über einen langen Zeitraum blühen. Neben der Jahreszeit der Hauptblüte sollte auch der Platz, an dem die Ampel hängen soll, berücksichtigt werden. Für sommerliche Ampeln wählt man meist frostempfindliche Blatt- und Blühpflanzen. Kleinwüchsige Tomaten sehen witzig aus und schmecken obendrein gut. Hängende Pflanzen sollten am Rand der Ampel angeordnet oder von den Seiten durch das Korbgeflecht gepflanzt werden. Zierpflanzen können ringsherum in Abständen von 5–10 cm gepflanzt werden.

Tipps für schöne Ampeln

- Hängen Sie Ampeln nicht an Hausecken und andere windige Plätze. Sie trocknen dort schneller aus.
- Damit Ampeln nicht im Wind schaukeln, kann ihre Rückseite am Halter festgebunden werden.
- In kühlen Gegenden frisch bepflanzte Ampeln vor dem Aufhängen einige Wochen ins Gewächshaus hängen oder auf einem Eimer an einen geschützten Sonnenplatz stellen. Die Wärme tut den jungen Pflanzen gut.
- Gießen Sie Ampeln täglich, auch bei Regen. Bei Trockenheit oder Wind zweimal täglich gießen. Es ist schwierig, ausgetrocknete Ampeln wieder zu durchfeuchten.
- Achten Sie beim Gießen auf Krankheiten und Schädlinge, und knipsen Sie befallene Triebe ab.
- Blühpflanzen und Tomaten brauchen einmal wöchentlich kaliumreichen, organischen Dünger (siehe S. 194–195), Kräuter alle 14 Tage einen flüssigen Universaldünger. Zusätzlich kann Algenextrakt gegeben werden.

Umweltfreundliche Einlagen Etwa 15–20 cm lange Koniferenzweige eignen sich gut zum Auslegen von Körben (*oben*). Moosimitat aus Wolle (*unten*) ist für den Biogarten ebenfalls zu empfehlen. Damit Körbe aus Geflecht nicht so schnell austrocknen, legt man sie zusätzlich mit Plastikfolie, z. B. einem Substratbeutel, aus.

Krautige Pflanzen pflegen

Einjährige müssen jedes Jahr aus Samen herangezogen werden (siehe S. 196–199), Stauden und Zwiebelblumen dagegen blühen bei guter Pflege viele Jahre lang. Damit Pflanzen gut gedeihen, bereiten Sie den Boden gründlich vor und suchen beim Kauf besonders gesunde, kräftige Exemplare aus. Pflanzen und Zwiebeln aus biologischer Aufzucht sind zurzeit noch nicht überall zu bekommen.

Stauden und Gräser pflanzen

Containerpflanzen kann man theoretisch jederzeit pflanzen, doch die bewährtesten Termine sind Frühling und Herbst. Zuerst werden die Pflanzen mit ihren Töpfen in einen Eimer Wasser gestellt, damit die Wurzelballen sich vollsaugen. Das Pflanzloch sollte etwas größer als der Wurzelballen sein und am Grund aufgeraut werden, damit die Wurzeln schnell zur Feuchtigkeit in der Tiefe vordringen können. Die Pflanzen einsetzen, gut andrücken und angießen, selbst wenn das Substrat feucht ist.

(Unten, von links) **Ein guter Start** Den Boden um eine frisch gepflanzte Staude andrücken. Rindenmulch unterdrückt Unkraut. Verzweigte Reiser stützen die jungen Triebe.

Dadurch werden Lufteinschlüsse vermieden und die Wurzeln bekommen guten Bodenkontakt.

Zwiebeln pflanzen

Zwiebeln pflanzt man normalerweise während der Ruhezeit, wenn sie trocken sind. Frühlingsblüher werden im vorherigen Herbst gepflanzt, Sommer- und Herbstblüher pflanzt man im Sommer. Nur Schneeglöckchen, Winterlinge und andere Arten mit sehr kleinen, für Austrocknung anfälligen Zwiebeln werden gleich nach der Blüte gepflanzt, wenn sie noch grün sind. Wer trockene Zwiebeln solcher Arten kauft, sollte sie vor der Pflanzung 24 Stunden in zimmerwarmem Wasser einweichen.

Zwiebelpflanzen bevorzugen durchlässigen, humusreichen Boden. Wenn Ihr Boden schwer und nass ist, arbeiten Sie reichlich groben Sand unter oder geben Sie etwas Sand oder Kies auf den Grund jedes Pflanzlochs. Die richtige Pflanztiefe entspricht der doppelten Zwiebelhöhe. Setzen Sie Zwiebelblumen nicht in den Beetvordergrund. Das abwelkende Laub sieht unansehnlich aus, darf aber nicht abgeschnitten werden, weil die Pflanzen sonst im Folgejahr nicht oder nur schwach blühen.

Stauden richtig gießen

Frisch gesetzte Pflanzen müssen bei Trockenheit regelmäßig gegossen werden. Um Wasser zu sparen, bereiten Sie den Boden vor der Pflanzung sorgfältig vor. Lockern Sie Verdichtungen auf, damit sich die Wurzeln gut ausbreiten können, und arbeiten Sie organische Bodenverbesserer ein (siehe S. 34–35), die das Wasserhaltevermögen des Bodens steigern. Auch Mulch ist sinnvoll. Gießen Sie durchdringend, statt die Pflanzen nur zu besprenkeln. Morgens geht am wenigsten Wasser durch Verdunstung verloren. Gießt man Abends, besteht Gefahr, dass sich Schnecken eingeladen fühlen.

Mulch und Dünger

Krautige Pflanzen können mit verschiedenen Materialien gemulcht werden, um Feuchtigkeit zu speichern, Unkraut zu unterdrücken oder dem Boden Nährstoffe zuzuführen (siehe S. 72–75). Mulch wird immer auf feuchtem, unkrautfreiem Boden verteilt. Für fruchtbare Böden eignen sich Rindenmulch, Laubkompost oder Grünschnittkompost. Mageren Böden bekommt nährstoffreicherer Mulch wie Gartenkompost, Pilzsubstrat oder verrotteter Stallmist gut, bis sie fruchtbarer geworden sind. Alternativ können Sie alle paar Jahre einen biologischen Universaldünger (siehe S. 54–55) verwenden.

Ein- und Zweijährige in Beeten brauchen normalerweise keinen Dünger. Ein kurzlebiger Mulch wie Laubkompost oder feine Rindenschnitzel halten den Boden feucht. Kakaoschalen eignen sich für einjährige Pflanzungen ebenfalls, enthalten für fruchtbare Böden aber meist zu viele Nährstoffe.

Stauden stützen

Hohe Stauden wie Rittersporn müssen gestützt werden, damit sie nicht umkippen oder vom Wind umgeknickt werden. Wer niedrigere, kompakt wachsende Sorten wählt oder – im Fall

ZWIEBELN IM RASEN

Im Herbst können Sie in den Rasen Zwiebeln pflanzen, die im folgenden Frühling blühen und nützliche Insekten in den Garten locken. Krokusse, Schneeglöckchen, Schachbrettblumen (*oben*) und Zwergnarzissen wachsen gut im Gras und sehen fröhlich aus. Für größere Zwiebeln sticht man mit einem Zwiebelpflanzer ein Pflanzloch, setzt die Zwiebel hinein und drückt den ausgehobenen Erdpfropfen wieder darauf. Für kleinere Zwiebeln die Grasnarbe 2,5 cm dick abheben, den Boden etwas auflockern und die Zwiebeln verteilen. Dann Gras wieder auflegen, andrücken und wässern.

Damit die Blüten in einem ordentlichen, grünen Teppich stehen, mähen Sie den Rasen im Spätherbst oder – bei gutem Wetter – im Winter.

Nach der Blüte geben Sie dem Laub etwa sechs Wochen Zeit, um natürlich abzuwelken, ehe Sie das Gras mähen. Die Pflanzen entziehen ihren Blättern Nährstoffe, die sie in der Zwiebel speichern und für die Blüte im folgenden Jahr benötigen.

KRAUTIGE PFLANZEN

Aufräumen Räumen Sie das Staudenbeet im Herbst nicht ab: Es gibt vielen Tieren Winterschutz. Im Frühling Gräser ausharken (*oben*) oder – wie die Stauden – zurückschneiden (*unten*).

von Päonien – sich für Sorten mit leichteren, ungefüllten Blüten entscheidet, kommt ohne Stützen aus. Pflanzen können allerdings auch durch zu viel Wasser oder Dünger in die Höhe schießen.

Traditionell stützt man Stauden mit verzweigten Haselzweigen, die um die Staude herum in den Boden gesteckt und in der Mitte oder auf zwei Dritteln ihrer Höhe zur Mitte umgeknickt werden, sodass sie ein feines Netzwerk bilden, durch das sich die Blütenstiele in die Höhe schieben. Sie können beispielsweise Haselzweige aus dem eigenen Garten verwenden. Alternativ stecken Sie rings um die Pflanze Bambusstäbe in den Boden und spannen dazwischen Schnur.

Im Fachhandel bekommt man verschiedene spezielle Pflanzenstützen, meist aus verzinktem Metall mit Kunststoffummantelung. Praktisch sind beispielsweise Staudenringe oder L-förmige Winkel, die ineinander verhakt werden. Diese Stützen eignen sich vor allem für Pflanzen, die – wie Phlox oder Chrysanthemen – größere Gruppen bilden. Staudengruppen, die zu einer Seite kippen, lassen sich am besten mit einem stabilen, halbkreisförmigen Metallbügel stützen.

Verwenden Sie zum Anbinden der Pflanzen immer Bast oder Schnur aus Naturfasern, die kompostierbar sind und Pflanzen nicht so leicht abschnüren wie Nylonschnur oder Draht. Vor Verletzungen schützen selbst gemachte oder gekaufte, abgerundete Endstücke auf den Pflanzenstützen.

Ausputzen und zurückschneiden

Das regelmäßige Entfernen welker Blüten kräftigt Blumenzwiebeln und kann bei Ein- und Zweijährigen die Blütezeit verlängern.

KRAUTIGE PFLANZEN

Natürlich dient es auch dem guten Aussehen. Putzen Sie aber Silberblatt, Jungfer-im-Grünen und andere Pflanzen, deren dekorative Samenstände Sie aufbewahren möchten, nicht aus.

Bei Phlox und anderen Stauden bilden sich blühende Seitentriebe, wenn man welke Blüten entfernt. Andere, darunter Rittersporn, Lupinen und Schafgarbe, blühen ein zweites Mal. Ansonsten sollten Sie welke Blüten stehen lassen. Nach einigen Wochen bildet die Pflanze Samenstände, die im Winter sehr dekorativ aussehen können. Zudem liefern sie Vögeln und kleinen Säugetieren Nahrung und Insekten Winterverstecke. Die abgestorbenen Stängel und Blätter schützen die Pflanze vor Kälte. Fetthenne und andere Pflanzen bleiben den ganzen Winter lang schön, andere verrotten am Stängelgrund und werden durch Wind und Wetter umgeknickt. Räumen Sie unansehnliche Pflanzen gelegentlich ab. Was am Ende des Winters übrig bleibt, kann man einfach zusammenharken.

Stauden teilen

Ein- und Zweijährige muss man aus Samen heranziehen (siehe S. 196–199), Stauden kann man auch vegetativ durch Teilung oder durch Stecklinge (siehe S. 202–203) vermehren, wobei man identische Nachkommen der Mutterpflanze erhält. Auch zur Verjüngung kann eine Staude geteilt werden, wenn sie in der Mitte zu verkahlen beginnt, gedrängt aussieht oder eine verringerte Wuchskraft zeigt. Wüchsige Pflanzen müssen alle zwei bis drei Jahre geteilt werden, langsam wachsende vielleicht nur alle 15 Jahre.

Richtig teilen – ganz einfach

Stauden werden im Herbst, Winter oder zeitigen Frühling geteilt, wenn der Boden nicht zu nass ist und keine Frostgefahr besteht. Gräser teilt man am besten im Frühling.

Die meisten Stauden lassen sich leicht teilen. Graben Sie den Wurzelballen aus, stechen Sie zwei Grabgabeln Rücken an Rücken hinein und ziehen Sie die Wurzeln langsam auseinander. Kleinere Teilstücke können Sie auch mit den Händen teilen. Einige Pflanzen haben sehr harte Wurzeln, die man mit einem Spaten oder einem Messer durchtrennen muss.

Wenn Blumenzwiebeln zu dicht stehen, blühen sie schwächer. Graben Sie die Horste aus, wenn die Blätter abwelken oder wenn sich die Pflanzen in der Ruhezeit befinden, und trennen Sie sie mit den Händen. Gesunde Zwiebeln werden wieder eingepflanzt.

Zwiebelblumen ausputzen Entfernen Sie welke Blüten von Tulpen und Narzissen, damit die Pflanzen keine Energie für die Samenbildung aufwenden, sondern alle Kraft für die Blüten des folgenden Jahres aufsparen. Die Blätter nicht abschneiden, sondern abwelken lassen, damit die Pflanzen ihnen Nährstoffe entziehen und in den Zwiebeln speichern können.

Stauden teilen Den Wurzelballen so oft teilen oder zerschneiden, bis faustgroße Teilstücke entstanden sind. Schwache oder alte Stücke (oft aus der Mitte der Mutterpflanze) werden aussortiert, die anderen pflanzen Sie ein. Danach wie bei gekauften Pflanzen die Erde andrücken und gießen.

Kübelpflanzen und Ampeln pflegen

Pflanzen in Töpfen, Kübeln und anderen Gefäßen können mit den gleichen biologischen Bodenverbesserern und Düngern versorgt werden wie Pflanzen im Beet. Im Kübel verteilt man diese Kräftigungsmittel auf dem Substrat. Zusätzlich können biologisch vertretbare Flüssigdünger mit dem Gießwasser verabreicht oder auf die Blätter gesprüht werden.

Häufigkeit und Menge der Düngung hängt vom Nährstoffgehalt des Pflanzsubstrats ab, vom Volumen des Gefäßes, vom Bedarf der Pflanzen und der vorgesehenen Lebensdauer der Bepflanzung.

Der Wasserbedarf einer Kübelpflanze richtet sich nach der Pflanzenart, ihrer Größe im Verhältnis zu ihrem Gefäß, dem Gefäßmaterial (Terrakotta trocknet schneller aus als Kunststoff), dem Standplatz (Wind und Sonne fördern die Verdunstung), dem Wetter und der Jahreszeit. Lassen Sie Kübel nie austrocknen. Pflanzen, die an Wassermangel leiden, sind anfälliger für Probleme, außerdem ist es schwierig, das Substrat wieder zu durchfeuchten.

Im Sommer müssen Kübelpflanzen selbst nach einem Regen täglich gegossen werden, im Winter brauchen sie nur wenig Wasser. Gießen Sie immer auf das Substrat, nicht auf die Blätter.

Flüssigdünger

Die Nährstoffe aus Flüssigdüngern können Pflanzen leicht aufnehmen. Im Biogarten soll zwar grundsätzlich der Boden ernährt werden, doch manchmal ist der Einsatz von Flüssigdüngern sinnvoll. Inhaltsstoffe handelsüblicher, biologischer Flüssigdünger sind Mist (nicht aus intensiver Landwirtschaft), Fisch-Emulsion (ein Nebenprodukt der Fischindustrie), pflanzliche und tierische Abfallprodukte sowie Mineralien aus Gestein. Es sind im Grunde die gleichen Stoffe, die auch zur Bodenpflege benutzt werden, lediglich in anderer Darreichungsform.

Es gibt Universal- oder Spezialdünger. Algenextrakt tut ebenfalls vielen Kübelpflanzen gut.

Pflegeaufwand Eine »Gießlanze«, die an einen Gartenschlauch angeschlossen wird, erleichtert das Bewässern von Ampeln. Mühsamer ist es, die Ampeln abzunehmen und zum Gießen in Wannen zu stellen, dafür kann man so überschüssiges Wasser auffangen.

Erste Hilfe Ist ein Kübel so stark ausgetrocknet, dass die Pflanze schlaff wird, ist es schwierig, das Substrat wieder zu durchfeuchten. Stellen Sie das Gefäß einige Stunden in eine Schüssel mit Wasser, damit es sich von unten her vollsaugen kann.

KRAUTIGE PFLANZEN 195

Einjährige ausputzen Wenn man von Einjährigen und einjährig kultivierten, frostempfindlichen Stauden welke Blüten entfernt, wird die Bildung neuer Blüten angeregt. Das ist ein Vorteil, wenn Ihr Garten klein ist und Sie lange Freude an den Kübelpflanzen haben möchten.

Algenextrakt

Algenextrakt ist kein Dünger im engeren Sinne. Er enthält nur wenige der wichtigen Pflanzennährstoffe, regt aber das Wachstum an, weil er reich an Spurenelementen ist und außerdem Pflanzenhormone und spezielle Kohlenhydrate enthält, die das Pflanzenwachstum fördern können. Algenextrakt kann auf verschiedene Weise und in unterschiedlichen Wachstumsphasen eingesetzt werden. Am besten scheint er zu wirken, wenn er in der Jugend einer Pflanze auf Substrat und Wurzeln gegeben und später als Blattspray eingesetzt wird. Im Substrat verringert er das Risiko für Wurzelerkrankungen und auf den Blättern soll er saugende Insekten vertreiben und möglicherweise die Frosttoleranz verbessern.

Pflanzenprobleme

Die beste Verteidigung gegen Krankheiten und Schädlinge besteht darin, die Pflanzen gesund zu halten. Kübelpflanzen, die unregelmäßig gegossen werden oder in einem zu kleinen Gefäß stehen, sind anfälliger für Schädlinge. Kontrollieren Sie die Pflanzen regelmäßig, sammeln Sie Schädlinge ab und entfernen Sie kranke Triebe, sobald Sie sie sehen. Stark befallene oder kranke Pflanzen müssen ersetzt werden.

Manche Pflanzen brauchen Winterschutz. Frostempfindliche Arten werden an einen frostfreien Platz geräumt oder in Vlies gepackt. Wickeln Sie auch die Kübel ein, damit die Wurzeln nicht durch Kälte Schaden nehmen.

KAMPF DEN SCHÄDLINGEN

Vielen im Boden lebenden Erregern und Schädlingen kann man aus dem Weg gehen, indem man frisches Substrat benutzt. Manche Wurzelfresser dringen aber in Kübel ein und können großen Schaden anrichten. Der Gefurchte Dickmaulrüssler kann Kübelpflanzen schnell den Garaus machen, doch es gibt biologische Bekämpfungsmethoden (siehe S. 97) gegen diesen Käfer und auch gegen Schnecken. Mit Kupfer beschichtete Ringe um die Kübelränder (*unten*) halten ebenfalls Schnecken fern, sind aber teuer. Alternativen sind diskret versteckte Schneckenfallen (siehe S. 102) oder Pflanzen, die räuberische Insekten anlocken (siehe S. 95), um andere Schädlinge zu dezimieren.

Pflanzennachwuchs

Das Heranziehen von Jungpflanzen aus Samen oder Stecklingen ist preiswert, umweltfreundlich und macht viel Spaß. Es ist für den Biogärtner eine selbstverständliche Tätigkeit. Bis Gehölze herangewachsen sind, können Jahre vergehen. Bei krautigen Pflanzen kann man sich schneller an den Ergebnissen freuen.

Der große Moment Es ist faszinierend zu beobachten, wenn ein Sämling durch die Erdoberfläche ans Licht dringt. Selbst in den winzigen Samen von Mohn (*oben*) ist alles enthalten, was zur Entstehung einer schönen Pflanze nötig ist.

Aussaat

Aus einer Tüte Samen kann man für wenig Geld mit biologischen Methoden viele Pflanzen ziehen. Besonders unkompliziert ist die Aufzucht Einjähriger. Außerdem bietet die Aussaat sich an, um einmal ungewöhnlichere Arten auszuprobieren, die als Jungpflanzen kaum im Handel zu finden sind – etwa die Blaudolde (*Trachymene coerulea*) oder den grün blühenden Ziertabak *Nicotiana langsdorffii*.

Aus Samen gezogene Stauden brauchen meist ein bis zwei Jahre bis zur ersten Blüte. Die Aussaat von Zuchtformen ist etwas unberechenbar, weil die Jungpflanzen nicht unbedingt identisch mit der Mutterpflanze sind. Weil häufig spontane Kreuzungen vorkommen, zeigt der Nachwuchs oft andere Blütenfarben als die Elternpflanzen, doch das muss ja kein Nachteil sein. Akelei und einige andere Stauden säen sich großzügig selbst aus.

KRAUTIGE PFLANZEN 197

Was brauchen Samen?

Damit Samen keimen, brauchen sie Feuchtigkeit, Luft und die richtige Temperatur. Die meisten keimen im Dunkeln. Einige – meist feine – Samen sind jedoch Lichtkeimer.

Ein wichtiger Faktor ist die Keimfähigkeit der Samen. Frische oder korrekt gelagerte Samen (siehe S. 201) keimen schneller und bringen kräftigere Sämlinge hervor als ältere oder unsachgemäß gelagerte Samen.

Sie können direkt ins Beet säen (siehe Kasten rechts) oder in Töpfe oder Schalen mit Universalsubstrat oder einem speziellen Anzuchtsubstrat (siehe nächste Seite). Damit die Samen keimen, muss das Substrat die richtige Temperatur haben. Normalerweise finden Sie Informationen zu Keimtemperatur und -dauer auf den Samentütchen.

Direktsaat von Einjährigen

Die meisten winterharten und frostempfindlichen Einjährigen können preisgünstig aus Samen gezogen werden. Besonders einfach ist die Anzucht bei Arten mit großen Samen, etwa Tagetes und Kapuzinerkresse. Auf der Samentüte ist der Aussaattermin angegeben. Es lohnt sich aber, einige Samen später zu säen, um Lückenfüller parat zu haben, wenn die früh blühenden Stauden und Zwiebelblumen verwelkt sind. Sät man winterharte Einjährige wie Jungfer-im-Grünen (*Nigella*) oder Flockenblume (*Centaurea*) im Herbst, blühen sie von Spätfrühling bis Frühsommer.

Soweit es möglich ist, verteilen Sie im Herbst Laubkompost auf Flächen, auf denen Sie säen wollen. Dadurch wird die Bodenstruktur im Oberflächenbereich verbessert, was für die Sämlinge wichtig ist. Dabei werden dem Boden aber nicht zu viele Nährstoffe zugeführt, die das Blattwachstum auf Kosten der Blütenbildung fördern würden. Selbst frisch gefallenes Herbstlaub ist nützlich, es kann vor der Aussaat entfernt werden.

Bereiten Sie einige Wochen vor der Aussaat den Boden entsprechend den vorgesehenen Pflanzen auf – jedoch nicht, wenn der Boden sehr nass ist, sonst wird die Bodenstruktur zerstört und die Samen keimen schlecht. Klebt die nasse Erde an Ihren Schuhen, warten Sie, bis der Boden abgetrocknet ist.

Ringelblumen (*Calendula*), Büschelschön (*Phacelia tanacetifolia*), Sumpfblume und andere winterharte Einjährige säen sich selbst aus und erscheinen Jahr für Jahr wieder. Sämlinge aus Selbstaussaat sind meist robuster und blühen früher als Pflanzen aus gekauftem Saatgut.

DIREKTSAAT

Den Boden fein krümelig harken (siehe S. 254) und gerade oder gebogene Saatrillen ziehen (*oberes Foto*). Wenn man in Reihen sät, statt die Samen einfach zu verstreuen, kann man Unkrautsämlinge leichter von den erwünschten Pflanzen unterscheiden. Die Saatrillen begießen (*Mitte*) und die Samen dünn und gleichmäßig in die Rillen streuen (*unten*). Erde locker über die Saatrillen harken und mit dem Rücken der Harke vorsichtig andrücken.

WICKEN SÄEN

Wicken gehören in jeden Biogarten. Sie tragen nicht nur zauberhafte, duftende Blüten, die in der Vase lange halten, sondern binden, weil sie Schmetterlingsblütler sind (siehe S. 242) mit ihren Wurzeln Stickstoff aus der Luft im Boden, der dann anderen Pflanzen zugute kommt. Zudem soll eine Reihe Wicken im Gemüsegarten die Bestäubung von Erbsen und Bohnen fördern. Man kann Wicken im Freiland säen, doch wenn man sie im Haus vorzieht, blühen sie früher. Die Samen keimen leichter, wenn man ihre harte Schale mit Sandpapier anraut (*oben*) oder mit einem scharfen Messer anritzt. Weil sie es übel nehmen, wenn ihre langen Wurzeln beim Auspflanzen gestört werden, empfiehlt sich die Aussaat in extrahohen Einsätzen für Module.

Aussaat unter Dach

In Töpfen und Schalen im Haus oder Gewächshaus kann man früher mit der Aussaat beginnen als im Freiland, außerdem sind die Sämlinge vor Schädlingen geschützt. Diese Methode empfiehlt sich für frostempfindliche Pflanzen, eignet sich aber auch für Winterharte.

Wo Sie Ihre Pflanzen heranziehen, hängt von der erforderlichen Keimtemperatur und der Kälteempfindlichkeit der Sämlinge ab. In einem Gewächshaus können sämtliche Pflanzen für einen kleinen Garten gezogen werden, für einige Töpfe genügt auch eine Fensterbank. Für Samen, die es besonders warm brauchen, kann sich die Anschaffung eines beheizbaren Anzuchtkastens lohnen, viele sind aber auch mit einem Bord über einer Heizung zufrieden. Sobald die Sämlinge erscheinen, müssen sie auf ein helles (nicht zu sonniges), warmes Fensterbrett gestellt werden. Drehen Sie die Töpfe täglich, sonst recken sich die Pflänzchen zum Licht.

Aussaat-Gefäße

Zur Aussaat eignen sich die verschiedensten Gefäße, auch ausgediente Behälter aus dem Haushalt. Wichtig ist eine gute Dränage, außerdem müssen die Gefäße stabil genug und frei von schädlichen Organismen und Chemikalien sein.

■ **Töpfe** Tonblumentöpfe sind porös. Sie lassen Luft an die Wurzeln und Feuchtigkeit verdunstet, sodass Staunässeprobleme seltener vorkommen. Plastiktöpfe sind leicht zu reinigen und die Pflanzen brauchen weniger Wasser. Presstöpfe aus biologisch abbaubarem Material wie Papier oder Kokosfasern pflanzt man mitsamt den Sämlingen ins Beet, sodass die Wurzeln nur wenig gestört werden.

■ **Aussaatschalen** Die 5–7 cm tiefen Schalen sind in verschiedenen Größen erhältlich. Kunststoffschalen lassen sich am besten reinigen.

■ **Module** Als Module bezeichnen wir Aussaatschalen mit Einzelabteilen. Jeder Sämling wächst in seinem eigenen Abteil, sodass beim Auspflanzen die Wurzeln kaum gestört werden. Module aus Kunststoff können mehrmals benutzt werden.

■ **Kreatives Recycling** Ob Kunststoff- oder Styroporschalen vom Imbiss, Eiscreme- und Margarinebecher, Joghurtbecher und Plastiktasse: Gründlich reinigen und Dränagelöcher in den Boden stechen – fertig. Eierkartons können wie Module verwendet werden. Und Papprohren (z. B. von Toilettenpapier) kann man mit Inhalt auspflanzen, was für den Sämling sehr schonend ist.

Aussaat in Töpfen und Schalen

Gesät wird in Universalsubstrat oder in einem speziellen Aussaatsubstrat, das meist feinkörniger ist und weniger Nährstoffe enthält – was den keimenden Samen gut bekommt. Je feiner die Samen sind, desto feiner muss auch das Substrat sein. Töpfe und Schalen mit feuchtem Substrat füllen und die Oberfläche leicht andrücken. Feine Samen auf die Oberfläche streuen und dünn etwas Substrat darübersieben. Größere Samen können Sie mit dem Finger, einem Stift oder Pikierstab in das Substrat drücken und dann bedecken.

Nicht zu dicht!

Geben Sie den Sämlingen Platz zum Wachsen. Stehen sie zu dicht, konkurrieren sie um Licht, Wasser und Raum. Unter solchen Bedingungen breiten sich Krankheiten schnell aus. Pflanzen, die in dieser Wachstumsphase gestört werden, erholen sich manchmal nie mehr. Module machen das Einhalten sinnvoller Pflanzabstände leicht. Wer feine Samen in Töpfe und Schalen gesät hat und nun vor zahllosen Sämlingen steht, muss sie entweder ausdünnen oder »pikieren« (siehe unten), um ihnen Platz zu verschaffen. Das sollte geschehen, sobald sich nach den Keimblättern das erste »echte« Blattpaar zeigt. Behalten Sie nur die kräftigsten Pflänzchen.

Abdecken Töpfe und Schalen werden zur Erhöhung der Luftfeuchtigkeit mit transparenter Kunststofffolie abgedeckt. Zeigen sich die ersten Blättchen, wird die Folie abgenommen.

Abhärten

Unter Dach gezogene Jungpflanzen müssen allmählich an die niedrigere Temperatur und geringere Luftfeuchtigkeit im Freien gewöhnt werden. Am besten härtet man sie in einem Frühbeet ab oder deckt sie mit Vlies oder Einzelglocken ab, und setzt sie täglich etwas länger der Witterung aus.

PIKIEREN

Wer kein Pikierholz besitzt, kann ein Essstäbchen oder einen Bleistift nehmen. Zuerst das Substrat gut anfeuchten. Die Sämlinge vorsichtig aus dem Substrat heben und an einem ihrer Keimblätter (nicht am Spross!) halten. In das Substrat im neuen Gefäß ein Loch stechen und das Pflänzchen hinein setzen. Die Keimblätter müssen über der Oberfläche stehen, sonst faulen sie.

KRAUTIGE PFLANZEN

Reiche Ernte Es gehört zu den Überlebensstrategien vieler Pflanzen, dass sie enorm viele Samen bilden. Lässt man an wenigen Exemplaren im Garten die Samen ausreifen, kann man erheblich mehr ernten, als in einem gekauften Tütchen enthalten ist – und das umsonst. Überschüssige Samen brauchen Sie nicht wegzuwerfen. Tauschen Sie sie mit Nachbarn, schenken Sie sie der Schule oder ziehen Sie Pflanzen für Freunde heran.

Samen sammeln

Samen kann man in jedem Garten sammeln. Das Vorgehen hängt davon ab, um welche Pflanze es sich handelt und wie wichtig Ihnen die Sortentreue ist. Vielleicht wollen Sie nur ein paar Samen von Lieblingsblumen (oder Gemüse) für die nächste Saison aufbewahren, vielleicht möchten Sie auch eine historische oder ungewöhnliche Sorte erhalten.

Natürlich kann man auch Samen aus fleischigen Früchten sammeln, doch wesentlich einfacher ist das Auffangen von Samen, die in ihren Hüllen bleiben, bis sie trocken sind.

Gute Gründe für die Samenernte

■ Das Ernten von Samen ist faszinierend und verbessert das Wissen über die Pflanzenbiologie.

■ Von vielen Pflanzenarten gibt es kein biologisch gewonnenes Saatgut zu kaufen, also sammelt man es am besten selbst.

■ Saatgut alter, weniger bekannter Sorten ist im Handel nicht mehr zu bekommen, manche

KRAUTIGE PFLANZEN 201

Sorten verschwinden sogar ganz. Aber einige haben ausgezeichnete Eigenschaften – oder sind einfach Ihre Lieblingssorte. Wer Samen seltener Sorten erntet und mit anderen tauscht, leistet einen Beitrag zur Erhaltung unseres genetischen Erbes.

■ Samen aus eigener Ernte kosten nichts und sind frisch. Die Keimfähigkeit ist meist hoch und die Sämlinge sind kräftig und gesund.

Samen ernten und lagern

In Samen können sich, wie in allen anderen Pflanzenteilen, Schadorganismen ansiedeln. Nach der Ernte sollten Sie die Samen gründlich »inspizieren« und alle aussortieren, die krank, schimmelig oder angefressen aussehen. Bewahren Sie kein Saatgut auf, das bereits durch Krankheiten oder Schädlinge geschwächt ist.

Manche Samen können sofort gesät werden, die meisten müssen bis zum Frühling aufbewahrt werden – und zwar sachgemäß. Je kühler und dunkler der Lagerplatz, desto besser.

In luftdurchlässigen Tüten oder Umschlägen in einem kühlen, dunklen Raum halten sich Samen besser als in feuchter Wärme.

Um die Keimungsrate zu verbessern, können Sie die Samen mit Siliziumkristallen weiter austrocknen. Diese Kristalle, die bei Kontakt mit Feuchtigkeit ihre Farbe verändern, verwendet man auch zum Trocknen von Blumen. Es gibt sie bei Floristen und im Bastelfachhandel zu kaufen. Die Samen in ihren Tüten mit der gleichen Gewichtsmenge trockner Siliziumkristalle in ein gut schließendes Gefäß geben. Nach einer Woche haben die Kristalle die Feuchtigkeit aus den Samen aufgenommen und ihre Farbe verändert. Nun die Samen in ein anderes luftdicht schließenden Gefäß verpacken und im Kühlschrank oder in der Tiefkühltruhe aufbewahren. Einige Tage vor der Aussaat die Samen herausnehmen, damit sie sich auf Zimmertemperatur erwärmen. Die Siliziumkristalle können im Backofen (95 °C) oder in der Mikrowelle auf sehr niedriger Stufe getrocknet und wieder verwendet werden.

TROCKENE SAMEN ERNTEN

Lässt man die verwelkten Blüten an einer Pflanze stehen, bilden sich Kapseln, Schoten oder andere Fruchttypen, in denen die Samen heranreifen. Sie sind erntereif, wenn sie sich fest und trocken anfühlen und wenn beim Kratzen mit dem Fingernagel kein grüner oder milchiger Saft oder sonstige Flüssigkeit austritt. Muss bei feuchtem Wetter geerntet werden, breiten Sie die Fruchtstände auf Papier aus oder hängen Sie sie kopfüber in einer Papiertüte zum Trocknen auf.

Danach kräftig schütteln, um die Samen von ihren Hüllen und anderen pflanzlichen Resten zu befreien. Manche Hüllen sind so groß, dass man die Samen von Hand herauslösen kann. Andere lassen sich leicht »knacken«, indem man mit einem Nudelholz darüberrollt. Dann entfernt man die leeren Fruchthüllen, indem man leicht über die Samen – auf dem Papier oder in einer flachen Schüssel – pustet. Dabei fliegen die leeren Hüllen weg, weil sie leichter sind als die Samen selbst.

Vermehrung durch Stecklinge

Bei dieser Art der Vermehrung zieht man eine Jungpflanze aus einem abgetrennten Teil der Mutterpflanze heran. Die Methode eignet sich für die meisten Stauden, jedoch nicht für Gräser und Zwiebelgewächse. Viele Sommerblumen, die wegen ihrer Frostempfindlichkeit einjährig kultiviert werden, sind tatsächlich Stauden und können im Winter an einem warmen, geschützten Platz gut durch Stecklinge vermehrt werden.

Die Vermehrungsmethode hat den Vorteil, dass der Nachwuchs identisch mit der Mutterpflanze ist, weil – anders als bei der Samenbildung – kein neues Erbgut hinzukommt. Zudem ist es die einzige Möglichkeit, Pflanzen zu vermehren, die keine Samen bilden. Und letztlich ist die Stecklingsvermehrung eine gute »Versicherung« für den Fall, dass frostempfindliche Arten wie Bartfaden den Winter im Freien einmal nicht überleben. Stecklinge werden während der Wachstumssaison geschnitten und über Winter im Haus kultiviert.

Was brauchen Stecklinge?

Stecklinge wurzeln zwar schneller, wenn sie von unten Wärme bekommen, etwa in einem beheizten Anzuchtkasten. Die meisten kommen aber auch ohne sie aus. Stecklinge aus weichem Pflanzenmaterial vertrocknen aber schnell und brauchen einen geschützten Platz im Haus. Auch hohe Luftfeuchtigkeit ist wichtig, aber zu nass darf es nicht sein, sonst fault das Gewebe. Deshalb ist durchlässiges Substrat so wichtig. Sie können spezielles Anzuchtsubstrat verwenden oder Universalsubstrat mit etwas Sand oder feinem Kies mischen.

Bewurzelungshormon, das es als Pulver zu kaufen gibt, ist für den Biogarten ungeeignet. Die meisten Pflanzenarten bilden auch ohne dieses Hilfsmittel Wurzeln.

Krautige Triebstecklinge

Von nicht blühenden, krautigen Trieben winterharter und frostempfindlicher Stauden kann man im Frühling und Frühsommer, wenn die Pflanzen kräftig austreiben, fleischige Stecklinge schneiden. Die Triebe brauchen zum Bewurzeln ausreichend Feuchtigkeit, Licht und Wärme. Darum setzt man sie in Töpfe und deckt sie ab (siehe Kasten gegenüber).

Andere Vermehrungsmethoden

Rittersporn, Dahlien und andere Stauden können auch als »Basal-Triebstecklinge« vermehrt

Leicht zu bewurzeln Wer erstmals Stecklinge zieht, sollte mit unkomplizierten Arten wie Pelargonien (*unten*) beginnen.

KRAUTIGE PFLANZEN 203

BARTFADEN-STECKLINGE

1 Einige kräftige, nicht blühende Triebe von 8–10 cm Länge direkt über einem Blattansatz abschneiden. Von der unteren Stängelhälfte jedes Stecklings die Blätter entfernen.

2 Die Stecklinge in einen Topf mit Substrat stecken. Das oberste Blatt soll gerade über der Substratoberfläche liegen. Das Substrat anfeuchten, aber nicht durchnässen.

3 Einen Plastikbeutel über den Topf stülpen, um die Luftfeuchtigkeit hoch zu halten. Kurze Stäbe oder ein Drahtbügel verhindern, dass die Pflanzen mit dem Plastik in Berührung kommen und faulen. Hell, aber nicht sonnig stellen.

4 Dass Wurzeln gebildet wurden, erkennen Sie daran, dass die Stecklinge zu wachsen beginnen. Wenn sie kräftig wachsen, wird jeder in einen eigenen Topf umgepflanzt.

werden. Dafür einige der im Frühling aus dem Boden treibenden Basaltriebe vorsichtig von der Pflanzenbasis abzupfen, wenn sie vier oder fünf Blätter haben, das Triebende sauber abschneiden und in kleine Töpfe mit durchlässigem Substrat stecken.

Beim Teilen größerer Horste von Blumenzwiebeln (siehe S. 193) kann man die Tochterzwiebeln, die wie Knoblauchzehen aussehen, abnehmen und in Töpfen im Haus heranziehen. Bis sie groß genug zum Auspflanzen sind, kann es aber zwei Jahre dauern.

Umtopfen und auspflanzen

Wenn die Stecklinge Wurzeln gebildet haben, brauchen sie mehr Platz. Dann wird jeder in einen eigenen Topf gesetzt. Im Frühling geschnittene Stecklinge können meist im Herbst, wenn das Wetter mild ist, ausgepflanzt werden. Später geschnittene Stecklinge bleiben bis zum Frühling unter Dach. Ideal für den Staudennachwuchs ist ein Gewächshaus oder Frühbeet, er kann aber auch an einem kühlen, hellen Platz im Wohnhaus stehen. Warme, stickige und trockene Heizungsluft verträgt er nicht.

Unter Dach gezogene Jungpflanzen müssen langsam an die Bedingungen im Freien gewöhnt werden. Dafür werden die Töpfe einige Tage lang nur tagsüber ins Freie gestellt, danach bleiben sie einige Nächte draußen, und erst dann werden sie endgültig ins Beet gepflanzt.

10. Gemüse

Intensiver kann man die Beziehung zur Erde und zum Wechsel der Jahreszeiten nicht wahrnehmen als durch den Genuss von Gemüse, das man selbst gesät, gepflegt und geerntet hat. Der Gemüseanbau bringt außerdem schnelle Erfolgserlebnisse, denn viele Arten sind schon wenige Monate nach der Aussaat erntereif. Einige brauchen aber etwas mehr Zeit. Gemüse kann man fast überall pflanzen – ein Küchengarten im traditionellen Sinn ist gar nicht nötig. Und man kann klein anfangen und allmählich immer mehr ausprobieren.

Leckere Vielfalt Frischer Salat, zarte Bohnen und Mohrrüben können schon geerntet werden. Der Mais braucht noch etwas Sommersonne. Gemüseanbau hat viel mit Vorfreude zu tun.

Warum Gemüse biologisch anbauen?

Der Anbau von Biogemüse macht Freude, bringt Erfolgserlebnisse und ist gut für die Gesundheit. Wie viel Gemüse Sie auch anbauen wollen oder welche Kompromisse Sie eingehen müssen – schon wenige biologisch kultivierte Arten bewirken weit mehr als die Befriedigung des menschlichen Grundbedürfnisses nach gesunder, frischer, ungiftiger Nahrung. Denn durch biologischen Gartenbau reduzieren wir Menschen auch unsere negativen Auswirkungen auf unsere Umwelt.

Im Kontext gedacht

Viele gängige Obst- und Gemüsesorten werden um die halbe Erde transportiert, bevor sie auf dem Teller ankommen. Befördert werden sie per Flugzeug, dann mit Lastwagen – und beide verbrauchen große Mengen fossiler Brennstoffe, verpesten die Luft und tragen zur Erwärmung der Atmosphäre und letztlich unserer Erde bei. Selbst »frische« Lebensmittel haben oft viele Kilometer zurückgelegt und werden in großer Entfernung zu ihrem Erzeugungsort verbraucht. Bei der Züchtung von Sorten geht es oft weniger um Nährwert und Geschmack als um Transporttauglichkeit und Haltbarkeit. Überall auf der Erde nehmen infolge dieser Globalisierung die Monokulturen zu. Doch für diese Anbauverfahren sind wiederum große Mengen von Energie, Kunstdüngern und chemischen Pestiziden erforderlich. Auch sollten wir uns Gedanken machen über Rückstände von Giftstoffen und die ungeklärten Fragen in Bezug auf genetisch veränderte Produkte (siehe

BIOGEMÜSE SELBST ANBAUEN – WARUM DENN?

■ Es ist frischer, schmeckt besser und hat einen höheren Nährwert.

■ Sie können ungewöhnliche oder alte Sorten anbauen, die im Laden nicht zu kaufen sind (siehe S. 208).

■ Sie vermitteln Ihren Kindern etwas über die Herkunft von Lebensmitteln.

■ Es ist gut für die Natur.

■ Sie haben unter Kontrolle, was Sie essen.

■ Es macht Spaß!

Kasten rechts). Wer sein Gemüse selbst anbaut und biologisch kultiviert, ernährt sich und seine Familie gesund.

Nutzen für die Umwelt

Biologisches Gemüse aus eigenem Anbau ist nicht nur risikolos und gesund, sondern hat auch einen positiven Nutzen für die Umwelt. Transportwege entfallen weitgehend, Biomüll wird durch Kompostierung und ähnliche Verfahren vermieden und die Gesundheitsrisiken nehmen ab. Das Interesse an Lebensmitteln, die am Ort mit umweltfreundlichen, nachhaltigen und biologischen Methoden produziert wurden und direkt an die Bewohner der Region verkauft werden, nimmt stetig zu. Wochenmärkte und Hofläden finden immer mehr Zulauf, selbst Restaurants werben damit, dass sie ihren Einkauf bei den Erzeugern und Direktvermarktern der unmittelbaren Umgebung erledigen. All diese Entwicklungen vermitteln den Verbrauchern wieder einen Bezug zur Herkunft ihrer Lebensmittel – aber frischer und umweltfreundlicher als Gemüse aus dem eigenen Garten geht es nun einmal nicht.

Wer etwas über den Gemüseanbau lernen will, kann Bücher lesen oder mit anderen Gärtnern reden. Viel sinnvoller ist aber, es einfach zu versuchen. Mit den ersten Erfolgen wächst das Selbstbewusstsein und bald werden Sie ein Gefühl dafür entwickeln, welche Gemüsearten in Ihrem Garten gut gedeihen.

GENMANIPULIERTE PRODUKTE

Jeder Organismus enthält Gene, in denen seine Erbinformation zur Weitergabe an die nächste Generation enthalten ist. In der Natur sind Kreuzungen zwischen nicht verwandten Arten unmöglich – die Gene eines Fisches könnten zum Beispiel nicht in eine Pflanze gelangen. Aber die Wissenschaft macht's möglich.

Durch Genmanipulation ist die artübergreifende Übertragung von Genen machbar. Merkmale, die in dem übertragenen Gen verankert sind, werden zum Bestandteil des Empfänger-Organismus. Mit Vitamin A angereicherter Reis beispielsweise enthält Gene der Narzisse.

Kritik an der Genmanipulation bezieht sich auf ethische und gesundheitliche Aspekte. Die Forscher (und andere) sehen in den Verfahren keine Gefahr für die Gesundheit, aber es gibt auch Zweifel. Darum sind genmanipulierte Tiere und Pflanzen für die biologische Ernährung nicht akzeptabel.

Genmanipulierte Pflanzen konnten schnell und ohne umfassende Prüfungen eingeführt werden, weil sie den nichtmanipulierten Arten stark ähneln. Sobald manipulierte Pflanzen sich im Erdboden befinden, sind Gene, die durch Bodenbakterien oder Kreuzbestäubung »entweichen«, nicht mehr dingfest zu machen. Wir können nur mutmaßen, welche Resultate bei spontanen Kreuzungen solcher Pflanzen mit Wildpflanzen entstehen können.

Zum Zeitpunkt der Veröffentlichung dieses Buches stehen genmanipulierte Pflanzen für den privaten Anbau nicht zur Verfügung, aber an der Entwicklung spezieller Blütenfarben, etwa blauer Rosen und Nelken wird bereits gearbeitet. Ebenso an Gras, das man nicht mähen muss. Die Auswirkungen dessen können wir nicht abschätzen.

Alte Gemüsesorten

Ein Merkmal des biologischen Gartenbaus ist die Vielfalt. Alle Gärtner lieben es, bei Pflanzen die freie Wahl zu haben. Hunderte von Gemüsesorten mit unterschiedlichem Erbmaterial sind vom Aussterben bedroht, weil sie EU-Bestimmungen und Handelsanforderungen nicht erfüllen. Verschiedene Institutionen bemühen sich um den Erhalt solcher alten Sorten. Die britische Organisation Garden Organic hat ein »Saatgut-Archiv« aufgebaut, das bis heute über 800 alte Sorten umfasst.

Verlust der Sortenvielfalt

Wir alle kaufen gelegentlich Gemüse im Supermarkt, wo es auf makelloses Aussehen ankommt. Frühere Generationen hatten andere Prioritäten. Geschmack, fortlaufende Ernte und zarte, dünne Schale waren unseren Großeltern wichtiger. Noch vor etwa 100 Jahren kannte man über 120 verschiedene hohe Erbsensorten, die den ganzen Sommer lang die Küche versorgten. Heute werden vorwiegend tiefgefrorene Erbsen gekauft und die Lebensmittelindustrie verlangt kleinwüchsige Sorten, deren Hülsen möglichst gleichzeitig reifen. Hinzu kommen EU-Bestimmungen, denen zufolge nur der Verkauf von Gemüsesamen gestattet ist, die auf einer staatlichen oder europäischen Liste registriert sind. Für einige alte Sorten bestehen Ausnahmeregelungen, aber allein wegen der Registrierungsgebühren sieht die Zukunft vieler alter Sorten düster aus.

Das britische »Saatgut-Archiv«

Um dem Verschwinden der traditionellen Sorten entgegenzuwirken, hat Lawrence Hills in England die Heritage Seed Library (HSL) gegründet. Im Gegensatz zu genetischen Archiven, in denen das Material tiefgefroren wird, kultiviert die HSL die Sorten weiter, sodass sich die Arten allmählich den veränderten Umweltbedingungen anpassen können. Auch in Deutschland gibt es regionale Gemüsesortenprojekte, die eine wachsende Zahl von

Alte Kartoffelsorten Das zunehmende Engagement für traditionelles Gemüse hat bewirkt, dass heute Pflanzkartoffeln für etwa 100 verschiedene Sorten erhältlich sind.

Saatgut alter Sorten archivieren. Viele dieser Sorten sind über den Versandhandel zu beziehen – das Internet informiert über entsprechende Anbieter.

Was bringt es?

Wir wissen nicht, wie sich der Gemüseanbau in Zukunft entwickelt. Angesichts der globalen Erwärmung können bewährte heutige Sorten vielleicht nicht bestehen. Eventuell haben wir

Vergangenheit trifft Gegenwart Der verfügbare Saatgutbestand der HSL verändert sich von Jahr zu Jahr. Im Uhrzeigersinn von oben links: Stangenbohne 'Cherokee Trail of Tears'; Erbse 'Salmon-flowered', frühe Freilandtomate 'Sandpoint'; Porree 'Babington'.

auch mit anderen Schädlingen und Krankheiten zu kämpfen. Darum ist es wichtig, ein möglichst breit gefächertes genetisches Material zur Verfügung zu halten. Alte Sorten enthalten vielleicht Gene, die sich für künftige Züchtungen als wertvoll erweisen könnten.

Welcher Standort für Gemüse?

Der ideale Standort für Gemüse hat einen fruchtbaren, durchlässigen Boden mit gutem Wasserhaltevermögen und liegt windgeschützt, aber sonnig. Die meisten Gärten erfüllen nicht alle diese Kriterien, trotzdem kann in ihnen leckeres, gesundes Gemüse gedeihen.

Diese Punkte müssen bei der Auswahl des Standorts für das Gemüse bedacht werden:

■ **Sonne und Schatten** In tiefem Schatten wächst Gemüse schlecht. Salat, Mangold, Rote Bete und Kohlrabi tolerieren aber Halbschatten. In kühlen Gebieten wird hohes Gemüse so gepflanzt, dass es keinen Schatten auf niedrigere Arten wirft. In heißen Regionen kann genau dieser Schatten nützlich sein.

■ **Dränage** In dauernassem Boden wächst kein Gemüse. Schweren Boden kann man allmählich verbessern, indem man organische Substanz mit geringem Nährstoffgehalt einarbeitet. Auch Hochbeete sind eine Lösung (siehe S. 214).

Klein anfangen Ein kleines Beet ist leicht zu bearbeiten und dennoch groß genug für verschiedene Gemüsesorten. Wer zu ehrgeizig ist, hat am Ende vielleicht mehr Pflanzen, als er sorgfältig pflegen kann – und das wiederum ist enttäuschend.

(Oben links) **Stadtfein** Dicht bepflanzte Hochbeete sind praktisch für kleine Stadtgärten. Man kann leicht Kompost oder Mist einarbeiten, ohne viel Schmutz zu machen.

(Oben rechts) **Kübelernte** Eine Zucchinipflanze (hier eine gelbe Sorte) gedeiht auch in einem großen Kübel, wenn sie regelmäßig gedüngt wird.

■ **Windschutz** Windige Standorte können mit dauerhaften oder kurzlebigen Maßnahmen geschützt werden, etwa mit Hecken, Zäunen und Netzen oder kleineren Windbarrieren wie Glocken.

■ **Gefälle** Um Erosion zu vermeiden, legen Sie Terrassen an. Die Beetreihen sollten parallel zum Gefälle verlaufen, nicht auf und ab. Am unteren Ende eines Hangs kann sich eine Frostfalle bilden.

■ **Platz** Stimmen Sie die Auswahl des Gemüses auf die verfügbare Fläche ab und denken Sie an einen Platz zur Herstellung von Kompost und Laubkompost.

■ **Hunde und Fußbälle** Pflanzen Sie Ihr Gemüse so, dass es andere Aktivitäten im Garten nicht behindert. Ist das nicht möglich, käme vielleicht ein Schrebergarten infrage.

Bodenvorbereitung

Vielleicht haben Sie schon eine freie Fläche für den Gemüseanbau. Anderenfalls stehen verschiedene Methoden der biologischen Vorbereitung zur Verfügung. Sie können ein Stück Rasen umgraben, einen Teil eines Blumenbeets opfern oder eine Unkrautecke mit lichtundurchlässigem Mulch urbar machen (siehe S. 74). Ehe Sie mit dem Anbau beginnen, lernen Sie Ihren Boden kennen und pflegen Sie ihn biologisch. Falls nötig, lässt sich die Fruchtbarkeit mit organischen Bodenverbesserern und Düngern steigern.

Pläne und Notizen

Selbst wenn Sie mit wenigen Gemüsepflanzen beginnen, sollten Sie sich einen einfachen Fruchtfolgeplan skizzieren (siehe S. 230–233). Beobachten Sie die Entwicklung im Lauf der Saison, um eventuelle Probleme schnell zu erkennen und darauf reagieren zu können.

Notizen sollten sich alle Gärtner machen, nicht nur Anfänger. Das könnten Plastikschildchen sein, auf denen Sie Sortennamen und Aussaatdatum vermerken. Aber bald kommen vermutlich Notizen über Erträge, Krankheiten, Schädlinge und Wetterverhältnisse hinzu – oder darüber, was wo gut wuchs. Und wenn nicht alles nach Plan läuft, besteht kein Grund zur Panik. Selbst erfahrene Gärtner erleben immer wieder Überraschungen.

Gemüsebeete

Es hat Vorteile, Gemüse in separaten Beeten zu ziehen. Der Platz lässt sich optimal nutzen, die Pflege ist einfacher, die Fruchtfolge leichter einzuhalten und solche Beete sehen schön ordentlich und übersichtlich aus. Schmale Beete, die man von den Wegen aus bearbeiten kann, sind leicht zu pflegen und entsprechen den Prinzipien der biologischen Bodenbearbeitung.

Der Gemüseanbau in schmalen Beeten, die von »Pflegewegen« getrennt sind, hat gegenüber dem traditionellen Anbau in langen Reihen einige Vorteile. Nicht zuletzt stellt die Verdichtung des Bodens beim Gießen, Düngen, Jäten und Ernten einen nicht zu vernachlässigenden Nachteil der traditionellen Gemüsebeete dar.

Bei der Anlage von Gemüsebeeten sollten Sie die Breite so planen, dass sie die Mitte erreichen, ohne sich zu recken oder auf das Beet zu treten. Rechteckige Beete sind zwar einfach anzulegen und zu bestellen, aber wenn die Mitte vom Weg aus erreichbar ist, kann ein Beet jede beliebige Form haben.

Beete können bodeneben oder erhöht, mit oder ohne Einfassung angelegt werden. Sie können einfach, zweifach oder gar nicht umgegraben werden – Sie haben die Wahl.

Bodenebene Beete

Bodenebene Beete ohne Einfassung lassen sich einfach und ohne viel Mühe anlegen. Die Ecken werden mit Pflöcken markiert, zwischen denen Schnüre gespannt werden, um die Kontur festzulegen. Wenn der Boden mittelschwer oder schwer ist und umgegraben wird, liegen die Beete anfangs etwas höher als die Wege. Auch durch Bodenverbesserer wird das Beetniveau angehoben, während sich die Wege durch Verdichtung absenken. Bodenebene Beete eignen sich vor allem für leichte Böden, die durch das Anheben noch schneller austrocknen würden.

GEMÜSE 213

Alles an seinem Platz In schmalen Beeten können die Pflanzabstände geringer sein, weil man nicht zwischen die Pflanzen treten muss. Ein traditionelles Beet mit ordentlichen Reihen gleicher Arten (*gegenüber*) kann sehr hübsch aussehen. Aber ein Gemüsegarten kann auch – wie der unten abgebildete Küchengarten im französischen Stil – dekorativ sein. Setzt man Gemüse aus der gleichen Familie in verschiedene Beete (*unten*), ist die Fruchtfolge leichter einzuhalten (siehe S. 230–233).

Hochbeete und eingefasste Beete

Eine Einfassung bildet eine klare Grenze zwischen Weg und Beet. Sie hält das Erdreich im Beet und Mulchmaterial auf dem Weg. Darum ist sie vor allem bei mittleren und schweren Böden zu empfehlen, wo das Beetniveau oft etwas über dem der Wege liegt. Ist die obere Humusschicht dünn, erleichtert eine Einfassung auch das Verbessern des Bodens mit voluminöser organischer Substanz. Hochbeete sind vor allem für Grundstücke mit schlechter Dränage, nicht aber für trockene Beete geeignet.

In den meisten Fällen genügt eine Einfassungshöhe von 10–30 cm. 60 cm hohe Beete sind praktisch für Menschen, die sich schlecht bücken können oder einen Rollstuhl benutzen.

Die Nachteile von Hochbeeten sind die Anschaffungskosten für die Materialien und der Aufwand für den Bau. Beide nehmen proportional zur Beethöhe zu. Schnecken verstecken sich gern im Bereich der Einfassungen und können in den Beeten manchmal lästig werden.

Umgraben – doppelt oder gar nicht?

Für bodenebene und erhöhte Beete gelten die gleichen Prinzipien der Bodenbearbeitung. Wenn Sie umgraben, stellen Sie sich auf ein breites Brett, um den Boden nicht zu verdichten. Meist ist es vorteilhafter, den Boden ohne Umgraben zu kultivieren (siehe S. 216). Das andere Extrem ist die Tiefkultur, bei der das Erdreich etwa 60 cm tief umgegraben wird.

Die Tiefkultur empfiehlt sich vor allem für verdichtete Böden. Durch das Umgraben wird der harte Boden locker und durchlässig, sodass Wurzeln ihn leicht durchdringen können. Substanz mit mittlerem bis hohem Nährstoffgehalt sollte nur in die obersten 15–20 cm eingearbeitet werden. Weil durch diese Bearbeitung das Bodenniveau angehoben wird, ist eine mindestens 15 cm hohe Einfassung nötig.

Planung und Anlage

Für die meisten Zwecke sind kleine quadratische oder schmal rechteckige Beete sinnvoll. Bei einer Breite von 90–120 cm erreicht man – je nach individueller Körpergröße und Reichweite – bequem die Mitte. Und mit einer Beetlänge von etwa 3 m vermeidet man lange Wege. Wenn praktische Aspekte im Vordergrund stehen, können die Beete als nüchternes Raster angelegt werden. Wer es dekorativer

Rationell In diesen kleinen, eingefassten Beeten werden Bodenverbesserer, Dünger, Wasser und Arbeitskraft des Gärtners gezielt auf den Kulturflächen eingesetzt und nicht auf den Wegen verschwendet.

mag, entscheidet sich vielleicht für geschwungene Konturen im Stil eines französischen »Potager« (siehe S. 218).

Wege

Die Wege zwischen den Beeten sollten mindestens 45 cm breit sein (60 cm, wenn Sie eine Schubkarre benutzen). Um Unkraut zu unterdrücken, verlegt man lichtundurchlässige Pappe und bedeckt sie mit Holzhackschnitzeln oder Sägespänen. Alternativ kann eine wasserdurchlässige Folie verlegt und mit Kies, Kiefernnadeln oder Rindenmulch bedeckt werden. Platten oder Ziegelsteine sehen eleganter aus, sind aber auch teurer. Graswege sollten auf die Breite des Rasenmähers zugeschnitten sein, außerdem gilt es zu verhindern, dass das Gras in die Beete wächst. Durch Zugabe von Bodenverbesserern hebt sich das Niveau der Beete an, während die Wege sich durch die Verdichtung etwas absenken.

Position und Himmelsrichtung

Legen Sie das Gemüsebeet an einem offenen, sonnigen Platz an. Rechteckige Beete sollten in Nord-Süd-Richtung verlaufen, um die Beschattung durch hohe Arten gering zu halten. Diese werden in Längsrichtung in der Beetmitte gepflanzt, niedrigere Gemüse an beiden Seiten. Müssen die Beete in Ost-West-Richtung angelegt werden, pflanzen Sie hohe Arten an die sonnenabgewandte Seite oder in kompakten Gruppen, um den Schatten gering zu halten.

EINFASSUNGSMATERIALIEN FÜR HOCHBEETE

Bambusmatten
Kopfüber eingesteckte Flaschen
Ziegelsteine
Gehwegplatten
Kantensteine
Baumstämme *
Kanthölzer *
Dachpfannen
Holz (möglichst gebrauchtes)*
Holzwerkstoffe (z. B. formaldehydfreie Spanplatte)
Geflochtene Weiden- oder Haselruten (siehe S. 160)**

* Unbehandelt oder mit einem umweltfreundlichen Holzschutzmittel imprägniert (siehe S. 132–133).

** Der Boden an solchen Einfassungen kann schnell austrocknen.

Handicap? Hochbeete in größeren Abständen kann man auch von einem Hocker oder Rollstuhl aus pflegen. Sie sind so schmal, dass die Mitte aus sitzender Position erreichbar ist. Duftende Kräuter machen die Arbeit zu einem sinnlichen Vergnügen.

Gemüseanbau ohne Umgraben

Biologischer Anbau ohne Umgraben eignet sich für alle Gemüsearten. Abgesehen von der allerersten Vorbereitung kommt der Spaten nicht zum Einsatz. Bodenverbesserer und Dünger werden auf der Oberfläche verteilt, aber nicht untergegraben, weil dadurch langfristig die Bodenstruktur leiden kann. Das Einarbeiten übernehmen Regenwürmer und andere Lebewesen. Regenwürmer verbessern durch ihr Tunnelwerk die Dränage und durch ihre krümeligen Ausscheidungen die Bodenstruktur. Was die Würmer in den Boden ziehen, wird von anderen Organismen weiter zersetzt und in Humus und Pflanzennährstoffe umgewandelt.

Richtig anfangen

Damit Sie ohne Umgraben auskommen, sollte der Boden eine einigermaßen gute Struktur haben. Eventuell muss er dazu einmal umgebrochen werden, um die Dränage zu verbessern und Verdichtungen aufzulockern. Wenn die Fläche mit Unkraut überwachsen ist oder wenn ein Stück Rasen zum Beet werden soll, legen Sie Mulchfolie oder schwarze Kunststofffolie aus (siehe S. 74). Vor der Aussaat der Pflanzen werden geeignete, voluminöse Bodenverbesserer gleichmäßig auf der Oberfläche verteilt oder an einzelne Pflanzstellen gegeben, wenn Gemüse wie Kürbisse in großen Abständen gepflanzt werden sollen. Falls nötig, können biologische Dünger vor dem Verteilen der Bodenverbesserer mit der Harke leicht eingearbeitet werden.

Aussaat und Pflanzung

Die meisten Pflanzen werden ebenso kultiviert wie in einem umgegrabenen Beet. Wenn

Ohne Spaten Wenn der Boden in gutem Zustand ist, können Sie ihn sofort ohne Umgraben kultivieren (*unten links*). Mehrjährige Unkräuter können – ebenfalls ohne Spaten – durch Schichtmulch unterdrückt werden. Mangold und anderes Gemüse kann ab dem zweiten Jahr gesät werden.

die spatenlose Methode schon einige Jahre praktiziert wird, ist die Erdoberfläche fein und krümelig – ideal zur Aussaat. Junge Gemüsepflanzen setzen Sie in Pflanzlöcher, die mit einer Handschaufel ausgehoben werden. Vor dem Säen und Pflanzen Bodenverbesserer beiseite schieben und diesen wieder verteilen, wenn die Pflanzen zu wachsen beginnen.

Unkraut
Wird nicht umgegraben, werden recht wenige Unkräuter erscheinen, weil keine im Boden ruhenden Unkrautsamen an die Oberfläche geholt werden. Mulch unterdrückt Unkraut zusätzlich, ist aber nicht erforderlich. Leere Beete können mit der Hacke gesäubert werden, um die vorhandenen Unkräuter zu dezimieren. Dabei den Boden möglichst wenig umwühlen.

Ernte
Wurzelgemüse lassen sich oft einfach aus dem Boden ziehen. Sitzen sie fest, lockern Sie sie vorsichtig mit einer Grabgabel, um die Bodenstruktur nicht zu schädigen.

Mulch in Schichten
Mit einem mehrschichtigen Mulch aus verschiedenen Materialien (siehe Kasten rechts) lassen sich Unkrautecken oder Rasenflächen wirkungsvoll von Bewuchs befreien. Die Methode empfiehlt sich besonders, wenn das künftige Beet nicht umgegraben werden soll.

Durch Schichtmulch pflanzen
Im ersten Jahr können Kartoffeln, Jungpflanzen von Kohlgewächsen, Zucchini und Kürbis durch den Mulch in Löcher gepflanzt werden, die Sie mit einer Handschaufel graben. Geben Sie etwas Kompost in die Pflanzlöcher. Im Frühling brauchen die Pflanzen etwas mehr Frostschutz als sonst üblich, weil der Mulch weniger Sonnenwärme an den Boden lässt, die nachts abgegeben wird.

Kleine Samen und Wurzelgemüse sind für Flächen mit Schichtmulch ungeeignet. Aber im Folgejahr wird der Boden krümelig und gut für die Aussaat geeignet sein. Es ist sinnvoll, den Boden weiterhin zu mulchen, um die Keimung von Unkrautsamen zu unterbinden, Verdichtungen durch prasselnden Regen zu verhindern und Feuchtigkeit zu speichern.

Nachdem eine Fläche mit Schichtmulch urbar gemacht wurde, kann sie ohne Umgraben weiter kultiviert werden.

SCHICHTMULCH
Mulchen Sie, wenn der Boden sich erwärmt hat, nach einem kräftigen Regen. Auf kaltem Boden kann Mulch die Erwärmung verzögern, das Pflanzenwachstum verlangsamen und Schnecken anlocken. Schichtmulch besteht aus zwei oder drei Materialien.

Unterste Schicht
(*biologisch abbaubar, lichtundurchlässig*)

Große Stücke Pappe
Pappkartons
Zeitung in dicken Lagen

Mittlere Schicht
(*Bodenverbesserer, beschwert die untere Schicht*)

Gartenkompost
Rasenschnitt
Laubkompost oder Herbstlaub
Verrotteter Stallmist
Pilzsubstrat (Achtung – hoher Kalkgehalt)
Grünschnittkompost
Heu oder Stroh

Obere Schicht nach Belieben
(*speichert Feuchtigkeit, sieht gut aus*)

Stroh
Heu

Blätter und Blüten Größe, Form und Struktur der Blätter müssen bei der effektvollen Kombination von Gemüse und Blumen bedacht werden, weil viele Gemüsearten nicht blühen sollen. Hier zieht sich eine lange Kürbisranke zwischen Blühpflanzen hindurch.

GEMÜSE FÜR DEN BEETRAND

Sommer und Herbst

Pflücksalate – glatt-, kraus- und eichenblättrige
Krause Endivie (Frisée-Endivie)
Rotblättriger Wegerich (*Plantago major* 'Rubrifolia')
Reihen von Sprossen
Mini-Wirsingkohl (Zwergwirsing)

Winter

Feldsalat
Mizuna
Zierkohl
Rosetten bildender Pak Choi
Chinalauch (Schnitt-Knoblauch)
Pimpernelle
Mangold mit roten, gelben oder bunten Stielen

Essbare Landschaften

Viele Gemüsearten schmecken nicht nur gut, sondern sehen auch großartig aus. Es spricht viel dafür, neben dem praktischen und kulinarischen Nutzen auch den ästhetischen Wert von Gemüse ins Kalkül zu ziehen.

Eine essbare Landschaft kann groß oder klein, formal oder lässig aussehen – und sie kann Obst, Gemüse, Kräuter und Blumen umfassen. Ein berühmtes Beispiel ist der prächtige Garten des französischen Schlosses Villandry mit seiner formalen Anlage aus Wegen und Beeten mit akkurat gestutzten Buchsbaumhecken, die mit verschiedenem Gemüse bepflanzt sind. Eine andere Möglichkeit wäre ein gemischtes Beet, in dem sich Zier- und Nutzpflanzen in friedlicher Eintracht vereinen.

Der Potager

Potager ist die französische Bezeichnung für einen Garten oder ein Beet, in dem essbare Pflanzen dekorativ angeordnet sind. Es ist nicht leicht, ein ausgewogenes Verhältnis zwischen Nutzen und Optik zu schaffen. Damit so ein Garten rund ums Jahr gut aussieht, ist auch sorgfältige Planung nötig. Einfacher ist es, nur einen Plan für den Sommer oder den Winter aufzustellen und den Garten in der anderen Zeit ruhen zu lassen.

Kreative Planung

Eine essbare Landschaft bietet kreativen Gärtnern viel Spielraum zum Ausprobieren ungewöhnlicher Pflanzkombinationen. Auswahlkrite-

GEMÜSE 219

rien für Gemüse sind Farbe, Blattform, Struktur, Gesamtform oder Blickfangwirkung. Man kann sie an Flechtzäunen, Spalieren oder anderen Elementen in die Höhe ziehen oder zur Gestaltung farbiger Formen und Muster am Boden einsetzen. Und lässt man einige Pflanzen Samen bilden, sind weitere Überraschungen möglich. Salat beispielsweise reckt sich dann elegant bis in 1 m Höhe auf. Essen kann man diese Salatköpfe nicht mehr, wohl aber die Samen ernten. Zwiebeln und Porree bilden kugelrunde Blütenstände auf hohen Stielen, die mit ihren kräftigen Farben Bienen anlocken.

Nur gesunde Pflanzen sind hübsche Pflanzen

Pflanzen müssen gesund sein, damit sie gut aussehen. Pflegen Sie den Boden ebenso sorgfältig wie in einem traditionellen Gemüsebeet und halten Sie die Fruchtfolge ein (siehe S. 230–233). Es ist praktisch, einige zusätzliche Pflanzen in verschiedenen Wachstumsphasen als Reserve zu haben, um beschädigte oder kranke Exemplare zu ersetzen.

Die Landschaft aufessen

Durch das Ernten entstehen zwangsläufig Löcher in der Vegetation. Das Problem lässt sich mildern, indem man Sorten wählt, die über einen langen Zeitraum fortlaufend geerntet werden – etwa Blattkohl und Pflücksalate. Bohnen, Zucchini und andere Gemüsearten sehen auch dann noch ansehnlich aus, wenn ihre essbaren Teile geerntet sind.

ESSBARE BLÜTEN
Borretsch (blau, seltener weiß)
Ringelblume (orange)
Schnittlauch (rosa oder hellviolett)
Schlüsselblume (gelb)
Gänseblümchen (weiß, rosa)
Lavendel (blauviolett, weiß oder rosa)
Kapuzinerkresse (*oben*; gelb, orange, rot)
Rose (am besten rosa und rote Blüten)
Salbei (violett, rosa)
Veilchen (dunkelviolett, selten weiß)

Potager-Stil Farbige Nutzpflanzen, in geometrischen Mustern angeordnet, können sich durchaus mit Blumen messen und sind obendrein auch noch essbar.

Gemüse zum Hinschauen

Viele Gemüsearten haben Verwandte unter den Zierpflanzen. Vergleichen Sie etwa Kartoffelblüten mit denen des Zierstrauchs *Solanum jasminoides*. Beim Blättern in einem Saatgutkatalog wird man sogar viele reine Gemüsepflanzen entdecken, die nicht nur leckere Vitamine liefern, sondern absolut vorgartentauglich sind.

1 Schöne Früchte Kürbisse gibt es in vielen Größen, Formen und Farben, und auch ihre Blätter und Blüten machen viel her. Früher benutzte man sie gern, um Komposthaufen und andere Hässlichkeiten zu verstecken. Meist lässt man sie über den Boden ranken, doch sie können auch an kräftigen Obelisken oder Rosenbögen klettern. Witzig sieht es aus, wenn sie über eine streng geschnittene Hecke wachsen.

2 Hoch und stattlich Artischocken sind echte Hingucker im Beet. Man isst die Blütenknospen, doch es lohnt sich, einige zu verschonen und aufgehen zu lassen. Die riesigen, distelartigen Blüten sehen hinreißend aus und locken viele Nützlinge in den Garten.

3 Leuchtende Stängel Rotstieliger Mangold ist ein schöner Farbtupfer. Weil man immer nur wenige Blätter erntet und den Rest stehen lässt, sieht er recht lange dekorativ aus. Andere Sorten haben Stiele in Weiß, Gelb, Rosa, Orange und Rot, es gibt auch Saatgutmischungen.

4 Prächtiger Kohl Im Winter bieten die Gartencenter Zierkohl an, aber der Zierwert essbarer Kohlköpfe mit den roten, violetten und manchmal fast schwarzen glatten oder krausen Blättern ist mindestens ebenso hoch.

5 Charmante Kletterer Ein Dreibein oder Obelisk mit Feuerbohnen ist ein toller Blickfang für ein Beet oder einen großen Kübel. Die feuerroten Blüten öffnen sich viele Wochen lang, wenn die Bohnen regelmäßig geerntet werden.

6 Duftige Wolke Viele Leute säen Meerkohl (*Crambe maritima*) und wissen gar nicht, dass er essbar ist. Die Pflanzen werden bis 1m hoch und tragen im Spätfrühling und Frühsommer viele kleine Blüten.

Gemüse im Kübel

Fast alle Gemüsearten können auch in Gefäßen gezogen werden. Zucchini, Tomaten, Kartoffeln und Auberginen haben gern einen großen Kübel für sich allein. Salat, Frühlingszwiebeln, Mangold, Grüne Bohnen, Rote Bete, Mohrrüben, Radieschen und asiatische Kohlsorten fühlen sich auch in gemischter Gesellschaft wohl. Pastinaken (tief reichende Wurzeln), Blumenkohl (langsam wachsend) und Kürbisse (brauchen viel Wasser und Nährstoffe) sind nicht geeignet.

Praktisch und schön

Weil viele Gemüse attraktiv aussehen, kann ein »Nutzkübel« sich mit einem Gefäß voller Zierpflanzen absolut messen. Sie könnten auch einige Kräuter (siehe S. 279) oder Blumen mit essbaren Blüten (siehe S. 219) dazupflanzen. In kühlen Gegenden kann man empfindliche Fruchtgemüse wie Paprika und Tomaten im Haus vorziehen (siehe S. 226) und die Kübel an einen warmen Sonnenplatz im Freien stellen, wenn das Wetter wärmer ist.

Kübelgröße und Substrat

Gemüse haben unterschiedliche Bedürfnisse. Kleine Blattsalate gedeihen sogar in Substrat, das schon einmal benutzt wurde. Starkzehrer wie Tomaten brauchen frisches Substrat und – wenn sie kräftig wachsen – zusätzlich Dünger. Pflanzgefäße sollten grundsätzlich möglichst groß sein, denn um gut zu gedeihen, brauchen Gemüse reichlich Nährstoffe und eine stetige Versorgung mit Wasser. Setzt man mehrere Pflanzen in einen großen Kübel, wachsen sie oft besser und die Pflege wird einfacher.

Weil es Kübel in allen Formen und Formaten gibt, hat die Abmessung weniger Bedeutung als das Volumen (siehe Kasten links). Um das ungefähre Fassungsvermögen eines Kübels zu ermitteln, füllen Sie mit einem Eimer, dessen Volumen Sie kennen, Substrat hinein. Die Pflanzgefäße sollten mindestens 20 cm tief sein. Kleine Salate wachsen auch in flacheren Töpfen oder Schalen, wenn sie reichlich gegossen werden. Starkzehrer wie Tomaten und Zucchini brauchen eine Kübeltiefe von mindestens 25–30 cm. Mohrrüben gedeihen gut in Gefäßen und lassen sich durch Abdecken mit Vlies leicht vor der Möhrenfliege schützen. Empfehlenswert sind vor allem frühe, kurze oder runde Sorten wie 'Amsterdam Forcing' und 'Early Scarlet Horn', für die Kübel von 15 cm Tiefe genügen. Die größeren Mohrrüben zuerst ernten.

WER BRAUCHT WIE VIEL SUBSTRAT?

- **Auberginen** 10 Liter pro Pflanze
- **Grüne Bohnen** 2,5 Liter pro Pflanze
- **Rote Bete und Kohlrabi** Mindesttiefe 20 cm, Pflanzabstände 7,5–10 cm
- **Blatt- und Stielmangold** 4 Liter pro Pflanze
- **Zucchini** 30–40 Liter pro Pflanze
- **Paprika** 5 Liter pro Pflanze
- **Tomaten** 15 Liter pro Pflanze

KULTURTIPPS

- Wer auf schnelle Wirkung setzt, sollte nicht in den Kübel säen, sondern Jungpflanzen kaufen oder im Haus vorziehen.

- Kübel darf man nie austrocknen lassen. Viele Gemüse schießen bei unregelmäßiger Wasserversorgung in Saat.

- Tontöpfe können mit Plastikfolie ausgelegt werden, um die Verdunstung zu reduzieren.

- Versuchen Sie, kleinwüchsige Sorten zu bekommen.

- Bei Bedarf geben Sie einen kaliumreichen Dünger (siehe S.194–195). Algenextrakt wirkt kräftigend.

- Einjährige wie Ringelblumen (essbare Blüten!) oder Prunkwinden locken Fressfeinde von Schädlingen an.

Pracht und Genuss Der kleine Gartenhof bietet den Gemüsekübeln tagsüber den Schutz der sonnigen Wand und nachts die zurückgestrahlte Wärme. An grobem, stabilem Maschendraht können höhere Pflanzen wie Tomaten, Auberginen und eine kletternde Gurke bei Bedarf angebunden werden.

Gemüse im Gewächshaus

Nicht jeder hat genug Platz für ein Gewächshaus, doch wer ein großes Grundstück besitzt, sollte über die Anschaffung nachdenken. Selbst in einem Mini-Gewächshaus kann man viele Gemüsepflanzen vorziehen. Andere Arten werden traditionell unter Glas kultiviert, vor allem empfindliche Tomaten, Gurken, Paprika und Auberginen. Außerdem kann man kältetolerante Gemüse außerhalb der Saison ziehen und viel früher oder später ernten als im Freiland.

Mit einem Gewächshaus lässt sich auch die magere Zeit zwischen Winterende und Frühsommer überbrücken, in der es draußen wenig zu ernten gibt. Unter Glas können mitten im Winter Spinat, Frühlingskohl, Calabrese-Brokkoli, Kartoffeln (siehe Kasten gegenüber) und andere traditionelle Freilandgemüse gezogen werden. Säen Sie entweder direkt in Gewächshausbeete oder in Schalen, die wärmer auf den Regalen stehen. Wird Frost vorhergesagt, decken Sie sie einfach mit einem Vlies ab. Im Frühherbst, vier Wochen nach Ende der Aussaat im Freiland, können unter Glas noch Salate und Wok-Gemüse für die kalte Jahreszeit gesät werden. Probieren Sie einmal Rauke, Sauerampfer, Senfkohl, Feldsalat, Endivie, Frühlings-Barbarakraut, Pak Choi, asiatische Blattgemüse oder Rote Bete.

Gemüse unter Glas Brunnenkresse (*unten links*) und Blattsalate (*unten rechts*) können im Gewächshaus gezogen werden, wenn die Regale frei sind. Im Hochsommer gibt es im Gewächshaus viel zu ernten (*gegenüber*).

GEMÜSE 225

Wok-Gemüse und Salatmischungen
Blattgemüse für den Wok und Salatmischungen wachsen sogar in einem Blumenkasten von 15 cm Tiefe mit Universalsubstrat. Vom zeitigen Frühling bis Mitte Herbst säen Sie alle acht Wochen sehr dünn in Reihen. Beim Gießen sollten die Blätter trocken bleiben. Geerntet werden die Blätter nach Bedarf.

Brunnenkresse
Brunnenkresse ist einfach zu ziehen und wächst schnell. Die Samen in einen Topf mit Substrat geben, der bis zur halben Höhe in Wasser steht, und in einem Anzuchtkasten pflegen. Die Sämlinge in Einzeltöpfe pikieren (siehe S. 199) und wieder in eine flache Schale mit Wasser stellen. In die Oberseite eines liegenden Beutels mit gut durchfeuchtetem Substrat drei Öffnungen schneiden und in jede Öffnung fünf Kressepflanzen setzen. Sobald die Triebe lang genug sind, kann regelmäßig geerntet werden.

NEUE KARTOFFELN ZU WEIHNACHTEN

Legen Sie im Frühsommer einige leckere Frühkartoffeln in die Sonne, damit sie grün werden, und bewahren Sie sie bis zum Spätsommer auf. Dann pflanzen Sie die Kartoffeln in einen 15-Liter-Kübel mit Dränagelöchern im Boden oder in einen speziellen Sack zur Kartoffelkultur. Auf den Boden des Kübels eine 15 cm dicke Schicht Universalsubstrat füllen und die Kartoffeln mit den Keimen nach oben darauflegen. Mit 7,5 cm Substrat bedecken und gießen. Wenn die Triebe wachsen, ab und zu Substrat nachfüllen, aber die Spitzen immer herausschauen lassen. Anstelle frischen Substrats können Sie auch benutztes aus den Kübeln vom Sommer verwenden. Bei Frost den Kartoffelkübel mit Vlies schützen.

Regelmäßig wässern und das Substrat keinesfalls austrocknen lassen. Heben Sie den Kübel an, um den Feuchtigkeitsgehalt zu prüfen. Die Blätter stützen Sie am besten mit vier Stäben, die am inneren Kübelrand ins Substrat gesteckt und mit zwei Windungen Schnur umwickelt werden. Sie können die Blätter aber auch über den Kübelrand hängen lassen. Wenn die Blätter und Triebe absterben, stellen Sie das Gießen ein. Und am Weihnachtsmorgen leeren Sie den Kübel aus, um die jungen Kartoffeln zu ernten.

GEMÜSE

Fruchtgemüse unter Glas

Tomaten, Paprika und Auberginen gedeihen im Gewächshaus. Alle drei gehören zur gleichen Pflanzenfamilie (siehe S. 248–251), was die Fruchtfolge erschwert, wenn sie – wie es im Biogarten sinnvoll ist – direkt ins Beet gepflanzt werden. Günstig ist es, sie abwechselnd mit Pflanzen aus anderen Familien – etwa Gurken – zu pflanzen oder in Kübeln oder Substratsäcken zu kultivieren.

Richtig anfangen

Es gibt spezielle Gewächshaus-Tomatensorten, aber die meisten Freilandsorten gedeihen auch im ungeheizten Gewächshaus ausgezeichnet. Auberginen und Paprika bilden buschige, bis zu 75 cm hohe Pflanzen. Jungpflanzen kann man ab Spätfrühling kaufen. Wer aber interessante Sorten biologisch aufziehen will, sollte seine Pflanzen in einem Anzuchtkasten oder auf der Fensterbank aussäen. Wenn ein frostfreier Platz zur Verfügung steht, kann mit der Aussaat mitten im Winter begonnen werden. Anderenfalls säen Sie acht bis zehn Wochen vor dem letzten Frost.

Die Samen bis zur Keimung an einen warmen Platz stellen, später die Jungpflanzen in Töpfe von 7,5–10 cm Durchmesser pikieren und weiterhin nicht zu kalt stellen (je nach Sorte 12–16 °C). Wenn sich die ersten Blüten zeigen, können die Pflanzen ins Gewächshausbeet oder in Substratsäcke gepflanzt werden.

Gewächshausbeet, Kübel oder Säcke?

Wer in Gewächshausbeete pflanzen möchte, sollte einen Bodenverbesserer mit mittlerem Nährstoffgehalt und – sofern verfügbar – eine dünne Schicht Wurmkompost verteilen. Die Temperatur unter der Bodenoberfläche muss mindestens 14 °C betragen. Die Abstände richten sich nach den Sorten, Angaben dazu finden Sie auf der Samentüte. Zu dicht dürfen die Pflanzen nicht stehen, sonst drohen Pilzkrankheiten.

Alternativ verwenden Sie 21–25 cm große Töpfe mit nährstoffreichem Biosubstrat und stellen Sie sie in sortengerechten Abständen auf. Wer direkt in Säcke mit Biosubstrat pflanzen will, sollte statt der meist empfohlenen drei Pflanzen nur zwei pro Sack verwenden – die Erträge fallen dann besser aus.

Wasser und Dünger

Zu Beginn der Saison sollten die Pflanzen nicht zu viel Wasser und Dünger bekommen. Wenn sie kräftig wachsen, dürfen sie

Leckere Früchte In einem ungeheizten Gewächshaus gedeihen wärmehungrige Pflanzen wie (*oben, von links*) Tomaten, Paprika, Gurken und Auberginen ausgezeichnet.

Guter Halt Stäbe oder Schnüre geben hohen Tomatensorten Halt. Zusätzlich kann man um die Pflanzenbasis Töpfe ohne Boden stellen und mit Substrat füllen. Dadurch wird die Wurzelbildung am Spross gefördert, die Pflanze steht stabiler und lässt sich besser gezielt bewässern.

aber nicht mehr austrocknen, sonst fällt der Fruchtansatz schwach aus und bei Paprika und Tomaten droht eine Störung, die als Blütenendfäule bezeichnet wird (siehe S. 86). Pflanzen in Töpfen und Kübeln müssen bei heißem Wetter eventuell zweimal täglich gegossen werden. In Substratsäcke schneiden Sie am besten an einem Ende ein Loch, um mit dem Finger die Feuchtigkeit prüfen zu können. Wenn sich die ersten Früchte bilden, geben Sie regelmäßig einen biologischen Flüssigdünger (siehe S. 194). Pflanzen im Gewächshausbeet brauchen weniger Wasser und, wenn der Boden in gutem Zustand ist, kaum Dünger.

Stützen, anbinden, ausgeizen

Um hohen Tomatensorten Halt zu geben, binden Sie oberhalb der Pflanzen zwei Schnüre an die Gewächshauskonstruktion und knoten die anderen Enden locker um die Stammbasis. Wenn die Pflanze wächst, winden Sie die Triebspitze um die Schnüre. Alternativ können Sie einen langen Stab verwenden (ebenso für Paprika und Auberginen). Damit viel Energie für die Fruchtbildung genutzt werden kann, knipsen Sie die Seitentriebe ab und entfernen die obere Spitze, wenn sich vier oder fünf Blütengruppen gebildet haben (siehe S. 251).

Pflanzengesundheit

Halten Sie Ihr Gewächshaus sauber und lüften Sie im Frühling tagsüber bei warmem Wetter. Das Glas sollte mehrmals im Jahr abgewaschen werden und einmal im Jahr schrubben Sie das ganze Innere des Gewächshauses mit heißem Seifenwasser richtig sauber.

Kontrollieren Sie die Pflanzen täglich auf Schädlinge und Krankheiten – auf so engem Raum geraten Probleme schnell außer Kontrolle. Schauen Sie auch auf die Blattunterseiten, wo sich viele Gewächshausschädlinge gern verstecken.

Entfernen Sie kranke oder mit Schädlingen befallene Blätter. Ist eine ganze Pflanze befallen, räumen Sie sie aus dem Gewächshaus und kontrollieren Sie die Nachbarpflanzen gründlich. Gegen manche Gewächshausschädlinge haben sich Nützlinge bewährt, die man im Fachhandel kaufen kann (siehe S. 97). Weitere Informationen finden Sie auf S. 250.

Ernte

Tomaten werden geerntet, wenn sie reif sind. Paprika kann man grün pflücken und so die Bildung weiterer Früchte anregen oder ausreifen lassen. Auberginen sind erntereif, wenn die Haut straff aussieht und glänzt.

Anbauplanung

Etwas Planung ist wichtig, um Gemüse erfolgreich zu kultivieren, die begrenzte Fläche gut auszunutzen und ganzjährig Frisches zu ernten. Eine Vorausschau auf das Gartenjahr hilft auch dabei, die Arbeit sinnvoll einzuteilen und neben offensichtlichen Terminen für Aussaat, Pflanzung und Ernte günstige Zeitpunkte für die wichtigen Aufgaben wie Kompostierung, Zusammenharken des Herbstlaubs, Untergraben von Gründünger oder Ausbringen von Bodenverbesserern festzulegen.

Die Ernte strecken

Dicke Bohnen, Zwiebeln und einige andere Gemüse kann man im Herbst säen und überwintern lassen. Die meisten anderen werden aber im Frühling gesät oder gepflanzt und sind zwischen Frühsommer und Spätherbst erntereif. Nur wenige winterharte Arten können ganzjährig geerntet werden. Durch die Auswahl der richtigen Arten und Sorten und das durchdachte Timing von Aussaat und Pflanzung kann man vermeiden, im Sommer vor einer Gemüseschwemme zu stehen. Viel günstiger ist es, über einen längeren Zeitraum ernten zu können. Und ein Gewächshaus verlängert diesen Zeitraum zusätzlich in beide Richtungen.

Die magere Zeit

In kühlen Klimazonen gibt es zwischen Winterende und späterem Frühling kaum etwas im Garten zu ernten. Um diese Lücke zu füllen, empfehlen sich frostverträgliche Arten wie Porree, Grünkohl und Rosenkohl, aber auch Gemüse wie Radieschen und kleinblättrige Salate, die nach einer zeitigen Frühlingsaussaat

GEMÜSE 229

schnell heranwachsen. Der Nachteil frostbeständiger Arten ist, dass sie schon im Hochsommer an ihrem Platz im Beet stehen sollten, wenn die Fläche noch von Sommergemüse besetzt ist. Sie könnten den Sommersorten etwas weniger Platz geben oder kleine Sommergemüse abwechselnd mit hohen Winterarten in die Beete setzen (siehe S. 259).

Die Sortenwahl

Von manchen Gemüsearten wie Kohl, Mohrrüben, Blumenkohl, Porree, Salat, Zwiebeln oder Erbsen gibt es frühe und späte Sorten, manche können sogar ganzjährig geerntet werden. Frühe Sorten wachsen schnell und empfehlen sich für Beginn und Ende der Saison, weil sie schneller Erträge bringen als die späten Sorten. Andere Züchtungen sind besonders kälteverträglich.

Bei schnell wachsenden Gemüsearten bieten sich Folgesaaten an, um die Ernte zu strecken. Säen Sie von einer Art – etwa Radieschen oder Salat – alle zwei bis drei Wochen nur einige Samenkörner. So vermeiden Sie, dass alle Pflanzen gleichzeitig erntereif sind und nicht verwertet werden können. Bei Salat empfiehlt es sich, die nächste Portion zu säen, wenn die Sämlinge der vorherigen gerade erscheinen. Gut geeignet für diese Methode sind Feldsalat, Kohlrabi, Kopfsalate, Radieschen, Wilde Rauke, Spinat, Frühlingszwiebeln und Mairüben.

GEMÜSE FÜR DIE MAGERE ZEIT

Blattmangold
Brokkoli
Grünkohl
Mini-Blattsalate und Sprossen
Porree
Radieschen und Rettiche
Rosenkohl
Stielmangold
Winter-Blumenkohl
Winterkohl
Winterspinat

(Von ganz links) **Ernte rund ums Jahr** Dicke Bohnen, hier in Blüte, werden schon früh in der Saison geerntet. Im Sommer gibt es reichlich Blattsalate und junge, zarte Gemüse. Kürbisse reifen in der Herbstsonne nach und Rosenkohl wird durch Frost nur zarter.

Fruchtfolge

Pflanzt man Gemüse derselben Familie (siehe S. 234–253) Jahr für Jahr an die gleiche Stelle, können sich dort im Boden hartnäckige Schädlinge und Krankheitserreger ansiedeln. Das lässt sich durch eine gut geplante Fruchtfolge vermeiden. In kleinen Beeten hat es wenig Auswirkungen auf Schädlinge und Krankheiten, wenn man die Pflanzen nur ein paar Meter versetzt, doch die Fruchtfolge hat noch andere Vorteile.

Fruchtfolge – warum?

■ **Verfügbarkeit von Nährstoffen** Jedes Gemüse braucht unterschiedliche Nährstoffe. Durch Standortwechsel werden ungleichmäßige Nährstoffverluste des Bodens verhindert und die Reserven des Bodens gut ausgenutzt.

■ **Bodenbehandlung** Manche Arten brauchen frisch angereicherten Boden, um zu gedeihen. Andere nutzen die Nährstoffe, die ihre Vorgänger zurückgelassen haben. Die Fruchtfolge stellt sicher, dass im Lauf der Zeit alle Beetflächen die gleiche Behandlung bekommen.

■ **Unkrautbekämpfung** Kürbisse, Zucchini und Kartoffeln unterdrücken mit ihrem Laub Unkraut und lassen sich leicht sauber halten. Zwischen Zwiebeln oder Mohrrüben ist das Jäten schwieriger und sie sind gegen die Konkurrenz anfälliger. Ein Wechsel von Arten mit diesen gegensätzlichen Merkmalen hilft, Unkraut in Schach zu halten.

■ **Bodenstruktur** Pflanzen breiten ihre Wurzeln unterschiedlich aus. Ein Wechsel zwischen Tiefwurzlern und Flachwurzlern hat positiven Einfluss auf die Bodenstruktur.

Welche Gemüsegruppen gibt es?

Gemüse aus derselben botanischen Familie (siehe S. 234–253) sind für die gleichen Krankheiten und Schädlinge anfällig.

Deshalb ist es von Vorteil, wenn man Artverwandtschaften kennt. Bohnen und Erbsen gehören zur gleichen Familie, Zwiebeln, Knoblauch und Schalotten zu einer anderen. Aber Form und Geschmack der essbaren Teile genügen nicht immer für eine eindeutige Zuordnung. Rosenkohl ist klar als Mitglied der Kohlfamilie zu erkennen, dass aber auch Steckrüben, Radieschen und Mairüben Kohlgewächse sind, sieht man nicht auf einen Blick.

Gemüsemais gehört keiner der gängigen Familien an und eignet sich gut als »Lückenfüller« im Fruchtfolgeplan. Eine weitere Ausnahme bilden die mehrjährigen Gemüsearten, die lange an einem Platz bleiben können (siehe S. 232).

Wie lang ist ein Fruchtfolge-Zyklus?

Als Mindestlänge für den Fruchtfolge-Zyklus werden drei bis vier Jahre empfohlen. Wenn Ihnen hartnäckige Bodenprobleme wie Kartoffelälchen, die Mehlkrankheit der Zwiebel oder die Kohlhernie bekannt sind, können für den erfolgreichen Anbau gefährdeter Sorten erheblich längere Intervalle nötig sein.

Planung der Fruchtfolge

Stellen Sie Ihren Fruchtfolgeplan anhand Ihrer Lieblings-Gemüsearten auf oder orientieren

(Rechts) **Ein einfacher Vier-Jahres-Plan** Hier rücken die Gemüsefamilien jedes Jahr im Uhrzeigersinn ein Feld weiter. Auf jedem Feld wächst nur eine Gemüsefamilie. Der Plan ist nur ein Beispiel und kann nach Ihren Vorlieben abgewandelt werden.

1 Kartoffeln und Gurken-Familie Im Frühling Mist oder nährstoffreichen Kompost einarbeiten. Kartoffeln, Tomaten und Zucchini pflanzen. Auf Frühkartoffeln kann Porree folgen, auf die anderen Gemüse Herbst-Steckzwiebeln, Knoblauch und/oder Gründünger wie *Phacelia*.

2 Zwiebel-Familie, Erbsen-Bohnen-Familie Im Frühling Dicke Bohnen, Erbsen und Steckzwiebeln pflanzen. Im Frühsommer folgen Stangenbohnen. Nach der Ernte von Knoblauch und Herbstzwiebeln (*siehe Beet 1*) nochmals Buschbohnen säen. Als Gründünger Saat-Wicke (*Vicia sativa*) säen, eventuell vorher kalken.

3 Kohl-Familie Im Frühling Kompost verteilen. Sommer-Kohlgewächse säen und pflanzen. Überwinternde Kohlgewächse mit Salat und anderen Zwischensaaten (siehe S. 259) abwechseln (eventuell Mais statt Kohl). Die überwinternden Pflanzen im Spätsommer mit Kompost versorgen, auf die restliche Fläche Laubkompost streuen.

4 Mohrrüben-Familie, Mangold-Familie Mohrrüben, Pastinaken, Stangensellerie, Rote Bete, Spinat und Mangold. Mageren Boden mit Kompost anreichern, aber Flächen für Mohrrüben und Pastinaken aussparen. Über Winter als Gründünger Roggen oder *Phacelia*.

MEHRJÄHRIGES GEMÜSE

Mehrjähriges Gemüse, das jahrelang an seinem Platz bleibt, passt natürlich in keinen Fruchtfolgeplan. Für Spargel und Rhabarber legt man am besten separate Beete an. Artischocken und Meerkohl können im Ziergarten großartig aussehen, wenn sie genug Platz haben.

Wie für alle Stauden muss der Boden vor der Pflanzung gut vorbereitet und sorgfältig von Unkraut befreit werden (siehe S. 34–35, S. 76–79 und S. 190–191). Beim Ersetzen oder Teilen mehrjähriger Pflanzen (siehe S. 193) sollte man den Nachwuchs nicht an den gleichen Platz setzen.

Kontrollieren Sie mehrjährige Gemüsepflanzen regelmäßig auf Schädlinge und Krankheiten. Das ist besonders wichtig bei Staudenbrokkoli, der zu den Kohlgewächsen gehört und viele Verwandte unter den Gemüsearten hat. Krankheiten und Schädlinge, die sich auf mehrjährigen Pflanzen angesiedelt haben, können auch auf andere übergreifen.

Mehrjährige Gemüsearten

- Spargel
- Wilde Artischocken (Kardy)
- Gemüse-Artischocken (nur in milden Klimaregionen)
- Staudenbrokkoli
- Rhabarber
- Meerkohl

(Rechts, im Uhrzeigersinn von oben links) **Spargel, Rhabarber, Gemüse-Artischocken, Kardy.**

Sie sich am Vier-Jahres-Plan auf S. 231. Dieser Plan wurde für ein kühles Klima entwickelt, in dem robuste, winterharte Arten im Freiland überwintern können. Wer in einer besonders milden Gegend lebt, könnte den Plan auf S. 233 ausprobieren.

Natürlich müssen Sie nicht jedes Jahr die gleichen Arten und Sorten pflanzen, obwohl sich gewiss Lieblingssorten herauskristallisieren. Listen Sie die Arten und ungefähren Mengen auf, die Sie im Lauf des Jahres ernten wollen. Dabei ist ein Saatgutkatalog ein praktisches Hilfsmittel. Dann:

- **Ordnen Sie** die Gemüse nach botanischen Familien (siehe S. 234–253).
- **Zeichnen Sie** eine Skizze Ihres Gemüsegartens. Wer möchte, grenzt einen Teil für mehrjährige Arten ab. Die restliche Fläche wird in so viele gleich große Segmente unterteilt, wie Ihr Fruchtfolgezyklus Jahre umfasst. Dann verteilen Sie die Gemüsefamilien auf die Segmente. Füllt eine Familie nicht die verfügbare Fläche aus, kombinieren Sie sie mit Arten, die ähnliche Bodenansprüche stellen. Schnell wachsende Gemüse und »Einzelfälle« wie Gemüsemais können die Lücken füllen.

und Kürbis verwenden. Im Frühling vor der Pflanzung ausbringen.

■ **Kalk** Im Herbst vor der Bepflanzung mit Kohlgewächsen zur Vorbeugung der Kohlhernie anwenden – aber nicht routinemäßig, sondern nur, wenn der pH-Wert angehoben werden muss. Flächen für Kartoffeln nicht kalken, sonst droht Kartoffelschorf.

■ **Laubkompost** und andere nährstoffarme Bodenverbesserer sind sinnvoll auf Flächen für Wurzelgemüse. Ansonsten über Winter als Mulch und Strukturverbesserer aufstreuen.

■ **Gründünger** Diese Bodenverbesserer (siehe S. 50–51) im Spätsommer und Herbst säen und über Winter wachsen lassen, alternativ als Zwischensaat (siehe S. 259) im Frühling und Sommer. Die Gründüngerart sollte zur gleichen Familie gehören wie die vorher angebaute Gemüseart. Roggen nicht vor der Freilandaussaat anwenden, weil er während der Verrottung keimungshemmend wirkt. Saat-Wicke (*Vicia sativa*) ist ideal vor Kohlgewächsen, weil sie den Boden mit Stickstoff anreichert.

■ **Stellen Sie** sich darauf ein, Ihre Pläne zu ändern, ohne die Fruchtfolge zu durchbrechen. Ernteausfälle oder schlechtes Wetter können nun einmal vorkommen.

■ **Notieren Sie** Ihre Pläne – und die Resultate. Diese Informationen sind wichtig für eventuelle Korrekturen der Fruchtfolge in den folgenden Jahren.

Bodenpflege und Fruchtfolge

■ **Kompost, Mist** und andere Bodenverbesserer mit hohem Nährstoffgehalt nur für Starkzehrer wie Kartoffeln Porree, Kohlgewächse

FRUCHTFOLGE FÜR WÄRMERES KLIMA

Beet 1 Tomaten, Auberginen und Paprika. Dann überwinternd Knoblauch, Zwiebeln und Dicke Bohnen.

Beet 2 Mais, zu Beginn der Saison mit Salat als Zwischensaat. Anschließend Gründünger.

Beet 3 Im Frühling Mist streuen. Danach Kürbis und Zucchini.

Beet 4 Im Vorjahr gepflanzte Zwiebeln, Knoblauch und Dicke Bohnen (*siehe Beet 1*). Über Winter Salat. Im Frühling Laubkompost.

Die Kohl-Familie

Zu den Kohlgewächsen gehören nicht nur die Kopfkohlarten, sondern auch andere Gemüse, die wegen ihrer Blätter, Knospen, Wurzeln, Stängel oder Triebe kultiviert werden. Sie gedeihen gut in kühlen, feuchten Regionen und enthalten viele wertvolle Mineralien und Vitamine.

Viele alte Gemüseklassiker wie Kohl und Blumenkohl gehören zur Kohlfamilie, aber die große Verwandtschaft umfasst auch asiatische Arten wie Chinakohl und Mizuna. Grünkohl, Wok-Brokkoli und einige andere wachsen langsam, sind aber sehr kälteverträglich und darum als Wintergemüse wertvoll.

Manche Kohlarten können fast ganzjährig geerntet werden. Zu den Blattgemüsen zählen beispielsweise Kopfkohlsorten für die Winter-, Frühlings- und Sommerernte. Von Kopf- und Wok-Brokkoli sowie Blumenkohl isst man die unreifen Blütenstände. Rosenkohl bildet die kleinen Köpfchen an seinem hohen Stängel.

Kresse, Senf, Rettich und Raps können als Sprossen oder Sämlinge gegessen werden und vom mehrjährigen Meerkohl erntet man die Triebe mitten im Winter. Die angeschwollenen Stiele des Kohlrabi schmecken knackig und saftig.

Zu den Familienmitgliedern, von denen man die Wurzeln verwertet, gehören Mairüben, Steckrüben, Radieschen und Rettiche. Rettiche für die Frühlings- und Sommerernte haben – abgesehen vom langen, asiatischen Mooli – kleine Wurzeln. Winterrettiche sind erheblich größer. Von Radieschen kann man auch die pfeffrig schmeckenden Samen essen, die sich aus den Blüten entwickeln.

DIE VERWANDTSCHAFT

Der botanische Name der Gattung, zu der sehr viele Kohlgewächse gehören, lautet *Brassica*. Die artenreiche Gruppe umfasst Einjährige, Zweijährige und Mehrjährige. Ließe man Gemüse blühen, könnte man die Verwandtschaft an den Blüten erkennen, die deutliche Gemeinsamkeiten aufweisen. Sie bestehen aus vier Blütenblättern, die einander kreuzweise gegenüberstehen – daher der Name Kreuzblütler.

Essbare Familienmitglieder:

- Frühlings-Barbarakraut (*Barbarea verna*)
- Rosenkohl (*Brassica oleracea* Gemmifera-Gruppe)
- Kopfkohl (*Brassica oleracea* Capitata-Gruppe)
- Calabrese-Brokkoli (*Brassica oleracea* Italica-Gruppe)
- Blumenkohl (*Brassica oleracea* Botrytis-Gruppe)
- Chinakohl (*Brassica rapa* Pekinensis-Gruppe)
- Garten-Kresse (*Lepidium sativum*)
- Hederich* (*Raphanus* spp.)
- Grünkohl (*Brassica oleracea* Acephala-Gruppe)
- Kohlrabi (*Brassica oleracea* Gongylodes-Gruppe)
- Mizuna (*Brassica rapa* var. *nipposinica*)
- Weißer Senf* (*Brassica hirta*)
- Sareptasenf, Senfkohl (*Brassica juncea*)
- Pak Choi (*Brassica rapa* Chinensis-Gruppe)
- Rettich und Radieschen (*Raphanus sativus*)
- Wilde Rauke (*Eruca vesicaria*)
- Raps (*Brassica napus*)
- Meerkohl (*Crambe maritima*)
- Wok-Brokkoli (*Brassica oleracea* Italica-Gruppe)
- Steckrübe (*Brassica napus* Napobrassica-Gruppe)
- Speiserübe (*Brassica rapa* Rapifera-Gruppe)

* Gründünger

(Im Uhrzeigersinn von oben links) **Pak Choi, Grünkohl, Sommerkohl, Radieschen.**

(Im Uhrzeigersinn von links) **Vogelschutznetze** Netze müssen straff gespannt sein, sonst setzen sich die Tauben auf die Kohlköpfe und picken durch die Maschen. **Ein Kohlkragen** Ein Stück Pappe genügt, um die weibliche Kohlfliege daran zu hindern, Eier am Sprossgrund abzulegen. **Trockene Blätter** entfernen, damit keine Pilzsporen aus dem Boden auf die Pflanzen übergreifen können.

Asiatische Kohlsorten wie Pak Choi und Sareptasenf wachsen schnell und liefern würzige, nährstoffreiche Blätter und Stiele, die sich gut für Salate und Wok-Gerichte eignen.

Manche Kohlgewächse haben ein ausgeprägtes Senfaroma. Kohlrabi, Brokkoli und andere sind milder. Viele schmecken roh ebenso gut wie gekocht oder eingelegt.

Auch im Ziergarten sind Kohlgewächse interessant: Grünkohl-»Palmen« im Winter, violetter Kohlrabi als Hintergrund für bunte Sommerblumen, Asiatischer Senfkohl oder zwergwüchsige Kopfkohlarten als Beeteinfassung.

Bodenvorbereitung und Fruchtfolge

Kohlgewächse brauchen festen Boden mit gutem Wasserhaltevermögen. Trockenheit vertragen sie nicht. In der Fruchtfolge sollten sie sich an Erbsen und Bohnen anschließen (siehe S. 242), die Stickstoff im Boden binden. Auch Saat-Wicke als Gründünger liefert den Kohlgewächsen einen Teil des Stickstoffs, den sie benötigen. Wer keinen Gründünger

GEMÜSE 237

sät, kann auf dem Kohlbeet Kompost oder einen anderen Bodenverbesserer mit mittlerem Nährstoffgehalt verteilen. Saure Böden (pH-Wert 6 oder geringer) sollten im Herbst vor der Pflanzung von Kohl gekalkt werden (siehe S. 55).

Kohlarten lassen sich leicht aus Samen ziehen, man kann aber auch vorgezogene Jungpflanzen verwenden. Europäische Arten sät man meist im Frühling und Sommer, viele asiatische Arten sät man besser nach dem Hochsommer, um sie im Herbst zu ernten. Diese Arten neigen in der Hitze und Trockenheit der langen Sommertage dazu, in Saat zu schießen. Schnell wachsende Arten wie Wilde Rauke und Radieschen sind schnell erntereif, auch Kohlrabi und Kopf-Brokkoli können binnen acht Wochen Erträge bringen. Folgesaaten sorgen für fortlaufenden Nachschub. Andere Kohlarten wachsen langsam und brauchen Monate bis zur Erntereife. Damit sie nicht zu lange Platz im Beet blockieren, sät man sie am besten in ein separates Saatbeet. Winter-Kohlsorten können recht groß werden und müssen in großen Abständen gesetzt werden. Diese Lücken lassen sich aber für schnell wachsendes Gemüse und Zwischensaaten (siehe S. 258–259) nutzen. Andererseits kann es praktisch sein, kleine Sorten zu wählen und in engeren Abständen zu pflanzen, sodass jeder geerntete Kohlkopf die richtige Größe für eine Mahlzeit hat.

Pflege und Ertragsförderung

Wenn viel Kohl angepflanzt wird, ist es sehr wichtig, die Fruchtfolge einzuhalten, um den Ausbruch der hartnäckigen Kohlhernie zu vermeiden. Ihre Sporen können auch ohne Wirtspflanzen 20 Jahre im Boden überleben.

Werden die Wurzeln von Kohlgewächsen von Larven der Kleinen Kohlfliege befallen, welken sie und sterben ab. Jungpflanzen können mit Kohlkragen oder Vlies geschützt werden. Vlies hält auch Erdflöhe von den Pflanzen fern. Netze sind praktisch zum Schutz vor Tauben, die Kohl generell gern mögen.

Vom Spätfrühling an legen verschiedene Schmetterlinge und Falter ihre Eier an Kohlpflanzen ab, darunter der Kohlweißling. Die Raupen kann man von Hand absammeln, wenn sie nicht von Wespen gefressen werden.

Weil manche Kohlarten fast ganzjährig gedeihen, können sich Kohlmottenschildlaus und Mehlige Kohlblattlaus in großer Zahl ansiedeln. Um den Generationswechsel der Schädlinge zu unterbrechen, sollten Sie jährlich (am besten zeitig im Frühling) alle Kohlpflanzen entfernen.

Weitere Informationen finden Sie im Anhang (siehe S. 320–341).

(Rechts) **Kleine Kohlfliege** Wenn die Blätter welken und die Pflanze schließlich zusammenbricht, haben vermutlich die Larven der Kohlfliege die Wurzeln durchgefressen. Dann ist die Pflanze nicht mehr zu retten.

(Ganz rechts) **Raupen des Kohlweißlings** Aus den Eiern, die an den Blattunterseiten abgelegt werden, schlüpfen die Raupen. Sind es zu viele zum Absammeln, entfernen Sie das befallene Blatt. Wespen lieben Raupen und helfen bei der Schädlingsbekämpfung.

Die Zwiebel-Familie

Pflanzen der Gattung *Allium* tragen zumeist kugelrunde Blütenstände auf hohen Stielen – wenn man sie Blüten ausbilden lässt. Zur Familie gehören kleine Einlegezwiebeln, Schalotten in vielen Farben, schlanke Frühlingszwiebeln, würziger Knoblauch sowie rote, weiße und gelbe Gemüsezwiebeln in vielerlei Größen.

Alle Zwiebelgewächse sind frosthart und gedeihen in kühlem Klima. Frühlingszwiebeln, die schnell wachsen und zum Ausfüllen von Beetlücken praktisch sind, isst man mitsamt den Blättern. Gemüsezwiebeln, Schalotten und Knoblauch sollten zur Ernte ausreifen. An einem trockenen Platz kann man sie mehrere Monate lagern (siehe S. 271). Porree verdickt sich nicht, sondern bildet einen langen Schaft. Er kann bei Frost im Beet bleiben und noch im Winter frisch geerntet werden.

Zur Familie gehören außerdem Schnittlauch, Schnitt-Knoblauch, Etagenzwiebel, Knoblauch.

Der Anbau

Zwiebelgewächse sind unkompliziert. Frühlingszwiebeln und Porree werden aus Samen gezogen. Man kann auch junge Porreepflanzen kaufen und im Frühsommer ins Beet setzen.

Zwiebeln und Schalotten können aus Samen gezogen werden, einfacher ist jedoch die Pflanzung von Steckzwiebeln. Knoblauch wird immer aus einzelnen Zehen gezogen. Um gut zu gedeihen, braucht er eine Zeit lang Kälte, darum steckt man die Zehen traditionell im Herbst. Schalotten können ebenfalls im Herbst gepflanzt werden. »Japanische« Zwiebelsorten für die frühe Ernte im Folgejahr sät oder pflanzt man im Spätsommer.

Zwiebelvorrat Nach der Ernte müssen Zwiebeln ein bis zwei Wochen warm, luftig und trocken liegen, damit sich ihre Schalen festigen und damit sie sich gut lagern lassen (siehe S. 271). Bei sonnigem Wetter kann man sie einfach auf dem Beet nachreifen lassen.

GEMÜSE 239

Pilzkrankheiten Schwarze, eingesunkene Flecken auf den Blättern (*ganz links*) werden durch den Falschen Mehltau verursacht. Befallene Blätter sofort entfernen und vernichten. Unbedingt die Fruchtfolge einhalten. Porreerost (*links*) vernichtet selten die Ernte. Sie sollten aber versuchen, künftig Arten zu finden, die gegen den Pilz resistent sind.

Boden und Abstände

Zwiebelgewächse brauchen einen durchlässigen, relativ fruchtbaren Boden. Zu reichliche Düngung fördert aber die Krankheitsanfälligkeit und verkürzt die Lagerfähigkeit. Vorteilhaft sind Beete, die für hungrige Vorgängerpflanzen wie Kartoffeln oder Kohl gedüngt wurden. Soll Porree auf magerem Boden gepflanzt werden, setzen Sie einen Bodenverbesserer mit mittlerem oder hohem Nährstoffgehalt ein.

Für Gemüsezwiebeln und Porree ist es günstig, die Pflanzabstände zu variieren (siehe S. 256–259), um die Größe der Pflanzen zu beeinflussen. Wer dünne, feine Porreestangen ernten will, setzt sie in Abständen von nur 5 cm.

Pflege und Ertragsförderung

Die Mehlkrankheit der Zwiebel ist eine ernsthafte Krankheit, deren Erreger über 20 Jahre im Boden überleben können. Versuchen Sie, die Infektion von Boden und Pflanzen zu vermeiden und halten Sie die Fruchtfolge ein. Gegen die Larven der Zwiebelfliege, die Gänge in die Zwiebeln fressen, helfen feinmaschige Netze. Das Laub kann von verschiedenen Pilzen befallen werden, etwa Falschem Mehltau, dessen dunkle Sporen die Blätter schwarz werden lassen. Orangefarbene Pusteln im Sommer sind ein Symptom des Porreerosts. Sie sehen gefährlich aus (*oben*), meist erholen sich die Pflanzen aber im Herbst wieder. Weitere Informationen finden Sie im Anhang (siehe S. 320–341).

DIE VERWANDTSCHAFT

- Knoblauch (*Allium sativum*)
- Porree (*Allium porrum*)
- Zwiebel (*Allium cepa*)
- Schalotte (*Allium cepa* Aggregatum-Gruppe)
- Frühlingszwiebel (*Allium fistulosum*)
- Etagenzwiebel (*Allium cepa* Proliferum-Gruppe)

Die Kürbis-Familie

Die Angehörigen der Familie der Cucurbitaceae (Kürbisgewächse) sind meist wüchsige Pflanzen mit großen Blättern und gelben, trompetenförmigen Blüten. Sie brauchen viel Platz. Kletternde Sorten kann man aber an Netzen in die Höhe ziehen oder über Rankbögen wachsen lassen. Buschige Sorten wachsen kompakter.

Diese Gemüsepflanzen werden hauptsächlich wegen ihrer Früchte kultiviert, die man jung ernten oder ausreifen lassen kann. Die Vielfalt der Formen, Größen und Farben ist beeindruckend. Auch die Blüten und Samen sind essbar.

Alle Kürbisgewächse sind ausgesprochen stattlich. Die größte Bandbreite der Varianten findet man wohl unter den Kürbissen – von glatten Riesenkugeln bis zum kuriosen, buckligen »Türkenturban«. Die einjährigen Pflanzen brauchen viel Wärme, um gut zu gedeihen. In kühlen Regionen müssen Zucchini, Freilandgurken und verschiedene Kürbisse in Töpfen im Haus vorgezogen und erst nach den letzten Frösten ausgepflanzt werden. In warmen Gegenden kann man sie direkt ins Freiland säen. Melonen brauchen noch mehr Wärme und gedeihen nur im Gewächshaus oder Frühbeet zufriedenstellend.

Der Anbau

Bei der Pflanzung sollte Kompost oder ein anderer Bodenverbesserer mit mittlerem Nährstoffgehalt verteilt werden. Weitere Düngung ist nicht nötig, es sei denn, die Pflanzen wachsen im Kübel. Im Beet kann man ihnen einen eigenen Bereich reservieren oder sie in der Fruchtfolge mit Kartoffeln oder Kohlgewächsen zusammenfassen.

Nach der Pflanzung brauchen Kürbisgewächse wenig Pflege, unterdrücken aber mit ihren großen Blättern Unkraut effektiv. Melonen und Gewächshausgurken müssen regelmäßig angebunden, gegossen und gedüngt werden. Sie eignen sich eher für erfahrene Gärtner.

Pflege und Ertragsförderung

Das Gurkenmosaikvirus (Foto auf S. 89) kann trotz seines Namens alle Mitglieder der Familie und auch andere Pflanzenfamilien befallen. Es gibt kein Gegenmittel, aber einige resistente Sorten. Junge Pflanzen sollten vor Schnecken geschützt werden. Bei trockenem Boden kann Echter Mehltau auftreten, ein Befall spät in

KÜRBISBLÜTEN

Die meisten Kürbisgewächse tragen zweierlei Blüten – männliche und weibliche. Nur wenn weibliche Blüten mit Pollen aus den männlichen bestäubt werden, bilden sich unter den weiblichen Blüten Früchte, die allmählich anschwellen. Normalerweise erledigen Insekten die Bestäubung, bei Zucchini können Sie aber mit einem weichen Pinsel nachhelfen. Gewächshausgurken schmecken bitter, wenn sie bestäubt wurden. Um dies zu vermeiden, entfernen Sie alle männlichen Blüten oder kaufen Sie rein weibliche Hybriden.

GEMÜSE 241

der Saison schadet aber den Früchten nicht. Im Gewächshaus können Schädlinge wie die Gewächshaus-Spinnmilbe mit Nützlingen bekämpft werden. Fruchtfolge, gute Luftzirkulation und Sauberkeit beugen dem Befall mit Pilzkrankheiten vor.

Weitere Informationen finden Sie im Anhang (siehe S. 320–341).

Ernte und Lagerung

Gurken, Zucchini und Sommerkürbisse werden jung gegessen und regelmäßig geerntet, um die Neubildung von Früchten anzuregen. Alle schmecken recht mild. Melonen pflückt man, wenn sie reif sind. Kürbisse lässt man an der Pflanze ausreifen, damit sich ihre Schale festigt und sie sich gut lagern lassen (siehe auch S. 271). Manche Kürbisse schmecken fade, andere haben ein festes, süßliches Fleisch, das sich für Suppen und Eintöpfe gut eignet, aber auch geröstet aus dem Ofen lecker schmeckt.

Fäulnis verhindern Markkürbisse sind eng mit Zucchini verwandt. Weil sie eine dünnere Schale als Winterkürbisse haben, faulen sie auf feuchtem Boden leicht. Das lässt sich verhindern, indem man sie auf einen Stein oder einen ähnlichen »Sockel« legt.

DIE VERWANDTSCHAFT

Abgesehen von den Freiland- und Gewächshaus-Gemüsesorten gehört zu dieser Familie auch die Luffagurke, die man aus dem Badezimmer kennt.

- Zucchini und Markkürbis (*Cucurbita pepo*)
- Schmor- und Einlegegurken (*Cucumis sativus*) (*oben links*)
- Luffa (*Luffa cylindrica*)
- Melone (*oben rechts*) (*Cucumis melo*)
- Winterkürbisse (*Cucurbita moschata, C. pepo, C. maxima*) (*unten, links und rechts*)
- Wassermelone (*Citrullus lanata*)

Die Erbsen- und Bohnen-Familie

Wegen der Blütenform, die einem Schmetterling (französisch *papillon*) ähnelt, heißt diese Pflanzenfamilie Schmetterlingsblütler (Papilionaceae). Sie tragen Knöllchen an den Wurzeln, die Bakterien enthalten, welche gasförmigen Stickstoff aus der Luft binden. Wenn die Knöllchen verrotten, gelangt der Stickstoff in den Boden. Darum sind Schmetterlingsblütler als Gründünger so wertvoll.

Kletternde Bohnen Rot blühende Feuerbohnen gehören zu den bekanntesten Stangenbohnen, es gibt aber noch andere hübsche Sorten. Das Foto zeigt 'Viola Cornetti' mit violetten Stielen, rosa Blüten und dunkelvioletten, essbaren Schoten.

Erbsen und Dicke Bohnen sind winterhart und wachsen am besten bei Temperaturen unter 15 °C. Busch- und Stangenbohnen sind frostempfindlich und brauchen mehr Wärme. Von Dicken Bohnen kann man die unreifen Hülsen und die jungen Triebspitzen essen, die Haupternte bilden aber die Samen. Erbsen werden ausgepellt, nur von Zuckerschoten oder Mangetouts isst man die ganzen Hülsen.

Fast alle Erbsensorten brauchen einen Halt, etwa verzweigte Äste (»Erbsenreiser«) oder ein weitmaschiges Netz. Einige Sorten, die mehr Halteranken als Blätter bilden, stützen sich gegenseitig, wenn man sie in Blöcken sät. Niedrige Buschbohnen eignen sich gut für Kübel und kleine Gärten. Kletternde Sorten winden sich an Bohnenstangen in die Höhe, die man in Doppelreihen anordnen oder wie Zeltstangen aufstellen kann. Sie bevorzugen warmes bis heißes Wetter und vertragen Trockenheit besser als Prunkbohnen. Die meisten Prunkbohnen klettern, aber es gibt auch buschige Sorten. Ihre Blüten sind essbar und rot, weiß, lachsrosa oder zweifarbig, ihre Hülsen sind lang und grün.

Boden und Fruchtfolge

Erbsen und Bohnen bevorzugen durchlässigen Boden mit gutem Wasserhaltevermögen, der für das Vorgängergemüse (z. B. Kartoffeln) gedüngt wurde. In der Fruchtfolge empfehlen sich als Nachfolger Kohlarten. Sie verwerten den Stickstoff, den die Wurzelknöllchen der

Blattläuse an Dicken Bohnen Die Schwarze Bohnenblattlaus tritt an Dicken Bohnen häufig auf. Die saugenden Insekten sitzen hauptsächlich an den zarten Triebspitzen. Knipst man sie aus, verringert sich der Befall, weil die übrigen Pflanzenteile härter sind.

Bohnen und Erbsen ans Erdreich abgeben, wenn man sie im Boden verrotten lässt.

Pflege und Ertragsförderung

Sät man im Herbst oder zeitig im Frühling, werden die Samen oft von Mäusen gefressen. Sicherer ist eine spätere Aussaat, wenn Mäuse andere Nahrung finden.

Fraßschäden an den Blatträndern werden im Frühling vom Erbsenkäfer verursacht. Falls nötig, gleich nach der Aussaat Vlies auslegen, um die Jungpflanzen zu schützen. Die Schwarze Bohnenblattlaus befällt zuerst die Triebspitzen der Dicken Bohne. Frühe Aussaaten sind weniger gefährdet. Durch frühe oder spätere Aussaat lässt sich auch der Eiablagezyklus des Erbsenwicklers umgehen, dessen Larven Erbsen fressen. Die Schokoladenfleckenkrankheit tritt häufig an Dicken Bohnen auf feuchtem Boden auf. Echter Mehltau an Erbsen kann auf trockenen Böden gegen Ende der Saison vorkommen. Schnecken machen sich gern über Jungpflanzen von Busch- und Stangenbohnen her. In kühlen Gebieten zieht man die erste Ernte am besten vor und schützt die Jungpflanzen mit leeren Plastikflaschen ohne Boden.

Weitere Informationen finden Sie im Anhang (siehe S. 320–341).

DIE VERWANDTSCHAFT

Abgesehen von den unten genannten Arten gehören zu dieser Familie verschiedene Pflanzen, die als Sprossen gut schmecken. Auch Gründünger wie Luzerne (*Medicago sativa*), Klee (*Trifolium*), Bockshornklee (*Trigonella foenum-graecum*), Ackerbohne (*Vicia faba*), Bitterlupine (*Lupinus angustifolius*), Hopfenklee (*Medicago lupulina*) und Saat-Wicke (*Vicia sativa*) sind Schmetterlingsblütler. Zu den essbaren Gartenarten gehören:

- Spargelerbse (*Lotus tetragonolobus*)
- Dicke Bohne (*Vicia faba*)
- Grüne Bohne (*Phaseolus vulgaris*)
- Helmbohne (*Dolichos lablab*), nur in warmen Gegenden oder im Gewächshaus (*rechts*)
- Erbse (*Pisum sativum*) (*ganz rechts*)
- Feuerbohne (*Phaseolus coccineus*)

Die Mangold-Familie

Zu dieser Familie gehören verschiedene Blatt- und Wurzelgemüse für warmes und kühles Klima. Spinat und Melde wachsen schnell und eignen sich als Zwischensaat. Spinat sät man am besten im Frühling oder Herbst, weil er bei trockener Hitze schnell in Saat schießt. Zur fortlaufenden Versorgung legt man Folgesaaten.

Intensive Farbe Kräftig gefärbte Wurzeln und Blätter sind das Markenzeichen dieser Pflanzenfamilie. Das Pigment Roter Bete wird durch Erwärmung zerstört, aber es eignet sich gut zum Einfärben von Eiscreme und anderen kalten Speisen.

Rote Bete

Rote Bete wird wegen der dicken, saftigen Wurzeln kultiviert, die dunkelrot, gelb, weiß oder zweifarbig sind. Sie zeigen ein interessantes Muster aus konzentrischen Ringen. Die dunkelgrünen Blätter mit den roten Stielen sind dekorativ und können, wenn sie jung sind, roh oder kurz gedünstet verzehrt werden. Zwergwüchsige Sorten werden geerntet, wenn sie 2,5–5 cm Durchmesser haben. Die Wurzeln größerer Sorten sind meist gut lagerfähig.

Blattgemüse

Mangold hat große, oft glänzend grüne Blätter mit einer breiten, auffälligen Mittelrippe, die man heraustrennen und separat als Gemüse zubereiten kann. Je nach Sorte ist diese Mittel-

DIE VERWANDTSCHAFT

Der botanische Name dieser Familie ist Chenopodiaceae – Gänsefußgewächse. Neben den unten genannten Arten gehören auch das Getreide Quinoa und einige »essbare Unkräuter« dazu, die den fruchtbaren Boden im Gemüsebeet schätzen.

- Rote Bete (*Beta vulgaris* subsp. *vulgaris*)
- Mangold (*Beta vulgaris* Cicla-Gruppe) (*rechts: Roter Mangold*)
- Guter Heinrich (*Chenopodium bonus-henricus*)
- Melde (*Atriplex hortensis* 'Rubra')
- Spinat (*Spinacia oleracea*) (*ganz rechts*)

GEMÜSE

rippe weiß, gelb, orange, leuchtend pink oder feuerrot. Mangold ist leicht zu kultivieren und schießt nicht so leicht in Saat wie Spinat. Man kann ihn über mehrere Monate hinweg ernten, selbst winterliche Temperaturen verträgt er recht gut. Eine Aussaat im Frühling und eine im Herbst genügen für die Ganzjahresversorgung.

Melde sät sich zwar reichlich selbst aus, aber die Pflanzen sehen dekorativ aus – auch im Salat. Der mehrjährige Gute Heinrich ist ein traditionelles Salatgemüse. Die Blätter können ganzjährig gepflückt werden, auch seine Blütentriebe sind essbar. Er bevorzugt fruchtbaren, guten Boden und verträgt etwas Schatten.

Der Anbau

Alle Gemüsearten dieser Familie brauchen einen fruchtbaren Boden, der nicht zu schnell austrocknet. Im Fruchtfolgeplan werden sie oft mit den Wurzelgemüsen zusammengefasst, weil sie Boden mögen, der für das Vorgängergemüse gedüngt wurde. Auf mageren Böden bekommt ihnen ein Bodenverbesserer mit mittlerem Nährstoffgehalt als Mulch gut. Mangold kann in Modulen (siehe S. 198) vorgezogen und aus-

Blattminierfliegen
Diese Schädlinge fressen zwischen der oberen und unteren Epidermis der Blätter Gänge in das weiche Gewebe. Befallene Blätter entfernen und die Larven in den Gängen zerdrücken.

gepflanzt werden. Bei Roter Bete ist auch die Horstsaat möglich (siehe S. 258). Für die Ernte außerhalb der Saison können alle Arten im Gewächshaus kultiviert werden.

Pflege und Ertragsförderung

Diese Gemüsearten sind recht unproblematisch, nur bei ungünstigen Bedingungen schießen sie schnell in Saat. Blattminierfliegen (siehe oben und S. 323) schaden Roter Bete nur wenig, können aber die Mangolderne verderben. Junger Spinat ist bei feuchter Luft anfällig für Mehltau.

Die Salat-Familie

Die Bandbreite dieser Familie reicht vom bescheidenen Kopfsalat bis zu den über 2,5 m hohen Trieben des Topinambur. Je nach Art werden die Blätter, Triebe, Blütenknospen, Wurzeln oder Sprossknollen geerntet.

Kopfsalat ist vermutlich derjenige Vertreter dieser Familie, der am häufigsten angepflanzt wird. Wie Chicorée und Endivie kann er in Form und Farbe sehr verschieden sein. Manche Salatarten bilden Köpfe, andere haben einen lockeren Aufbau. Von diesen Schnittsalaten kann man über mehrere Wochen hinweg Blätter ernten. Salat gedeiht gut im ungeheizten Gewächshaus, eignet sich aber auch als Zwischensaat und für Kübel.

Topinambur ist einfach zu kultivieren. Er bildet hohe, beblätterte Triebe und essbare Sprossknollen. Einige Sorten tragen überraschend dekorative, sonnenblumenartige Blüten in der für diese Familie typischen Form – viele Zungenblüten, die um ein zentrales Auge

DIE VERWANDTSCHAFT

Zur Familie der Asteraceae (Korbblütler) zählen neben den unten genannten Arten auch Löwenzahn und Sonnenblume, die mit dem Topinambur eng verwandt ist.

- Chicorée (*Cichorium intybus*)
- Endivie (*Cichorium endivia*)
- Kopfsalat (*Lactuca sativa*) (*rechts*)
- Kardy, Wilde Artischocke (*Cynara cardunculus*)
- Gemüse-Artischocke (*Cynara scolymus*)
- Topinambur (*Helianthus tuberosus*) (*Mitte*)
- Haferwurzel (*Tragopogon porrifolius*) (*ganz rechts, blühend*)
- Schwarzwurzel (*Scorzonera hispanica*)

stehen. Die Stiele der Wilden Artischocke (Kardy) werden im Herbst gebleicht, von den stattlichen Gemüse-Artischocken erntet man im Frühsommer die unreifen Blütenknospen. Haferwurzeln mit heller Schale und Schwarzwurzeln mit schwarzer Schale sind weniger bekannte Wurzelgemüse, die im Herbst und Winter geerntet werden. Im folgenden Frühling kann man die Triebe bleichen und essen, oder warten, bis Blütenknospen erscheinen.

Boden und Standort

Alle Angehörigen dieser Familie bevorzugen durchlässigen Boden. Blattarten können in den Fruchtfolgeplan integriert oder zwischen Zierpflanzen gesetzt werden. Artischocken brauchen viel Platz und sehen ebenfalls im Ziergarten gut aus. Die Wurzelarten können mit anderen Wurzelgemüsen in der Fruchtfolge zusammengefasst werden. Topinambur bietet sich als Windschutz-Pflanze an. Kopfsalat und Endivie gedeihen auch in Kübeln gut.

Pflege und Ertragsförderung

Kopfsalat ist eins der anfälligsten Mitglieder dieser Familie. Schnecken, Larven von Eulenfaltern, Blatt- und Wurzelläuse können auftreten. Im Gewächshaus ist bei hoher Luftfeuchtigkeit auch mit Falschem Mehltau und Grauschimmel zu rechnen. Es gibt jedoch Sorten, die gegen Blattläuse, Mehltau und verschiedene andere Störungen resistent sind. Weitere Informationen finden Sie im Anhang (siehe S. 320–341).

Bannmeile Schnecken sind ganz wild auf jungen Salat. Über kleine Pflanzen kann man transparente Plastikflaschen ohne Boden stülpen, die fest in die Erde gedrückt werden. Größere Pflanzen lassen sich kurzfristig durch einen Ring aus Kies, Kleie oder zerdrückten Eierschalen (*oben*) schützen. Langfristig sind Bierfallen sinnvoller (siehe S. 100–103).

Die Kartoffel-Familie

Pflanzen aus dieser Familie produzieren Stoffe, die dramatische Wirkungen auf den Menschen haben können, etwa die tödlichen Gifte von Tollkirsche, Alraune und Stechapfel, das Nikotin der Tabakspflanze oder das brennende Capsaicin der Peperoni. Zur gleichen Familie gehören aber auch erfrischend saftige Tomaten, Gemüsepaprika, milde Auberginen und ein köstlicher Sattmacher – die Kartoffel.

Boden und Fruchtfolge

Alle Pflanzen dieser Familie brauchen Sonne und einen fruchtbaren Boden mit viel organischer Substanz, der mit Mist oder Kompost angereichert ist. Roggen als Gründünger ist ein idealer Vorgänger.

Obwohl Kartoffeln frostempfindlich sind, gedeihen sie in kühlem Klima gut. Andere Verwandte wie Tomaten, Auberginen und Paprika brauchen mehr Wärme und viel Licht, um gut zu tragen. Sie werden gern im Gewächshaus kultiviert (siehe S. 226–227), aber Tomaten kann man auch im Haus vorziehen und später ins Freiland oder in Kübel pflanzen, wenn keine Frostgefahr mehr besteht.

Kartoffelvielfalt

Kartoffeln brauchen viel Platz, sind aber einfach anzubauen. Das Sortenangebot des Handels ist

DIE VERWANDTSCHAFT

Die Familie der Solanaceae (Nachtschattengewächse) ist nach dem giftigen Nachtschatten benannt. Viele Angehörige werden wegen ihrer Früchte geschätzt, nur von der Kartoffel erntet man die Knollen. Aus Kartoffelblüten entwickeln sich kleine, grünliche Früchte, die wie Mini-Tomaten aussehen, aber giftig sind.

Diese Familienmitglieder sollten sie kennen:

- Kartoffel (*Solanum tuberosum*)
- Tomate (*Lycopersicon esculentum*)
- Gemüsepaprika (*Capsicum annuum* Grossum-Gruppe)
- Peperoni (*Capsicum annuum* Longum-Gruppe)
- Cayenne-Pfeffer (*Capsicum frutescens*)
- Aubergine (*Solanum melongena*)

(Oben links) **Anhäufeln** Wenn Kartoffelpflanzen 15 cm hoch sind, schieben Sie die Erde an den Stielen hoch, bis nur noch die Triebspitzen herausschauen. Wiederholen, wenn die Blätter von Nachbarpflanzen einander berühren.

(Oben rechts) **Saisonende** Wenn die Triebe der Kartoffeln der Haupternte abwelken, sollte man sie abschneiden. Die Knollen können im Boden bleiben, müssen aber vor dem ersten Frost geerntet werden.

gering, im eigenen Garten dagegen hat man die Wahl zwischen rund 100 Sorten, von denen sich viele gut für den Winter einlagern lassen. Kartoffeln werden normalerweise aus speziellen Pflanzkartoffeln gezogen. Einige alte und ungewöhnliche Sorten können bei Spezialanbietern auch als Jungpflanzen bestellt werden.

Um das Wachstum zu beschleunigen, werden Pflanzkartoffeln oft im Haus vorgekeimt (siehe S. 263). Normalerweise pflanzt man im Frühling und hat die Wahl zwischen sehr frühen »Erstlingen«, etwas späteren »Frühkartoffeln« und den Sorten der Haupternte. Kombiniert man Sorten, kann über einen längeren Zeitraum geerntet werden. Kartoffeln der Haupternte werden für den Winter eingelagert. Pflanzt man aber im Herbst Erstlinge an einem frostgeschützten Ort, kann man mitten im Winter frische, junge Kartoffeln ernten (siehe S. 225).

Kartoffeln anbauen

Sobald sich der Boden im Frühling erwärmt hat, werden Kartoffeln entweder in Einzelpflanzlöcher oder in 15 cm tiefe Gräben gepflanzt. Wer nicht umgraben will (siehe S. 216), kann sie sogar auf der Erdoberfläche unter einer dicken Mulchdecke ziehen. Werden späte Fröste vorausgesagt, muss man sie mit Stroh oder Vlies vor Kälte schützen. Danach ist nur dafür zu sorgen, dass die Pflanzen genug Wasser bekommen und dass die Knollen vor Licht geschützt sind. Bei Lichteinwirkung bilden sie Chlorophyll, werden grün und ungenießbar. Das Abdunkeln lässt sich entweder durch Mulch oder durch regelmäßiges Anhäufeln erledigen (siehe oben). Wenn die Pflanzen größer sind, beschatten ihre Blätter den Wurzelbereich.

Die Blüte ist ein Hinweis, dass die Knollen groß genug zum Ernten sind. Bei Sorten, die nicht blühen, schieben sie einfach die Erde beiseite, um die Knollengröße zu prüfen. Kartoffeln der Haupternte können nach Bedarf geerntet werden, bis das Laub abwelkt. Zum Einlagern eignen sich nur gesunde, unbeschädigte Kartoffeln (siehe S. 271).

Empfindliche Fruchtgemüse

Selbst gezogene, an der Pflanze gereifte Tomaten schmecken um Längen besser als alles, was

GEMÜSE

man kaufen kann. Das Sortenangebot für den Garten ist riesig: zwergwüchsige, kompakte, mittelgroße und hohe Sorten, (siehe gegenüber). Die Früchte, von kirschklein bis fast kiloschwer, können rot, gelb, orange, grün und gestreift sein. Tomaten wachsen in Kübeln, Ampeln und Substratsäcken. Wüchsige Sorten pflanzt man am besten direkt ins Beet.

Paprikasorten gibt es von mild bis feurig. Milde Gemüsepaprika kann man grün ernten oder ausreifen lassen, bis sie rot, gelb, orange oder violett sind. Peperoni und Chili tragen meist kleinere, längliche, zugespitzte Früchte.

Heutige Auberginen haben eine dunkelviolett glänzende Schale, ihre Vorfahren waren jedoch weißschalig. Moderne Sorten tragen meist zuverlässig, aber pro Pflanze meist nur vier oder fünf Früchte. Auberginen und Paprika wachsen in Kübeln oder im Beet. In kühlen Regionen kultiviert man sie am besten im Gewächshaus.

Pflege und Ertragsförderung

Die Krautfäule, die Kartoffeln und Tomaten befallen kann, richtet vor allem in nassen Jahren erheblichen Schaden an.

Familienähnlichkeit An den Blüten von Kartoffeln (*links oben*) und Auberginen (*unten*) ist die Verwandtschaft deutlich zu erkennen.

GESUNDE PFLANZEN IM GEWÄCHSHAUS

- Konsequent Ordnung halten, Blumentöpfe und Gartenwerkzeug woanders aufbewahren.

- Scheiben sauber halten, bei Bedarf mehrmals jährlich abwaschen.

- Mindestens einmal jährlich das Gewächshaus ausräumen und grundreinigen – zuerst mit heißem Seifenwasser, dann mit dem Schlauch abspritzen.

- Abgestorbene und kranke Pflanzenteile abschneiden. Die Schere vor dem Schnitt anderer Pflanzen säubern.

- Tote oder stark von Krankheiten oder Schädlingen befallene Pflanzen sofort entfernen.

- Möglichst viele Pflanzen selbst ziehen, um keine Schädlinge oder Krankheiten einzuschleppen.

- Gekaufte Pflanzen und ihr Substrat untersuchen. Die Pflanzen ein oder zwei Wochen separat stellen, ehe sie ins Gewächshaus einziehen dürfen.

- Die Fruchtfolge einhalten, um die Ansiedlung von Erregern im Boden zu vermeiden.

- Pflanzen täglich auf Krankheiten und Schädlinge untersuchen. Probleme geraten in geschlossenen Räumen schnell außer Kontrolle.

- Im Sommer Pflanzen, die anfällig für Spinnmilben sind, regelmäßig mit Wasser einnebeln.

- Gelbtafeln aufhängen, um die Schädlingsmenge zu überwachen.

- Bei starkem Schädlingsbefall biologische Gegenmittel anwenden (siehe S. 97). Wenn Nützlinge eingesetzt werden, Leimtafeln vorher entfernen.

(Rechts oben) **Tomaten stützen** Um den hohen Pflanzen Halt zu geben, werden sie regelmäßig an Stäben oder im Gewächshaus befestigten Schnüren angebunden.

(Rechts, Mitte) **Ausgeizen** Seitentriebe in den Blattachseln ausknipsen, solange sie kurz sind. Nur der Haupttrieb soll wachsen.

(Rechts unten) **Bremsen** In kühlen Gebieten stoppt man das Wachstum hoher Tomaten meist, wenn sich vier oder fünf Blütenrispen gebildet haben. Einfach die Triebspitze ausknipsen. So werden keine Früchte gebildet, die im Lauf der Saison nicht mehr reifen könnten, und die Energie kommt den vorhandenen Früchten zugute.

Sie lässt sich kaum verhindern, es gibt jedoch resistente Kartoffelsorten. Erstlinge werden früh genug geerntet, um den Befall zu umgehen. Das sorgfältige Abräumen aller potenziellen Infektionsquellen kann ebenfalls den Ausbruch verzögern.

Im Gewächshaus sorgen Ordnung und Sauberkeit für Pflanzengesundheit und gute Erträge. Gegen Schädlinge wie Weiße Fliege, Spinnmilbe und Blattläuse können Nützlinge eingesetzt werden.

Weitere Informationen finden Sie im Anhang (siehe S. 320–341).

Die Mohrrüben-Familie

Die Gemüsearten aus dieser artenreichen Familie schmecken sehr unterschiedlich. Die Verwandtschaft erkennt man an den flach-breiten Blütenständen mit zahlreichen winzigen, cremeweißen Einzelblüten. Auch der Kälberkropf gehört zu dieser Familie. Die Blüten locken nützliche Insekten an.

Mohrrüben und Pastinaken sind traditionelle Gemüse, Wurzelpetersilie ist weniger bekannt. Die Blätter und Stängel von Knollen- und Stangensellerie haben ein starkes Aroma, noch intensiver schmeckt die Sellerieknolle, die wie ein Wurzelgemüse zubereitet wird. Die verdickte Stängelbasis des Gemüsefenchels schmeckt zart nach Anis, er wächst schnell und wird am besten erst ab Hochsommer gesät. Die meisten anderen Familienmitglieder brauchen mehr Zeit. Petersilie wird oft zusammen mit diesen Gemüsearten gesät.

Der Anbau

Mohrrüben und Pastinaken werden direkt ins Beet gesät. Sie vertragen Kälte und können über Winter im Boden bleiben oder als Wintervorrat eingelagert werden.

Beide Gemüsearten wachsen gut in lockerem Boden, der für Vorgängerpflanzen wie Kohlarten gedüngt wurde. Wer steinigen

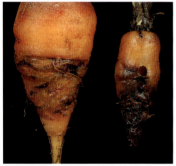

Pflanzenprobleme Gänge in den Wurzeln (*oben*) werden von der Möhrenfliege gefressen. Beiniger Wuchs (*Mitte*) tritt auf steinigen Böden auf. Verfärbte Blätter (*unten, an Petersilie*) weisen auch auf die Möhrenfliege hin, die alle Familienmitglieder befallen kann.

DIE VERWANDTSCHAFT

- Blattpetersilie (*Petroselinum crispum*)
- Gemüsefenchel (*Foeniculum vulgare* var. *dulce*)
- Mohrrübe (*Daucus carota*)
- Pastinake (*Pastinaca sativa*)
- Stangensellerie, Knollensellerie (*Apium graveolens, A. graveolens* var. *rapaceum*)
- Wurzelpetersilie (*Petroselinum crispum* var. *tuberosum*)

(Von links) **Mohrrübenblüte, Pastinake, Petersilie, Gemüsefenchel**

Junge Mohrrüben Mohrrübensamen sind so winzig, dass man sie kaum dünn säen kann. Weil durch den Geruch beim Ausdünnen aber die Möhrenfliege angelockt wird, erntet man einige Mohrrüben dünn und jung und lässt andere stehen, damit sie größer werden können.

oder schweren Boden hat, kann frühe Mohrrüben auch in Kübel säen (siehe S. 222). In steinigen Böden wachsen Wurzelgemüse oft beinig.

Knollen- und Stangensellerie gehen schnell in Saat, wenn das Wachstum stagniert. Am besten setzt man Jungpflanzen ins Freie, wenn sich der Boden erwärmt hat. Verteilen Sie zusätzlich einen Bodenverbesserer mit mittlerem oder hohem Nährstoffgehalt. Obwohl die Mitglieder dieser Familie verschiedene Ansprüche an den Boden stellen, fasst man sie in der Fruchtfolge zusammen, weil sie für die gleichen Probleme anfällig sind.

Pflege und Ertragsförderung

Die Larven der Möhrenfliege fressen die Wurzeln aller Arten dieser Familie, sind aber nur für Mohrrüben wirklich gefährlich. Barrieren oder Abdeckungen (siehe S. 100–103) helfen. Manche Gärtner schwören auch auf abwechselnde Reihen von Mohrrüben und Zwiebeln, um die Schädlinge zu verwirren. Die Wurzelfäule der Pastinake tritt nur bei Pastinaken auf und wird durch Schäden durch die Möhrenfliege noch verschärft. Gute Dränage und enge Pflanzabstände wirken vorbeugend. Weitere Informationen finden Sie im Anhang (siehe S. 320–341).

Gemüse aussäen

Viele Gemüsearten kann man einfach direkt im Beet, wo später geerntet werden soll, aussäen. Zieht man Jungpflanzen in Töpfen im Haus oder Gewächshaus vor (siehe S. 260) gewinnt man einen Zeitvorsprung, aber die Direktsaat ist eine schnellere, preiswerte und erfolgreiche Methode.

Bodenvorbereitung Am besten keimen Samen in feinkrümeligem Boden, der mit einer Harke geglättet wurde.

SO KLAPPT ES

▪ Jede Gemüseart braucht zur Keimung eine bestimmte Temperatur (Aussaattermin siehe Samentüte).

▪ Zu früh gesäte Pflanzen sind anfälliger für Schädlinge und Krankheiten.

▪ Verwenden Sie frisches Saatgut oder Samen, die kühl und trocken gelagert wurden.

▪ Ziehen Sie frostempfindliche Arten wie Grüne Bohnen, Tomaten und Mais im Haus vor, um einen Zeitvorsprung zu gewinnen (siehe S. 198–199).

Die Saatgut-Auswahl

Biologisches Saatgut muss bestimmte Standards erfüllen und ohne Einsatz von künstlichen Düngern oder Pestiziden erzeugt sein. Für die Produktion konventionellen Saatguts werden solche chemischen Stoffe häufig eingesetzt. Im Biogarten sollte man solche Samen nur verwenden, wenn es keine Alternative gibt.

Kaufen Sie lieber bei einem verlässlichen Händler Bio-Saatgut oder sammeln Sie selbst Samen. Alte Sorten (siehe S. 208–209) sind über Saatgut-Archive, Vereine und Verbände zu bekommen. Genmanipuliertes Gemüse (siehe S. 207) kommt im Biogarten nicht infrage.

Lagern Sie Saatgut immer an einem kühlen, trockenen Platz. Auf den meisten Tüten ist aufgedruckt, wie lange die Samen keimfähig bleiben.

Saatgut-Formen

Die meisten Gemüsesamen werden getrocknet in Folien- oder Papiertütchen verkauft. Es gibt aber Alternativen:

▪ **Beschichtete Samen/Pellets** Jedes Samenkorn ist mit einer Lehmhülle umgeben, was die Handhabung und Aussaat erleichtert. Die Hülle sollte keine Pestizide enthalten.

▪ **Vorgekeimte Samen** (meist von Gurken) werden von Versandhändlern vertrieben. Wenn Sie eintreffen, wächst die Sämlingswurzel bereits.

▪ **Priming-Saatgut** Diese Samen wurden unter Idealbedingungen zur Keimung gebracht und dann wieder getrocknet. Nach der Lieferung müssen sie sofort gesät oder bei 5 °C aufbewahrt werden. Die Sämlinge wachsen schnell, gleichmäßig und unabhängig von der Bodentemperatur. Saatgut dieses Typs ist für Mohrrüben, Sellerie, Porree, Petersilie, Pastinaken und andere erhältlich.

▪ **Saatbänder** Die Samen sind einzeln in kompostierbares Papier eingebettet, das in Saatrillen gelegt wird (siehe Foto gegenüber). Das Ausdünnen entfällt.

Aussaat-Techniken

Die meisten Samen müssen nicht tief vergraben werden. Einige Millimeter Tiefe genügen. Bei größeren Samen entspricht die richtige Saattiefe ihrem doppelten Durchmesser. Erbsen sät man 2,5–4 cm tief, Bohnen 4–5 cm tief. Man kann in Reihen, einzelnen Horsten oder breitwürfig säen.

■ **Aussaat in Rillen** Mit der Ecke der Harke oder mit einem Stock eine flache Rille ziehen, die Erde anfeuchten und die Samen in die Rille geben – entweder in den richtigen Abständen für die ausgewachsenen Pflanzen, oder dichter, sodass später ausgedünnt werden muss. Erde über die Samen harken und leicht andrücken.

■ **Einzel-Aussaat** Jeweils zwei oder drei Samen werden in den richtigen Abständen für die ausgewachsenen Pflanzen in Rillen oder in einzelne Löcher gelegt. Später pro Pflanzstelle nur den kräftigsten Sämling stehen lassen. Bei dieser Methode werden – vor allem bei großen Pflanzabständen – weniger Samen verbraucht.

■ **Breitwürfige Aussaat** Die Samen werden flächig auf den Boden gestreut und leicht eingeharkt. Diese Methode eignet sich für Gras, Gründünger und andere kleine bis mittelgroße Samen. Weil nicht alle Samen von Erde bedeckt werden, ist Schutz gegen Vogelfraß sinnvoll. Netze sind dafür geeignet, aber Vlies hat den Vorteil, dass er den Boden erwärmt und die Keimung beschleunigt. Nach der Aussaat wässern, wenn kein Regen vorhergesagt ist.

Ausdünnen

Sofern Samen nicht einzeln, in Horsten (siehe S. 258) oder sehr dünn gelegt wurden, müssen einige Sämlinge entfernt werden, damit die anderen genug Platz haben, um sich gut zu entwickeln. Am besten geht man mehrmals an die Arbeit und zupft jeden zweiten Sämling aus, bis die nötigen Abstände erreicht sind. Vor und nach dem Ausdünnen wässern und den Boden möglichst wenig umwühlen.

Abstände

Durch richtige Pflanzabstände, geschickte Sortenwahl und – soweit möglich – schmale Beete (siehe S. 212–215) lässt sich die Fläche im Gemüsegarten optimal ausnutzen. Wenn man nicht zwischen die Reihen treten muss, können die Pflanzen dichter stehen als traditionell üblich. Der Gemüseanbau in langen Reihen, zwischen denen der Boden gehackt wird, hat sich im 18. Jahrhundert infolge von Veränderungen landwirtschaftlicher Methoden entwickelt. Das System hat in großen Gemüsegärten seinen Nutzen, für kleinere Gärten ist es aber praktischer, die Pflanzen in quadratischen Blöcken oder gleichmäßig verteilt anzuordnen.

■ **Gleiche Abstände** Die Pflanzen werden in versetzten Reihen angeordnet. Alle Abstände sind gleich und entsprechen etwa dem Mittelwert zwischen den empfohlenen Pflanz- und Reihenabständen. Sind auf der Samentüte Pflanzabstände von 15 cm und Reihenabstände von 30 cm angegeben, beträgt der Abstand bei gleichmäßiger Verteilung etwa 23 cm. So bekommen alle gleich viel Licht, Wasser und Nährstoffe und bilden bald eine Blattkrone über dem Boden, die Unkraut unterdrückt.

■ **Quadratische Blöcke** Die Pflanzen werden rasterförmig mit gleichen Pflanz- und Reihenabständen angeordnet. Das ist praktisch, wenn die Beetbreite nur für zwei oder drei Pflanzen ausreicht. Das Raster kann man leicht vorzeichnen,

Reihensaat

1. Den Boden feinkrümelig harken und mit Pflöcken und Schnur gerade Linien markieren. Mit einer Hacke oder einem Gerätestiel eine flache, v-förmige Rille entlang der Schnur ziehen. Den Rillengrund vor der Aussaat gießen. **2.** Hier werden Pellets verwendet, die mehrere Rote-Bete-Samen enthalten. Sie werden in regelmäßigen Abständen in die Reihe gelegt. Feinere Samen schüttet man am besten in die Hand und streut sie dann dünn und gleichmäßig in die Rille. **3.** Mit dem Rücken der Harke vorsichtig Erde über die Samen ziehen. Die meisten müssen nur dünn bedeckt werden. **4.** Wenn sich die Sämlinge zeigen, werden sie auf die gewünschten oder auf der Samentüte angegebenen Abstände ausgedünnt.

indem man ein Brett oder einen Harkenstiel längs und quer in den Boden drückt. Gesät oder gepflanzt wird jeweils auf den Kreuzungspunkten der Markierungslinien.

Die Auswirkung der Pflanzdichte

Bei Zwiebeln, Kohl und anderen Gemüsearten wirkt sich die Pflanzdichte auf die Pflanzengröße aus. Je mehr Platz sie haben, desto größer werden sie – bis ihre Maximalgröße erreicht ist. Durch engere Pflanzabstände bleiben die Pflanzen kleiner, was oft praktisch ist. In den meisten Fällen steigt gleichzeitig der Gesamtertrag. Sind die Abstände allerdings zu klein, können sich die Pflanzen nicht gut entwickeln und erreichen keine lohnende Größe. Durch gleichmäßige Anordnung (siehe S. 256) lässt sich die Pflanzengröße am besten beeinflussen. Die Abstände können je nach Gemüseart und gewünschter Größe variiert werden.

Bei Zwiebeln ist der Effekt der Pflanzabstände gut zu erkennen. Sollen sie groß werden, sind gleichmäßige Abstände von 20×20 cm ideal. Steckt man sie in Abständen von 15 cm, kann man mittelgroße Zwiebeln ernten. Bei Abständen von 60 cm wachsen Sommer-Kohlsorten zur maximalen Größe heran. Reduziert man die Abstände auf 30 cm, erntet man Köpfe im passenden Format für eine Mahlzeit.

Horstsaat

Bei dieser Methode legt man pro Saatstelle mehrere Samen und lässt alle Pflanzen heranwachsen. Die Abstände sollten etwa doppelt so groß wie üblich sein. Die Horste können schon in Modulen im Haus gesät und später komplett ausgepflanzt werden. Auf diese Weise entsteht eine dichte Gruppe aus Knollen oder Wurzeln, die kleiner (und oft zarter) sind als bei Einzelstellung. Gut geeignet für diese Methode sind Rote Bete, Porree und Zwiebeln (vier bis fünf Samen pro Horst), runde Mohrrübensorten (vier Samen pro Horst) sowie Frühlingszwiebeln und Schnittlauch (zehn Samen pro Horst).

Füllsaat und Untersaat

Als Füllsaat bezeichnet man kleine oder schnell wachsende Gemüsearten, die in Reihen

GEMÜSE

oder Horsten zwischen langsam wachsenden Gemüsen der Haupternte gesät oder gepflanzt werden.

Viele Pflanzenkombinationen sind möglich, wichtig ist nur, dass der Lückenfüller der Hauptart nicht Wasser und Nährstoffe entzieht und dass er vor der Hauptart geerntet wird. Den Platz zwischen Winter-Kohlköpfen kann man beispielsweise mit Frühlingszwiebeln, kleinen Salaten, Spinat, Pak Choi, Radieschen, Rauke und anderen füllen. Salatgemüse eignen sich besonders gut als Füllsaaten.

Unter hohen Arten wie Gemüsemais, die anfangs wenig Schatten werfen, können niedrige Gemüsearten wie Buschbohnen, Salat oder Mizuna wachsen. Auch Zucchini, Kürbisse und andere Pflanzen mit kriechendem Wuchs sind für die untere Etage geeignet. Schattenverträgliche Gemüse wie Salat und Spinat gedeihen sogar zwischen Reihen von Stangenbohnen.

Zwischensaaten und Doppelbelegung

Als Zwischensaaten bezeichnet man schnell wachsende Arten, die nach dem Ernten des Hauptgemüse und vor der Pflanzung des nächsten »eingeschoben« werden. Blattsalate, Radieschen, Wilde Rauke, Sprossen und schnell wachsende Gründünger eignen sich für diesen Zweck. Es ist auch möglich, solche Arten zwischen langsam wachsende, einzeln platzierte Arten wie Pastinaken zu säen und abzuernten, bevor die Hauptart den Platz benötigt.

Folgesaaten

Legt man von schnell wachsenden Gemüsearten wie Salat und Radieschen in Intervallen von zwei bis drei Wochen jeweils nur wenige Samen, kann man fortlaufend über mehrere Monate hinweg ernten und vermeidet eine Ernteschwemme. Folgesaaten sind bei Feldsalat und Rauke und auch bei Brokkoli, Kohlrabi, Spinat, Buschbohnen, Frühlingszwiebeln und Rüben sinnvoll.

(Unten, von links) **Aussaatmethoden und Pflanzabstände**
Kopfsalat in engen, gleichmäßigen Abständen. Zwiebeln als Horste gesät. Porree mit Salat als Lückenfüller. Pastinaken mit Radieschen, die geerntet werden, wenn die Pastinakenpflanzen mehr Licht und Platz brauchen.

Gemüse pflanzen

Frostempfindliche Gemüsearten kann man im Haus in Töpfen vorziehen und erst später ins Beet setzen. Porree und Kohlgewächse können auch in einem Saatbeet im Freien vorgezogen werden. Von mehrjährigen Arten wie Spargel und Süßkartoffeln kauft man am besten Jungpflanzen und Zwiebeln und Schalotten sind aus Steckzwiebeln viel einfacher heranzuziehen als aus Samen. Manche Gemüse, etwa Kartoffeln und Knoblauch, werden niemals aus Samen gezogen.

Jungpflanzen ziehen

Tomaten und Auberginen haben eine lange Wachstumssaison. Damit ihre Früchte bis zum Spätsommer ausreifen können, müssen sie gesät werden, wenn es im Freiland noch zu kalt für sie ist. Wer einen sehr kleinen Garten hat, kann Jungpflanzen in Töpfen ziehen, bis Beetfläche für sie frei geworden ist. Manchmal keimen die Samen sogar besser und bringen kräftigere Pflanzen hervor, wenn sie unter kontrollierten Bedingungen und etwas Extrawärme im Haus in Töpfen gesät werden.

Je nach erforderlicher Keimtemperatur kann die Aussaat im Gewächshaus oder Frühbeet, in einem geheizten Anzuchtkasten oder auf der Fensterbank erfolgen. Neben einfachen Blumentöpfen und Schalen sind auch Module in verschiedenen Größen aus Kunststoff oder kompostierbarem Material erhältlich, in denen jeder Sämling eine »Einzelzelle« hat.

(Rechts) **Zucchini-Jungpflanzen**
1. Versandhändler verschicken Jungpflanzen in schützenden Verpackungen aus Kunststoff. Nach der Lieferung müssen die Pflanzen schnellstens ins Beet gesetzt werden, sonst verkümmern sie. **2.** In gut vorbereitetem Boden Pflanzlöcher ausheben und die Pflanzen so hineinsetzen, dass der Wurzelballen knapp unter der Erdoberfläche liegt. Andrücken und gießen. **3.** Etwas Mulch um die Pflanzen hält den Boden feucht und warm und unterstützt das Anwachsen. In kühleren Gegenden sollte erst gemulcht werden, wenn die Pflanzen kräftig wachsen. Um sie vor Kälte und Wind zu schützen, kann man abgeschnittene Plastikflaschen darüberstülpen. **4.** Die Pflanzen regelmäßig gießen, bis sie angewachsen sind.

(Links) **Platz sparen** Porree und viele Kohlarten nehmen über lange Zeit Platz im Gemüsebeet ein. Die meisten Arten können problemlos umgepflanzt werden, darum ist es sinnvoll, sie an einem anderen Platz vorzuziehen und die Beetfläche vorerst für anderes Gemüse zu nutzen. Porree und Kohlarten lassen sich leicht aus Samen ziehen. Sie werden in ein »Saatbeet« gesät und später an ihren Platz umgepflanzt. Man kann sie auch in Töpfen oder Schalen vorziehen oder Jungpflanzen kaufen.
Asiatische Kohlarten (z.B. Komatsuna, Mizuna), Brokkoli, Rüben, Radieschen und Steckrüben vertragen Störungen des Wurzelbereichs nicht und sollten darum nicht umgepflanzt werden.

Jungpflanzen kaufen

Wenn Sie nicht den Platz oder die Zeit haben, Jungpflanzen selbst zu ziehen, können Sie in der Gärtnerei, auf dem Markt oder im Internet einkaufen. Allerdings ist das Sortenangebot des Handels geringer als das Saatgutangebot. Kaufen Sie möglichst biologisch gezogene Pflanzen und stellen Sie kälteempfindliche Arten wie Tomaten, Mais, Zucchini oder Grüne Bohnen nicht ins Freie, wenn noch mit Frost zu rechnen ist. Ins Beet dürfen sie erst gepflanzt werden, wenn sich der Boden erwärmt hat.

Pflanzkartoffeln und Steckzwiebeln

Wer Kartoffeln anbauen will, sollte nur Pflanzkartoffeln von einem seriösen Händler kaufen. Sie wachsen meist besser, wenn sie vorgekeimt werden (siehe Kasten gegenüber). Zwiebeln und Schalotten kann man aussäen, aber es ist wesentlich praktischer und bequemer, im Herbst oder zeitigen Frühling kleine Steckzwiebeln zu pflanzen. Man drückt sie einfach mit den Fingern in die Erde, bis gerade noch die Spitze herausschaut. Einzelne Zehen von Pflanzknoblauch werden im Spätherbst gepflanzt.

Mehrjährige Gemüsearten

Mehrjährige Gemüsearten wie Rhabarber und Artischocken bringen schneller Erträge, wenn man sie nicht aus Samen, sondern aus Teilstücken ausgewachsener Pflanzen zieht (siehe auch S. 193). Spargel sollte erst vom dritten Standjahr an geerntet werden, darum ist es sinnvoll, einjährige Pflanzen zu kaufen (siehe oben, ganz rechts), um die Wartezeit zu verkürzen. Topinambur wird wie Kartoffeln aus Knollen gezogen, Meerkohl aus Teilstücken der fleischigen Wurzeln.

(Oben, von ganz links) **Pflanztechniken** Für Porree 15 cm tiefe Löcher stechen und vorsichtig Wasser hineingießen – dabei möglichst keine Erde hineinschwemmen. Tomaten in Substratsäcken: Töpfe ohne Boden in Ausschnitte in den Säcken setzen und die Tomaten in diese »Ringe« pflanzen. Mais nicht in Reihen, sondern in Blöcken pflanzen, da er vom Wind bestäubt wird. Spargelwurzeln haben einen spinnennetzartigen Aufbau und sollten auf einen Wall am Grund des Pflanzgrabens gesetzt werden.

KARTOFFELN VORKEIMEN

Pflanzkartoffeln werden meist im Spätwinter in Gärtnereien, auf dem Markt oder im Internet angeboten. So bleibt genug Zeit, sie bis zur Pflanzung einige Wochen lang vorzukeimen. Die Pflanzkartoffeln so in flache Schalen oder Eierkartons legen (*rechts*), dass das Ende mit den meisten Augen nach oben zeigt. Die Kartoffeln an einen warmen, hellen Platz stellen, bis sich Keime bilden. Wenn keine Frostgefahr mehr besteht und der Boden sich erwärmt hat, werden sie gepflanzt. Dabei muss das Ende mit den Keimen nach oben zeigen (*ganz rechts*).

Gemüsepflanzen pflegen

Die meisten Gemüsearten brauchen nicht viel Pflege, wenn sie einmal angewachsen sind. Kontrollieren Sie sie aber regelmäßig und geben Sie ihnen die Extraversorgung, die für eine gute Ernte nötig ist.

Gießen
Wassermangel lässt viele Pflanzen vorzeitig in Saat schießen, macht sie anfälliger für Krankheiten und Schädlinge und reduziert den Ertrag. Sämlinge und umgepflanzte Exemplare dürfen nie austrocknen. Sind die Pflanzen angewachsen, gießen Sie lieber seltener und dafür durchdringend, statt häufig kleine Wassermengen zu geben. Dringt das Wasser tief in den Boden ein, wurzelt die Pflanze tiefer und kann Trockenphasen besser überstehen.

Düngen
Wenn der Boden gut vorbereitet wurde, brauchen die meisten Gemüsearten keinen zusätzlichen Dünger. Langsam wachsende und mehrjährige Arten danken aber einen Mulch mit mittlerem oder hohem Nährstoffgehalt.

Mulch und Unkrautbekämpfung
Auf unbepflanztem Boden reduziert Mulch die Wasserverdunstung und unterbindet die Keimung von Unkrautsamen. Ein Bodenverbesserer mit hohem oder mittlerem Nährstoffgehalt reichert den Boden zusätzlich an. Mulch im Frühling und Sommer auf warmen, feuchten Boden verteilen.

Unkraut konkurriert mit dem Gemüse um Nährstoffe, Licht und Feuchtigkeit, darum ist regelmäßiges Jäten wichtig. Bei wüchsigen Gemüsen muss man oft nur einmal jäten, weil sie bald selbst das Unkraut verdrängen. Weitere Informationen zur Unkrautunterdrückung mit Mulch finden Sie auf S. 72–75.

Probleme vermeiden
Gesunde, gepflegte Pflanzen sind widerstandsfähiger gegen Krankheiten und Schädlinge. Wo bereits Probleme bekannt

(Im Uhrzeigersinn von oben links) **Vorbereitung und Pflege** Voluminöse Bodenverbesserer pflegen den Boden und führen ihm Nährstoffe zu. Immer auf den Wurzelbereich der Pflanze gießen, nicht auf die Blätter. In dicht bepflanzten Beeten muss kaum gehackt werden. Schalotten wachsen durch Mulchfolie, die Unkraut unterdrückt und Wasser im Boden hält.

RICHTIG BEWÄSSERN

■ Hauptsächlich zu den Zeiten gießen, in denen die Pflanzen besonders viel Wasser brauchen (siehe S. 63).

■ Nicht zu viel gießen, Gemüse schmeckt sonst wässrig, und in nassem Boden siedeln sich leichter Pilzkrankheiten an.

■ Abends gießen, dann verdunstet weniger Wasser. Wo Schnecken ein Problem sind, früh morgens gießen.

■ Eine Kanne mit feiner Brause oder einen Schlauch mit einer Gießlanze verwenden.

■ Bohnen und anderen durstigen Arten kann man eimerweise Wasser auf die Wurzeln gießen.

■ Ein Tropfschlauch macht die Gießarbeit leichter und verschwendet kein Wasser.

■ Weitere Tipps zur Bewässerung finden Sie auf S. 56–67.

sind, sollten Sie resistente Sorten wählen. Auch ist eine konsequente Fruchtfolge (siehe S. 230–233) wichtig, um die Anreicherung von Schadorganismen im Boden zu vermeiden. Es lohnt sich außerdem, die Lebenszyklen der Schädlinge zu kennen und die Aussaattermine darauf abzustimmen, um besonders risikoreiche Zeiten zu umgehen. Schnecken und andere größere Schädlinge kann man von Hand absammeln, gegen andere können Nützlinge eingesetzt werden (siehe S. 97). Kragen und ähnliche Barrieren verhindern, dass Schädlinge ihre Eier an Gemüsepflanzen ablegen. Weitere Informationen zur biologischen Schädlingsbekämpfung finden Sie auf S. 100–103.

Befallene Pflanzen müssen umgehend entfernt und kompostiert werden. Die Gefahr mancher Pilzerkrankungen lässt sich verringern, indem man den pH-Wert des Bodens mit Kalk anhebt (siehe S. 55).

Manche Gemüseprobleme sind die Folge von Kulturfehlern oder Mineralstoffmangel im Boden. Viele Pflanzen schießen vorzeitig in Saat, wenn sie starken Temperaturschwankungen ausgesetzt sind, zur falschen Zeit gesät wurden oder austrocknen. Schlechter Fruchtansatz kann durch fehlende Bestäubung, Trockenheit oder zu unregelmäßiges Wässern verursacht werden. Für die Bestäubung lässt sich viel tun, indem man Bienenweide-Blumen in die Nähe der Nutzpflanzen setzt, die ganz nebenbei auch hübsch aussehen (siehe S. 94–95).

Weitere Informationen zu Krankheiten und Schädlingen finden Sie im Anhang (siehe S. 320–341).

Kälteschutz

Kälteempfindliche Gemüsearten, die im Frühling ausgepflanzt werden, aber auch kleine Sämlinge können durch Kälte oder Frost Schaden nehmen. Einzelne Pflanzen können mit abgeschnittenen, transparenten Plastikflaschen oder mit Vlies abgedeckt werden. Vliesbahnen, die an zwei Kanten an Leisten genagelt sind, eignen sich zum Abdecken ganzer Beete und lassen sich zum Verstauen leicht aufrollen. Tomaten brauchen manchmal auch im Frühherbst einen Schutz, damit die letzten Früchte reifen.

Anbinden und Stützen

Stützen für Erbsen, Stangenbohnen und hohe Tomatensorten sollten vor der Aussaat oder Pflanzung aufgestellt werden. Für kletternde Bohnen stellt man lange Stangen in Zweierreihen oder kreisförmig wie ein Zeltgestänge auf und bindet sie oben zusammen. An jede Stange wird eine Pflanze gesetzt. Zuerst müssen die Bohnenpflanzen eventuell angebunden werden, aber bald winden sie sich allein in die Höhe. Erbsen bilden Halteranken, mit denen sie sich an verzweigten Reisern oder weitmaschigen Netzen festhalten.

Nichtkletternde, hohe Gemüsearten wie Rosenkohl, Brokkoli und Dicke Bohnen werden mit kräftigen Stäben gestützt. Rosenkohl braucht an windigen Standorten besonders stabile Stützen.

Mehrjährige Gemüsearten

Gemüse, die jahrelang an ihrem Platz bleiben, werden ebenso gepflegt wie Zierstauden (siehe S. 190–193). Damit sie gut gedeihen, sollten sie allerdings jährlich mit Kompost oder einem anderen Bodenverbesserer mit mittlerem Nährstoffgehalt (siehe S. 34–35) gemulcht werden. Rhabarber tut ein Winterschutz aus Stroh gut. Die meisten mehrjährigen Gemüsearten sollten jeweils nach einigen Jahren geteilt und umgepflanzt werden, nur Spargel lässt man am besten ungestört. Hat er sich einmal etabliert, kann er durchaus 20 Jahre lang Erträge bringen.

Artischocken teilen Diese großen Stauden sollten alle drei bis vier Jahre durch Teilung verjüngt werden. Sie wachsen bei uns nur in milden Klimaregionen.

(Unten, von links) **Pflanzenstützen** Dicke Bohnen an dicken Zweigen. Kürbis an einem »Obelisken« aus zusammengebundenen Stangen. Dünne, verzweigte Reiser für Erbsen. Hohe Tomaten an stabilen Stützstäben. Anhäufeln einzelner Pflanzen, damit der Wind sie nicht losrüttelt. Eine junge Brokkolipflanze mit einem Holzleistenrest.

Ernte und Lagerung

Erbsen, Mais und viele Blattgemüse schmecken am besten, wenn man sie frisch aus dem Garten zubereitet. Andere kann man einige Tage an einem kühlen, dunklen Platz aufbewahren. Kartoffeln, Zwiebeln, Mohrrüben und andere Wurzelgemüse lassen sich gut für den Wintervorrat einlagern.

Wann wird geerntet?

Für die Ernte gelten unterschiedliche Regeln. Porree und Kartoffeln können wochenlang in der Erde bleiben, frühe Kohlsorten und Brokkoli müssen geerntet werden, sobald sie reif sind. Erbsen und Grüne Bohnen bilden nur neue Hülsen, wenn sie regelmäßig abgeerntet werden. Um gute Erträge zu ernten, muss man seine Pflanzen kennenlernen. Was auch immer geerntet wird, sollte möglichst frisch gegessen werden, weil dann der Geschmack am besten und der Nährwert am höchsten ist. Gemüsemais beispielsweise sollte 15 Minuten nach der Ernte gekocht werden, weil danach der Zucker in Stärke umgewandelt wird und die Süße verloren geht. Wintergemüse wie Kürbis und Zwiebeln können sich jedoch monatelang halten (siehe S. 271).

Ernten für den Vorrat

Zum Einlagern eignen sich vor allem Sorten der Haupternte, die zum Saisonende reifen und bei kühler Witterung geerntet werden.
■ Passen Sie den richtigen Reifezeitpunkt ab. Zu jung geerntetes Gemüse schmeckt oft fade, bei zu später Ernte kann es holzig werden.

Ernte nach Bedarf Rosenkohl ist frosthart und kann den ganzen Winter über im Beet bleiben. Geerntet wird nach Bedarf, immer von unten nach oben.

Sauberer Schnitt Mit einem kleinen, scharfen Küchenmesser lassen sich (*von links*) Zucchini, Artischocken und Kohl gut ernten.

GEMÜSE 269

»NACHWACHSENDER GRÜNSTOFF«

Als Schnittsalate bezeichnet man Arten, die keine geschlossenen Köpfe bilden. Von solchen Salaten schneidet oder pflückt man so viele Blätter, wie man gerade braucht, und die Pflanze bildet neue. Spinat, Mangold und einige asiatische Blattgemüse wachsen nach dem Schnitt ebenfalls nach. Und selbst einige andere Gemüsearten liefern, wenn man nach der Ernte die Wurzel im Boden lässt, noch einmal kleine Erträge. Ist vom Brokkoli der Hauptkopf geerntet, bilden die Pflanzen oft Seitentriebe mit kleineren, lockeren Köpfen, die sich gut für Wok-Gerichte eignen (*oben, links und rechts*). Schneidet man die »Knolle« (die angeschwollene Stängelbasis) von Gemüsefenchel ab und lässt Stumpf und Wurzel im Beet, erscheinen fiedrige Blätter, die sich gut zum Würzen und Garnieren eignen (*unten, links und rechts*).

- Lagern Sie nur einwandfreies Gemüse ein. Beschädigte, erkrankte oder von Schädlingen befallene Gemüse faulen schnell und können auch andere gesunde Nachbarn im Vorrat anstecken.
- Behandeln Sie die Ernte vorsichtig. Selbst robust aussehende Kartoffeln können Druckstellen bekommen. Manchmal sind die Schäden nicht zu sehen, können sich aber zu Fäulnisherden entwickeln.

Manche Gemüsearten kann man fast den ganzen Winter lang lagern und verwerten, wenn es im Garten nichts zu ernten gibt. Pastinaken und Topinambur können sogar im Winter im Beet bleiben. Allerdings ist dann die Gefahr von Schädlingsbefall größer und vorhandene Krankheiten breiten sich schnell aus. Und wenn der Boden gefroren ist, wird die Ernte schwierig.

Viele Gemüsearten können problemlos eingelagert werden, wenn Temperatur und Lichtverhältnisse stimmen. Kontrollieren Sie den Vorrat regelmäßig und entfernen Sie verdorbenes Gemüse.

GEMÜSE FÜR DEN VORRAT TROCKNEN

■ Zwiebeln, Schalotten und Knoblauch

Knoblauch wird geerntet, wenn die ersten vier bis sechs Blätter gelb sind, Zwiebeln und Schalotten wenn das welke Laub umfällt. Graben Sie die Pflanzen vorsichtig aus und lassen Sie sie einige Wochen an einem warmen, trockenen Platz liegen. Sie können eingelagert werden, wenn die Schalen papierartig aussehen und beim Berühren rascheln. Das Laub zu Zöpfen flechten oder die Zwiebeln in Netzen an einen gut belüfteten Platz hängen. Ideale Lagertemperatur: 2–4 °C.

■ Kartoffeln

Ausgraben und einige Stunden an der Luft trocknen lassen. Dann in stabile Papiersäcke füllen, die locker zugebunden oder umgefaltet werden. Kartoffeln müssen dunkel gelagert werden, sonst färben sie sich grün und bilden das giftige Alkaloid Solanin. Frost vertragen sie nicht. Ideale Lagertemperatur: 5–10 °C.

■ Winterkürbisse

Kürbisse brauchen am Ende der Saison einige Wochen sonniges Wetter, damit sich ihre Schale härtet und sie sich lange halten. Vor dem ersten Frost müssen sie geerntet werden. Beim Abschneiden einen langen Stiel oder ein Stück der Ranke an der Frucht lassen. Wenn sie trocknet, wird sie hart und schützt den Stängel, der sonst leicht fault. An einem kühlen, luftigen Platz aufbewahren, wegen der Luftzirkulation möglichst auf Lattenrosten oder in Netzen. Gut ausgereifte Kürbisse können sich 6–9 Monate halten. Ideale Lagertemperatur: 10–15 °C. Bei höheren Temperaturen wird das Fleisch faserig.

■ Bohnen

Wählen Sie Sorten, die zum Trocknen geeignet sind, z. B. Borlotti-Bohnen. Die Hülsen an den Pflanzen lassen, bis sie trocken und spröde sind. Manchmal hört man die Samen im Inneren rasseln. An einem trockenen, freundlichen Tag ernten. Ist das nicht möglich, die Hülsen an einem warmen, trockenen, luftigen Ort ausbreiten und ganz austrocknen lassen. Die Samen auspellen und in einem luftdicht schließenden Gefäß aufbewahren. Bohnen, die Anzeichen von Krankheiten oder Schädlingsfraß zeigen, unbedingt aussortieren.

Lagerplätze

Gemüsearten brauchen unterschiedliche Lagerbedingungen. Für die meisten ist ein kühler, trockener Platz mit gleichmäßiger Temperatur richtig, an dem es keine Mäuse oder andere Schädlinge gibt. Der Keller bietet sich an, aber auch ein Schuppen, eine Garage oder ein ungeheiztes Zimmer im Haus sind geeignet. Falls zusätzliche Isolierung nötig ist, stellen Sie die Vorratskästen nicht auf den Boden, sondern auf Paletten oder Steine und decken Sie das Gemüse mit alten Decken, Säcken oder Teppichen ab.

Richtig einlagern

Tipps zur Vorbereitung und Lagerung lange haltbarer Gemüsearten finden Sie im Kasten links. Mohrrüben, Pastinaken, Rote Bete und Knollensellerie halten sich eine Zeit lang, wenn man sie in feuchten Sand oder feinen Laubkompost einbettet und in flachen Kästen aufbewahrt.

Dunkelheit Kartoffeln werden während des Wachstums angehäufelt (siehe S. 249), damit kein Licht an die Knollen gelangt. Auch im Vorratslager muss es dunkel sein. Durchsichtige Plastikbeutel sind für Kartoffeln ungeeignet. Nach der Entnahme von Kartoffeln den Sack immer wieder sorgfältig verschließen.

11. Kräuter

Ein Spaziergang durch einen Kräutergarten ist ein sinnliches Erlebnis, denn hier wachsen hauptsächlich Pflanzen mit duftenden Blüten und Blättern. Kräuter werden für viele Zwecke verwendet, sind aber auch attraktiv und bei Bienen sehr beliebt. Seit Jahrhunderten nutzen Menschen Kräuter als Einschlafhilfe und Schmerzmittel, zum Vertreiben von Insekten und Beruhigen quengeliger Säuglinge – und natürlich zum Würzen von Speisen und Getränken. Auch heute lohnt sich der Anbau von Kräutern aus ästhetischen und praktischen Gründen.

Alte Bekannte Dass wir Kräuter mit dem nostalgischen Bauerngarten assoziieren, mag daran liegen, dass ihre Verwendung eine lange Tradition hat. Kräuter machen aber auch in modernen Gärten viel her.

KRÄUTER

Warum Kräuter pflanzen?

Der biologische Anbau duftender, würzender und heilender Kräuter ist nicht schwierig. Ob als Einfassung für ein Gemüsebeet, in einem separaten Kräutergarten, in Kübeln oder zwischen den Zierpflanzen – Kräuter sind immer ein Gewinn.

Was sind Kräuter?

Zu den Kräutern gehören aufgrund ihrer Verwendung erstaunlicherweise Ein- und Zweijährige, Stauden, Zwiebelpflanzen, Kletterpflanzen und Bäume. Oft werden die Blätter verwendet, von einigen Arten haben aber auch andere Teile wie Wurzeln, Früchte, Samen, Blüten oder sogar die Rinde eine besondere Wirkung.

Im weitesten Sinne sind Kräuter alle Pflanzen, die die Menschen für einen bestimmten Zweck nutzen oder genutzt haben. Heute unterscheiden wir hauptsächlich zwischen Würz-, Heil- und Duft-

Kräuterrad Bepflanzen Sie das Kräuterbeet nach eigenem Geschmack. Ob Sie Arten aufgrund der Blätter, des Duftes oder des Geschmacks wählen oder einfach eine optisch ansprechende Mischung zusammenstellen, bleibt ganz Ihnen überlassen.

kräutern, manche werden auch aus dekorativen Gründen kultiviert. Früher setzte man Kräuter auch zum Färben und Reinigen von Textilien ein. Manche spielten in Ritualen und Zeremonien eine Rolle, andere wurden im Alltag zum Würzen von Speisen und Getränken, zur Stärkung der Gesundheit und zum Lindern von Beschwerden benutzt.

Vorsicht, giftig!
Die meisten Kräuter kann man bedenkenlos berühren und verzehren, einige sind aber mit Vorsicht zu genießen, denn sie können schon in kleinen Mengen für Menschen und Tiere giftig sein. Verwenden Sie nie Kräuter, die Sie nicht genau kennen. Ehe Sie Kräuter zu Heilzwecken einsetzen, fragen Sie immer einen Fachmann um Rat.

Biologischer Kräuteranbau
Kräuter sind leicht zu kultivieren. Wer sie im Garten zieht, hat jederzeit frischen Nachschub griffbereit, und wenn man sie biologisch anbaut, braucht man sich auch um Rückstände von Pestiziden keine Sorgen zu machen.

Kräuter tun viel für die Artenvielfalt, die gerade im Biogarten eine wichtige Rolle spielt. Und da die Auswahl an Kräutern so groß ist, findet sich für jeden Standort die passende Pflanze. Es gibt kletternde, kriechende und überhängende Kräuter, andere bilden dichte Teppiche oder können an Wänden in die Höhe gezogen werden. Manche bevorzugen sumpfigen Boden, andere gedeihen auf Trockenmauern, in Pflasterfugen, unter Bäumen oder auf Wildwiesen. Es gibt Kräuter in allen Größen, von der winzigen, kriechenden Korsischen Minze (*Mentha requienii*) bis zu stattlichen Riesen wie Liebstöckel und Engelwurz, die bis 2 m hoch werden. Es spricht nichts dagegen, Kräuter nur aus optischen Gründen zu ziehen. Manche haben schönes Laub, andere tragen hübsche Blüten und alle leisten einen positiven Beitrag zum Garten.

Kräuter für die Tierwelt
Viele Kräuter locken Tiere an (siehe Kasten rechts). Vögel fressen die Samen und Beeren, Schmetterlinge und Bienen naschen vom Nektar und den Pollen der Blüten, Nützlinge legen ihre Eier in der Nähe der Kolonien von Blattläusen und anderen Schädlingen ab. Dichte Bodendecker-Kräuter wie Thymian bieten vielen kleinen Lebewesen wie Spinnen, Käfern und sogar Fröschen und Kröten Unterschlupf.

Himmelblau Borretsch trägt meist himmelblaue Blüten. Manchmal sieht man auch Pflanzen, die weiß blühen.

KRÄUTER FÜR TIERE

Für Bienen
Borretsch, Schnittlauch, Lungenkraut (*Pulmonaria*), Salbei, Thymian, Wilde Karde (*Dipsacus fullonum*), Minze, Majoran, Oregano, Lavendel

Für Schmetterlinge
Nachtkerze (*Oenothera biennis*), Katzenminze (*Nepeta*), Wasserhanf (*Eupatorium cannabinum*), Baldrian, Lavendel, Huflattich (*Tussilago farfara*), Blut-Weiderich (*Lythrum salicaria*)

Für Vögel
Mohn, Rose, Wilde Karde, Holunder (*Sambucus*), Weiß- und Rotdorn (*Crataegus*)

Für Schwebfliegen und andere Schädlingsbekämpfer
Ringelblume (*Calendula officinalis*), Fenchel, Schafgarbe (*Achillea millefolium*), Löwenzahn, Engelwurz, Koriander, Mutterkraut (*Tanacetum parthenium*), Rainfarn (*Tanacetum vulgare*)

Wo gedeihen Kräuter?

Kräuter wachsen an vielen Standorten – im kleinen Blumenkasten am Küchenfenster oder in einem verwilderten Garten voller Karde, Brennnesseln und Brombeeren. Entscheiden Sie selbst, welche Kräuter Ihnen schmecken und wie Sie sie pflanzen wollen. Es ist möglich, sie hier und da im Garten zu verteilen. Wer aber oft mit Kräutern kocht, ist mit einem separaten Kräuterbeet besser beraten.

Einen Kräutergarten anlegen

Klassische Kräutergärten sind in regelmäßige Beete eingeteilt, die oft mit niedrigen Hecken eingefasst sind. So ein Garten braucht viel Pflege, damit er immer gut aussieht. Die Hecken müssen zwei- bis dreimal jährlich geschnitten werden und auch beim Jäten darf man nicht nachlässig sein. Um spätere Unkrautprobleme zu vermeiden, sollten Sie Wege und Beete gründlich vorbereiten.

Sie können eine dichte und Unkraut unterdrückende Bepflanzung aus Kräutern wählen, aber ebenso hübsch ist ein locker aufgebautes Kräuterbeet. Kräuter können auch zwischen Blumen, Sträucher oder Gemüse gepflanzt werden.

Kräuter für Schattenplätze

Kräuter, die lichten Schatten mögen, gedeihen gut am Rand von Gehölzbeeten oder Gruppen kleiner Bäume. Verteilen Sie jährlich einen Bodenverbesserer mit geringem Nährstoffgehalt, um den Effekt des Herbstlaubes in der Natur zu simulieren. Wüchsige Bodendecker können sich an Standorten, die ihnen zusagen,

KRÄUTER FÜR KLASSISCHE EINFASSUNGEN

Buchsbaum (*Buxus*)
Bastard-Gamander (*Teucrium × lucidrys*)
Edel-Gamander (*Teucrium chamaedrys*)
Winter-Bohnenkraut (*Satureja montana*)
Rosmarin (vorzugsweise *Rosmarinus officinalis* 'Miss Jessop's Upright')
Lavendel (vor allem die Sorten 'Munstead' und 'Hidcote')
Ysop (*Hyssopus officinalis*)

Im großen Stil In diesem großen, klassischen Kräutergarten sind die Beete mit sauber gestutzten Buchsbaumhecken eingefasst. Im Beet im Vordergrund wachsen verschiedene Minze-Arten.

aggressiv ausbreiten. Schneiden Sie sie regelmäßig zurück und entfernen Sie Ausläufer, um sie im Zaum zu halten, oder pflanzen Sie sie in Kübel. Im Schatten gedeihen hauptsächlich Duft- und Heilkräuter wie Günsel (*Ajuga*), Immergrün (*Vinca*), Duftveilchen (*Viola odorata*), Waldmeister (*Galium odoratum*), Fingerhut (*Digitalis*), Lungenkraut (*Pulmonaria*), Pfennigkraut (*Lysimachia nummularia*) und Maiglöckchen (*Convallaria*).

Kräuter für trockene Standorte

Viele Kräuter aus dem Mittelmeerraum vertragen Trockenheit gut (siehe Foto rechts). Besonders schön sehen sie als Gruppenpflanzung an einem sonnigen Platz mit durchlässigem Boden aus. Ideal ist ein Gartenbereich, der von Natur aus trocken ist. Eine Mulchschicht aus Kies ähnelt dem steinigen Boden ihrer Heimat, hält Unkraut in Schach und die Stängelbasis trocken. Diese Kräuter gedeihen auch in Kübeln gut. Man kann ihnen darin die optimalen Bodenbedingungen schaffen und sie jederzeit umstellen, um die sonnigen Plätze auszunutzen.

(Oben links) **Natürliche Einfassung** Als Einfassungen für Beete im Bauerngartenstil empfehlen sich Walderdbeeren, Schnittlauch, Petersilie (Foto), Thymian und Heiligenkraut (*Santolina*).

(Oben rechts) **Trockenheitsverträglich** Rosmarin und Lavendel (Foto) fühlen sich an sonnigen, trockenen Plätzen wohl. Auch Salbei, Currykraut, Heiligenkraut und Beifuß schätzen solche Standorte.

Kräuter für feuchten Boden

Kräuter, die feuchten Boden mögen, findet man in der Natur in sumpfigen Gebieten. Diese Bedingungen lassen sich am Teichrand nachahmen. Empfehlenswert sind Mädesüß (*Filipendula*), Wasserminze, Baldrian und Wasserhanf (*Eupatorium cannabinum*). In trockenen Sommern müssen Teich und Sumpfbeet gelegentlich aufgefüllt werden. Einige der genannten Arten neigen zum wuchern, wenn sie sich erst einmal im Garten etabliert haben.

Kräuter für das Gemüsebeet

Petersilie, Kerbel, Koriander, Bohnenkraut und Dill schätzen den etwas nährstoffreicheren Boden im Gemüsebeet. Man sät sie am besten im Frühling, wenn sich der Boden erwärmt hat, direkt an Ort und Stelle.

KRÄUTER 279

Kräuter für Pflasterfugen

Kräuter, die Trockenheit gut vertragen, wachsen sogar in Pflasterfugen. Fegen Sie etwas Pflanzsubstrat in die Fugen und säen Sie die Kräuter im Frühling direkt hinein. Bis die Kräuter kräftiger sind, sollten Sie sie feucht halten und nicht darauftreten.

Kräuter in Kübeln

Viele Kräuter gedeihen gut in Kübeln, die jedoch mindestens 30 cm tief sein sollten. Auf die Dränagelöcher im Boden füllen Sie eine Schicht grobe Kiesel oder Tonscherben und setzen die Pflanzen dann in biologisches Universalsubstrat.

Trockenheitsverträgliche Pflanzen wie Rosmarin (siehe S. 277) bevorzugen ein leichteres, durchlässiges Substrat aus fünf Teilen Kompost und einem Teil Sand. Empfindliche Kräuter wie Basilikum und Estragon gedeihen in Kübeln oft besser als im Beet.

Wuchernde Kräuter

Meerrettich, Minze und einige andere Kräuter breiten sich extrem aus, wenn man nicht einschreitet. Solche Arten setzen Sie am besten in einen wilderen Teil des Gartens, wo ähnlich wüchsige Nachbarn sie in Schach halten. An anderen Plätzen pflanzt man sie vorsichtshalber mitsamt einem Kübel, Eimer oder stabilen Plastiksack – natürlich mit Dränagelöchern – in den Boden. Andere Kräuter wie beispielsweise Borretsch säen sich selbst aus. Wer das vermeiden möchte, muss die Blütenstände vor der Samenreife entfernen oder die Sämlinge im Frühling entfernen.

(Gegenüber) **Ein Kübel voll Aroma** In einen Erdbeertopf wurden verschiedene kleine Kräuterpflanzen gesetzt. Am besten steht der Mini-Garten dicht bei der Küchentür.

(Unten links) **In den Fugen** Gepflasterte Flächen sehen weicher aus, wenn kriechende Arten von Thymian und Bohnenkraut oder korsische Minze in den Fugen wachsen.

(Unten rechts) **Einnehmendes Wesen** Zu den wuchernden Kräutern gehören Meerrettich und Russischer Estragon (Foto), Rainfarn, Mutterkraut, Minze, Beinwell, Borretsch und Huflattich.

Küchenkräuter

1 Basilikum
Frostempfindliche Staude, die meist einjährig an einem geschützten, sonnigen Platz kultiviert wird. Bevorzugt leichten, durchlässigen, nährstoffreichen Boden und gedeiht gut in Kübeln. Blüten entfernen, um die Blattbildung anzuregen.

2 Lorbeer
Immergrüner, frostempfindlicher Strauch oder kleiner Baum, der 3–6 m hoch werden kann. Verträgt starken Rückschnitt gut; wird im Kübel gehalten.

3 Salbei
Immergrüne Sträucher bis 90 cm Höhe, teilweise mit violetten oder panaschierten Blättern. Gute Bienenweide. Braucht viel Sonne und einen mageren, leichten, durchlässigen Boden.

4 Französischer Estragon
Krautige Staude, deren Aroma viel feiner ist als das des wuchernden Russischen Estragons. Braucht Sonne und einen leichten, durchlässigen, nährstoffarmen Boden. Verträgt keine Staunässe. Blüten entfernen, um die Blattbildung anzuregen. Kann aus Samen gezogen werden.

5 Koriander
Hohe, attraktive Einjährige, deren Blätter und Samen verwendet werden. Neu auf dem Markt sind Sorten, die vorwiegend Blätter bilden. Braucht Sonne und einen hellen, aber nährstoffreichen Boden. Von Frühling bis Herbst Folgesaaten direkt an Ort und Stelle legen.

6 Lavendel
Immergrüne, meist winterharte Sträucher von 60 bis 100 cm Höhe; ausgezeichnete Bienenweide. Viele Sorten, darunter auch niederliegende und zwergwüchsige Formen, sowie Sorten mit Blüten in Weiß oder Rosa. Benötigt einen sonnigen, geschützten Platz mit leichtem, durchlässigem Boden. Im Frühling zurückschneiden, im Spätsommer welke Blüten entfernen. Manche Pflanzen werden nur 3–5 Jahre alt.

7 Rosmarin
Immergrüne Sträucher, meist 1–1,5 m hoch. Viele Zuchtformen, die im Frühsommer hübsche Blüten in Blau, Weiß oder Rosa tragen. Braucht einen geschützten, sonnigen Platz mit durchlässigem, magerem Boden. Verträgt keine Staunässe. Im Frühling zurückschneiden. Die meisten Sorten brauchen einen Winterschutz.

8 Petersilie
Eine Zweijährige, deren glatte oder gekräuselte Blätter im ersten Jahr am besten schmecken. Relativ frosthart, braucht aber in kalten Gegenden einen Winterschutz. Bevorzugt Halbschatten und feuchten, nährstoffreichen Boden, auch in Kübeln. Für die Sommerernte im Frühling und Sommer säen. Spätsommersaaten im Gewächshaus sind im Winter erntereif.

9 Fenchel
Die stattliche Staude mit gefiederten Blättern wird bis 2 m hoch. Man verwendet Blätter, Stängel und Samen. Die Blüten locken viele nützliche Insekten an. Die Sorte 'Purpureum' trägt bronzefarbenes Laub. Fenchel braucht einen sonnigen Standort mit durchlässigem, fruchtbarem Boden.

10 Minze
Winterharte, wuchernde Stauden in verschiedenen Größen von wenigen Zentimetern bis 1 m Höhe. Viele ungewöhnliche Aromen wie Ananas-, Ingwer- oder Apfelminze. Gedeiht in Sonne oder Halbschatten in feuchtem Boden, verträgt aber keine Staunässe.

11 Thymian
Niedrige, immergrüne Sträucher. Kriechende Formen sind auch als Bodendecker geeignet. Viele Arten und Sorten, z. B. mit Zitronenduft. Bevorzugt einen trockenen, sonnigen Standort mit durchlässigem Boden, auch im Steingarten. Nach der Blüte zurückschneiden.

12 Schnittlauch
Winterharte Staude mit violetten, kugeligen Blütenständen, die Bienen anlocken. Stängel und Blüten sind essbar. Bevorzugt Sonne und feuchten, fruchtbaren Boden, gedeiht aber auch im Schatten auf fast allen Böden. Ältere Horste auf 5 cm zurückschneiden.

Kräuter richtig pflegen

Gartenneulingen wird oft geraten, Kräuter anzubauen, weil die meisten sich seit Generationen als robust und kräftig erwiesen haben, pflegeleicht sind und selten von Krankheiten und Schädlingen befallen werden. Mit all diesen Eigenschaften sind Kräuter auch perfekte Kandidaten für den Biogarten.

Bodenvorbereitung und Pflanzung

Ehe Sie Kräuter pflanzen, informieren Sie sich über die Bodenansprüche der gewünschten Arten (siehe S. 280–281). Viele bevorzugen einen durchlässigen, nährstoffarmen Boden, darum brauchen Sie meist keine organische Substanz einzuarbeiten. Für schwere Böden verwenden Sie einen Bodenverbesserer mit geringem Nährstoffgehalt, um die Durchlässigkeit zu verbessern. Sinnvoll ist auch die Anlage von Hochbeeten. Auf den Grund des Pflanzloches sollten Sie einige Handvoll groben Kies geben. Kräutern, die fruchtbaren Boden brauchen, tut ein nährstoffreicher Bodenverbesserer gut. Beseitigen Sie vor der Pflanzung Unkraut gründlich – vor allem mehrjährige Arten wie Quecke.

Pflege

Von strauchigen Kräutern wie Lavendel und Salbei werden nach der Blüte die welken Blütentriebe entfernt. Im Frühling können diese Kräuter geschnitten werden, damit sie nicht zu groß werden oder im unteren Bereich verkahlen.

Wer viele Blätter guter Qualität ernten will, sollte immer die Blüten entfernen. Das Ausknipsen der Triebspitzen fördert den buschigen Wuchs. Bei panaschierten Arten entfernen Sie auch einfarbig grüne Triebe. Größere mehrjährige Kräuter können alle 2–3 Jahre im Frühling oder Herbst geteilt werden (siehe S. 193).

Vermehrung

Viele Kräuter sind einfach zu ziehen. Jungpflanzen kann man in Gartencentern kaufen, Spezialanbieter halten ein größeres Sortiment interessanter Arten bereit. Ein- und Zweijährige wie Petersilie und Basilikum sät man am besten aus. Manche mehrjährigen Kräuter wie Fenchel

Schnittlauch pflanzen In vielen Supermärkten bekommt man Töpfe mit Schnittlauch und anderen Küchenkräutern, die man problemlos in den Garten pflanzen kann. Einfach ein Loch ausheben, das etwas größer als der Topf ist, den Ballen hineinsetzen, mit Erde auffüllen und andrücken. Schnittlauch bevorzugt Wasser speichernden Boden mittlerer Fruchtbarkeit. Die mit ihm verwandten Zierlauch-Formen gedeihen auch im Kiesbeet. Ältere Schnittlauchhorste können geteilt werden, um den Bestand zu vergrößern.

HALBREIFE TRIEBSPITZEN-STECKLINGE

1. Kräftige, nichtblühende Triebe 8–10 cm unter der Spitze direkt über einem Blattansatz abschneiden.

2. Dann in der unteren Hälfte des Stängels die Blätter entfernen.

3. Die Stecklinge in einen Topf mit durchlässigem Substrat stecken, z. B. einer Mischung aus Sand und Kokos-Universalsubstrat im Verhältnis 1:1. Das unterste Blatt soll knapp über dem Substrat liegen. Vorsichtig gießen, aber das Substrat nicht durchnässen. Eine transparente Plastiktüte mit Drahtbögen wie ein Zelt über dem Topf anbringen, um die Luftfeuchtigkeit zu erhöhen. Den Topf an einen hellen, aber nicht sonnigen Platz stellen. Wenn die Stecklinge zu wachsen beginnen, wird jeder in einen eigenen Topf gepflanzt. Um die Pflanzen abzuhärten, vor dem Auspflanzen die Töpfe einige Tage lang tagsüber nach draußen stellen – zuerst schattig, dann an einem sonnigeren Platz –, nachts aber unter Dach halten.

und Schnittlauch lassen sich ebenfalls leicht aus Samen ziehen und säen sich auch selbst aus. Allerdings sind aus Jungpflanzen gewachsene Nachkommen von Zuchtformen nicht immer sortentreu. Wer kein Risiko eingehen will, sollte solche Sorten vegetativ durch Stecklinge (siehe S. 202–203) oder durch Teilung vermehren.

Es lohnt sich, Stecklinge von empfindlichen, strauchigen Kräutern wie Lavendel und panaschiertem Salbei zu schneiden, falls die Mutterpflanze den Winter nicht überlebt. Stecklinge halbreifer Triebspitzen (siehe oben) von strauchigen Kräutern wie Currykraut, Heiligenkraut und Rosmarin wachsen recht zuverlässig an.

Lavendel stutzen Lavendel sollte geschnitten werden, damit er buschig bleibt. Aber schneiden Sie ihn nie bis auf das alte, kahle Holz zurück, sonst treibt er nicht mehr aus. Ebenso bei Salbei.

Kräuter ernten und trocknen

Kleine Mengen Kräuter zum sofortigen Verbrauch kann man jederzeit während der Saison ernten. Wer größere Mengen zum Trocknen oder für einen anderen Zweck schneiden will, muss anders vorgehen. Auf keinen Fall darf die ganze Pflanze geplündert werden. Mehr als ein Drittel der Blätter sollten Sie nicht entfernen.

KRÄUTER ZUM TROCKNEN

Lorbeer
Minze
Rosmarin
Salbei
Lavendel
Estragon
Thymian (*Fotos unten*)

Der richtige Zeitpunkt

Mehrjährigen Pflanzen sollten Sie Zeit lassen, damit sie sich etablieren können, und erst vom zweiten Jahr an ernten. Von Pflanzen, die kümmerlich wachsen, ernten Sie am besten gar nicht.

Die Blätter der meisten Kräuter schmecken kurz vor der Blüte am intensivsten. Danach können sich Konsistenz und Geschmack verändern, weil die Pflanze ihre Kraft nun zur Samen- und Blütenbildung einsetzt. Entfernen Sie alle Blüten, um weiterhin zarte Blätter ernten zu können – es sei denn, Sie legen Wert auf Blüten oder Samen.

An Kräuter, die Sie zum Trocknen sammeln, sollte möglichst wenig Feuchtigkeit haften. Ideal ist ein trockener, warmer, aber nicht zu sonniger Tag. Sammeln Sie am besten am mittleren Vormittag, wenn der Morgentau getrocknet ist, aber noch bevor die Sonne hoch steht und die ätherischen Öle verdunsten.

Kräuter für den Vorrat vorbereiten

Das Trocknen ist eine gute Methode, um Kräuter zu konservieren. Viele Blätter und Samen halten ihr Aroma gut und können – richtig verpackt – etwa ein Jahr gelagert werden. Temperatur und Luftzirkulation sind im Haushalt nicht immer optimal, darum kann es sein, dass Ihre selbst getrockneten Kräuter etwas Aroma und Farbe einbüßen. Manche Kräuter verlieren den Geschmack beim Trocknen, darum verwendet man sie lieber frisch oder friert sie ein. Verlesen Sie die Kräuter vor dem Trocknen sorgfältig und sortieren Sie alle Teile aus, die krank oder beschädigt sind.

Sie können die Kräuter dann in Bündeln zum Trocknen aufhängen oder liegend auf Tabletts oder Gittern trocknen. Auch ein elektrisches Dörrgerät kann verwendet werden. Weil die Trockenzeiten variieren, sollten Sie die Kräuter nach Arten getrennt trocknen, und zwar in einem dunklen, sauberen, trockenen, gut belüfteten Raum ohne Staub und Insekten. Kräuter dürfen nicht in der Sonne getrocknet werden, weil sie sonst Farbe und Aroma verlieren.

Nach der Trocknung werden die Kräuter an einem dunklen, kühlen und trockenen Platz in luftdicht schließenden Behältern aufbewahrt, in denen sie keine Luftfeuchtigkeit aufnehmen können.

Kräutersträuße trocknen

Damit die Kräuter gleichmäßig trocknen, binden Sie nicht mehr Stiele zusammen, als sie bequem in einer Hand halten können. Die Sträußchen hängen Sie kopfüber, damit sie in Form bleiben. Das ist wichtig, wenn sie später für dekorative Zwecke verwendet werden sollen. Binden Sie die Sträuße mit Gummibändern zusammen, die auch noch halten, wenn die Stiele beim Trocknen schrumpfen. Die Gummis können spröde werden und müssen ab und zu kontrolliert werden. Wenn Sie Samen auffangen wollen, binden Sie eine große Papiertüte oder einen Bogen Zeitungspapier locker um die Blüten.

Trocknen im Liegen

Um Kräuter liegend zu trocknen, streifen Sie die Blätter von den Stielen und breiten sie in einer Lage auf einem Tablett oder Backblech aus. Größere Blätter werden umgedreht, damit sie gleichmäßig trocknen. Dabei werden Blätter mit Anzeichen von Schimmel oder Fäulnis aussortiert. Die Trocknung ist abgeschlossen, wenn sich die Blätter zwischen den Fingern zerkrümeln lassen – aber ehe sie so spröde sind, dass sie zerfallen.

Kräutersträußchen Die Sträußchen mit Gummibändern zusammenhalten. Nach der Trocknung kann Bindfaden verwendet werden.

Samen und Samenstände Samenstände von Mohn (*unten links*) werden hauptsächlich zur Dekoration getrocknet. Fenchel (*unten rechts*) und Koriander enthalten dagegen Samen, die als Gewürz verwendet werden.

12. Obst

Blüten im Frühling, Schatten im Sommer, reiche Ernte im Herbst – für Obst im Garten spricht wirklich viel. Und Obst gehört schon zu unserer Ernährung, seit unsere frühesten Vorfahren Früchte in den Wäldern sammelten. Heute stehen uns verbesserte Versionen der Wildformen zur Verfügung – als vitaminreiches, gesundes Fast Food direkt vom Baum oder Strauch. In diesem Kapitel werden verschiedene Obstsorten für das hiesige Klima vorgestellt: Baumobst wie Äpfel, Birnen, Pflaumen, Kirschen oder Pfirsiche, aber auch Beerenfrüchte wie Erdbeeren, Himbeeren, Brombeeren, Johannisbeeren, Stachelbeeren und Heidelbeeren.

Rund ums Jahr Ein Apfelbaum gehört eigentlich in jeden Garten. Nicht nur wegen der Erträge, sondern auch, weil Blüten, Laub und Früchte schön aussehen und weil die silbrige Rinde mit den Jahren immer mehr Charakter bekommt.

Warum Obst anbauen?

Gesunde Obstpflanzen sehen schön aus und einige tragen sogar herrlich duftende Blüten. Auch für kleine Gärten gibt es viele gute Sorten, und wo mehr Platz ist, kann ein ausgewachsener Apfelbaum willkommenen Schatten spenden und den Blick in die Höhe lenken. Natürlich hat auch die Ernte ihren Stellenwert. In manchen Jahren fällt der Ertrag vielleicht geringer aus, aber meist hat man genug, um Freunden etwas abzugeben und den Tieren etwas übrig zu lassen.

Die Qual der Wahl

Fast jeder hat Lieblings-Obstsorten. Sie sollten aber auch überlegen, was in Ihrem Garten gedeiht und wofür Sie Platz haben. Manche Obstsorten können vor allem in kühlen Gebieten gut an einer Wand gezogen werden, die meisten stehen aber lieber frei. Gute Luftzirkulation ist für viele wichtig, um Krankheiten vorzubeugen. Weil auch Vögel, Eichhörnchen und Füchse gern Obst fressen, ist es sinnvoll, einzelne Sträucher mit Netzen abzudecken oder einen »Obstkäfig« zu bauen.

Sortenwahl Ein Pflaumenbaum (*links*) trägt genug Früchte für Gartenbesitzer und Tiere, auch wenn er nicht jedes Jahr geschnitten wird. Erdbeeren (*unten*) danken viel Fürsorge und Schutz mit reichlichen Erträgen.

Das Mikroklima im Garten

Die meisten Obstsorten, die in diesem Buch vorgestellt werden, sind winterhart, die Blüten einiger Arten können aber durch späte Fröste leiden. Pflanzen Sie Obstgehölze darum nicht in Frostfallen und errichten Sie Zäune oder höhere Pflanzungen nicht so, dass dadurch neue Frostfallen entstehen. Weil kalte Luft nach unten sinkt, ist es sinnvoll, Obstgehölze nicht in tief liegende Bereiche des Gartens zu pflanzen. Einige Sorten von Erdbeeren und Schwarze Johannisbeersorten brauchen allerdings niedrige Wintertemperaturen, um im folgenden Jahr reichlich zu blühen.

Dass Wind Zweige abbrechen kann, liegt auf der Hand. Weniger bekannt ist, dass bei Wind bestäubende Insekten nicht auf den Blüten landen können – was sich auf den Ertrag auswirkt. In Gärten, die nicht von Natur aus geschützt liegen, kann ein Windschutz darum vorteilhaft sein.

Die Sonne spielt für eine gute Ernte die wichtigste Rolle. Sonnenlicht liefert den Pflanzen Energie zum Wachsen, zur Holzbildung und zur Entwicklung von Geschmack und Farbe der Früchte. Bekommt Ihr Garten nur einige Stunden am Tag Sonne, bringen manche Obstbäume keine lohnenden Erträge. Sauerkirschen, Reineclauden und Zwetschgen gedeihen meist gut und abgesehen

WARUM OBST BIOLOGISCH ANBAUEN?

■ **Fast Food** Man kann Früchte direkt von der Pflanze essen.

■ **Kultur ohne Pestizide** Früchte müssen vor dem Genuss nicht geschält oder geschrubbt werden.

■ **Bezug zu den Jahreszeiten** Erdbeeren im Sommer, Äpfel im Herbst: Durch die Erntetermine nimmt man die Jahreszeiten bewusster wahr.

■ **Große Auswahl** Die Auswahl der Sorten ist enorm, es gibt beispielsweise über tausend Apfelsorten.

■ **Frisch und lecker** Obst aus eigenem Anbau kann man zum perfekten Reifezeitpunkt ernten, weil keine Transporte anfallen.

■ **Viel Ertrag bei wenig Arbeit** Gemessen am Aufwand ist der Ertrag von Obstgehölzen sehr groß.

■ **Einheimische Produktion** Vermeidung von Transporten und die Möglichkeit, Sorten zu probieren, die im Handel nicht zu haben sind.

■ **Optischer Wert** Viele Obstbäume und -sträucher sehen sehr dekorativ aus.

■ **Für jedermann** Für Obst findet sich im kleinsten Garten ein Platz.

von Erdbeeren vertragen auch die meisten in diesem Kapitel vorgestellten Beerenfrüchte ein gewisses Maß an Schatten.

Was passt in den Garten?

Wenn Ihr Garten klein ist, müssen Sie Ihre Ertragserwartungen dem Platz anpassen. Aber zwei Himbeerpflanzen rechts und links eines freistehenden Pfostens sind ja besser als gar keine. Und selbst in einem Minigarten kann man eine Menge Erdbeeren von ein paar wenigen Pflanzen ernten, die im Beet oder in Kübeln stehen.

Bestäubung

Ein einzelner, ausgewachsener Obstbaum kann viele Früchte tragen, aber einige Bäume brauchen, damit sie Früchte ansetzen, einen geeigneten Bestäubungspartner in der Nähe. Nur wenn die Blüten bestäubt werden, können sich Früchte bilden. Viele Obstsorten, darunter die meisten Beerensträucher, sind Selbstbestäuber, das heißt, zur Fruchtbildung ist kein Pollen von einer anderen Pflanze nötig. Viele Pflaumenbäume sind Selbstbestäuber, ebenso einige Kirschen und Apfelsorten, doch vor allem Äpfel tragen besser, wenn zur Kreuzbestäubung ein anderer Baum in der Nähe steht. Manche Obstsorten sind sogar auf einen Bestäubungspartner angewiesen. Ein einzelner Birnbaum der Sorte 'Louise Bonne de Jersey' wird kaum tragen, sofern nicht im Nachbargarten eine passende Bestäubersorte steht. Weil aber heute viele Obstbäume auf kleinwüchsigen Unterlagen veredelt werden (siehe Äpfel, S. 294) und sehr schnittverträglich sind, kann man in den meisten Gärten zwei oder drei Sorten als Cordon- oder Spalierobst ziehen.

Apfelblüten Für die Kreuzbestäubung und den Ertrag ist der Blütezeitpunkt entscheidend. Hier die Blüten der Apfelsorten 'Kidd's Orange Red', 'King of the Pippins' und 'Red Devil'.

Ist mein Boden geeignet?

Zum Glück vertragen Obstgehölze die meisten Böden. Nur kalkige Böden mit dünner Humusschicht sind problematisch, weil sie stark alkalisch sind und die Wurzeln nicht tief genug dringen. Manche Obstsorten kommen auch mit diesen Bedingungen zurecht, einige – vor allem Himbeeren – werden aber zu kämpfen haben.

Heidelbeeren benötigen sehr sauren Boden (pH 5,5 oder niedriger) und viele Obstsorten bevorzugen leicht sauren Boden (siehe S. 30–31). Die meisten tolerieren aber auch ein leicht alkalisches Milieu. Himbeeren bilden eine Ausnahme. Sie leiden an Böden mit einem pH-Wert über 6,5 an Eisenmangel und schwächeln.

Neben dem pH-Wert spielt auch die Struktur des Bodens eine Rolle. In nährstoffreichem, lockerem Boden können sich die Wurzeln gut ausbreiten und die verfügbaren Nährstoffe optimal ausschöpfen. Für Obstgehölze gilt das ebenso. Sie schätzen tiefgründigen, nährstoffreichen Boden, der Wasser gut speichert und dennoch durchlässig ist.

Wo solche Bedingungen nicht gegeben sind, kann man die Bodenstruktur verbessern, indem man schwere Böden lockert oder das Wasserhaltevermögen leichter Böden steigert (siehe S. 34–35). Auf sehr mageren Böden sollte man schon ein Jahr vor der Pflanzung mit der Strukturverbesserung beginnen.

Dränage

Obst braucht viel Wasser, weil die Früchte größtenteils aus Wasser bestehen. Ist der Boden sehr nass, muss allerdings die Dränage verbessert werden, sonst besteht Gefahr, dass die Wurzeln faulen oder von Pilzen befallen werden. Besonders auffällig sind solche Schäden an Himbeerpflanzen, deren Wurzeln bei Staunässe leicht faulen, sodass die Ruten reihenweise absterben. Wo sich Staunässe im Boden nicht beheben lässt, sollten Sie besser kein Obst pflanzen.

Gute Nachbarn Wer wenig Platz hat und dennoch mehrere Apfel- oder Birnensorten pflanzen will, könnte sie am Spalier an einer Wand oder einem Zaun ziehen. Möglich ist auch die Kultur von Cordonobst an Pfosten (*Foto*), wobei die Kronen schmal gestutzt werden und die Stämme in Abständen von nur 75 cm stehen müssen.

Obstgehölze pflegen

Die Anschaffung von Obstgehölzen ist eine langfristige Investition. Manche Bäume können bis 50 Jahre lang tragen. Man möchte meinen, dass dafür die regelmäßige Versorgung mit Düngern, Mist oder Kompost nötig ist – doch das stimmt nicht. Viel wichtiger ist, den jungen Bäumen optimale Startbedingungen zu schaffen. Vor der Pflanzung ist es viel einfacher, Bodenstruktur und Nährstoffgehalt zu verbessern als nachher. Und optimale Startbedingungen sind das A und O für alle Obstsorten. Eine Pflanze, die schnell anwächst, kann bald ein ausgedehntes Wurzelwerk entwickeln und mehr Nährstoffe aufnehmen als eine schwache Pflanze. Näheres zu Wasser- und Nährstoffbedarf finden Sie in den Abschnitten zu den einzelnen Obstsorten.

Weil mehrjähriges Unkraut rings um Obstpflanzen schwer zu entfernen ist, säubert man den Boden vor der Pflanzung gründlich (siehe S. 78–81).

Der Wasserbedarf

Wer nur wenige Obstbäume oder -sträucher besitzt, kann sie mit Gießkanne oder Schlauch bewässern. Praktisch und bequem ist eine automatische Bewässerung mit Tropfschläuchen (siehe S. 60). Eine Mulchschicht (siehe unten), die im Spätfrühling verteilt wird, reduziert die Verdunstung von Wasser. Große, ausgewachsene Obstbäume brauchen normalerweise nicht bewässert zu werden.

Dünger und Mulch

Detaillierte Düngerempfehlungen finden Sie in den Porträts der einzelnen Obstsorten. Generell braucht Obst – abgesehen von Erdbeeren und einigen anderen – nur alle zwei bis drei Jahre mit Kompost oder Dünger und organischem Mulchmaterial versorgt zu werden. Zum Mulchen von Obst verwendet man meist Stroh und Heu, aber auch halb kompostierter Gehölzschnitt oder Holzhackschnitzel sind geeignet, wenn sie in ausreichender Menge zur Verfügung stehen.

Hackschnitzel kann man selbst herstellen oder kaufen. Der Mulch wird im Spätfrühling, wenn sich die Erde erwärmt hat, auf

(Links, von oben) **Obst pflegen** Tropfschlauch zur Bewässerung von Erdbeeren. Mulchen neu gepflanzter Obstbäume. Auslichten eines Stachelbeerstrauchs. Einfache Bierfalle zum Schutz reifender Früchte vor Wespen.

feuchtem Boden verteilt. Bei Heu und Stroh sollte die Schicht 10 cm dick sein, bei Hackschnitzeln genügen 5 cm. Lassen Sie dabei einen 15 cm breiten Ring um den Stamm oder den Strauchgrund frei.

Gesunde Pflanzen

Wer reichlich gesunde Früchte ernten will, sollte regelmäßig das Wachstum der Pflanzen kontrollieren. Werden Probleme frühzeitig erkannt, kann man sie lösen, ehe sie zu Schäden führen. Vereinzelte, erkrankte Triebe können Sie leicht abknipsen oder ausschneiden und wenige Schädlinge lassen sich schnell abwischen, ehe sie die ganze Pflanze befallen. Nähere Informationen zu speziellen Problemen von Obstpflanzen finden Sie im Anhang (siehe S. 320–341).

Unkraut – tolerieren oder beseitigen?

Ebenso wie Gemüse muss auch Obst vor der Konkurrenz durch Unkraut geschützt werden, es sei denn, es ist auf einer starkwüchsigen Unterlage veredelt. Ein ausgewachsener Baum profitiert davon, wenn er inmitten einer Wildblumenwiese steht, und leistet zugleich seinen Beitrag zu diesem Lebensraum. Kleinen Bäumen und allen Beerensträucher machen Unkräuter aber Licht, Wasser und Nährstoffe streitig. Wächst Unkraut sehr dicht, kann es die Luftzirkulation stören und Pilzbefall verursachen. Darum lässt sich gelegentliches Jäten nicht vermeiden.

SO KLAPPT ES

Das Geheimnis gesunder Früchte ist gute Vorbeugung.
- Krankheits- und schädlingsresistente Sorten pflanzen.
- Den optimalen Standort wählen.
- Obst nicht an Plätze pflanzen, an denen vorher eine ähnliche Art stand.
- Die Pflanzen ausschneiden, um die gute Luftzirkulation zwischen den Zweigen sicherzustellen.
- Nicht mit Stickstoff überdüngen.
- Beschädigte und kranke Früchte, Triebe und Blätter entfernen.
- Alten Mulch im Winter entfernen. So werden Pilzsporen beseitigt und die Vögel finden freigelegte, überwinternde Schädlinge leichter.
- Spritzungen mit verdünntem Algenextrakt (siehe S. 195) sind im Frühling und Frühsommer empfehlenswert. Bäume und Sträucher nehmen dann Nährstoffe gut auf und werden mit zahlreichen Spurenelementen versorgt. Regelmäßige Spritzungen mit Algenextrakt sollen die Widerstandskraft gegen Frostschäden verbessern.
- Früchte mit Netzen oder »Obstkäfigen« vor Vögeln schützen.
- Nützlinge fördern (siehe S. 96–99). Viele stellen sich in einem giftfreien Garten von selbst ein. Dennoch lohnt es sich, ihnen Unterschlupf und Nahrungsquellen zur Verfügung zu stellen (siehe S. 104–125).

OBST

Äpfel

Äpfel gehören zu den Obstsorten mit der längsten Erntezeit. Die frühesten Sorten sind im Hochsommer reif, die spätesten im Spätherbst und manche kann man bis zum Frühling lagern. Einige Gärtnereien bieten heute wieder alte Sorten an.

Standort und Boden

Äpfel bevorzugen einen nährstoffreichen, durchlässigen Boden mit einem pH-Wert von 6,5. Ist Ihr Boden nährstoffarm, können Sie ihn verbessern und zusätzlich eine Sorte wählen, die auf eigener Wurzel wächst oder auf einer schwach wachsenden Unterlage veredelt ist. Ideal ist ein offener, sonniger, aber windgeschützter Standort, der nicht in einer Frostfalle liegt.

Apfelbäume können frei stehend wachsen. Man kann sie auch an Spalieren an Mauern und Zäunen ziehen oder – der besseren Luftzirkulation wegen – an Pfosten und Drähten in Form bringen. Starke Hitze haben Äpfel nicht so gern. Ideal sind Mauern, die Abendsonne bekommen, während Kochäpfel auch an einer kühlen Mauer gezogen werden können.

Sorten und Unterlagen

Im Lauf vieler Jahrhunderte wurde eine Vielzahl von Apfelsorten (über 1000!) selektiert und gezüchtet.

Wie viele Obstbäume werden Äpfel meist auf die Wurzel eines verträglichen Baums (meist einer anderen Apfelsorte) veredelt. Eine Apfelsorte kann – abhängig von der Veredelungsunterlage – zu einem Baum von 2,5 m oder auch 9 m Höhe heranwachsen. Erkundigen Sie sich beim Kauf nach der Unterlage und Größe.

Bestäubung

Damit sich Früchte bilden, müssen die Blüten bestäubt werden (siehe S. 290). Manche Äpfel sind Selbstbestäuber – das heißt, es genügt, wenn Insekten in ihrer Krone von Blüte zu Blüte fliegen. Andere bilden nur Früchte, wenn die bestäubenden Insekten den Pollen von einem anderen Baum mitbringen. Dieser Baum muss zur gleichen Zeit Blühen und in »Bienenreichweite« stehen. Als Bestäubungspartner eignen sich auch viele Holzapfel-Sorten.

Der Pflanzenkauf

Kaufen Sie Obstbäume möglichst im Spätherbst oder Frühwinter und pflanzen Sie sie

Frisch veredelte Obstbäumchen Bei der Veredelung werden Triebe ausgewählter Sorten auf Stämme anderer Bäume gebunden. An der Veredelungsstelle wächst das Gewebe beider Bäume zusammen. Die Unterlage bestimmt Wuchskraft und Höhe.

Für jeden Geschmack

Cox, Bramley, Granny Smith – es gibt viele Apfelsorten mit bekannten Namen. Aber ein netter Name allein ist kein Auswahlkriterium für einen Apfelbaum.

■ **Erntezeit und Lagerfähigkeit** Wer genug Platz hat, könnte verschiedene Sorten pflanzen – eine zum Frischverzehr, eine andere zum Lagern. Manche späten Apfelsorten müssen eine Zeit lang im Lager nachreifen, bevor sie gut schmecken.

■ **Resistenz** Wenn in Ihrer Region Krankheiten wie Obstbaumkrebs oder bestimmte Schädlinge verbreitet sind, hören Sie sich nach resistenten Sorten um.

■ **Eignung für das örtliche Klima** Sorten, die in warmen Gegenden gut gedeihen, wachsen vielleicht in kühlen Regionen mit kurzen Sommern kümmerlich – und umgekehrt. Empfehlenswert sind Sorten, die traditionell in der jeweiligen Wohnregion kultiviert werden und sich bewährt haben.

■ **Geschmack** Nicht jeder mag jede Sorte. Wenn es möglich ist, probieren Sie die Äpfel, ehe Sie einen Baum kaufen.

■ **Bestäubung** Wenn Sie einen einzelnen Baum kaufen, erkundigen Sie sich, ob es ein Selbstbestäuber ist. Wer zwei Bäume kauft, sollte darauf achten, dass sie einander gegenseitig bestäuben (siehe gegenüber).

Reiche Ernte 1. 'Kidd's Orange Red'
2. 'Arthur Turner' **3.** 'Orleans Reinette'
4. 'William Crump' **5.** 'Lord Lambourne'
6. 'Laxton's Fortune' **7.** 'Egremont Russet'
8. 'John Standish'

Spalieräpfel Ein Obstbaum trägt mehr Früchte, wenn man die Triebe waagerecht anbindet. Ein Baum mit starkwüchsiger Unterlage kann so viele »Etagen« haben, wie die Wandfläche zulässt. Üblich sind drei oder vier Hauptäste.

unverzüglich. Um diese Jahreszeit werden meist wurzelnackte Bäume angeboten. Containerware ist rund ums Jahr erhältlich, aber das Sortenangebot ist wesentlich geringer. Denken Sie schon beim Kauf über die vorgesehene Form nach (siehe unten). In guten Baumschulen erhält man Bäume die zwei, drei, vier oder mehr Jahre alt und bereits teilweise in Form gebracht sind. Hier bekommen Sie auch Beratung für den künftigen Erziehungsschnitt.

Baumformen

Pflanzt man einen Apfelbaum vorwiegend wegen des Ertrags, ist ein »Halbstamm« empfehlenswert, dessen Krone sich bereits etwa 75 cm über dem Boden verzweigt. Hochstämme sehen dekorativ aus, sind aber wegen ihrer Höhe schwierig auszuschneiden und abzuernten. Zieht man Apfelbäume in zweidimensionaler Form, wirken sie formaler und brauchen wenig Platz – ein Vorteil in kleinen Gärten. Flächig gezogene Bäume wie Spalierobst oder Cordons brauchen eine Mauer oder einen stabilen Zaun als Stütze. Für freistehende Cordons empfehlen sich Metallpfosten, zwischen denen kräftige Drähte gespannt sind.

Cordonstämme pflanzt man meist schräg im Winkel von 45–60° mit Abständen von 75 cm. Spalierobst braucht erheblich mehr Platz. Meist zieht man drei »Etagen« von Ästen im Abstand von jeweils 45 cm, an einer Konstruktion aus Pfosten mit Spanndrähten in 60, 110 und 150 cm Höhe. Die Pflanzabstände richten sich nach den Veredelungsunterlagen der Bäume.

Apfelbäume pflanzen

Apfelbäume werden wie alle anderen Bäume gepflanzt (siehe S. 170–171), frei stehende Exemplare müssen gestützt werden. Nach dem Ausheben des Pflanzloches mischen Sie je einen halben Eimer verrotteten Mist und Laubkompost und je 125 g Algenmehl und Knochenmehl oder einen entsprechenden organischen Dünger (siehe

OBST 297

S. 54–55). Den Baum ins Pflanzloch setzen, die Mischung einfüllen und mit Erde auffüllen.

Dünger und Mulch

In den ersten Jahren nach dem Pflanzen (und bei Bäumen auf kleinwüchsiger Unterlage sogar während des ganzen Baumlebens) muss rund um den Obstbaum sorgfältig gejätet werden, sonst nimmt das Unkraut dem Baum Nährstoffe und vor allem Wasser. Eine 8–10 cm dicke Strohschicht unterdrückt Unkraut effektiv und hält Feuchtigkeit im Boden (siehe S. 292). Den Mulch im Spätfrühling verteilen und im Winter abräumen und kompostieren. Gras darf bis an den Stamm hoher, ausgewachsener Bäume heranwachsen.

Wenn Bäume schlecht wachsen, düngen Sie sie im zeitigen Frühling mit verrottetem Mist oder Gartenkompost.

Ältere Bäume schneiden

Wie alle Obstbäume tragen auch Apfelbäume am besten, wenn sie jährlich geschnitten werden. Nach dem Anwachsen werden alle Bäume im Winter geschnitten. Spalier-, Fächer- und Cordonobst muss zusätzlich im Sommer in Form gebracht werden. Der Schnitt dient verschiedenen Zwecken. Sie sollten:

■ **Tote und kranke Zweige** entfernen, auch solche, die durch Reibung an anderen Ästen den Eintritt von Krankheiten ermöglichen; immer bis ins gesunde Holz zurückschneiden.

■ **Die Krone auslichten,** um die Luftzirkulation zu verbessern und Pilzbefall vorzubeugen.

■ **Schädlingskolonien** entfernen.

■ **Die Formgebung** beachten.

■ **Den Wuchs regulieren,** um ein ausgewogenes Verhältnis zwischen älterem Fruchtholz und jungen Trieben herzustellen.

Die meisten Apfelsorten fruchten an kurzen Spornen. »Triebspitzenträger« sind selten. Erkundigen Sie sich beim Kauf in der Baumschule nach dem richtigen Schnitt. Für den Rückschnitt von »Spornträgern«:

■ **Den Leittrieb** jedes Astes (der seine Gesamtlänge bestimmt) um ein Drittel bis die Hälfte kürzen. Konkurrierende Triebe im vorderen Bereich ganz entfernen.

Obstbaumschnitt Im Winter werden ungünstig wachsende Äste ausgeschnitten (*unten links*) und die Triebe gekürzt, damit sich fruchtende Sporne bilden (*Mitte*). Tipps zum Ausschneiden dickerer Äste (*rechts*) finden Sie auf S. 173.

Erleichterung Wenn Apfelbäume mehr Früchte bilden, als sie zur Reife bringen können, werfen sie im Hochsommer einen Teil davon ab – meist verkrüppelte oder kleine Exemplare.

Apfelprobleme Blattläuse siedeln sich oft auf jungen Triebspitzen an. Bemerkt man sie zu spät, müssen stark befallene, verkrüppelte Triebe eventuell ausgeschnitten werden (*rechts*). Ein Fett- oder Leimring (*ganz rechts*) verhindert, dass die flügellosen Weibchen des Frostspanners im Winter zur Eiablage den Stamm hochklettern, kann aber auch Ameisen – und mit ihnen die Blattläuse, die sie melken – von den Bäumen fernhalten.

■ **Einjährige Seitentriebe** nicht schneiden, sofern sie nicht ungünstig positioniert sind oder steil nach oben wachsen.

■ **Im folgenden Jahr** bilden sich an den ungeschnittenen Trieben dicke Fruchtknospen und wiederum Seitentriebe. Jetzt die Haupttriebe bis auf vier oder sechs Fruchtknospen zurückschneiden. Diese kurzen Triebstücke sind die Sporne.

■ **In den nächsten beiden Jahren** Triebe, die aus den Spornen wachsen, entfernen. So bleiben die Sporne kompakt und kräftig. Neue einjährige Seitentriebe, die sich in den folgenden Jahren an den Hauptästen bilden, werden ebenso behandelt. So entstehen Sporne verschiedenen Alters.

■ **Hat ein Sporn** vier Jahre lang Früchte getragen, wird er mit einem schrägen Schnitt entfernt, um die Bildung eines neuen Seitentriebs anzuregen, mit dem der Vorgang erneut beginnt.

Ausdünnen der Früchte

Es ist normal, dass Obstbäume im Sommer viele kleine Früchte abwerfen, aber vielleicht wären dies gerade die schönsten geworden. Um gesunde, große Früchte zu ernten, muss frühzeitig ausgedünnt werden. Beginnen Sie damit etwa sechs Wochen, nachdem die Blütenblätter abgefallen sind.

Die größte, meist etwas verkrüppelte Frucht jeder Gruppe wird entfernt. Dann die Gruppen so ausdünnen, dass zwischen den Früchten Abstände von 10–15 cm entstehen. Beschädigte, verkrüppelte oder von Schädlingen befallene Früchte werden entfernt. Nur die schönste Frucht pro Gruppe (oder, bei geringem Fruchtansatz, die beiden schönsten) bleibt letztlich stehen.

Die Ernte schützen

Kaufen Sie Sorten, die resistent gegen Mehltau, Obstbaumkrebs und Schorf sind. Im Spätfrühling Pheromonfallen aufhängen (siehe S. 102), um Larven des Apfelwicklers zu fangen. Mit Mehltau befallene junge Blätter und Triebe bis ins gesunde Holz zurückschneiden. Blattläuse an jungen Trieben können per Hand abgewischt, mit Wasser abgespritzt oder mit einem geeigneten Insektizid bekämpft werden. Säen Sie Blumen, die Nützlinge anlocken (siehe S. 95). An frei stehenden Bäumen lässt sich Blattlausbefall auch mit Fettringen (siehe gegenüber) verringern. Kolonien von Wollläusen können abgewischt werden, stark befallene Triebe werden abgeschnitten.

Sammeln Sie abgefallene Früchte auf, weil sich darin Larven der Sägewespe befinden können. Im Herbst wird alter Mulch entfernt und die abgefallenen Blätter zusammengeharkt, weil sich darin Sporen des Apfelschorfs befinden können, die im folgenden Jahr Probleme bereiten könnten. Alternativ zerkleinern Sie das Herbstlaub mit dem Rasenmäher, sodass es schnell in den Boden gezogen wird. Bringen Sie Fettringe an, damit keine Schädlinge am Stamm hochkriechen. Im zeitigen Frühling werden die Ringe wieder entfernt. Nach der Ernte alle Früchte vom Baum entfernen und

Ernte und Lagerung Reif aussehende Äpfel vorsichtig drehen (*oben links*): Lösen sie sich leicht, können sie gepflückt werden. Gelagerte Äpfel sollten einander nicht berühren (*oben rechts*), damit sich Fäulniserreger nicht so leicht ausbreiten können.

Fettfutter aufhängen, um Vögel anzulocken, die Schädlinge fressen.

Weitere Informationen finden Sie im Anhang (siehe S. 320–341).

Die Ernte

Lassen sich die Früchte mit einer drehenden Bewegung leicht lösen, kann die Ernte beginnen. Späte Sorten sollten nach der Ernte etwas liegen, damit sich ihr Geschmack entwickelt.

Äpfel lagern

Ideal zur Lagerung ist die Temperatur in einem Kühlschrank, praktischer ist aber die Lagerung in einem frostfreien, kühlen Schuppen, Keller oder Dachbodenraum mit hoher Luftfeuchtigkeit. Lagern Sie nur makellose Äpfel ein.

■ **Regale oder Obstkisten** Traditionell lagert man Äpfel in Kisten oder Steigen aus Holzlatten. Sie werden in einer Lage hineingelegt und sollten einander nicht berühren.

■ **Einzeln einpacken** Wenn Sie jeden Apfel komplett in ein Stück Seiden- oder Zeitungspapier wickeln, können mehrere Schichten Früchte in Kisten gelegt werden.

Birnen

Dass Birnen vor allem in Frankreich seit jeher beliebt sind, verraten die vielen Sortennamen. Die dortigen langen, warmen Sommer bekommen den Früchten gut. Birnen lassen sich nicht so gut lagern wie Äpfel, aber es gibt viele Sorten mit unterschiedlichen Reifezeiten, sodass man von Hochsommer bis Spätherbst frische Birnen essen kann. Birnbäume werden recht alt, aber Größe und Qualität der Früchte lässt nach 30–40 Jahren nach.

Standort und Boden

Birnen brauchen schon im zeitigen Frühling Wärme, darum gedeihen sie gut an einem sonnigen, geschützten Platz, etwa vor einer warmen Mauer. Sie blühen einige Wochen früher als Äpfel. Das bedeutet, dass die Blüten – und folglich der Ertrag – in kühlen Regionen stärker durch Frost gefährdet sind. Die Auswahl der Sorten, die sich für kühles Klima eignen, ist recht klein. In Bezug auf die Bodenbedingungen und Bodenvorbereitung haben Birnen die gleichen Ansprüche wie Äpfel (siehe S. 294).

Der Pflanzenkauf

Birnen brauchen einen passenden Bestäubungspartner, also müssen immer zwei Bäume in relativer Nähe stehen. Lassen Sie sich beim Kauf über passende Sorten beraten, denn manche sind in Bezug auf den Bestäubungspartner anspruchsvoll.

Als Veredelungsunterlage für Birnen wird häufig Quitte verwendet, damit die Bäume klein bleiben – etwa 2,5–4 m. Wer sich einen stattlicheren Baum wünscht, sollte eine Sorte kaufen, die auf Birne veredelt ist.

Schnitt und Erziehung

Birnen gibt es als pyramidenförmige Bäume mit mittigem Stamm, als niedrige Halbstämme, Spalierbäume oder Cordons. Der ideale Platz für ein Spalier mit empfindlichen oder besonders aromatischen Birnen ist eine Wand, die mittags Sonne bekommt. Dreijährige Bäume werden in manchen Baumschulen schon vorgeformt angeboten, außerdem können die Fachleute dort Rat zu weiteren Schnitt- und Erziehungsmaßnahmen geben.

Vom vierten Jahr an werden Birnen wie Äpfel geschnitten (siehe S. 297–298). Alle profitieren von einem Winterschnitt, Spalierobst wird zusätzlich im Sommer geschnitten. Der Spornschnitt (siehe S. 297) steigert meist den Ertrag.

Pflege und Ertragsförderung

Gedüngt, bewässert, gemulcht und ausgedünnt werden Birnen ebenso wie Äpfel (siehe S. 297–298). Im Herbst den alten Mulch entfernen und die gefallenen Blätter zusammenharken, damit in ihnen keine Pilzsporen überwintern. Alternativ die Blätter mit dem Rasenmäher zerkleinern, sodass sie schnell in den Boden gezogen werden. Wie bei Äpfeln verhindern Fettringe (siehe S. 298–299) an Stämmen und Stützen den Befall durch den Frostspanner.

■ **Im Frühling** kann Birnenschorf die jungen Blätter befallen und rosa Blasen verursachen, die sich später schwarz färben. Erkrankte Blätter entfernen.

■ **Schwarze, kleine Früchte,** die im Frühsommer abfallen, einsammeln und vernichten. In ihnen können Larven der Birnengallmücke sitzen (siehe gegenüber oben).

■ **Auf Blattläuse** an jungen Trieben achten. Fett- und Leimringe können bei frei stehenden Bäumen Ameisen und mit ihnen die Blattläuse, die sie melken, fern halten.

Weitere Informationen finden Sie im Anhang (siehe S. 320–341).

Ernte und Lagerung

Frühe Sorten reifen schon im Hochsommer und können direkt vom Baum gegessen werden. Die meisten Birnen werden im Frühherbst und Herbst geerntet und müssen zwei bis drei Wochen nachreifen. Spätere Sorten können bis in den Winter hinein gelagert werden.

Die Reife ist bei einigen Sorten schwierig einzuschätzen, weil sich ihre Schale nicht intensiv färbt. Dann hilft nur ein Reifetest: Das dicke, untere Ende locker in die Hand nehmen und die Frucht vorsichtig aufwärts kippen. Löst sie sich leicht, ist sie reif.

Birnen sind schwieriger zu lagern als Äpfel und sollten nicht eingewickelt werden. Lassen Sie jeweils kleine Mengen im warmen Zimmer nachreifen. Das kann zwei bis drei Wochen dauern.

Birnengallmücke Wenn dieser Schädling Probleme bereitet, legen Sie im Frühling Mulchfolie oder -vlies aus, (siehe S. 74), damit die Larven nicht in den Boden kriechen können.

Birnenernte Abgesehen von sehr frühen Sorten sollten Birnen nicht am Baum ausreifen, sonst schmecken sie fade. Wer genug Platz hat, könnte mehrere Bäume pflanzen, um die Ernte zu verlängern.

Pflaumen, Reineclauden und Zwetschgen

Pflaumen und Reineclauden reifen ab Hochsommer, bis sie im Herbst von den Zwetschgen abgelöst werden. Pflaumen und Zwetschgen werden traditionell in relativ kühlen Gegenden mit kurzen Sommern angebaut. Vor allem Zwetschgen sind sehr robust und eignen sich auch als Windschutz. Alle drei Arten blühen aber noch vor den Birnen und bringen in Gegenden, in denen späte Fröste häufiger vorkommen, selten große Erträge.

Bleiglanz Pflaumen werden im Sommer geschnitten, wenn die Bäume kräftig wachsen und Wunden schnell verheilen. Das ist wichtig, um den Befall mit der Pilzkrankheit Bleiglanz zu verhindern, die am silbrigen Schimmer der Blätter zu erkennen ist. Befallene Triebe bis ins gesunde, fleckenlose Holz zurückschneiden, dann erholt sich der Baum meist wieder.

Standort und Boden

Alle drei Steinobst-Arten gedeihen am besten an sonnigen Standorten mit Schutz vor Frost und scharfem Wind. Reineclauden und Dessertpflaumen stehen am besten vor einer warmen Wand, die Schutz vor späten Frühlingsfrösten bietet.

Gute Dränage ist unerlässlich, ansonsten sind Pflaumen und ihre engen Verwandten in Bezug auf den Boden nicht anspruchsvoll. Tipps zur Bodenvorbereitung finden Sie im Abschnitt über Äpfel (siehe S. 294–297).

Der Pflanzenkauf

Grundlegende Informationen siehe Äpfel (S. 294). Die meisten Pflaumen sind Selbstbestäuber, können also allein stehen. Veredelt werden Pflaumen und ihre Verwandten entweder auf zwergwüchsige Unterlagen, auf denen sie 2–2,5 m hoch werden, oder auf einer mittelstark wüchsigen Unterlage, die Bäume von 3–4 m Höhe ergibt.

Der Schnitt

Alle drei Arten werden meist als Baum gehalten, Pflaumen und Reineclauden eignen sich auch für Wandspaliere oder frei stehende Cordons gut. Manche Baumschulen bieten auch Bäumchen an, die schon in Fächerform vorerzogen sind, und beraten über die künftigen Schnitt- und Erziehungsmaßnahmen.

Frei stehende Bäume müssen nur leicht geschnitten werden. Es genügt, ungünstig wachsende, kranke und beschädigte Triebe zu entfernen. Überlange Triebe, durch die die Krone unausgewogen aussieht, können entfernt werden. Zwergwüchsige Bäume müssen gelegentlich ausgedünnt werden, wenn die Zweige zu dicht stehen.

Im Gegensatz zu Äpfeln und Birnen werden diese Bäume immer im Sommer (nur zwischen Spätfrühling und Frühherbst) geschnitten. Im Winter besteht Gefahr, dass durch die offenen Wunden Krankheitserreger eindringen, die während der Ruhezeit größeren Schaden anrichten würden.

Pflege und Ertragsförderung

Tipps zum Düngen, Bewässern und Mulchen siehe Abschnitt über Äpfel (S. 296–297).

In einem guten Jahr tragen manche Sorten so reich, dass Äste unter dem Gewicht abbrechen können. Dann sollten Sie nach dem natürlichen Fruchtfall im Hochsommer die restlichen Früchte mit einer Schere auf Abstände von 5–10 cm ausdünnen.

■ **Ab Wintermitte** kontrollieren, ob Pflaumenblattläuse auf Knospen oder Zweigen sitzen.

■ **Im Frühling** Blüten und Triebspitzen entfernen, die durch Braunfäule verdorrt sind.

■ **In frühreifen Früchten** findet man manchmal Raupen des Pflaumenwicklers. Einzelne Bäume kann man schützen, indem man im Spätfrühling Pheromonfallen (siehe S. 102) aufhängt.

■ **Pflanzenteile,** die mit Bleiglanz (siehe gegenüber) befallen sind, sofort bis ins gesunde Holz abschneiden, auch wenn es nicht die richtige Zeit zum Schnitt ist. Schnittabfall verbrennen und Werkzeug desinfizieren. Weitere Informationen finden Sie im Anhang (siehe S. 320–341).

Ernte und Lagerung

Reife Pflaumen, Reineclauden und Zwetschgen sind weich, voll ausgefärbt (allerdings gibt es Sorten in verschiedenen Farben, auch in Grün) und lassen sich leicht abpflücken. Nach der Ernte kühl stellen und bald verzehren. Länger aufbewahren kann man diese Früchte nur tiefgefroren oder eingemacht.

Süße Verführung Tiere mögen saftig süße Pflaumen ebenso gern wie wir Menschen. Vorsicht beim Sammeln und Pflücken: Abgefallene oder von Vögeln angepickte Früchte locken Wespen an.

Kirschen

Normalerweise unterscheidet man zwischen Süß- und Sauerkirschen. Süßkirschen kann man direkt vom Baum essen. Es gibt Sorten mit hellem und dunklem Fruchtfleisch und mit heller, meist rötlicher oder sehr dunkler Haut. Süßkirschen sind im Hochsommer reif, Sauerkirschen etwas später. Sauerkirschen kann man roh essen, meist werden sie aber eingemacht.

Standort und Boden

Weil Kirschen früher blühen als Pflaumen, brauchen sie einen warmen Platz. Man zieht Süßkirschen am besten am Spalier an einer warmen, geschützten Mauer. Sauerkirschen blühen etwas später als Süßkirschen. Auch ihre Blüten sind frostgefährdet, aber sie tragen an kühleren Wänden oder als frei stehende Bäume recht gut, sofern der Standort nicht zu exponiert ist. Ihre Bodenansprüche entsprechen denen der Pflaumen (siehe S. 302), vorbereitet wird der Boden wie für Äpfel (siehe S. 296-297).

Kirschenfächer Fächerspalierbäume lassen sich leichter mit Netzen vor Vogelfraß schützen als frei stehende Bäume. Süßkirschen brauchen in kühlen Gegenden einen geschützten Platz an einer warmen Mauer.

Der Pflanzenkauf

Grundsätzliche Informationen finden Sie in den Abschnitten über Pflaumen und Äpfel (siehe S. 302 und 294). Inzwischen sind einige gute, zwergwüchsige Veredelungsunterlagen für Kirschen auf den Markt gekommen, sodass die kleineren Bäume besser mit Netzen vor Vögeln geschützt werden können. Noch einfacher lassen sich Netze allerdings an Wandspalieren anbringen.

Die meisten Sauerkirschen und die beliebte Süßkirschensorte 'Stella' sind Selbstbestäuber. Viele andere Süßkirschen brauchen aber einen Bestäubungspartner in der Nähe, bei dem es sich auch um eine Sauerkirsche handeln kann. Weil die Zuordnungen der Bestäubungspartner der einzelnen Sorten komplex sind, sollten Sie sich beim Kauf eingehend beraten lassen.

Schnitt und Erziehung

Die Erziehung von Sauerkirschen zum Fächerspalier ist recht aufwendig (siehe unten). In guten Baumschulen kann man Bäume kaufen, die für die Spalierhaltung bereits vorbereitet sind. Dort bekommt man auch Informationen über die weiteren Schnittmaßnahmen.

Ein frei stehender Süßkirschenbaum wird ebenso geschnitten wie ein Pflaumenbaum (siehe S. 302), also nur bei Bedarf. Bei Sauerkirschen mit ausgeformter Krone lässt sich der Ertrag erhöhen, wenn man jedes Jahr einen Teil der drei- bis vierjährigen Zweige bis auf einen jüngeren Seitentrieb zurückschneidet. Sauerkirschen tragen an den Trieben Früchte, die im Vorjahr gebildet wurden, darum sollte die Krone weitgehend aus jungem produktivem Holz bestehen (und darum ist der Schnitt eines Sauerkirschspaliers so schwierig).

Wie Pflaumen (siehe S. 302) werden auch Kirschen immer während der Wachstumszeit geschnitten – nicht während der Ruhe, wenn die Gefahr der Bleiglanz-Infektion größer ist.

Kirschenernte Kirschen halten sich länger, wenn sie mit Stiel geerntet werden, darum sollte man sie nicht einzeln abzupfen, sondern mit einer Schere oder Rosenschere abschneiden.

Pflege und Ertragsförderung

Kirschen werden wie Äpfel gedüngt, gewässert und gemulcht (siehe S. 296–297). Das Ausdünnen der Früchte ist nicht nötig.

■ **Kirschen sind** für ähnliche Probleme anfällig wie Pflaumen (siehe S. 303), mit Ausnahme des Pflaumenwicklers.

■ **Im Winter** können an jungen Trieben Kirschenblattläuse auftreten.

■ **Ehe die Früchte reif sind,** sollte man zum Schutz vor Vögeln Netze aufhängen. Buchfinken und Blaumeisen fressen im Winter manchmal die Blütenknospen ab – auch dann sind Netze sinnvoll. Zu anderen Zeiten sollten Vögel Zugang haben, um Schädlinge zu vertilgen.

Weitere Informationen finden Sie im Anhang (siehe S. 320–341).

Ernte und Lagerung

Süßkirschen kann man sofort essen, kurzzeitig im Kühlschrank aufbewahren oder einfrieren. Sauerkirschen kann man einkochen, für Rumtopf, Marmelade und Kuchen verwenden, einfrieren oder Kompott daraus zubereiten.

Pfirsiche und Nektarinen

Pfirsiche und Nektarinen sind sonnenhungrig, immerhin stammen sie aus dem Mittelmeerraum und dem Nahen Osten. Es gibt Sorten mit gelbem, weißem und rosafarbenem Fruchtfleisch und nicht alle lösen sich leicht vom Stein. Nektarinen unterscheiden sich hauptsächlich dadurch von Pfirsichen, dass sie eine glatte Schale haben. Sie brauchen noch mehr Wärme und tragen weniger reich.

Standort und Boden

Weil Pfirsiche sehr früh im Jahr blühen, pflanzt man sie meist vor eine warme, sonnige Wand, wo sie vor Frost und Regen geschützt sind; dieser begünstigt die Kräuselkrankheit (siehe S. 331). Pfirsiche und Nektarinen bevorzugen leicht sauren, tiefgründigen und nährstoffreichen Boden. Pflanzen Sie junge Bäume möglichst in der ersten Winterhälfte, weil sie recht früh zu wachsen beginnen.

Makellos Pfirsiche und Nektarinen, die man im Supermarkt kauft, werden meist unreif geerntet und in Kühlwagen transportiert. Um den Geschmack vollreifer Früchte kennenzulernen, muss man sie selbst anbauen.

Weitere Hinweise zur Bodenvorbereitung finden Sie im Abschnitt über Äpfel (siehe S. 297).

Der Pflanzenkauf

Grundsätzliche Informationen finden Sie auf S. 294. Fast alle Pfirsiche sind Selbstbestäuber, tragen aber bei Handbestäubung besser (siehe unten). Veredelt werden sie üblicherweise auf St. Julien A, einer mittelstark wüchsigen Unterlage (siehe S. 302). Wenn Sie einen kräftigen, dreijährigen Baum kaufen, der in Fächerform vorgezogen ist, sparen Sie sich die ersten drei Jahre Erziehungsarbeit. Neu auf dem Markt sind extrem kleinwüchsige Sorten für Kübel oder Beet, die nicht am Spalier gezogen werden können. In den ersten zwei oder drei Jahren sollten sie gestützt werden.

Schnitt

Pfirsiche und Nektarinen fruchten wie Sauerkirschen am jungen Holz und werden deshalb ebenso geschnitten (siehe S. 305). Um Bleiglanz zu vermeiden, darf nur zwischen Spätfrühling und Frühherbst geschnitten werden (siehe Pflaumen S. 302).

Pflege und Ertragsförderung

Gedüngt, bewässert und gemulcht werden Pfirsiche und Nektarinen wie Apfelbäume (siehe S. 296–299). Beide Obstarten müssen unkrautfrei gehalten werden.

Viele Sorten sind Selbstbestäuber, tragen aber besser, wenn man die weit geöffneten Blüten an einem warmen Tag mit einem weichen Pinsel von Hand bestäubt. Mehrmals innerhalb von 14 Tagen wiederholen.

Um große Früchte von guter Qualität zu ernten, muss in zwei Phasen ausgedünnt werden: Wenn sie so groß wie Weintrauben sind, alle bis auf eine pro Gruppe entfernen. Später, wenn sie walnussgroß sind, erneut auf Fruchtabstände von etwa 15 cm ausdünnen.

Die Kräuselkrankheit kann im Frühling auftreten, wenn sich die Blätter entfalten. Sie verursacht rote Blasen und Krüppelwuchs der Blätter. Schützt man den Baum vor Regen, bis alle Blätter ausgetrieben sind, lässt sich die Infektion in Grenzen halten. Weitere Informationen finden Sie im Anhang (siehe S. 320–341).

Ernte und Lagerung

Die Früchte sind reif, wenn die Farbe voll entwickelt ist und sie sich weich anfühlen. Sie bekommen leicht Druck- und Fallstellen und können nicht gelagert werden.

Handbestäubung Selbst wenn angeblich eine Hasenpfote das einzig wahre Werkzeug zur Handbestäubung sein soll, geht es mit einem weichen Künstler- oder Kosmetikpinsel ebenso gut. Einfach nacheinander auf verschiedene, weit geöffnete Blüten tupfen, um Pollen von einer auf die andere zu übertragen.

Erdbeeren

Der Geschmack der ersten Erdbeeren in der Saison ist kaum zu übertreffen. Die frühen Sorten tragen schon im späten Frühling, aber die Saison setzt sich durch den Sommer fort und endet mit den spätesten Sorten im Frühherbst. Es empfiehlt sich aber, nur eine oder zwei Sorten zu pflanzen, weil man für eine nennenswerte Ernte mindestens 12 Pflanzen benötigt. Die Pflanzen tragen etwa drei Jahre lang.

Zum Naschen Am besten schmecken Erdbeeren direkt von der Pflanze. Sie halten sich nicht lange und verlieren beim Einfrieren ihre Konsistenz, deshalb sollten sie nur als Püree eingefroren werden.

Standort und Boden
Ideal ist ein offener Platz in voller Sonne. Erdbeeren stellen keine besonderen Ansprüche an den Boden, nur zu fruchtbar sollte er nicht sein, sonst bilden sie große Blätter und kleine Früchte. Gute Dränage ist aber umso wichtiger. Erdbeeren gedeihen auch in Kübeln, tragen dann aber nur ein Jahr. Für eine Pflanze genügt ein 15-cm-Topf. In große Kübel kann man mehrere setzen.

Der Pflanzenkauf
Man kauft Erdbeer-Jungpflanzen am besten im Herbst und pflanzt sie sofort oder bis zum Frühwinter. Bei ungünstigem Wetter ist die Pflanzung aber bis zum Spätfrühling möglich. Die Jungpflanzen dann im Winter ins Freie stellen, denn sie brauchen Kälte, um zu blühen. Im ersten Jahr bilden sie wenig Früchte, ab dem zweiten Jahr tragen sie gut.

Im Frühsommer werden manchmal Jungpflanzen zur sofortigen Pflanzung angeboten. Sie wachsen schnell und tragen oft noch spät in der Saison Früchte.

Vorbereitung und Pflanzung
■ **Nur an Plätze** pflanzen, an denen in den letzten sechs oder mehr Jahren keine Erdbeeren oder Himbeeren gestanden haben.
■ **Vor der Pflanzung** 2–3 cm dick Garten- oder Laubkompost leicht einarbeiten.
■ **Pflanzabstände** von 30–45 cm und Reihenabstände von 75 cm einhalten. Bei zu enger

Pflanzung droht Befall mit Grauschimmel, der die Früchte verdirbt.

- **Ausreichend** große Pflanzlöcher für die Wurzelballen ausheben.
- **Den Wurzelhals** beim Pflanzen nicht zu tief setzen: Er soll aus der Erde schauen. Den Boden mit den Fingern andrücken.
- **Die Pflanzen** gut andrücken.

Pflege

Bei trockenem Wetter regelmäßig wässern, vor allem während der Fruchtbildung. Wenn der Boden gut vorbereitet wurde, brauchen Erdbeeren keinen zusätzlichen Dünger. Um die Früchte trocken und sauber zu halten, eine 5 cm dicke Schicht Stroh um die Pflanzen verteilen und unter die Blätter schieben. Ausläufer abknipsen, sofern Sie keine Jungpflanzen benötigen (siehe rechts). Wer Nachwuchs ziehen möchte, sollte nicht mehr als drei Ausläufer pro Pflanze stehen lassen.

Nach der Ernte die Blätter abschneiden. Dabei die Stiele einige Zentimeter hoch stehen lassen, um die neu austreibenden Blätter zu schützen. Alte Blätter und Stroh werden kompostiert. Etwa einen 10-Liter-Eimer voll Gartenkompost pro Quadratmeter verteilen, um den Neuaustrieb anzuregen.

Vorausschauend denken

Nach jeweils drei Jahren sollte das Erdbeerbeet an einen neuen Platz umziehen. In kleinen Gärten ist mindestens der Wechsel zwischen zwei Standorten sinnvoll. Das bedeutet, dass man auf lange Sicht wenigstens zwei Flächen für Erdbeeren reservieren muss.

Ertragsförderung

- **Kaufen Sie** nur krankheitsfreie Pflanzen. Fragen Sie nach krankheits- und schädlingsresistenten Sorten.
- **Kranke Blätter** und Früchte sofort entfernen. Bei Trockenheit kann Echter Mehltau an den Blättern auftreten. Zur Bewässerung einen Tropfschlauch verwenden, um die Blätter nicht zu befeuchten.
- **Netze** über die reifenden Pflanzen spannen, um Vögel, Eichhörnchen oder Füchse fernzuhalten. Gegen Schnecken lockt man Fressfeinde an, stellt Schneckenfallen auf oder setzt notfalls biologische Bekämpfungsmittel ein (siehe S. 97).
- **Krüppelwuchs** kann durch Viren oder Rote Wurzelfäule verursacht werden. Die Pflanzen entfernen und an den Standort künftig keine Erdbeeren oder Himbeeren pflanzen.

Weitere Informationen finden Sie im Anhang (siehe S. 320–341).

(Oben) **Schützender Mulch** Stroh, das unter die Blätter geschoben wird, hält die Früchte trocken und sauber und verhindert Verluste durch Fäulnis oder Mehltau.

(Unten) **Nachwuchs** Um den Pflanzenbestand zu vergrößern, Blumentöpfe im Beet eingraben und einige Ausläufer von gesunden Mutterpflanzen mit Drahtbügeln darin befestigen. Wenn die Jungpflanzen Wurzeln gebildet haben, werden sie abgetrennt.

Himbeeren

Die Himbeersaison schließt sich fast nahtlos an die Erdbeerernte an. Neben Sommersorten gibt es verschiedene, die im Herbst tragen. Sommerhimbeeren tragen Früchte an langen, flexiblen Ruten, die im Vorjahr gebildet wurden, deshalb tragen sie erst im zweiten Sommer nach der Pflanzung. Die Ruten der Herbstsorten wachsen und fruchten im gleichen Jahr und bringen schon im Herbst nach der Pflanzung eine kleine Ernte.

Standort und Boden
Himbeeren stammen aus kühlem Klima und tragen auch an halbschattigen Standorten. Sie bevorzugen fruchtbaren, durchlässigen Boden mit einem pH-Wert von 6,5 oder weniger. Gute Dränage ist sehr wichtig, denn in nassem Boden sind Himbeeren anfällig für Wurzelfäule.

Der Pflanzenkauf
Normalerweise werden Himbeeren wurzelnackt zur Winterpflanzung verkauft. Gesunde Pflanzen tragen bei guter Pflege etwa 14 Jahre lang.

Bodenvorbereitung und Pflanzung
Himbeeren nicht an Plätze pflanzen, an denen in den letzten sechs Jahren Erdbeeren oder Himbeeren standen. Bei Pflanzung in gut gepflegten, unkrautfreien Boden brauchen Sie nur etwas Gartenkompost oder verrotteten Stallmist einzuarbeiten. Herbsthimbeeren kommen an windgeschützten Plätzen ohne Stützen aus. Sommerhimbeeren bekommen durch 1,5 m hohe Pfosten in Abständen von 3,5 m, zwischen denen zwei oder drei Drähte gespannt werden, den nötigen Halt. Ein doppeltes Stützsystem (siehe gegenüber) erhöht den Ertrag. Die Pflanzen in Abständen von 45 cm so tief unter die Drähte pflanzen, wie sie vorher im Erdreich standen. Es ist auch möglich, zwei oder drei Pflanzen um einen einzelnen Pfosten anzuordnen.

Pflege
Im Frühling zeigen sich am Stumpf der Ruten Knospen, dann erscheinen neue Ruten aus dem Boden. Erst dann wird der ursprüngliche Stumpf ganz abgeschnitten. Triebe, die in zu großem Abstand von der Reihe stehen, abschneiden oder mit der Hacke entfernen. Wenn sich der Boden erwärmt hat, eine dicke

Süße Verführung Vögel mögen Himbeeren ebenso gern wie wir Menschen. Netze dennoch erst ausbreiten, wenn die Früchte reifen, denn die Himbeerblüten sind eine wichtige Nektarquelle für Bienen.

OBST 311

Sommerhimbeeren Das Foto zeigt ein doppeltes Stützsystem mit zwei Reihen von Pfosten und Drähten (hier von der Stirnseite aus zu sehen). Die fruchtenden Ruten werden an die Drähte gebunden, im Zwischenraum können sich die neuen Ruten bilden. Nach dem Rückschnitt der abgeernteten Ruten werden die jungen Ruten ausgedünnt und angebunden.

Mulchschicht aus Stroh oder Heu verteilen. Sechs oder sieben Lagen Zeitungspapier unter dem Mulch unterdrücken Unkraut und unerwünschte Ruten wirkungsvoll. Diese Methode ist sinnvoller als Hacken, weil Himbeerwurzeln sich dicht unter der Erdoberfläche ausbreiten.

■ **Neue Ruten der Sommersorten** anbinden, sobald sie die Drähte erreichen. Bei diesen Sorten sollten nur zehn bis zwölf kräftige Ruten pro Meter in der Reihe stehen bleiben, alle übrigen werden am Boden abgeschnitten.

■ **Ruten von Herbsthimbeeren** brauchen Sie nicht auszulichten, aber breiter als 30 cm sollten die Reihen nicht werden. Die Ruten locker mit Bindfaden festbinden.

■ **Bei Trockenheit wässern,** die Reihen unkrautfrei halten. Erst nach der Ernte düngen.

Rückschnitt nach der Ernte

Die Ruten von Sommerhimbeeren werden im ersten Jahr nicht geschnitten, weil sie im Folgejahr Früchte tragen. Im zweiten und allen weiteren Jahren werden nur die Ruten, die Früchte getragen haben, nach der Ernte knapp über dem Boden abgeschnitten. Neue Ruten anbinden und bei Bedarf auslichten.

Bei Herbsthimbeeren werden jährlich – auch im ersten Jahr – alle Ruten nach der Ernte dicht über dem Boden abgeschnitten. Nach dem Schnitt den Mulch entfernen und Gartenkompost oder organischen Dünger (siehe S. 54–55) verteilen.

Ertragsförderung

■ **Regelmäßig** auf Blattlausbefall kontrollieren.

■ **Früchte** mit Netzen vor Vögeln schützen.

■ **In reifen Früchten** sitzen manchmal die kleinen Larven des Himbeerkäfers. Um diesen Schädling und die Himbeerrutenkrankheit zu bekämpfen, im Winter den Mulch gewissenhaft abräumen und den Boden leicht bearbeiten.

■ **Während der Saison** die Ruten auf Anzeichen von Himbeerrutenkrankheit und Rutenflecken kontrollieren.

Weitere Informationen finden Sie im Anhang (siehe S. 320–341).

Brombeeren und Hybriden

Brombeeren wachsen in der Feldmark. Weil aber nicht alle wilden Sorten süß schmecken, lohnt sich der Anbau von Kultursorten im Garten. Loganbeeren, Taybeeren und andere Hybriden sind meist Kreuzungen zwischen Himbeeren und Brombeeren. Sie wachsen ebenso wie Brombeeren, tragen aber meist früher. Die Früchte stehen an langen, flexiblen Trieben, die im Vorjahr gebildet wurden, deshalb kann erst ab dem zweiten Jahr nach der Pflanzung geerntet werden.

Anbinden und schneiden Die schnell wachsenden Ruten regelmäßig anbinden und dabei wellenartig durch die Drähte flechten, um den Platz gut auszunutzen (*oberes Foto*). Abgeerntete Ruten dicht über dem Boden abschneiden (*unteres Foto*).

Standort und Boden
Die meisten Brombeeren und Hybriden sind wüchsig und brauchen sehr viel Platz. Man zieht sie an einer Mauer oder einem Zaun, oder auch wie Himbeeren (siehe S. 310) an einem System aus Pfosten und Spanndrähten. Erkundigen Sie sich beim Kauf, welche Sorten erhältlich sind und wie groß sie werden. Beete am Grund von Mauern und Zäunen sollten mindestens 1 m breit sein.

Brombeeren sind leicht zu kultivieren und stellen keine besonderen Ansprüche an den Boden. Hybriden brauchen mehr Wärme und ähnliche Bedingungen wie Himbeeren, also einen durchlässigen, leicht sauren Boden. Brombeeren gedeihen auch im Halbschatten oder auf einem sonnenabgewandten Grundstück, Hybriden bevorzugen einen vollsonnigen Platz.

Der Pflanzenkauf
Wie Himbeeren werden auch Brombeeren meist wurzelnackt verkauft. Für kleine Gärten empfehlen sich schwachwüchsige Sorten wie 'Marion' oder 'Merton Thornless'. Die meisten Sorten haben Stacheln, es gibt aber auch einige stachellose, die leichter zu pflegen und abzuernten sind.

Vorbereitung und Pflanzung
Den Boden wie für Himbeeren vorbereiten (siehe S. 310). Spanndrähte werden an Zäunen oder Mauern in Abständen von 25 cm befestigt. Der unterste wird 60 cm über dem Boden angebracht, der oberste in etwa 1,5 m Höhe. Alternativ können Drähte zwischen 1,5 m hohen Pfosten gespannt werden, die in Abständen von 3–3,5 m stehen. Je nach Wuchskraft der Sorte eine Pflanze in die Mitte der Stützkonstruktion pflanzen oder mehrere verteilen.

Schneiden und anbinden

Im Frühling zeigen sich zuerst Knospen am alten Stumpf. Etwas später erscheinen neue Triebe aus dem Boden – dann wird der alte Stumpf auf Bodenhöhe abgeschnitten. Im ersten Jahr wachsen nur wenige Ruten, die auf einer Seite angebunden werden. Sind mehrere Pflanzen vorhanden, werden die Ruten benachbarter Pflanzen zueinander geführt.

Im zweiten Jahr blühen und fruchten die Ruten und es bilden sich neue Triebe. Die jungen Ruten werden auf der den alten gegenüberliegenden Seite angebunden. Dadurch wird verhindert, dass sich Krankheiten von den älteren auf die jungen Ruten ausbreiten.

Nach der Ernte alle Ruten, die Früchte getragen haben, über dem Boden abschneiden und Gartenkompost verteilen, um die Verrottung der alten Stümpfe zu fördern. Dadurch wird eine Seite der Pflanze frei – hier binden Sie im folgenden Jahr die neuen Ruten an, während die auf der anderen Seite dann Früchte tragen.

Reifende Brombeeren Brombeeren tragen oft reichlich, aber zum Glück reifen nicht alle Früchte gleichzeitig, sodass die Ernte nicht in Stress ausartet. Sie lassen sich gut im Ganzen, als Püree oder Kompott einfrieren.

Pflege und Ertragsförderung

Brombeeren brauchen wenig Dünger. Gegebenenfalls kann Gartenkompost oder verrotteter Stallmist verteilt werden. Hybrid-Beeren alle zwei bis drei Jahre mit Gartenkompost versorgen. Bei Trockenheit muss außerdem gewässert werden. Zusätzlich im Frühsommer einen 1 m breiten Mulchstreifen aus Stroh ausbringen.

Nach einigen Jahren erscheinen meist wilde Triebe in größerem Abstand zur Mutterpflanze. Diese werden von Hand aus der Erde gezogen.

Eventuell müssen die Früchte mit Netzen vor Vögeln geschützt werden, und auch in Brombeeren und Hybriden sitzen manchmal Larven des Himbeerkäfers (siehe S. 311).

Weitere Informationen finden Sie im Anhang (siehe S. 320–341).

Schwarze Johannisbeeren

Schwarze Johannisbeeren sind reich an Vitamin C und sehr aromatisch. Das Strauchobst ist robust und trägt verlässlich, nur später Frost kann die Blüten schädigen. Die Beeren verzehrt man roh, gekocht oder als Saft. Auch zum Einfrieren und Einmachen sind sie gut geeignet. Zwei Jahre nach der Pflanzung beginnen die Pflanzen zu tragen, volle Erträge bringen sie nach drei bis vier Jahren.

Rückschnitt Ältere Sträucher werden im Spätherbst oder Winter geschnitten. Dabei wird ein Teil der alten Triebe am Boden abgesägt, damit die jungen, fruchtenden Triebe ausreichend Platz haben.

Standort und Boden
Durch den starken Rückschnitt brauchen die Sträucher reichlich Nährstoffe. Ansonsten stellen sie wenig Ansprüche an den Boden. Ideal ist ein sonniger Standort.

Die Büsche werden recht ausladend, aber schon ein einzelner Strauch bringt gute Erträge, was für kleine Gärten von Vorteil ist.

Der Pflanzenkauf
Normalerweise werden Schwarze Johannisbeeren als einjährige Containerware angeboten. Fragen Sie nach Sorten, die gegen typische Krankheiten und Schädlinge resistent sind, und wählen Sie kräftige Pflanzen. Am besten pflanzt man im Frühwinter oder – falls das Wetter es nicht zulässt – zeitig im Frühling.

Vorbereitung und Pflanzung
Der Boden muss sorgfältig vorbereitet werden.
- **Eine Fläche markieren,** die groß genug ist. Die Pflanzabstände sollten 1,5–1,8 m betragen.
- **Mehrjährige Unkräuter** entfernen.
- **Kurz vor der Pflanzung** verrotteten Stallmist (10-Liter-Eimer auf 2 m^2) oder Gartenkompost (10-Liter-Eimer auf 1 m^2) einarbeiten. Enthält der Boden wenig organische Substanz, zusätzlich 2–3 cm dick Laubkompost aufstreuen und leicht einarbeiten.
- **Die Pflanzen** etwa 5 cm tiefer setzen, als sie im Container standen. Alle Triebe bis auf ein oder zwei Knospen zurückschneiden.

Rückschnitt

Die meisten Früchte werden an zwei- und dreijährigen Trieben gebildet. Ältere Triebe werden zurückgeschnitten, aber gesunde, junge Triebe, die im Folgejahr fruchten, bleiben stehen.

Im ersten Jahr treibt die Pflanze über und unter der Erde aus, trägt aber nicht und braucht nicht geschnitten zu werden. Im zweiten Jahr wachsen die vorhandenen Triebe weiter und tragen Früchte. Außerdem erscheinen neue Triebe aus dem Boden. Vom dritten Jahr an wachsen die Sträucher buschig und tragen gut.

Ab dem dritten Jahr werden die Sträucher im Herbst geschnitten. Schneiden Sie jährlich etwa ein Drittel der ältesten Triebe dicht über dem Boden ab (siehe gegenüber). Beginnen Sie mit Trieben, die dicht über dem Boden liegen. Steht ein gesunder, junger Trieb an der Basis eines alten, schneiden Sie den alten Trieb nur bis dorthin ab, sofern der junge Trieb nach außen zeigt. Will der neue Trieb ins Innere des Strauches wachsen, schneiden Sie ihn ab.

Pflege und Ertragsförderung

Alle drei Jahre – auf mageren Böden alle zwei Jahre – werden die Pflanzen mit Gartenkompost, verrottetem Stallmist oder organischem Dünger versorgt. Bei guter Pflege können die Sträucher über 20 Jahre lang tragen. Im Spätfrühling mulchen Sie die Sträucher mit Heu oder Stroh.

■ **Im Winter** oder zeitigen Frühling verdickte Knospen ausschneiden, die mit der Johannisbeergallmilbe befallen sind (siehe S. 329). Gesunde Knospen sind zugespitzt und länger als breit. Bei starkem Befall die kranken Zweige kräftig zurückschneiden.

■ **Ab Frühling** auf Blattläuse an den jungen Trieben achten. Gegebenenfalls Blumen säen, um Fressfeinde der Blattläuse anzulocken (siehe S. 95).

■ **Von Mehltau** befallene Triebe abschneiden.

■ **Pflanzen,** die mit dem Virus der Brennnesselblättrigkeit befallen sind, tragen schlechter und müssen entfernt werden. Das Virus wird durch die Johannisbeergallmilbe übertragen.

Weitere Informationen finden Sie im Anhang (siehe S. 320–341).

Reiche Ernte Bei richtigem Schnitt tragen ältere Sträucher reichlich, darum eignen sich Schwarze Johannisbeeren sehr gut für kleine Gärten. Besonders kompakt wachsen die Sorten 'Ben Lomond' und 'Ben Sarek', die außerdem resistent gegen Amerikanischen Stachelbeermehltau und Johannisbeergallmilbe sind.

Rote und Weiße Johannisbeeren

Diese beiden Obstsorten sind eng miteinander verwandt und werden auf die gleiche Weise kultiviert. Leuchtend rote Johannisbeeren sehen eindrucksvoller aus, aber die weißen Sorten sind milder und süßer. Obwohl beide mit Schwarzen Johannisbeeren verwandt sind, wachsen sie anders und tragen ihre Früchte an kurzen Trieben, die an einem dauerhaften Zweiggerüst stehen. Zweijährige Zweige tragen erstmals, dann nimmt der Ertrag zu, bis er nach etwa fünf Jahren sein Maximum erreicht. Gut gepflegte Sträucher tragen etwa 15–20 Jahre.

Standort und Boden

Trotz ihrer Verwandtschaft mit Schwarzen Johannisbeeren brauchen die Roten und Weißen Sorten weniger fruchtbaren Boden. Sie sind robust, frosttolerant und stellen wenig Bodenansprüche. Außerdem tragen sie sogar an relativ kühlen, schattigen Standorten.

Der Pflanzenkauf

Meist werden ein-, zwei- oder dreijährige Pflanzen als Containerware angeboten. Wer sie an einer Wand ziehen will, sollte einjährige Pflanzen oder vorerzogene ältere kaufen. Pflanzen, die als Strauch kultiviert werden, sollten einen kräftigen Wurzelballen und einen kurzen einzelnen Stamm oder mindestens drei an der Basis etwa bleistiftdicke Triebe besitzen.

Vorbereitung und Pflanzung

Im Container gekaufte Johannisbeeren kann man jederzeit pflanzen, am günstigsten ist aber der Winter. Sträucher sollten in Abständen von 1,2 bis 1,5 m stehen. Unkraut gründlich entfernen, den Boden bei Bedarf umgraben und pro Quadratmeter zehn Liter Gartenkompost oder einen anderen Bodenverbesserer mit mittlerem Nährstoffgehalt (keinen Stallmist!) einarbeiten.

Leuchtende Farbe Rote Johannisbeeren schmecken etwas herb, machen aber Rote Grütze wunderbar erfrischend. Weil sie viel Pektin enthalten, eignen sie sich hervorragend für Marmelade und Gelee.

Rückschnitt und Erziehung

Rote Johannisbeeren werden geschnitten, um die Bildung kurzer Fruchttriebe zu fördern. Beim Winterschnitt (siehe unten) werden Form und Größe der Sträucher festgelegt, beim Sommerschnitt werden alle Seitentriebe eingekürzt, um mehr Energie für die Fruchtbildung zur Verfügung zu stellen. Außerdem werden beim Sommerschnitt Krankheitserreger und Blattläuse an den Triebspitzen entfernt.

Winterschnitt

Gleich nach der Pflanzung alle Zweige etwa auf halber Länge über einem nach außen gerichteten Auge abschneiden. Seitentriebe auf zwei oder drei Knospen kürzen. Diesen Vorgang im zweiten und dritten Jahr wiederholen, bis ein Strauch mit acht bis zehn Hauptzweigen entstanden ist, von denen jeder kürzere Seitentriebe trägt und mit einem Leittrieb endet. Der Leittrieb sitzt an der Spitze und verlängert den Zweig. Für eine gute Luftzirkulation einige der nach innen wachsende Triebe entfernen.

Ist das Grundgerüst des Strauches geschaffen, kürzen Sie in jedem Winter den Leittrieb um die Hälfte und die Seitentriebe auf zwei oder drei Knospen. Wenn der Strauch älter und dichter wird, sollten gelegentlich einige der ältesten Zweige entfernt werden.

Sommerschnitt

Mit dem Sommerschnitt wird im zweiten Jahr begonnen. Den Leittrieb jedes Zweigs (siehe oben) nicht schneiden. Die Seitentriebe werden jedoch bis auf fünf Blätter zurückgeschnitten.

Pflege und Ertragsförderung

Im späten Frühling mit Heu oder Stroh mulchen, um Bodenfeuchtigkeit zu speichern und Unkraut zu unterdrücken. Rote Johannisbeeren nicht zu reichlich düngen. Es genügt, alle drei Jahre etwas Gartenkompost zu verteilen. Wildtriebe, die um die Basis des Strauchs herum aus dem Boden wachsen, frühzeitig entfernen, um einen einzelnen, klar erkennbaren Stamm zu erhalten.
- **Vögel lieben** Johannisbeeren, darum sind Netze sinnvoll.
- **Die Johannisbeerblattlaus** siedelt sich auf den Blattunterseiten an. Fördern Sie natürliche Fressfeinde.
- **Vom mittleren Frühling an** sollte auf Befall mit Larven der Stachelbeer-Sägewespe geachtet werden.
- **Im Herbst** das abgefallene Laub entfernen.

Weitere Informationen finden Sie im Anhang (siehe S. 320–341).

Weiße Johannisbeeren Kenner schätzen das fein-milde Aroma der Weißen Johannisbeeren, die mindestens seit den 1920er-Jahren kultiviert werden. Besonders empfehlenswert sind einige der neueren Sorten wie 'White Grape' und 'White Pearl'.

Pflanzung Das Pflanzloch so groß ausheben, dass der Ballen oder die nackten Wurzeln reichlich Platz haben. Die Pflanze so tief hineinsetzen, dass die Erdspuren am Stamm auf Bodenniveau liegen. Erde einfüllen und gut andrücken.

Stachelbeeren

Wer behauptet, Stachelbeeren nicht zu mögen, hat vielleicht nie frische Grüne Grütze probiert. Als Strauch oder Cordon gezogen tragen sie ab dem zweiten Sommer nach der Pflanzung – und bei guter Pflege 15–20 Jahre lang.

Sortenvielfalt Stachelbeeren zum Rohverzehr und zum Einmachen gibt es in Weiß, Grün, Gelb und Rot. Einige Sorten sind resistent gegen Mehltau.

Winterschnitt Wie bei Roten Johannisbeeren schneidet man die Seitentriebe zurück, weil sich an ihnen die Früchte bilden.

Standort und Boden

Stachelbeeren und Rote Johannisbeeren (siehe S. 316) sind eng verwandt und stellen in Bezug auf Standort und Boden ähnliche Ansprüche. Stachelbeeren sind mit relativ wenig Sonne zufrieden, allerdings schmecken Dessertsorten süßer, wenn sie sonnig stehen. Gute Luftzirkulation ist zur Vorbeugung gegen Mehltau wichtig.

Vorbereitung und Pflanzung

Für Bodenvorbereitung, Kauf und Pflanzung gelten dieselben Tipps wie für Rote Johannisbeeren (siehe S. 316). Kaufen Sie Sorten, die resistent gegen den gefürchteten Amerikanischen Stachelbeermehltau sind.

Stachelbeeren haben oft überhängende Triebe. Bodenkontakt der Früchte sollte man vermeiden, sonst können sich durch spritzendes Regenwasser schnell Pilzinfektionen ausbreiten oder die Beeren von Schnecken angefressen werden. Stecken Sie Stäbe rings um die Pflanze in den Boden und spannen Sie Schnüre, um die Triebe aufzurichten. Beim Schnitt die Mitte auslichten, um die Luftzirkulation zu verbessern.

Pflege und Ertragsförderung

Stachelbeeren wie Rote Johannisbeeren mulchen und düngen (siehe S. 317). Auch der Schnitt wird ähnlich vorgenommen, allerdings werden beim Winterschnitt die Triebe auf drei oder vier Knospen gekürzt, damit sie mehr Früchte tragen.

■ **Vom Blattaustrieb an** können sich Johannisbeerblattläuse an den Blattunterseiten ansiedeln. Fördern Sie deren natürliche Fressfeinde.

■ **Im Frühling** auf Mehltau an Blättern, Trieben und jungen Früchten achten und befallene Pflanzenteile abschneiden.

■ **Vom mittleren Frühling an** auf die Stachelbeer-Sägewespe achten, die einen Strauch völlig entlauben kann.

■ **Im Herbst** abgefallene Blätter entfernen, vor allem, wenn durch eine Blattfleckenkrankheit verfrühter Laubfall verursacht wurde. Weitere Informationen finden Sie im Anhang (siehe S. 320–341).

Heidelbeeren

Die Heidelbeere ist ein hübscher Strauch mit schöner Herbstfärbung. Wenn zwei oder mehr Pflanzen einander gegenseitig bestäuben, fällt die Ernte reicher aus als bei einer einzelnen Pflanze. Die ersten Früchte bilden sich im zweiten Sommer nach der Pflanzung, vom fünften Jahr an werden volle Erträge erreicht.

Standort und Boden
Heidelbeeren gedeihen nur in ausgesprochen saurem Boden. Ist Ihr Gartenboden eher alkalisch, können Sie sie auch in Kübel pflanzen. Die Sträucher bevorzugen Sonne, tolerieren aber auch leichten Schatten. Vor späten Frösten müssen sie geschützt werden.

Vorbereitung und Pflanzung
Kaufen Sie zwei- oder dreijährige Containerware, deren Wurzelballen den Topf nicht völlig ausfüllt. Weil Heidelbeeren sauren Boden brauchen, sollten Sie auch auf den pH-Wert von Bodenverbesserern, Kompost und Mist achten. Gepflanzt werden die Sträucher im Herbst oder Frühwinter in Abständen von 1,5 m. Als Mulch eignen sich Kiefernnadeln oder kompostierte Rindenhäcksel. Nur mit Regenwasser gießen!

Pflege und Ertragsförderung
Den Mulch jährlich nachlegen und niemals mit kalkhaltigem Leitungswasser gießen. Im Spätwinter oder zeitigen Frühling schneiden. Heidelbeeren tragen an zwei- und dreijährigen Trieben. Zweige, die älter als vier Jahre sind, werden jährlich entfernt, um Platz für jüngeres Fruchtholz zu schaffen. In den ersten zwei oder drei Jahren werden nur schwache Triebe und Zweige, die sehr niedrig stehen oder abwärts gerichtet sind, entfernt. In den folgenden Jahren setzen Sie diesen Schnitt fort und entfernen außerdem ältere Zweige, die keine Früchte mehr tragen.

Anspruchsvoll Heidelbeeren brauchen feuchten Boden mit einem hohen Gehalt an organischer Substanz und einem pH-Wert von 4–5,5. Sie sind kaum anfällig für Krankheiten und Schädlinge und wachsen auch gut in Kübeln mit »Rhododendron-Substrat«.

A–Z der Pflanzenprobleme

Im folgenden Kapitel wird eine Auswahl der wichtigsten Schädlinge und Krankheiten vorgestellt, die an Pflanzen in Garten und Gewächshaus auftreten können. Es kann auch bei der Erkennung und Behandlung von Problemen an Zimmerpflanzen nützlich sein.

Jeder Eintrag beschreibt kurz, ob es sich um ein Kulturproblem, eine Krankheit oder einen Schädling handelt. Daran schließt sich eine Liste der anfälligen Pflanzen an. Die typischen Symptome werden beschrieben, dann werden Möglichkeiten zur Vorbeugung und – soweit notwendig – zur Bekämpfung aufgezeigt. Spritzmittel, selbst biologische, sollten Sie nur im äußersten Notfall verwenden.

Gesunde Pflanzen – so klappt es
Die folgenden Tipps werden Ihnen helfen, gesunde Pflanzen zu kultivieren, die widerstandsfähig gegen viele Krankheiten und Schädlinge sind.

■ Schaffen Sie Nahrung und Unterschlupf für Tiere, die Schädlinge fressen (siehe S. 104–123).

■ Sorgen Sie für eine gute Bodenstruktur (siehe S. 26–33).

■ Reichern Sie den Boden mit verrotteten, organischen Bodenverbesserern an (siehe S. 34–35).

■ Wählen Sie Pflanzen, die zum jeweiligen Standort passen.

■ Säen oder pflanzen Sie nicht, wenn es noch zu kalt ist.

■ Achten Sie auf Sauberkeit. Entfernen Sie von Schädlingen oder Krankheiten befallene Blätter und Pflanzen im Garten und Gewächshaus.

■ Verbessern Sie die Luftzirkulation durch genügende Pflanzabstände und geeigneten Schnitt.

■ Düngen Sie nur sparsam. Vor allem Stickstoff regt üppiges Blattwachstum an, das Schädlinge anlockt.

■ Halten Sie im Gemüsegarten die Fruchtfolge ein (siehe S. 230–233).

■ Entfernen Sie Schädlinge und erkrankte Pflanzenteile, wann immer Sie sie entdecken.

■ Wenn Ihnen Probleme bekannt sind, kaufen Sie resistente Pflanzensorten.

Spritzen – bitte beachten!
Niemals

■ spritzen, wenn es andere Möglichkeiten gibt,

■ verschiedene Spritzmittel mischen,

■ bei Wind spritzen.

Immer

■ das Problem genau bestimmen, um das richtige Spritzmittel zu wählen,

■ darauf achten, gesetzlich zugelassene und für den biologischen Gartenbau geeignete Produkte zu verwenden; die Bestimmungen ändern sich häufig,

■ in der Dämmerung spritzen, um Bienen zu schonen,

■ die Hinweise auf Flasche oder Packung beachten,

■ Schutzkleidung tragen und eine hochwertige Spritze benutzen,

■ die Schädigung von Nützlingen vermeiden.

Weitere praktische Hinweise
Techniken und Materialien, die in diesem Anhang zur Vorbeugung und Bekämpfung von Schädlingen empfohlen werden, sind im Kapitel über Pflanzengesundheit (siehe S. 82–103) genauer beschrieben. Dort erfahren Sie auch Näheres über Nährstoffmangel, Schädlingsbekämpfung mit Nützlingen, Fallen und Barrieren sowie »organische« Fungizide und Pestizide. Wissenswertes über Nährstoffgehalt, Struktur und pH-Wert des Bodens siehe S. 30–33.

A–Z DER PFLANZENPROBLEME 321

Älchen

Älchen sind mikroskopisch kleine Faden-würmer, die für das unbewaffnete Auge unsichtbar sind. Manche befallen Pflanzen, andere hingegen ernähren sich von Schne-cken und Schädlingslarven. *Siehe auch* Kartoffelälchen.

Ameisen

Die roten, bräunlich gelben oder schwar-zen Insekten sind deutlich in Kopf, Brust und Hinterleib gegliedert. Sie leben in Kolonien in Blumenbeeten, Rasen, Kom-posthaufen und Pflanzgefäßen. Sie sind in der Regel eher lästig als schädlich.

Anfällige Pflanzen Keine.

Symptome Ameisen schädigen Pflanzen selten direkt, aber ihre Aktivitäten können das Wachstum stören und den von ande-ren Insekten angerichteten Schaden ver-größern. Ihre Gänge können die Wurzel-tätigkeit stören, sodass die Pflanze welkt und abstirbt. Manche Ameisen bauen im Rasen Hügel über ihre Nester, was das Aussehen beeinträchtigt und das Mähen erschwert. Ameisen rauben Samen, vor allem solche, die viel Öl enthalten. Viele ernähren sich von dem klebrigen Honigtau, den Blatt- und Schildläuse absondern. Sie züchten diese Insekten regelrecht, trans-portieren sie von einem Trieb zum anderen und schützen sie vor Fressfeinden.

Was tun? Ameisen lassen sich kaum vertreiben, es lohnt sich also nur, sie zu bekämpfen, wenn sie eindeutig Schaden anrichten. Ein Band mit Schmierseife oder ein Obstbaum-Leimring hindert Ameisen daran, an Bäumen, Sträuchern oder der Gewächshausstellage hochzuklettern. Läs-tige Kolonien im Garten mit kaltem oder kochendem Wasser begießen. Wenn Sie Topfpflanzen gründlich wässern, schwem-men Sie eventuell Ameisennester aus. Spritzmittel: Pyrethrum, Produkte auf Pflanzenölbasis.

Apfelmehltau

Diese Pilzkrankheit überwintert in den Knospen. Die befallenen Knospen öffnen sich später als die gesunden. *Siehe auch* Mehltau, Echter.

Anfällige Pflanzen Apfel, Birne, Quitte, Pfirsich, Glanzmispel und Echte Mispel.

Symptome Es ist ein pudriger weißer Belag auf Knospen, Blättern und Trieben sichtbar. Die Blüten fallen ab, die Blätter verformen sich, welken und fallen ab. Bei frühem Befall bildet sich auf den Früchten ein rostrotes Netz.

Was tun? Resistente Sorten pflanzen. Unter den Bäumen mulchen, damit sie nicht austrocknen. Die Bäume bei Trocken-heit gießen. Im Winter infizierte Triebe entfernen. Im Frühjahr infizierte Blätter und Triebe entfernen. Mit Algenextrakt spritzen, um kräftiges Wachstum zu fördern.
Spritzmittel: Schwefel, der jedoch man-chen Apfelsorten schadet. Beachten Sie das Etikett.

Apfelsägewespe

Die kleinen, weißen, braunköpfigen Larven schlüpfen aus Eiern, die während der Blüte in Fruchtembryonen gelegt werden. Sie graben sich in die wachsenden Früchte ein und befallen mehrere Früchte, bevor sie mit der Frucht vorzeitig im Hochsommer zu Boden fallen. Sägewespen überwintern im Boden und schlüpfen im folgenden Frühjahr. *Siehe auch* Sägewespen.

Anfällige Pflanzen Apfel.

Symptome Die Früchte fallen vorzeitig ab und haben eventuell ein Loch, aus dem die Larve gekrochen ist. Die Früchte sind mit Gängen durchzogen und mit braunen Exkrementen gefüllt. Am Baum hängende Früchte sind verwachsen und zeigen typische braune Narbenbänder.

Was tun? Abgefallene Früchte sofort sammeln und kompostieren. Mulch im Winter entfernen. Den Boden im Winter leicht umgraben, damit Vögel die Kokons aufpicken können.

Apfelschorf

Diese Pilzkrankheit überwintert in Laubabfall und breitet sich im Frühjahr durch Wind und Regen auf neue Blätter aus. In schweren Fällen überwintert die Krankheit in Wunden an den Zweigen. Apfelschorf ist besonders gefährlich bei kühlem, nassem oder bedecktem Wetter im Frühjahr und Frühsommer, vor allem aber zur Blütezeit.

Anfällige Pflanzen Apfel.

Symptome Dunkelbraune oder -grüne Flecken erscheinen auf den Blättern. Diese dehnen sich entlang der Adern aus und verbinden sich miteinander. Die Blätter fallen vorzeitig ab. Auf den Früchten zeigen sich dunkle Flecken, die sich zu korkigen Stellen entwickeln. Die Früchte platzen auf, faulen aber nicht. In schweren Fällen bilden sich Blasen an den Zweigen, die anschwellen und aufplatzen, um im Frühjahr braungrüne Pusteln zu zeigen.

Was tun? Resistente Sorten pflanzen. Unter den Bäumen mähen, um die Blätter zu häckseln und ihren Abbau zu beschleu-nigen, oder die Blätter sammeln und kompostieren. Kranke Zweige entfernen und verbrennen. Apfelbäume schneiden, um die Luftzirkulation zu fördern.

Asseln

Die mittel- bis dunkelgrauen, im Boden lebenden Krebstiere haben einen harten, in Segmente geteilten Körper und werden bis 2 cm lang. Junge Asseln sind je nach Alter heller und viel kleiner. Sie verstecken sich tagsüber unter Saatschalen, Töpfen, Steinen, Holz usw. und kommen nachts zum Fressen heraus. Sie legen 20 oder mehr Eier in Gruppen, die von den Weib-chen in Bruttaschen getragen werden. Die Jungen fressen etwa ein Jahr lang, bevor sie erwachsen werden.

Anfällige Pflanzen Sämlinge und Jungpflanzen.

Symptome Die Hauptfutterquelle von Asseln sind tote, verrottende Pflanzen, nicht lebende. Sie fressen allerdings Sämlinge am Boden oder gelegentlich Blüten ab.

Was tun? Asseln sind allgegenwärtig, es dürfte unmöglich sein, sie auszurotten. Das ist auch selten erforderlich, höchs-tens eventuell im Gewächshaus oder im Frühbeet, wo Sämlinge angezogen werden. Große Kolonien durch einen Guss mit kochendem Wasser vernichten. Die Überlebenden mit Kleie, getrocknetem Blut, gekochten Kartoffeln, Reibekäse oder Zucker unter eine Holzbohle oder Kiste oder an einen anderen dunklen Ort locken. Absammeln und vernichten. Verrottende Pflanzenabfälle aus dem Gewächshaus entfernen. Anfällige Jungpflanzen nicht mulchen.

Aufplatzen

Bei Kartoffeln, Kirschen, Kohl, Steckrüben, Mohrrüben, Pastinaken, Pflaumen, Tomaten und Zwiebeln vorkommende Schädigung.

Symptome Früchte, Köpfe, Wurzeln oder Triebe platzen der Länge nach auf. Dadurch können Schadorganismen eindringen, die Fäulnis und andere Krankheiten verursachen. Äpfel werden eventuell hohl.

Ursachen Schnelles Wachstum, vor allem bei Regen oder starkem Gießen nach großer Trockenheit. Auch starke Temperaturschwankungen sind gefährlich.

Was tun? Wasserhaltefähigkeit des Bodens verbessern. Mulchen.

Bakterienbrand

Im Herbst und Winter breiten sich die Bakterien durch spritzendes Regenwasser von den Blättern her aus und dringen durch Blattnarben in die Zweige ein, wo sie Wunden verursachen. Im Frühjahr und Sommer werden die Blätter befallen, doch es bilden sich keine neuen Brandstellen.

Anfällige Pflanzen Pflaume und Kirsche.

Symptome Dunkelbraune Flecken zeigen sich im Spätfrühjahr an den Blättern. Diese fallen heraus und hinterlassen ein durchlöchertes Blatt. Brandstellen bilden sich an Pflaumenbaumstämmen und Kirschenzweigen. Anfangs dringt bernsteinfarbenes Harz aus kleinen Vertiefungen. Die Blätter werden gelb, Triebe sterben ab.

Was tun? Diese Krankheit ist nicht leicht zu bekämpfen. Es gibt keine völlig resistenten Pflaumen- oder Kirschensorten, aber einige recht widerstandsfähige. Die Borke der Bäume möglichst nicht beschädigen. Reibungsschäden an Stützen und Verletzungen beim Mähen vermeiden.

Birnenschorf

Es ist eine dem Apfelschorf (*siehe dort*) ähnliche Pilzkrankheit, doch die Infektion tritt häufig auch an geschlossenen Knospen auf. Schorf ist nach einem kühlen, nassen Frühjahr und Frühsommer besonders gefährlich.

Anfällige Pflanzen Birnen.

Symptome Dunkle, schuppige Flecken zeigen sich wie beim Apfelschorf an Trieben, Blättern, Früchten und Knospen. Die Fruchtflecken können stärker sein als bei Äpfeln, sodass die Früchte von tiefen Rillen durchzogen sind. An den Zweigen bilden sich auffällige Schwellungen, die später aufplatzen.

Was tun? *Siehe* Apfelschorf.

Blattfleckenkrankheit der Himbeere

Vom Spätfrühjahr bis Frühsommer befällt diese Krankheit junge Triebe. Die Sporen überwintern an Wirtspflanzen. An den Fruchtruten bilden sich Wunden aufgrund der Infektion.

Anfällige Pflanzen Himbeeren, Brombeeren, Loganbeeren und andere Hybriden.

Symptome Befallen werden junge Triebe. Es treten violette Flecken an Ruten, Blättern, Blüten und Stielen auf. Die Blätter fallen ab, die Rinde platzt auf, kleine Krebsstellen bilden sich. Der Ertrag wird verringert. Schwere Infektionen führen zu Verwachsungen und zum Tod der Pflanze.

Was tun? Befallene Ruten abschneiden und verbrennen.
Spritzmittel: Bordeauxbrühe, wenn sich die Knospen der Fruchtruten öffnen und nochmals zehn Tage später.

Blattfleckenkrankheit der Rübe

Diese Pilzkrankheit überwintert in Abfällen von befallenen Pflanzen oder an Samen. Sie wird von spritzendem Regenwasser, Wind, Insekten, Werkzeug und von Hand übertragen. Hohe Luftfeuchtigkeit und Wärme fördern die Entwicklung der Krankheit.

Anfällige Pflanzen Rote Bete, Spinat, Zuckerrübe.

Symptome Kleine, etwa kreisförmige Flecken mit blass aschgrauem Zentrum und braunvioletten Flecken zeigen sich an den Blättern.

Was tun? Ernteabfälle abräumen, frische Samen verwenden. Der Schaden ist selten schwer.

Blatthornkäfer

Zu den Blatthornkäfern, die Pflanzen schädigen, gehören verschiedene Arten wie der Maikäfer (*Melolontha melolontha*), der Juni- oder Gartenlaubkäfer (*Phyllopertha horticola*) und der Gemeine Rosenkäfer (*Cetonia aurata*). Larven und adulte Insekten dieser Arten fressen Pflanzen. Den größten Schaden richten die im Boden lebenden Larven an – weiche, weiße, bis zu 4 cm lange Engerlinge mit klar erkennbarem braunen Kopf und drei Beinpaaren. Die Eier werden im Sommer in den Boden gelegt, vor allem auf überwucherten Grundstücken. Die Larven fressen bis zu fünf Jahre lang.

Anfällige Pflanzen Zierstauden, Rasen, Salat, Kartoffeln, Himbeeren und Erdbeeren sind äußerst anfällig.

Symptome Engerlinge fressen Wurzeln, Zwiebeln, Knollen, Zwiebelknollen und Sprosse. Die Pflanzen können plötzlich welken und absterben. Ein befallener Rasen wird möglicherweise durch Vögel weiter beschädigt, die versuchen die Larven auszugraben und zu fressen. Ähnliche Symptome werden von Schnaken- und Dickmaulrüsslerlarven verursacht. Die erwachsenen Käfer schädigen Blätter, Knospen, Blüten und Früchte von Äpfeln, Rosen und einiger anderer Pflanzen.

Was tun? Umgraben und Unkrautbekämpfung dürfte die Schädlinge von überwuchertem Land vertreiben. Rasen im Spätfrühjahr walzen, um Puppen und die schlüpfenden Käfer zu vernichten. Biologische Bekämpfung: Von Mitte Juli bis Mitte August *Heterorhabditis megidis* (einen parasitären Fadenwurm) einsetzen. Der Boden muss feucht und mindestens 12 °C warm sein.

Blattläuse

Die kleinen, Saft saugenden Insekten mit weichem Körper werden 1–5 mm lang. Die einzelnen Arten werden auch nach ihrer Farbe bezeichnet. Es gibt geflügelte und ungeflügelte Formen, die lange Beine und Antennen und am hinteren Ende hervorstehende, röhrenförmige Gebilde (Siphonen) haben. Sie sind je nach Art rot, orange, gelb, grün, braun oder schwarz. Unter günstigen Bedingungen bringen die Weibchen schon im Alter von einer Woche

A–Z DER PFLANZENPROBLEME 323

Nachkommen zur Welt, sodass sich die Kolonien schnell entwickeln.

Anfällige Pflanzen Die meisten Pflanzen werden von Blattläusen befallen. Viele Blattlausarten sind pflanzenspezifisch, andere befallen Hunderte von verschiedenen Pflanzenarten. Mitunter verbringen Blattläuse den Sommer an einer Pflanze und befallen über Winter eine andere.

Symptome Vor allem zarte junge Triebe sind anfällig für Blattläuse, aber sie siedeln sich auch an Blättern, Sprossen und manchmal Wurzeln an. Starker Befall kann die Pflanze töten. Die Blätter sind oft mit klebrigen Ausscheidungen der Läuse (Honigtau) überzogen. Rußtau (*siehe dort*) wächst auf diesem Honigtau, stört die Fotosynthese und beeinträchtigt das Aussehen der Pflanze. Wurzelläuse lassen die Pflanze welken. Außerdem übertragen Blattläuse Viren.

Was tun? Tolerieren Sie Blattläuse, wo sie wenig Schaden anrichten. Ihre Anwesenheit lockt Nützlinge an, die sich von ihnen ernähren und in ihnen fortpflanzen. Zur Bekämpfung Blattläuse abreiben oder die befallenen Triebe entfernen. Pflanzen Sie Blumen und schaffen Sie Bedingungen, die Vögel, Ohrenkneifer, Marienkäfer, Schwebfliegen, Spinnen, Laufkäfer, Raubwespen, Florfliegen und andere natürliche Feinde der Blattlaus anlocken. Überdüngen Sie die Pflanzen nicht mit Stickstoff: Weiche, saftige Triebe ziehen Blattläuse an. Düngen und gießen Sie Topfpflanzen richtig und topfen Sie sie nach Bedarf um. Durch Fruchtwechsel unterdrücken Sie Wurzelläuse. Ziehen Sie resistente Pflanzen.
Biologische Bekämpfung: Marienkäfer (adulte Tiere und Larven) sowie Florfliegenlarven sind im Fachhandel erhältlich und können von Mai bis August zur Verstärkung der natürlichen Populationen eingesetzt werden.
Spritzmittel: Insektizidseife, Pyrethrum, Rapsöl. Diese müssen die Blattläuse direkt treffen, um zu wirken. Wenn sich die Blätter kräuseln und die Schädlinge gut verborgen sind, hilft Spritzen kaum noch. *Siehe auch* Bohnenblattlaus, Schwarze; Kirschblattlaus, Schwarze; Stachelbeerblattwespe; Salatwurzellaus; Kohlblattlaus, Mehlige; Pflaumenblattlaus, Kleine; Blutlaus.

Blattminierfliege der Chrysantheme

Die kleinen, dunklen Fliegen legen während des Sommers bis zu 100 Eier an die Blätter, aus denen die Larven schlüpfen. Diese richten vom Spätfrühjahr bis Hochsommer den größten Schaden an. In beheizten Gewächshäusern vermehren sie sich fast das ganze Jahr hindurch.

Anfällige Pflanzen Chrysanthemen, Greiskraut, Ringelblumen, Kopfsalat, Gänsedistel und andere Asterngewächse im Garten und unter Glas.

Symptome Die ersten Symptome sind weiße Flecken auf den Blättern, die durch die fressenden adulten Weibchen hervorgerufen werden. Schmale weiße Gänge erscheinen zwischen der Unter- und Oberseite der Blätter. Diese werden später breiter und wandern auf die Mittelrippe zu. Nach etwa zwei bis drei Wochen sind auf der Blattunterseite kleine dunkle Beulen zu erkennen.

Was tun? Pflanzen regelmäßig kontrollieren. Befallene Blätter entfernen und vernichten. Unkräuter, vor allem Greiskraut und Disteln, bekämpfen, da diese der Minierfliege Nahrung bieten.

Blattsauger

Die kleinen, Saft saugenden Schädlinge gehören zu den Blattflöhen und ernähren sich von Blüten, Blättern, jungen Knospen und Trieben, sodass diese sich verformen. Die Pflanzen sind von Honigtau bedeckt, an dem Rußtau wachsen kann. Die jungen Nymphen richten den größten Schaden an. Sie haben breite, flache Körper mit hervorstehenden Flügelanlagen und Augen. Die erwachsenen Tiere werden 2–3 mm lang und sehen aus wie geflügelte Blattläuse. Sie können springen und fliegen. *Siehe auch* Buchsbaumfloh.

Blattschneiderbienen

Blattschneiderbienen sind kleine, hellbraune bis schwarze Solitärbienen von 1 cm Länge.

Anfällige Pflanzen Rosen, Goldregen, Flieder, Liguster und andere Ziergehölze.

Symptome Ovale oder halbkreisförmige Fraßschäden an den Blatträndern.

Was tun? Nichts. Der Schaden bleibt meist gering, die Pflanze leidet nicht.

Blattwanzen

Es sind kleine, aktive, Saft saugende, geflügelte Tiere von bis zu 6 mm Länge. Die Nymphen (Jugendform) sind den Erwachsenen ähnlich, haben jedoch keine Flügel. Die Farbe ist von Art zu Art verschieden. Die Insekten sind selten zu sehen. Wenn sie gestört werden, lassen sie sich zu Boden fallen oder fliegen weg.

Anfällige Pflanzen Viele Wild- und Kulturpflanzen, darunter Prunkbohnen, Schwarze und Rote Johannisbeeren, Apfelbäume, Chrysanthemen, Dahlien, Fuchsien und Rosen

Symptome Die meisten Arten fressen Pflanzen und hinterlassen kleine, ausgefranste Löcher in den Blättern, meist an den Triebspitzen. Die Blätter wirken wie zerfetzt, wenn sie weiterwachsen. Knospen und junge Triebe können absterben, Blüten und Früchte werden verformt. Äpfel entwickeln Beulen und schorfige Stellen. Manche Wanzen sind nützliche Raubtiere, die vor allem an Obst kleine Schädlinge fressen.

Was tun? Locken Sie im Winter Vögel zu Ihren Apfel-, Birn- und Pflaumenbäumen und Weißdornsträuchern, indem Sie ihnen dort Fett und Nüsse anbieten.
Bei starken Schäden im Herbst Blätter und Pflanzenabfälle sorgfältig zusammenharken. Wanzen sind nicht leicht zu bekämpfen, da die erwachsenen Insekten schnell verschwinden. Der Schaden bleibt meist im Rahmen.

Bleiglanz

Die Infektion mit dieser Pilzkrankheit tritt normalerweise zwischen Frühherbst und Spätfrühjahr auf, wenn die Pflanzen kaum wachsen. Die Sporen dringen durch Wunden in der Borke ein.

Anfällige Pflanzen Pflaumen und andere Bäume der Familie Rosaceae wie Äpfel, Aprikosen, Mandeln, Kirschen und Weißdorn; außerdem Johannisbeeren, Goldregen, Pappeln, Rhododendren, Stachelbeeren und Weiden.

Symptome Die Blätter zeigen einen silbrigen Glanz, anfangs oft nur an einem einzigen Ast. Die Blätter reißen auf und werden am Rand und an der Mittelrippe braun. Die Äste sterben ab und zeigen, wenn sie geschnitten werden, einen braun verfärbten Ring im Holz. Ab Spätsommer treten kleine Baumpilze oder flache, krustenartige Pilze an den abgestorbenen Ästen auf. Nass sind sie weich und ledrig, trocken brüchig und runzlig. Die Krankheit wird leicht mit Falschem Bleiglanz verwechselt, der auf einen Nährstoffmangel zurückzuführen ist und die gleichen Symptome zeigt, bis auf die Verfärbung im Holz. Nicht alle genannten Pflanzen haben Symptome an den Blättern.

Was tun? Anfällige Arten nur von Früh- bis Spätsommer schneiden. Der kräftige Wuchs in dieser Zeit verhindert, dass die Krankheit durch die Schnittwunden eindringen kann. Die Bäume erholen sich oft von selbst. Wenn die Krankheit andauert, das befallene Holz so weit zurückschneiden, dass keine Verfärbung mehr zu sehen ist, und verbrennen.

Blütenbräune der Rhododendren

Diese Pilzkrankheit kann an abgestorbenen Knospen bis zu drei Jahre überleben. Die Übertragung erfolgt oft durch eine Zikade, die ihre Eier in Ritzen in den Knospen legt.

Anfällige Pflanzen Azaleen und Rhododendren.

Symptome Die Blütenknospen werden im Frühherbst silbergrau und öffnen sich nicht. Im Frühjahr sind die vertrockneten Knospen mit stecknadelkopfgroßen schwarzen Fruchtkörpern bedeckt. Knospen und Zweige können absterben.

Was tun? Kranke Knospen entfernen und vernichten. Nützlinge, welche die Zikade fressen, mit Blumen wie Acker-Winde oder Schleifenblume in die Nähe locken. Es gibt keine garantiert resistenten Sorten.

Blutlaus

Die kleinen braunvioletten, auch Wollläuse genannten Läuse leben in Kolonien an Stängeln und Zweigen. Sie sind mit einer weißen, wachsartigen Substanz umhüllt, die an Watte erinnert. Vor allem im Spätfrühjahr und Frühsommer sind sie zu entdecken, doch sie sind das ganze Jahr über da. Junge Blutläuse überwintern in Borkenspalten und Gallen.

Anfällige Pflanzen Äpfel (auch Zierarten), Zwergmispel, Feuerdorn, Weißdorn und verwandte Pflanzen.

Symptome Blätter und Früchte werden unansehnlich; Gallen an Ästen und Zweigen. Krebserreger dringen durch Risse in der Borke ein, die Pflanzen sterben ab.

Was tun? Kolonien mit einem festen Pinsel abbürsten. Stark befallene Äste abschneiden und verbrennen. *Siehe auch* Blattläuse.

Bodenmüdigkeit

Die genauen Ursachen sind noch unbekannt. Wahrscheinlich sind im Boden lebende Nematoden und Pilzkrankheiten die Auslöser der Krankheit. Man vermutet, dass die Population dieser Schädlinge mit dem Alter der Pflanze zunimmt und dass sie mit den kräftigen, holzigen Wurzeln angewachsener Pflanzen koexistieren können, dass aber neue Pflanzen mit weichem Wurzelgewebe unter der Menge dieser Bodenlebewesen zu leiden haben.

Anfällige Pflanzen Kirschen, Rosen, Veilchen, Sommerastern, Äpfel und Pfirsiche, Birnen, Pflaumen und Erdbeeren.

Symptome Im ersten Jahr wächst die neue Pflanze kaum. Das Wurzelsystem ist schwach und kann schwarz werden. Die Pflanzen wachsen eventuell nicht an.

Was tun? Anfällige Pflanzen nicht an Plätze setzen, an denen dieselbe oder verwandte Pflanzen vor kurzem entfernt wurden. Wenn es unvermeidlich ist, die Pflanze an diese Stelle zu platzieren, heben Sie ein großes Pflanzloch aus, entfernen Sie den Boden und ersetzen Sie ihn durch solchen von einem Ort, an dem keine verwandten Pflanzen kultiviert wurden. Die Überlebenschancen von Pflanzen, die in Gefäßen angezogen wurden und beim Auspflanzen einen großen Wurzelballen haben, sind besser.

Bohnenblattlaus, Schwarze

Die kleinen, schwarzen, geflügelten Blattläuse bilden dichte Kolonien. *Siehe auch* Blattläuse.

Anfällige Pflanzen Bohnen, Mangold, Mohn, Kapuzinerkresse und andere Zierpflanzen; Winterwirte sind Spindelstrauch, Pfeifenstrauch und Schneeball.

Symptome *Siehe* Blattläuse.

Was tun? Dicke Bohnen sind weniger anfällig, wenn sie früh ausgesät werden. Triebspitzen bei Dicken Bohnen auskneifen, wenn die Schädlinge entdeckt werden. Stark befallene Pflanzen entfernen. *Siehe auch* Blattläuse.

Braunfäule

Siehe Kraut- und Braunfäule.

Buchsbaumfloh

Dieser Blattfloh legt seine Eier im Spätsommer in Spalten an Blattachseln und Zweigen. Mitte des Frühjahrs schlüpfen die Nymphen. Sie fressen ab dem Spätfrühjahr Triebspitzen und junge Triebe. Jedes Jahr entwickelt sich eine Generation.

Anfällige Pflanzen Buchsbaum.

Symptome Die Blätter an der Spitze befallener Triebe biegen sich nach innen und bilden feste, kohlähnliche Köpfe. Bei schwerem Befall kann das Wachstum gestört werden. Klebriger Honigtau und Rußtau können sich bilden.

Was tun? Bekämpfung ist nur bei jungen Pflanzen erforderlich, wenn das Wachstum gestört wird. Regelmäßig, vor allem im zeitigen Frühjahr, befallene Triebspitzen entfernen.

Clematiswelke

Die Pilzkrankheit hält sich im Boden und an anderen Pflanzen. Die Infektion erfolgt vermutlich bei hoher Luftfeuchtigkeit. Die Erreger dringen durch kleine Wunden ein, die durch Vögel, Insekten oder das Aufbinden der Pflanze entstehen.

Anfällige Pflanzen Clematis.

Symptome Junge Triebe hängen plötzlich nach unten. Die befallenen Blätter werden am Stielansatz schwarz, trocknen aus und sterben ab. Dunkle Verletzungen sind unten am Spross zu erkennen. Schwarze Flecken zeigen sich auf ansonsten gesunden Blättern. Großblütige Hybriden sind besonders anfällig, vor allem solche, die von *Clematis lanuginosa* abstammen.

A–Z DER PFLANZENPROBLEME 325

Was tun? Neu gekaufte Clematispflanzen 15 cm tiefer setzen als im Topf. *Clematis-viticella*-Sorten sollen deutlich weniger anfällig sein. Mechanische Beschädigung der Triebe beim Aufbinden vermeiden. Befallene Triebe bis auf oder unter den Boden zurückschneiden. Daraufhin sollten sich neue, gesunde Triebe bilden. Wenn die Symptome wiederkehren, den Boden 30 cm tief abtragen und die befallene Pflanze vernichten. Mit neuem Boden auffüllen und neu bepflanzen.

Dickmaulrüssler

Die erwachsenen Schädlinge haben keine Flügel, werden etwa 10 mm lang und sind stumpf braunschwarz mit kleinen mattgelben Flecken. Sie erscheinen im Mai und Juni und fressen nachts. Fast alle Tiere sind weiblich und legen ab Mitte Juli Hunderte von Eiern in den Boden oder das Substrat in der Umgebung der Wirtspflanze. Die Larven sind cremeweiß mit braunem Kopf und c-förmig; sie werden bis zu 1 cm lang. Sie ernähren sich bis zum folgenden Frühjahr von Wurzeln und verpuppen sich dann im Boden. Im Allgemeinen sterben die meisten Käfer am Ende der Saison, manche überleben jedoch den Winter. Im wärmeren Klima eines Gewächshauses zeigen sich die Käfer eventuell auch im Herbst und legen ihre Eier über einen längeren Zeitraum ab. *Siehe auch* Rüsselkäfer.

Anfällige Pflanzen Viele Pflanzen im Garten, im Gewächshaus oder der Wohnung. Vor allem Topfpflanzen sind gefährdet.

Symptome Erwachsene Käfer fressen unregelmäßige Löcher in die Blattränder. Dieser Schaden ist eher unschön als gefährlich. Die Larven sind ein größeres Problem, da sie Wurzeln fressen. Wenn eine Pflanze schlecht wächst oder plötzlich welkt und abstirbt, kontrollieren Sie den Wurzelballen auf Dickmaulrüssler-Larven. Möglicherweise zeigen die Blätter keine Symptome.

Was tun? Pflanzen regelmäßig auf Käfer kontrollieren, vor allem abends. Neu gekaufte Pflanzen nach Käfern und Larven absuchen, bevor sie ausgepflanzt werden. Einzelne Töpfe und die Beine der Gewächshausstellage mit Leimringen

sichern. Regelmäßig prüfen, ob die Barrieren nicht durchbrochen wurden. Biologische Bekämpfung: Im Freiland und unter Glas den parasitären Fadenwurm *Heterorhabditis megidis* einsetzen; optimale Bodentemperatur 12 °C. Unter Glas kann er bei entsprechender Bodentemperatur das ganze Jahr über eingesetzt werden. Im Freiland sind April/Mai und August/Anfang September die besten Zeiten.

Drahtwürmer

Drahtwürmer sind die Larven von Schnellkäfern. Die häufigsten Arten sind der Rotbauchige Laubschnellkäfer (*Athous haemorrhoidalis*) und der Saatschnellkäfer (*Agriotis lineatus*). Drahtwürmer haben eine feste, goldgelbe bis orangebraune Haut, sind schlank und zylindrisch geformt und werden 25 mm lang. Sie haben drei Beinpaare am Brustteil des Körpers. Die Eier werden von Früh- bis Hochsommer in Grasland und auf unkrautbewachsenen Flächen abgelegt, die Larven fressen bis zu fünf Jahre lang. Da sie nicht gern gestört werden, leben sie vor allem in Grasland und auf neu kultivierten Grundstücken.

Anfällige Pflanzen Kartoffeln, Erdbeeren, Kohlpflanzen, Bohnen, Rote Bete, Mohrrüben, Salat, Zwiebeln und Tomaten; außerdem sind Zierpflanzen wie Anemonen, Nelken, Dahlien, Gladiolen und Primeln gefährdet.

Symptome Vor allem im Frühjahr und Herbst werden die Wurzeln, Knollen und Sprosse vieler Pflanzen befallen, doch die Schäden entstehen das ganze Jahr über. An Kartoffeln zeigen sich Löcher von 2–3 mm Durchmesser, wenn sie aufgeschnitten werden, sind die Knollen von Gängen durchzogen. Später werden die Löcher von Nacktschnecken oder Tausendfüßern vergrößert.

Was tun? Auf neu kultiviertem Land treten die größten Schäden auf. Den Boden im Winter umgraben, damit Vögel und andere Tiere die Larven fressen können. Kartoffeln im Frühherbst ausgraben, um den Schaden zu begrenzen. Im Gewächshaus Drahtwürmer mit im Boden vergrabenen, aufgespießten Kartoffel- oder Mohrrübenstücken anlocken. Regelmäßig entfernen und vernichten. Von Drahtwür-

mern befallenen, selbst gemachten Kompost vor Gebrauch Vögeln und anderen Nützlingen zugänglich machen. Senf als Gründüngung säen. Er beschleunigt den Lebenszyklus der Würmer.

Eisenmangel

Es sind ähnliche Symptome wie bei Manganmangel zu beobachten, und Eisenmangel tritt oft mit diesem zusammen auf.

Anfällige Pflanzen Birnen, Himbeeren; Pflanzen, die sauren Boden mögen wie Kamelien oder Azaleen und in alkalischem Boden wachsen; es können aber alle Pflanzen betroffen sein.

Symptome Die Blätter werden am Rand gelb oder braun und die Färbung breitet sich zwischen den Adern aus. Junge Blätter können vollständig gelb oder weiß erscheinen, ohne dass sich etwas Grün zeigt. Es bilden sich wenige und schlechte Früchte.

Was tun? Pflanzen passend zum Bodentyp auswählen. Gut verrotteten Dung oder Kompost geben.

Erbsenblasenfuß

Ausgewachsene Erbsenblasenfüße sind gelbbraun und ca. 2 mm lang. Sie sind vor allem vom Spätfrühjahr bis Hochsommer bei heißem, trockenem Wetter aktiv. Die Population ist im Hochsommer am größten. Die Larven sind gelb. *Siehe* Thripse.

Anfällige Pflanzen Erbsen, manchmal Dicke Bohnen.

Symptome Hülsen verfärben sich silbrig und verformen sich, manchmal haben sie braune Narben. Es entwickeln sich keine Erbsen in den Hülsen.

Was tun? Erbsen und Dicke Bohnen früh säen, um schweren Befall zu vermeiden. Flächen, auf denen befallene Pflanzen gewachsen sind, im Winter umgraben. Spritzmittel: Rapsöl, Derris.

Erbsen-/Bohnenkäfer

Die erwachsenen Insekten sind 5–6 mm lang und graubraun und überwintern in Pflanzenabfällen und Vegetation. Im zeitigen Frühjahr ziehen sie zum Fressen an Erbsen und Bohnen um. Die Eier werden in den Boden gelegt, die Larven fressen einige Wochen lang an den Wurzelknöllchen und verpuppen sich dann im Boden. Die erwachsenen Käfer schlüpfen im Juni oder Juli. Es entwickelt sich eine Generation pro Jahr. *Siehe auch* Rüsselkäfer.

Anfällige Pflanzen Erbsen, Dicke Bohnen und verwandte Pflanzen.

Symptome Im Frühjahr und Sommer typische Fraßlöcher mit gewelltem Rand an den Blättern. Junge Pflanzen können zu Beginn der Saison stark beschädigt werden, wenn sie nur langsam wachsen. Ansonsten gesunde Pflanzen vertragen den Schaden in der Regel.

Was tun? Wicken nicht als Gründüngung über Winter verwenden. Den Boden vor der Aussaat gut vorbereiten, um kräftiges, schnelles Wachstum zu fördern. Junge Pflanzen direkt nach der Aussaat mit einer Barriere aus Vlies oder Draht schützen.

Erbsenwickler

Die Raupen dieses Schmetterlings leben in Erbsenhülsen und fressen die Erbsen. Sie werden bis zu 6 mm lang und haben schwarze Köpfe und cremeweiße Körper, die oft mit kleinen dunklen Flecken besetzt sind.

Anfällige Pflanzen Erbsen.

Symptome Oft nur zu erkennen, wenn sich die Hülsen öffnen; die Erbsen sind beschädigt und »wurmstichig«, die Larven und ihre Exkremente sind meist deutlich zu erkennen.

Was tun? Der Falter legt seine Eier während der Erbsenblüte, frühe und späte Aussaaten, die außerhalb der Flugperiode des Falters im Früh- und Spätsommer blühen, werden also nicht geschädigt. Blühende Erbsen während der Flugperiode, vor allem Anfang Juli, mit feinem Draht abdecken. Flächen, auf denen befallene Pflanzen gestanden haben, im Winter gründlich umgraben.
Spritzmittel: Derris als letztes Mittel.

Erdflöhe

Die kleinen, glänzend schwarzen Käfer werden bis 3 mm lang und hüpfen davon, wenn sie gestört werden. Sie überwintern in Mulch und Pflanzenabfällen. Im Frühjahr beginnen sie zu fressen. Die Eier werden im Spätfrühjahr und Frühsommer

in der Nähe anfälliger Pflanzen in den Boden gelegt. Pro Jahr entwickelt sich eine Generation.

Anfällige Pflanzen Kohlgewächse, vor allem als Sämlinge; auch Zierpflanzen wie Kapuzinerkresse, Steinkraut, Anemone und Godetie.

Symptome Im Frühjahr und Sommer fressen die erwachsenen Insekten kleine Löcher in Blätter und Sprosse. Starker Befall stört das Wachstum junger Pflanzen und kann sie töten. Der Schaden ist bei trockenem Wetter größer. Die Larven fressen Wurzeln oder graben Gänge in die Blätter.

Was tun? Schnelles, kräftiges Wachstum der Sämlinge fördern. Zur richtigen Zeit säen, den Boden gut vorbereiten und die Pflanzen immer mit ausreichend Wasser versorgen. Unter Vlies oder feinem Netz säen. Manche Pflanzen können aufgedeckt werden, wenn sie angewachsen sind, andere wie Chinakohl, Radieschen und Salatrauke sollten bis zur Ernte bedeckt bleiben.

Eulenfalter

Zu den Eulenfaltern gehören verschiedene nachtaktive Schmetterlinge, sie werden auch Erdeulen genannt. Die im Boden lebenden Larven sind eher dick und rollen sich c-förmig zusammen, wenn sie gestört werden. Sie sind braun, gelb oder grün mit schwarzer Zeichnung. Die Raupen fressen nachts und sind zu fast jeder Jahreszeit sowohl im Freien als auch im Gewächshaus aktiv.

Anfällige Pflanzen Junges Gemüse, vor allem Salat und Kohl, aber auch Mohrrüben, Sellerie, Rote Bete, Kartoffeln, Erdbeeren und viele Zierpflanzen.

Symptome Die Stängel der Sämlinge und Jungpflanzen sind am Boden durchgenagt. Auch Wurzeln, Zwiebelknollen, Knollen und Blätter können beschädigt sein.

Was tun? Befallenen Boden im Winter umgraben, um die Larven ihren Fressfeinden auszusetzen, oder Hühner auf der betreffenden Fläche scharren lassen. Den Boden unkrautfrei halten, da Unkraut Gelegenheit zur Eiablage bietet. Bei geringem Befall die Raupen in der Erde oder während des Fressens suchen und vernichten. Anfällige Jungpflanzen mit

einem Kragen in Form einer Papp- oder Plastikröhre oder einer Konservendose ohne Boden schützen, der um die Pflanze in den Boden gedrückt wird.

Feldmäuse

Erwachsene Mäuse haben ein braunes Fell mit heller Bauchseite. Feldmäuse sind ganzjährig aktiv, sie halten keinen Winterschlaf.

Anfällige Pflanzen Erbsen- und Bohnensamen, Zwiebeln und Knollen.

Symptome Schäden vor allem im zeitigen Frühling und Frühherbst an Zwiebeln und Rhizomen von Lilien, Narzissen und Tulpen. Samen, vor allem Erbsen und Bohnen, werden ausgegraben und gefressen. Mäuseaktivität ist an kleinen Gängen im Gemüsebeet zu erkennen. Auch Maiskolben werden angefressen. Im Herbst und Winter können Schäden an eingelagertem Gemüse und verpackten Samen vorkommen.

Was tun? Lebendfallen sind human, aber die Maus muss in reichlich Abstand ausgesetzt werden, sonst kommt sie zurück. Als Köder eignen sich Mohrrübe, Apfel, Kartoffel oder Melonensamen. Gemüse mit Folientunneln oder Netzen schützen, Saatbeete und Zwiebeln mit feinem Maschendraht abdecken. Erbsen und Bohnen im Haus vorziehen und auspflanzen, wenn sich der Boden erwärmt hat. Im Herbst und zeitigen Frühling nicht ins Freiland säen.

Frostschäden

Nicht winterharte Pflanzen sind für diese Störung besonders anfällig. Auch normal winterharte Pflanzen können bei strengem Frost nach einer Wärmeperiode, in der sich junge Triebe gebildet haben, oder durch Frost im Frühsommer geschädigt werden. Pflanzen, die morgens Sonne bekommen, sodass sie Wasser durch Transpiration verlieren, sind ebenfalls anfällig.

Symptome Über Nacht können sich Blüten und Knospen braun verfärben. Erfrorene Blüten bilden keine Früchte. Die Blätter und Sprosse werden braun oder schwarz. Vor allem junge Triebe außen an der Pflanze sind betroffen. Die Schale von Äpfeln verfärbt sich rostbraun, meist gegenüber dem Fruchtstiel. Der Schaden

A–Z DER PFLANZENPROBLEME 327

wird womöglich erst entdeckt, wenn sich die Früchte gebildet haben.

Was tun? Anfällige Pflanzen während der gefährlichen Zeiten mit Vlies oder Zeitungspapier abdecken. Pflanzen vor dem Auspflanzen abhärten. Anfällige Pflanzen nicht in Frostfallen oder an Standorte mit Morgensonne setzen.

Frostspanner

Zu dieser Schädlingsgruppe gehören die Raupen der drei Mottenarten Gemeiner Frostspanner (*Operophtera brumata*), Kreuzflügel (*Alsophila aescularia*) und Großer Frostspanner (*Erannis defoliaria*). Die Raupen des Gemeinen Frostspanners sind grün mit drei gelben Längsstreifen. Die Raupen des Großen Frostspanners sind dunkelbraun mit gelben Längsstreifen an den Seiten. Die Raupen des Kreuzflügels sind grün mit helleren Streifen. Die flügellosen Falterweibchen kriechen im Winter und zeitigen Frühjahr aus dem Boden, paaren sich und klettern dann an den Wirtspflanzen nach oben, um ihre Eier abzulegen. Kreuzflügelweibchen legen ihre Eier in einem klar erkennbaren Ring um die Zweige. Die anderen legen ihre Eier einzeln oder in kleinen Gruppen in der Nähe von Knospen oder Rindenspalten ab. Die Raupen fressen von März bis Ende Juni, dann fallen sie an einem Seidenfaden zu Boden und verpuppen sich. Pro Jahr entwickelt sich eine Generation.

Anfällige Pflanzen Äpfel, Birnen, Zwergmispel, Hartriegel, Haselnuss, Kirschen, Pflaumen, Rosen, Weißdorn und viele andere Zierpflanzen.

Symptome Es sind unregelmäßige Fraßlöcher in den Blättern zu sehen, oft schon bevor sie sich ganz geöffnet haben. Der Hauptbefall tritt im Frühjahr und Frühsommer auf, die Symptome zeigen sich aber die ganze Saison über. Sind die Fruchtknospen stark beschädigt, wird der Ertrag reduziert. Durch immer wiederkehrenden Befall werden die Pflanzen geschwächt.

Was tun? Von Oktober bis März Leimringe um Sprosse, Stämme und Stützen anfälliger Pflanzen legen. Regelmäßig kontrollieren, ob die Barriere nicht durchbrochen wird.

Gemeine Spinnmilbe
Siehe Gewächshaus-Spinnmilbe

Gewächshaus-Spinnmilbe

Diese winzigen Schädlinge werden auch Gemeine Spinnmilben genannten. Sie werden nur 0,5 mm lang und färben sich im Herbst und Winter rot. Für den Rest des Jahres sind sie blassgrün bis gelb und haben zwei dunkle Flecken. Sie gedeihen bei trockener Hitze; bei 26 °C vermehren sie sich innerhalb von nur acht Tagen. Die Tiere überwintern in Rissen und Spalten, in Laubabfall und Rohrstöcken. Im Gewächshaus vermehren sie sich das ganze Jahr über, wenn die Temperatur über 12 °C bleibt.

Anfällige Pflanzen Viele Pflanzen im Gewächshaus und der Wohnung; in heißen, trockenen Sommern werden auch Freilandpflanzen befallen: Erdbeeren, Pfirsiche, Weintrauben, Gurken, Grüne Bohnen und Feuerbohnen, Auberginen, Nelken, Fuchsien, Fleißige Lieschen.

Symptome Die Blätter zeigen anfangs feine Flecken. Wenn der Befall weiter besteht, werden sie bronzefarben, welken und sterben ab. Ein feines Gespinst entsteht zwischen den Pflanzenteilen oder unter Blättern. Mit dem Vergrößerungsglas sind die Milben und ihre Eier an den Unterseiten der Blätter zu erkennen. Im unbeheizten Gewächshaus tritt der stärkste Befall von Juni bis September auf, die Milben sind jedoch das ganze Jahr über aktiv.

Was tun? Die Pflanzen gegebenenfalls zweimal täglich mit Wasser benebeln. Für alle Pflanzen möglichst gute Wachstumsbedingungen schaffen. Spinnmilben sind besonders gefährlich für Pflanzen, die in zu engen Töpfen oder zu dicht beisammen sitzen oder in heißer, trockener Umgebung schlecht wachsen. Stark befallene Pflanzen wegwerfen. Im Frühjahr das Gewächshaus ausräumen und die Stellage reinigen. Mit hohem Wasserdruck Ritzen und Spalten ausspritzen.
Biologische Bekämpfung: Die Raubmilbe *Phytoseiulus persimillis* einsetzen; Idealtemperatur 18–24 °C.
Spritzmittel: Insektizidseife.

Grauschimmel

Dieser Pilz überlebt an Pflanzenabfällen und im Boden. Die Sporen werden durch die Luft und durch spritzendes Regenwasser übertragen. Die Infektion erfolgt meist durch eine Wunde.

Anfällige Pflanzen Die meisten lebenden oder toten Pflanzenteile, auch Früchte, Blüten und Blätter.

Symptome Flaumiger, grauweißer Schimmel wächst an den befallenen Stellen. Wenn die Stängel befallen sind, werden die Triebe oberhalb der kranken Stelle gelb und welken. Es ist möglich, dass die Blüten befallen es sind, etwa von Erdbeeren, die Symptome sich aber erst zeigen, wenn die Früchte reifen.

Was tun? Gute Hygiene. Entfernen Sie alle toten oder kranken Pflanzen oder Pflanzenteile, sobald Sie die Infektion entdecken. Achten Sie auf gute Belüftung. *Siehe auch* Päonienwelke, Grauschimmel des Kopfsalats, Halsfäule der Zwiebel.

Grauschimmel des Kopfsalats

Die Sporen dieses Pilzes überleben im Boden zwischen den Pflanzen und an verrottenden Pflanzenresten. Schnelle Ausbreitung in feuchten Sommern.

Anfällige Pflanzen Salat.

Symptome Filziger, grauer Belag auf den Blättern. Später schleimige, orangebraune Stängelfäule und Zusammenbrechen der Pflanzen. Sämlinge vergilben, welken und sterben ab.

Was tun? Pflanzen nicht zu dicht setzen. Pflanzenreste beseitigen. Schäden an den Pflanzen vermeiden. Falscher Mehltau geht dem Grauschimmel oft voraus. Im Gewächshaus nicht zu viel gießen. Pflanzen weiträumig setzen, um die Luftzirkulation zu verbessern.

Gurkenmosaikvirus

Diese Viruskrankheit wird vor allem durch Blattläuse übertragen. Sie kann auch durch den Umgang mit kranken Pflanzen und infizierte Werkzeuge verbreitet werden. Die Infektion tritt in der Regel auf, wenn die Pflanzen etwa sechs Wochen alt sind. *Siehe auch* Viren.

Anfällige Pflanzen Gurke, Zucchini, Melone, Sellerie, Bohnen und Paprika. Zierpflanzen: Anemonen, Akelei, Begonien, Glockenblumen, Dahlien, Lilien und Primeln.

Symptome Je nach befallener Pflanze. Bei Kürbisgewächsen ruft das Virus Flecken oder mosaikartige Muster und Verformungen der Blätter hervor. Die Pflanzen blühen weniger, bleiben kleiner und können absterben. Die Früchte sind klein, dunkel und narbig und zeigen eventuell leuchtend gelbe Flecken.

Was tun? Resistente Sorten pflanzen. Befallene Pflanzen sofort entfernen, wenn die Krankheit eindeutig bestimmt ist. Es gibt kein Gegenmittel.

Hallimasch

Hallimasch lebt vor allem an toten Baumstümpfen. Er befällt lebende Bäume vor allem in Form von schnürsenkelähnlichen Auswüchsen, aber auch eine Infektion durch Wurzelkontakt ist möglich. Die Übertragung durch die Sporen der Fruchtkörper ist selten. Es gibt viele Formen dieses Pilzes, von denen nicht alle schädlich sind.

Anfällige Pflanzen Viele Gehölze. Besonders anfällig sind Birken, Zwergmispel, Johannisbeeren, Flieder, Kiefern, Liguster, Weide und Glyzine.

Symptome Die ersten Symptome sind das Absterben beblätterter Zweige oder das Ausbleiben der Blätter im Frühjahr. Die Pflanze kann schnell sterben, aber auch erst nach einigen Jahren. Wenn die Borke von den Wurzeln oder dem Stammansatz entfernt wird, finden sich dünne Lagen cremiger Pilzmasse, die nach Pilzen riechen. Unter der Borke und im Boden um die Pflanze sind schwarze, schnürsenkelähnliche Auswüchse sichtbar. Die honigfarbenen Fruchtkörper erscheinen in Gruppen von Juli bis Dezember. Junge Bäume sind anfälliger.

Was tun? An einem Standort, wo Hallimasch bereits aufgetreten ist, verwenden Sie resistente Pflanzen: Bambus, Scheinquitte, Clematis, Perückenstrauch, Strauchveronika, Eibe, Buche, Eiche und Trompetenbaum. Kräftig wachsende Pflanzen sind weniger anfällig. Entfernen

Sie befallene Pflanzen und so viel wie möglich von deren Wurzel.

Halsfäule der Zwiebel

Die Hauptinfektionsquelle dieser Pilzkrankheit, die vor allem in kühlen, feuchten Sommern auftritt, sind Samen. Der Pilz überlebt auch drei bis vier Jahre lang im Boden und in Pflanzenabfällen. Die Infektion breitet sich nicht unter eingelagerten Zwiebeln aus. Die Symptome entwickeln sich nicht alle gleichzeitig.

Anfällige Pflanzen Zwiebeln.

Symptome Die Zwiebeln erscheinen auf dem Beet noch gesund, nach acht bis zwölf Wochen Lagerung werden die Schalen weich. Braune, eingesunkene Stellen und flaumiger, grauer Schimmel bilden sich am Hals. Der obere Teil der Zwiebel lässt sich leicht eindrücken und ist unter den trockenen äußeren Blättern bräunlich schwarz verfärbt. Der Pilz breitet sich durch die Zwiebel nach unten aus, in schweren Fällen verfault sie vollständig und ist von flaumigem, grauem Schimmel überzogen. Die Seiten und die Basis der Zwiebel werden selten befallen, wenn nicht vor oder während der Ernte die Schale beschädigt wurde.

Was tun? Saatgut und Steckzwiebeln aus zuverlässigen Quellen kaufen. Große Pflanzabstände einhalten, um die Lüftung zu verbessern. Pflanzen vor und während der Ernte nicht beschädigen und das Kraut natürlich abwelken lassen. In luftiger, warmer, trockener Atmosphäre gut trocknen, bis die Schalen rascheln. Kühl, trocken und luftig lagern, Zwiebeln, die Symptome zeigen, sofort entfernen. Eine Fruchtfolge von mindestens vier Jahren einhalten.

Himbeerkäfer

Die gelbbraunen, 6–8 mm langen Larven des Käfers finden sich in den reifenden Früchten. Die erwachsenen Käfer sind braun, 3–4 mm lang und überwintern im Boden bei den Wirtspflanzen. Im Frühjahr kommen sie heraus und fressen die Blüten von Äpfeln, Weißdorn und anderen Angehörigen der Rosaceae. Wenn sich die Blüten von Himbeeren, Loganbeeren (Hybriden) und Brombeeren öffnen, befallen sie diese. Im Sommer legen sie ihre Eier an die Blüten. Die Larven fressen

etwa einen Monat lang und verpuppen sich dann im Boden. Es entwickelt sich nur eine Generation pro Jahr.

Anfällige Pflanzen Himbeere, Brombeere, Loganbeere und verwandte Hybriden.

Symptome Die Larven ernähren sich von den wachsenden Früchten, wodurch Segmente der befallenen Frucht austrocknen und hart werden.

Was tun? Wenn Larven in den Früchten gefunden wurden, gegen Ende der Saison Mulchdecken entfernen und den Boden um die Sträucher herum mit der Gabel bearbeiten. Wachsen die Sträucher in Käfigen, den Schutz nach der Ernte entfernen, damit Vögel an die Käfer gelangen können, oder Hühner in den Garten lassen. Alle Sträucher am Ende des Jahres bis auf den Boden zurückschneiden. Dadurch sollten die Schädlinge absterben, es geht allerdings auch die Ernte eines Jahres verloren.

Himbeerrutenkrankheit

Die durch den Boden übertragene Pilzkrankheit dringt durch Ritzen in der Borke oder durch von der Himbeerfliege verursachte Wunden in die Pflanze ein. Sie wird außerdem durch spritzendes Regenwasser und Werkzeug übertragen.

Anfällige Pflanzen Himbeeren, außerdem auch Brombeeren, Hybriden und Erdbeeren.

Symptome Die Blätter trocknen aus und sterben ab. Dunkle Flecken bilden sich an den Ruten, die Borke platzt direkt am Boden auf. In den Flecken erscheinen zahlreiche stecknadelkopfgroße Pusteln. Die Ruten werden brüchig. 'Glen Moy' und 'Malling Promise' sind besonders anfällig.

Was tun? Ruten vorsichtig behandeln, damit keine Schäden entstehen. Infizierte Ruten bis unter den Boden zurückschneiden. Alle infizierten Pflanzenteile verbrennen. Werkzeug nach Benutzung desinfizieren.

Ilex-Minierfliege

Die erwachsenen, unscheinbaren Fliegen legen ab dem mittleren Frühling Eier nahe der Mittelader auf den Unterseiten von Stechpalmen-Blättern ab. Die Larven

A–Z DER PFLANZENPROBLEME 329

schlüpfen, fressen Gänge in die Blätter und bleiben dort bis zum folgenden Frühling.

Anfällige Pflanzen *Ilex* (Stechpalme).

Symptome Kein ernsthafter Schaden, aber unansehnlich. Aus schmalen, hellgrünen Gängen im Blattgewebe werden allmählich Flecken.

Was tun? Bei leichtem Befall betroffene Blätter entfernen und vernichten.

Johannisbeerblasenlaus

Die blassgelben Insekten sitzen im Frühjahr und Frühsommer an der Unterseite der Blätter. Sie überwintern als glänzend schwarze Eier an Johannisbeer- und Stachelbeersträuchern und schlüpfen, wenn sich die Knospen öffnen. Im Sommer ziehen sie auf Wald-Ziest um.

Anfällige Pflanzen Rote und Weiße, seltener Schwarze Johannisbeeren und Stachelbeeren.

Symptome An den Blättern bilden sich im Frühjahr und Frühsommer Blasen. An Roten Johannisbeeren sind sie rot, an Schwarzen gelb. Die Symptome bleiben, auch wenn die Insekten weitergewandert sind.

Was tun? *Siehe* Blattläuse.

Johannisbeer-Gallmilbe

Diese winzigen Schädlinge fressen im Jugend- und Erwachsenenstadium in Johannisbeerknospen. Sie überwintern und vermehren sich in den Knospen und verlassen sie, wenn diese sich im Frühjahr öffnen. Die Milben werden durch Wind, Regen und größere Schädlinge weit verbreitet und befallen gesunde junge Knospen.

Anfällige Pflanzen Schwarze Johannisbeere.

Symptome Der Befall ist an den großen Knospen zu erkennen – sie schwellen von Juni bis September an. Die verdickten Knospen, die im Winter und zeitigen Frühjahr besonders leicht zu erkennen sind, entwickeln sich nicht normal. Dieser Schaden ist meist eher unbedeutend im Vergleich zu den Auswirkungen der Brennnesselblättrigkeit (*siehe dort*), die von den Milben übertragen wird.

Was tun? Kaufen Sie immer zertifizierte Pflanzen. Geschwollene Knospen im Herbst und Winter entfernen und vernichten. Alle befallenen Pflanzen vernichten, bevor Sie (so weit wie möglich vom alten Standort entfernt) neue pflanzen.

Kaninchen

Kaninchen leben in Gängen, die sie in Böschungen und an ähnlichen Stellen graben. Nachts, am frühen Morgen und am späten Nachmittag fressen sie verschiedenste Pflanzen. Ein Kaninchen kann pro Tag 500 g Pflanzenmaterial fressen.

Anfällige Pflanzen Viele Obst- und Gemüsepflanzen, aber auch Gräser und Blumen.

Symptome Kaninchen fressen junge Triebe manchmal bis zum Boden ab und schälen Rinde von Bäumen. Schäden vor allem im Frühling und Frühsommer.

Was tun? Bei starken Schäden einen kaninchensicheren Zaun um gefährdete Pflanzen bauen. Zaunhöhe 1–1,2 m, weitere 30 cm im Boden eingegraben und nach außen abgeschrägt. Maschenweite 2,5–3 cm. Kräftige Pfähle und Spanndrähte verwenden und regelmäßig auf Löcher kontrollieren. Ist der Schaden geringer, einzelne Pflanzen mit Netzen oder Stammschutz-Bändern versehen oder stachligen Gehölzschnitt um die Pflanzen verteilen. Manche Pflanzen schmecken Kaninchen auch nicht.

Kartoffelälchen

Die Gelbe Kartoffelnematode (*Heterodera rostochiensis*) und die Weiße Kartoffelnematode (*H. pallida*) sind mikroskopisch kleine Fadenwürmer, die sich von den Wurzeln von Kartoffeln und Tomaten ernähren. Sie überleben im Boden in Form von stecknadelkopfgroßen Zysten, die jeweils Hunderte von Eiern enthalten. Diese können über zehn Jahre ruhen. Die Älchen schlüpfen, wenn der Boden Ausscheidungen von Kartoffelwurzeln oder verwandten Pflanzen enthält. Neue Zysten sind weiß, gelb oder braun und können von Ende Juni bis August an den Wurzeln entdeckt werden. Dazu wird in der Regel eine Lupe gebraucht. Sie treten häufig in Schrebergärten oder anderen langjährigen Gemüsegärten auf.

Anfällige Pflanzen Kartoffeln und Tomaten.

Symptome Die Pflanzen werden gelb und sterben vorzeitig ab, manchmal ganze Flächen. Der Ertrag ist geringer. Bei schwerem Befall kann das Wachstum beeinträchtigt und die Frucht- oder Knollenbildung minimal sein.

Was tun? Saatkartoffeln mit Zertifikat verwenden. Keine Erde von möglicherweise befallenen Flächen an Pflanzen oder Werkzeugen eintragen. Resistente Kartoffelsorten wählen. Die meisten sind resistent, 'Andra', 'Kestrel' und 'Sante' und andere vertragen aber auch die weiße Form. Eine möglichst lange Fruchtfolge einhalten. Den Boden mit strukturreichem organischem Bodenverbesserer anreichern, um natürliche Feinde anzulocken. Bei infiziertem Boden sind ohne Umgraben bessere Erträge möglich (siehe S. 327). Frühe Sorten können eine annehmbare Ernte liefern, bevor die Schädlinge aktiv werden.

Kartoffelschorf

Die weit verbreitete Bakterienkrankheit tritt bei leichtem, sandigem, alkalischem Boden und bei heißem Wetter auf. Schwerer Befall kann bei frisch bepflanztem Grasland vorkommen. Nach der ersten Infektion bilden die Schorfwunden weitere Sporen, die im Boden überleben. Die Krankheit ist in den meisten Böden vorhanden, tritt aber nur zutage, wenn die Bedingungen günstig sind.

Anfällige Pflanzen Kartoffeln.

Symptome Schorfige, eckige Flecken aus Korkgewebe erscheinen an der Schale der Knolle. Die Flecken können die ganze Knolle bedecken und sind oberflächlich oder tief. Der Ertrag wird selten beeinträchtigt, doch müssen die schadhaften Stellen an den Knollen ausgeschnitten werden.

Was tun? Keinen Kalk zugeben, denn dadurch wird die Krankheit gefördert. Kartoffeln bei Trockenheit, vor allem während der Blüte, gießen. Durch organischen Bodenverbesserer die Wasserhaltefähigkeit des Bodens erhöhen. Resistente Sorten pflanzen. Keine anfälligen Sorten anbauen.

Kernobstfäule

Durch die Luft übertragene Pilzkrankheit, die durch Wunden in der Borke in die Pflanzen eindringt. Verursacher der Wunden können Raupen, Vögel, Stützen oder Hagelkörner sein. Die Krankheit breitet sich schnell in der Pflanze aus, eventuell bilden sich Krebsstellen. Der Pilz überwintert an infizierten Früchten und Krebsstellen.

Anfällige Pflanzen Apfel, Pfirsich, Mandel, Nektarine, Kirsche, Quitte, Pflaume und Birne.

Symptome Die weit verbreitete Pilzkrankheit verursacht weiche braune Flecken an den Früchten. Konzentrische Kreise weißer, flaumiger Behaarung bilden sich auf den befallenen Flächen, wenn die Früchte am Baum hängen oder eingelagert wurden. Die Früchte können schwarz werden oder am Baum vertrocknen und als Mumien hängen bleiben.

Was tun? Befallene Zweige abschneiden und Früchte vom Baum nehmen. Fallobst sammeln. Diese Abfälle nicht kompostieren. Früchte, die gelagert werden sollen, nicht beschädigen. Keine kranken Früchte einlagern. Beim Winterschnitt Krebsstellen und krankes Fruchtholz entfernen.

Kirschblattlaus, Schwarze

Die kleine, glänzend schwarze Blattlaus befällt Kirschblätter im zeitigen Frühjahr. Sie zieht im Spätfrühjahr auf verschiedene Wirtsunkräuter um und kehrt im Herbst zur Eiablage zum Kirschbaum zurück.

Anfällige Pflanzen *Prunus avium* und *P. cerasus* sind besonders anfällig, *P. serrulata* und *P. × yedoensis* sind weniger gefährdet.

Symptome Die Blätter sind verwachsen, fest aufgerollt und mit Honig- und Rußtau überzogen.

Was tun? *Siehe* Blattläuse.

Kohlblattlaus, Mehlige

Die erwachsenen Schädlinge sind graugrün und mit einer weißen, mehligen Wachsschicht überzogen. Die überwinternden Eier werden an die Triebe und Blätter von Kohlgewächsen gelegt, die

Larven schlüpfen im Frühjahr. Der Befall macht sich ab dem Hochsommer bemerkbar und ist Anfang bis Mitte Herbst besonders stark. *Siehe auch* Blattläuse.

Anfällige Pflanzen Kohlgewächse.

Symptome Dichte Blattlauskolonien verursachen Verwachsungen und Verfärbungen der Blätter. Starker Befall kann das Wachstum bremsen und Triebspitzen und Jungpflanzen töten.

Was tun? Überwinternde Kohlpflanzen entfernen, sobald sie abgetragen sind. Das sollte bis Mitte Frühjahr geschehen. Pflanzenabfälle tief im Komposthaufen oder der Kompostgrube vergraben. Junge Pflanzen von Frühsommer bis Frühherbst regelmäßig kontrollieren, Eier und Jungtiere zerdrücken. Spritzmittel: Insektizidseife, Pyrethrum, Rapsöl.

Kohlfliege, Kleine

Erwachsene Fliegen werden 6 mm lang und erinnern an kleine Pferdebremsen. Sie legen ihre Eier in den Boden neben der Wirtspflanze, seltener auf die Wirtspflanze. Die beinlosen weißen Larven werden 8 mm lang und ernähren sich von den Wurzeln. Die Puppen überwintern im Boden. Der Schaden ist im Spätfrühjahr und Frühsommer meist schwerer, doch auch die zweite und eventuell dritte Generation kann die Pflanzen noch bis zum Herbst schädigen. Auch im Anzuchtbeet, in Töpfen oder Multitopfpaletten vorgezogene Jungpflanzen sind gefährdet.

Anfällige Pflanzen Kohlgewächse, auch verwandte Zierpflanzen wie Goldlack und Levkojen.

Symptome Junge Pflanzen welken oder wachsen schlecht und lassen sich leicht aus dem Boden ziehen. Angewachsene Pflanzen zeigen oft keine deutlichen Symptome. Beschädigtes Wurzelgemüse (Rettich, Speiserübe, Steckrübe) ist möglicherweise nicht mehr essbar. Die Larven befinden sich teilweise auch in Rosenkohlköpfchen.

Was tun? Direkt nach der Pflanzung oder Aussaat mit Vlies oder feinem Netz bedecken oder einzelne Pflanzen mit einem Kragen schützen. Pflanzen in kleine Vertiefungen setzen. Wird die Pflanze

befallen, die Erde anhäufeln, um das Wurzelwachstum zu fördern. Mischkultur mit Grünen oder Dicken Bohnen.

Kohlhernie

Diese durch den Boden übertragene Pilzkrankheit kann auch ohne Wirt bis zu 20 Jahre im Boden überleben. Kohlhernie gedeiht in feuchter, saurer Umgebung. Sie ist bei alkalischem Boden, in heißen, trockenen Sommern und bei im Frühjahr reifenden Pflanzen weniger gefährlich. Die Krankheit breitet sich durch infiziertes Pflanzenmaterial und befallenen Boden aus. Durch Erde, die an Werkzeug oder Schuhen haftet, oder durch infizierte Jungpflanzen, die keine Symptome zeigen, wird sie leicht übertragen.

Anfällige Pflanzen Kohlgewächse, Goldlack, Levkojen und Schleifenblumen.

Symptome Die Pflanzen welken an heißen, sonnigen Tagen, erholen sich aber während der Nacht; sie bleiben klein und entwickeln rot behauchte Blätter. An den Wurzeln bilden sich verdickte Gallen, entweder eine große oder mehrere kleine Gallen. Das Wachstum und der Ertrag der Pflanzen werden deutlich reduziert.

Was tun? Diese Krankheit ist sehr schwer zu bekämpfen, daher ist Vorbeugung sehr wichtig. Kaufen Sie Jungpflanzen aus zuverlässiger Quelle oder ziehen Sie sie selbst. Sorgen Sie für fruchtbaren Boden und gute Dränage. Saure Böden kalken. Wenn die Kohlhernie bereits aufgetreten ist, kann eine Steigerung des pH-Werts auf mindestens 7,0 helfen. Alle infizierten Wurzeln so bald wie möglich aus dem Boden nehmen, am besten, bevor sich die Gallen auflösen; nicht kompostieren. Befallene Pflanzen mit frischem Substrat anhäufeln, damit sich gesunde neue Wurzeln bilden. Ist Kohlhernie in Ihrem Garten, ziehen Sie die Pflanzen in keimfreiem Substrat. Wählen Sie Sorten, die sich als einigermaßen resistent erwiesen haben.

Kohlmottenschildlaus

Die erwachsenen Insekten fliegen auf, wenn die Pflanze gestört wird. Die jungen Nymphen sind flache, ovale, schildlausähnliche Tiere, die an der Blattunterseite sitzen bleiben. Bei schwerem Befall werden die Blätter durch den Honigtau der Schildläuse klebrig, eventuell bildet sich Rußtau. *Siehe auch* Weiße Fliege.

Anfällige Pflanzen Kohlgewächse.

Symptome *Siehe* Weiße Fliege. Die Eier werden ab Mitte Mai an die Unterseite der Blätter gelegt. Die Entwicklung bis zum ausgewachsenen Insekt dauert vier Wochen. Die Fortpflanzung geht bis zum Herbst weiter. Eier und adulte Insekten überwintern an der Wirtspflanze.

Was tun? Den Lebenszyklus unterbrechen, indem alle Überreste von Winterkohl direkt nach der Ernte abgeräumt werden. In einem Kompostgraben oder -haufen vergraben, bevor neue Kohlpflanzen gesetzt werden. Die unteren Blätter, die mit jungen Schildläusen befallen sind, entfernen. Das Abbürsten der Pflanzen stört die Fressgewohnheiten der ausgewachsenen Insekten. Schildläuse, Honigtau und Rußtau mit dem Schlauch abspritzen. Spritzmittel: Insektizidseife. Das Spray früh am Morgen bei niedrigen Temperaturen, wenn die Insekten weniger beweglich sind, direkt auf die Schädlinge spritzen. Drei bis vier Wochen lang wöchentlich anwenden.

Kohlweißlingsraupen

Es gibt zwei Arten von Kohlweißlingen, deren Raupen Kohlgewächse schädigen. Der Große Kohlweißling (*Pieris brassicae*) ist cremeweiß und hat schwarze Spitzen an den Vorderflügeln. Er tritt im April und Mai auf. Er legt leuchtend orangefarbene Eier in Gruppen auf oder unter die Blätter anfälliger Pflanzen. Die typischen gelb-schwarzen Raupen treten oft auch in großen Gruppen auf, werden bis zu 5 cm lang und fressen etwa einen Monat lang. Pro Jahr entwickeln sich zwei bis drei Generationen. Die Frühjahrsbrut des Kleinen Kohlweißlings (*Pieris rapae*) ist weiß, mit leicht wolkigen schwarzen Spitzen an den Vorderflügeln. Die Sommerbrut zeigt dunklere Spitzen und eine braune Zeichnung auf den Flügeln. Die Eier werden einzeln an der Unterseite der Blätter abgelegt. Die Raupen werden 3,5 cm lang. Sie sind samtgrün und daher schwer zu entdecken, besonders wenn sie an einer Blattader liegen. Sie fressen oft im Herzen der Pflanze. Es können sich bis zu drei Generationen pro Jahr entwickeln; der schwerste Befall tritt im Hochsommer auf.

Anfällige Pflanzen Kohlgewächse; der Große Kohlweißling befällt auch Kapuzinerkresse (*Tropaeolum* sp.).

Symptome Angefressene Blätter. Die Pflanze wird sehr schnell bis zum Skelett abgeweidet.

Was tun? Pflanzen regelmäßig kontrollieren, wenn Schmetterlinge gesehen wurden. Eier zerdrücken, Raupen absammeln. Schlupfwespen bekämpfen diesen Schädling besonders wirksam. Gemüse mit feinem Netz abdecken, um die Schmetterlinge fernzuhalten. Biologische Bekämpfung: Befallene Pflanzen mit *Bacillus thuringensis* (Bt) spritzen.

Kräuselkrankheit des Pfirsichs

Die Sporen dieser Pilzkrankheit werden vom Regen übertragen. Die Krankheit ist nach einem kalten, nassen Frühjahr oder in kühlen, feuchten Regionen besonders schlimm.

Anfällige Pflanzen Nutz- und Zierformen von Pfirsich, Mandel, Nektarine, selten Aprikose.

Symptome Im zeitigen Frühjahr werden die neuen Blätter dick, verdrehen und kräuseln sich; dabei verfärben sie sich gelb oder orangerot. Rote Blasen erscheinen im Frühsommer auf den Blättern, die einen hellen Reif entwickeln, braun werden und vorzeitig abfallen. Regelmäßiger Befall durch die Kräuselkrankheit reduziert die Wuchskraft und die Fruchtbildung und stört das Aussehen des Baums.

Was tun? Anfällige Pflanzen nicht an kühl-feuchte Standorte oder an Teiche pflanzen. Bäume gut düngen und gießen, damit sich gesunde junge Triebe bilden. Bäume am Wandspalier können von Winter bis Frühling abgedeckt werden, um sie vor Regen zu schützen. Ideal dafür ist ein Anlehn-Gewächshaus aus Holzlatten mit Kunststoffverkleidung.

Kraut- und Braunfäule bei Kartoffel und Tomate

Diese Pilzkrankheit überwintert in befallenen Kartoffelknollen und Pflan-zen. Pflanzen, die sich aus bei der Ernte vergessenen Knollen entwickeln, sind häufige Infektionsquellen. Die Krankheit breitet sich bei warmem, feuchtem Wetter schnell aus. Die Sporen werden bei Regen von den Blättern in den Boden gespült, wo sie die Knollen befallen. Es können sich auch resistente Sporen bilden, die im Boden überleben. Es ist jedoch noch nicht bekannt, wie häufig sie auftreten.

Anfällige Pflanzen Kartoffeln und Tomaten.

Symptome Eine häufige, gefährliche Pilzkrankheit, die sich in warmen, nassen Sommern schnell ausbreitet. Bei Trockenheit weniger häufig. *Kartoffeln:* dunkle Flecken auf den Blättern, vor allem an Spitze und Rändern, und am Spross. In feuchter Umgebung weißer Schimmel unter den Blättern. Die ganze Pflanze bricht schnell zusammen. An befallenen Knollen entwickeln sich dunkle, eingesunkene Wunden, die fest und trocken werden. Die Knollen werden in der Folge von Nassfäulebakterien befallen und zu einer unangenehm riechenden Masse abgebaut. *Tomaten:* Symptome an den Blättern wie bei der Kartoffel, aber weniger stark. Grüne Früchte und Sprosse zeigen dunkle Zeichnung, reife Früchte werden bald von einer dunklen Trockenfäule befallen. Das kann erst einige Tage nach der Ernte sichtbar werden. Auf den Faulstellen kann sich weißlich grauer Schimmel bilden.

Was tun? Hochwertige Saatkartoffeln aus zuverlässiger Quelle verwenden. Keimende Kartoffel- und Tomatenpflanzen auf dem Komposthaufen vernichten. Kartoffeln anhäufeln oder mulchen, um zu vermeiden, dass die Sporen zu den Knollen gespült werden. Die angehäufelte Erde an den Seiten glätten, damit die Sporen nicht durch Risse eindringen. Wenn die Krankheit sich an den Blättern bemerkbar macht, alle befallenen Blätter sofort entfernen. Im schlimmsten Fall alle Blätter und Sprosse abschneiden. Nur auf einen heißen Komposthaufen geben. Die Kartoffeln frühestens nach drei Wochen ernten, damit die Krankheit nicht bei der Ernte auf die Knollen übertragen wird. Alle Knollen ernten und keine Saatkartoffeln bzw. Tomatensamen von befallenen Pflanzen aufbewahren.

Lauchmotte
Siehe Porreemotte

Lilienhähnchen
Die Käfer sind leuchtend rot und bis zu 8 mm lang. Die Larven sind rötlich/gelb, und von schwarzem Schleim überzogen. Die Käfer überwintern im Boden und befallen die Pflanzen ab dem Frühjahr. Im Laufe mehrerer Monate legt jedes Weibchen 200–300 Eier an Blätter und Stängel. Die Larven schlüpfen zehn Tage später und fressen einen Monat lang, dann kehren sie in den Boden zurück und verpuppen sich. Es gibt nur eine Generation pro Jahr.

Anfällige Pflanzen Lilien, vor allem Madonnenlilie, aber auch Kaiserkrone und Salomonssiegel.

Symptome Käfer und Larven fressen an den Blättern, Stängeln und Früchten. Die Schäden treten meist von April bis September auf.

Was tun? Pflanzen regelmäßig ab Mitte Frühjahr kontrollieren. Käfer, Eier und Larven sofort vernichten, wenn sie entdeckt werden.

Maulwürfe
Erwachsene Tiere sind ca. 15 cm lang und haben ein dichtes, braunes Fell. Die Weibchen werfen pro Jahr etwa vier Junge. Sie fressen keine Pflanzen, können sie aber unterhöhlen und so das Wachstum stören. Die Haufen machen das Rasenmähen mühsam.

Symptome Haufen aus locker aufgeworfener Erde, vor allem auf leichten Böden und hauptsächlich im Spätwinter und zeitigen Frühling.

Was tun? Fallen sind die einzige Möglichkeit. Man setzt sie zwischen Spätwinter und Frühling ein, wenn die Gänge leicht zu finden sind. Zuerst durch Beobachtung und Einstechen mit dem Spaten feststellen, welche Gänge regelmäßig benutzt werden. Eine Falle in ein gerades Gangstück 15–20 cm unter der Erdoberfläche schieben. Die Falle täglich kontrollieren. Ist nach vier Tagen kein Maulwurf gefangen, muss sie umgesetzt werden. Durch stark riechende Produkte oder Geräte, die Vibrationen erzeugen, lassen sich Maulwürfe manchmal zum Umzug bewegen.

Mehlkrankheit der Zwiebel
Die Mehlkrankheit wird durch einen im Boden lebenden Pilz hervorgerufen, der bis zu 15 Jahre ohne passenden Wirt überleben kann. Im Herbst gepflanzter Knoblauch und überwinternde Zwiebeln sind besonders Mitte bis Ende Frühjahr anfällig.

Anfällige Pflanzen Zwiebeln, Knoblauch, Frühlingszwiebeln, Porree, Schnittlauch und Schalotten.

Symptome Mit der Mehlkrankheit befallene Pflanzen sterben plötzlich ab. Die älteren Blätter werden gelb, die Wurzeln bleiben kurz und faulen. Sämlinge fallen um, größere Pflanzen lassen sich leicht aus dem Boden ziehen, Knoblauchtriebe lösen sich leicht von der Zehe. Möglicherweise sind zuerst nur wenige Pflanzen auf einer kleinen Fläche befallen, doch bald zeigt die ganze Reihe Symptome. Wenn sich die Krankheit weiter entwickelt, erscheint ein weißer, watteähnlicher Pilzauswuchs an der Basis und an den Seiten der Zwiebeln, der kleine schwarze Kügelchen wie Mohnsamen enthält. Dies sind die ruhenden Pilzkörper.

Was tun? Zwiebeln aus Samen statt aus Steckzwiebeln anziehen, damit das Wurzelsystem noch klein ist, wenn der Pilz aktiv wird. Knoblauch aus zuverlässigen Quellen kaufen, damit krankheitsfreier Boden nicht infiziert wird. Nach der Arbeit in befallenem Boden oder in einem anderen Garten Werkzeuge und Schuhe gründlich reinigen. Wenn die Krankheit aufgetreten ist, eine strenge Fruchtfolge von mindestens acht Jahren einhalten. Pflanzen auf große Abstände setzen, dicht beieinander wachsende Wurzeln regen den Pilz zum Keimen an und fördern seine Ausbreitung in der ganzen Pflanzreihe. Zwiebelhorste sollten 30 cm auseinanderstehen. Ist nur eine kleine Fläche befallen, die befallenen Pflanzen und ihre Nachbarn sowie den betroffenen Boden entfernen und vernichten. Auf Flächen, von denen eine Infektion bekannt ist, kann Knoblauch in 10 cm breiten Löchern mit unverseuchtem Boden gezogen werden. Porree ist auch auf stark befallenem Boden einen Versuch wert.

Mehltau, Echter
Die typischen Mehltau-Symptome können von verschiedenen, miteinander verwandten Pilzen hervorgerufen werden. Jede Art befällt nur eine bestimmte Pflanzengruppe. Der Pilz tritt besonders dann auf, wenn es tagsüber warm und trocken und nachts kalt ist sowie bei trockenem Boden.

Anfällige Pflanzen Fast alle. Bestimmte Mehltauarten befallen Äpfel, Aprikosen, Kirschen und Pflaumen, Kohl- und Kürbisgewächse, Stachelbeeren und Johannisbeeren, Trauben, Rosen, Erdbeeren und Himbeeren.

Symptome Ein weißer bis grauer pudriger Überzug zeigt sich an einem beliebigen Teil der Pflanze.

Was tun? An mehrjährigen Pflanzen die befallenen Triebe im Frühjahr und Spätsommer entfernen. Auf jederzeit ausreichende Versorgung mit Wasser und Nährstoffen achten. Den Boden gut für die Pflanzung vorbereiten. Mulchen, um den Boden feucht zu halten. Nicht zu viel Stickstoffdünger geben, da sich hierdurch weiche Triebe bilden, die für den Pilz anfälliger sind. Es werden immer wieder neue Sorten entwickelt, die einigermaßen resistent gegen Mehltau sind. *Siehe auch* Apfelmehltau. Spritzmittel: Schwefel. Dieser kann jungen Blättern und einigen Stachelbeer- und Apfelsorten schaden. Vor Anwendung das Etikett lesen.

Mehltau, Falscher
Diese Krankheit wird von verschiedenen Pilzen verursacht, die jeweils bestimmte Pflanzen oder Pflanzenfamilien befallen. Die Pilze leben im Boden, in Pflanzenabfällen und an den infizierten Pflanzen, die nicht alle Symptome zeigen.

Anfällige Pflanzen Sehr viele Pflanzen, vor allem in der Jugend.

Symptome Bei feuchtem Wetter bilden sich gelbe Flecken an der Blattoberfläche und entsprechende Schimmelflecken an der Unterseite. Wenn große Blattflächen betroffen sind, stirbt das Blatt. Zwiebeln faulen während der Lagerung. Die Krankheit tritt besonders häufig bei feuchtem Boden und hoher Luftfeuchtigkeit auf.

Was tun? Resistente Salatsorten wählen. Wenn Falscher Mehltau aufgetreten ist,

A–Z DER PFLANZENPROBLEME 333

bei Zwiebeln eine Fruchtfolge von fünf Jahren einhalten. Belüftung verbessern. Befallene Blätter oder einzelne befallene Pflanzen entfernen. Wenn die Krankheit fortbesteht, alle befallenen Pflanzen entfernen und vernichten. *Siehe auch Mehltau, Falscher, der Zwiebel.*

Mehltau, Falscher, der Zwiebel

Diese Pilzkrankheit kann im Boden bis zu fünf Jahre überleben, aber auch an Pflanzenabfällen oder erkrankten Pflanzen, die nicht unbedingt Symptome zeigen. Sie kann zum Beispiel an scheinbar gesunden, im Herbst gepflanzten Zwiebeln überwintern, die dann im Frühjahr die neue Ernte anstecken.

Anfällige Pflanzen Zwiebeln und Schalotten.

Symptome Die Blätter werden dunkelgrau, welken und fallen zusammen. Die Zwiebeln verfaulen im Lager. Die Krankheit ist in kalten, nassen Jahreszeiten am schlimmsten.

Was tun? Fünfjährige Fruchtfolge auf Boden, wo die Krankheit aufgetreten ist. Keine Samen von befallenen Pflanzen aufbewahren. Ein bis zwei Jahre lang keine Zwiebeln im Herbst oder Frühjahr pflanzen, um den Kreislauf zu unterbrechen. Befallene Pflanzen entfernen, sobald sie entdeckt werden. Unkraut entfernen, um die Luftzirkulation an den Pflanzen zu verbessern.

Mineralstoffmangel

Die Behandlung des Bodens ist nur sinnvoll, wenn sicher geklärt ist, welches Element fehlt. Andernfalls können sich die Symptome verschlimmern. Mangelerscheinungen treten oft infolge zu reichlichen Kalkens, übermäßigen Düngens oder schlechter Bodenstruktur auf, jedoch nicht wegen Mineralstoffknappheit im Boden (siehe auch S. 26–31 und 86–87). Kälte, Trockenheit oder Staunässe können ebenfalls vorübergehende Mangelsymptome verursachen. Um einen Mangel eindeutig festzustellen, ist eine Bodenanalyse nötig.

Miniermotten

Die Larven fressen Gänge in die Blätter und erzeugen ein typisches Labyrinthmuster. Befallene Blätter entfernen oder die Larven in den Blättern zerdrücken. Die Pflanzen werden unansehnlich, aber der Schaden ist nur bei Blattgemüse gravierend.

Möhrenfliege

Die kleinen, glänzend schwarzen Fliegen legen ab dem Spätfrühjahr kleine Gruppen von Eiern in die Nähe der Wirtspflanzen. Die Larven sind cremeweiß und werden bis zu 1 cm lang. Die Puppen, manchmal auch Larven, überwintern im Boden und in Mohrrüben- und Pastinakenwurzeln. Pro Jahr entwickeln sich zwei bis drei Generationen, wobei die erste den größten Schaden anrichtet.

Anfällige Pflanzen Mohrrüben, Stangensellerie, Kerbel, Petersilie und Pastinake.

Symptome Junge Sämlinge können absterben. Die ersten Anzeichen eines Befalls bei reifen Pflanzen sind oft rot verfärbte Blätter und gestörtes Wachstum. In den Wurzeln finden sich rostbraune, unregelmäßige Gänge direkt unter der Schale. Eventuell sind die Larven sichtbar.

Was tun? Pflanzen Sie Mohrrüben nicht an geschützte Standorte, wo sich die nicht sehr flugfähigen Möhrenfliegen wohlfühlen. Säen Sie erst im Juni, um einen Befall durch die erste Generation zu vermeiden. Bis zum Spätherbst ernten. Resistente Sorten wählen. Dünn aussäen, damit Sie nicht ausdünnen müssen. Die Fliegen werden durch den Geruch der zerdrückten Blätter angezogen. Wenn ausgedünnt werden muss, entfernen Sie sofort alle ausgezupften Pflanzen und gießen Sie, um den Boden zu verfestigen. Mischkultur mit Zwiebeln soll den Mohrrübengeruch verdecken. Dies wirkt nur, bevor sich zwischen Früh- und Hochsommer die Zwiebeln ausbilden, und auf kleinen Flächen möglicherweise gar nicht. Decken Sie das Beet direkt nach der Aussaat mit Vlies oder feinem Netz ab und lassen Sie die Abdeckung bis zur Ernte liegen. Auch ein Netzkäfig ohne Deckel von 90 cm × 3 m × 75 cm Höhe hält die Fliegen fern. Wenn Schaden entstanden ist, den Boden im Winter umgraben, um die überwinternden Larven an die Oberfläche zu bringen.

Nassfäule, bakterielle

Diese verbreitete Krankheit wird von Bakterien verursacht, die in der Erde leben und den Winter an Pflanzenabfällen überstehen. Die Keime dringen durch Wunden ein, die beispielsweise von Schnecken oder Möhrenfliegen verursacht werden.

Anfällige Pflanzen Kohlgewächse, vor allem Steckrübe und Weiße Rübe, außerdem Stangensellerie, Kürbisgewächse, Porree, Salat, Zwiebeln, Pastinaken, Kartoffeln, Tomaten und Alpenveilchen.

Symptome Wässrige kleinere Verletzungen um eine größere Wunde, die sich rasch ausbreitet. Die befallenen Triebe, Blattansätze oder Speicherorgane lösen sich in einer stinkenden, schleimigen, bräunlichen Masse auf. Die Haut der Speicherorgane ist meist nicht betroffen, platzt aber manchmal auf, sodass das schleimige Innere sichtbar wird.

Was tun? Sorgen Sie für gute Dränage. Beim Gemüseanbau Fruchtfolge von mindestens drei, besser noch vier oder fünf Jahren einhalten. Schädlinge wie Drahtwürmer, Schnecken und Blätter fressende Larven bekämpfen, die Wunden verursachen. Hat die Fäule begonnen, ist keine Behandlung mehr möglich. Infizierte Pflanzenteile wegwerfen oder vergraben.

Nelkenwickler

Die erwachsenen Tiere sind klein und hell graubraun mit kupferfarbigen Hinterflügeln. Die Raupen sind winzig und hellgrün. Werden sie gestört, kriechen sie rückwärts und seilen sich an einem Faden ab. Pro Jahr gibt es mehrere Generationen und unter Dach sind die Raupen ganzjährig zu finden. Sie verpuppen sich in umsponnenen Blättern.

Anfällige Pflanzen Viele Sträucher und krautige Pflanzen im Freien und unter Dach.

Symptome Raupen sitzen zwischen Blättern, die mit Gespinstfäden umsponnen sind. Sie fressen die Blattoberseite an, sodass die Blätter vertrocknen und braun werden. Schäden an Blüten und Knospen kommen vor.

Was tun? Raupen zerdrücken oder umsponnene Blätter entfernen.

Obstbaumkrebs

Diese Pilzkrankheit wird durch Wind und Regen verbreitet und dringt durch Risse in der Borke, in Blattnarben oder Schnittwunden in den Baum ein. Kranke Früchte, die am Baum hängen bleiben, sind ebenfalls ein Infektionsherd.

Anfällige Pflanzen Apfel, Birne, Weißdorn und Pappel. Es gibt Apfelsorten, die besonders anfällig sind, zu ihnen gehören 'Cox Orange', 'Elstar' und 'Gala'. Resistentere Sorten sind 'Bramley', 'Fiesta' und 'Piros'. Krebs ist besonders bei nassen Standorten mit schlecht dräniertem Boden problematisch.

Symptome Die Borke schrumpft und platzt auf, meist in konzentrischen Ringen, wobei das mittlere Stück abfällt. Tiefe Wunden entwickeln sich an den Ästen. Um die befallene Stelle bilden sich Schwellungen, junge Zweige sterben ab. Im Sommer sind cremefarbene Pusteln zu sehen, im Herbst eher rote Flecken. Die Borke kann papierdünn werden. Wird der Krebs nicht bekämpft, befällt er den ganzen Stamm. Die Früchte platzen auf, manche trocknen aus und bleiben »mumifiziert« am Baum hängen.

Was tun? Pflanzen Sie keine Bäume an nassen Standorten mit schlecht dräniertem Tonboden. Verbessern Sie die Dränage. Wird ein junger Baum befallen, sollte er entfernt werden. Bei älteren Bäumen eine Rasenmischung bis an den Stamm säen, um das Infektionsrisiko durch spritzendes Regenwasser zu verringern. Krebsstellen und befallene Äste abschneiden. Pflanzen Sie Pappeln und Weißdorn nicht als Windschutz in die Nähe von Apfelbäumen.

Obstbaum-Spinnmilbe

Die winzigen Saft saugenden Insekten werden auch Rote Spinnmilbe oder Rote Spinne genannt. Sie sind oval und legen runde, rotbraune Eier (0,15 mm Durchmesser), die in Gruppen an den Wirtspflanzen überwintern. Von April bis Juni schlüpft der Nachwuchs. In einer Saison können sich noch fünf weitere Generationen entwickeln.

Anfällige Pflanzen Apfel und Pflaume, außerdem Zwergmispel, Zwetschge, Weißdorn, Birne und Eberesche.

Symptome Die Blätter werden fleckig und mattgrün, danach bronzefarben und fallen vorzeitig ab. Schwerer Befall im Juni und Juli kann die Bildung von Fruchtknospen verhindern.

Was tun? Natürliche Feinde fördern. Pflanzen möglichst nicht überdüngen. Spritzmittel: Insektizidseife.

Ohrenkneifer

Der nachtaktive Ohrenkneifer kann ein Schädling sein, aber er ist auch ein nützlicher Jäger von Apfelschädlingen wie dem Apfelwickler und Blattläusen. Der längliche, rötlich braune Körper wird 2,5 cm lang und hat Zangen am Hinterleib. Ohrenkneifer legen im Spätwinter Eier in den Boden, der Nachwuchs schlüpft im Frühjahr. Möglicherweise entwickelt sich noch eine zweite Generation.

Anfällige Pflanzen Blumen wie Dahlien, Clematis, Chrysanthemen, Rittersporn etc.

Symptome Junge Triebe und Blüten sind angefressen und weisen große, ausgefranste Löcher auf. Ohrenkneifer finden sich oft in Höhlen an beschädigtem Obst, die jedoch meist von anderen Insekten hervorgerufen wurden.

Was tun? Ohrenkneifer wandern in der Regel nicht weit. In befallenen Beeten kann also das Entfernen von Abfällen, unter denen sie sich verkriechen können, und das Anbringen von Fallen helfen. Als Fallen eignen sich umgedrehte, mit Stroh gefüllte Blumentöpfe an Stangen oder hohle Stängel von Dicken Bohnen. Die Fallen in Eimer mit Seifenwasser leeren, um die Insekten zu töten, oder die Ohrenkneifer an Obstbäumen freisetzen.

Päonienwelke

Diese auch als Päoniengrauschimmel bekannte Pilzkrankheit überlebt im Boden und an infizierten Pflanzenabfällen. Sie tritt bei hoher Luftfeuchtigkeit auf.

Anfällige Pflanzen Päonien und Maiglöckchen.

Symptome Die Stängel verfärben sich am Boden dunkelbraun. Grauschimmel bildet sich an jungen Knospen und Blüten, die dunkler werden. Die Stängel welken und fallen zusammen. Die Blüten öffnen sich nicht.

Was tun? Pflanzen auf großen Abstand setzen, um die Luftzirkulation zu verbessern. Infizierte Pflanzen im Herbst bis auf den Boden zurückschneiden. Alle kranken Pflanzenabfälle abräumen. Um infizierte Pflanzen herum eine Schicht Oberboden abtragen und durch frischen Boden ersetzen.

Pflaumenblattlaus, Kleine

Die grünen, 2 mm langen Blattläuse schlüpfen aus überwinternden Eiern und beginnen bereits Mitte Januar zu fressen. Ab Mai ziehen sie auf verschiedene krautige Pflanzen um und kehren im Herbst wieder zu ihren holzigen Wirten zurück. *Siehe auch* Blattläuse.

Anfällige Pflanzen Pflaumen, Reinecladen und Zwetschgen.

Symptome Die Blätter rollen sich im zeitigen Frühjahr fest auf. Eventuell werden sie durch Honigtau und darauf wachsenden Rußtau schwarz und klebrig.

Was tun? *Siehe* Blattläuse.

Porreemotte/ Lauchmotte

Die Raupen dieser Motte fressen Tunnel in die Blätter von Porree. In warmen, trockenen Sommern ist der Schaden meist größer. Die erwachsenen Tiere überwintern in Pflanzenresten. Es treten mehrere Generationen pro Jahr auf.

Anfällige Pflanzen Porree und Zwiebelarten.

Symptome Winzige, gelbgrüne Raupen, die Löcher in die Blätter fressen und sich bis zur Wachstumsbasis vorarbeiten. Fäulnis kann als Folgeerscheinung auftreten. Manchmal sind kleine, dunkelbraune Kokons an den Pflanzen zu sehen.

Was tun? Wo der Schädling regelmäßig auftritt, Porree unter feinen Netzen anbauen. Befallene Pflanzen ganz entfernen oder Schädlinge und Kokons von Hand absammeln. Nach der Ernte alle Reste entfernen und die Beete umgraben. Vögel, Fledermäuse, Frösche und Käfer anlocken, die die Falter fressen. Die Fruchtfolge einhalten.

A–Z DER PFLANZENPROBLEME 335

Porreerost

Die Pilzkrankheit überlebt an Pflanzenabfällen und wilden *Allium*-Arten. Kann bei hohem Stickstoff- oder niedrigem Kaliumgehalt des Bodens schlimmer werden.

Anfällige Pflanzen Porree, Zwiebeln, Schnittlauch, Knoblauch und andere *Allium*-Arten. Zierlaucharten sind weniger anfällig.

Symptome Staubige, rotorangefarbene Pusteln erscheinen im Sommer an den Blättern. Bei starkem Befall können die Blätter gelb werden und absterben. Die Pflanzengröße und daher der Ertrag werden beeinträchtigt. Spätere Triebe sind möglicherweise frei von der Krankheit, da ihre Ausbreitung mit dem kühleren Herbstwetter zurückgeht. Ist der Herbst mild, kann sich die Krankheit weiter entwickeln.

Was tun? Stickstoff und Kaliumgehalt des Bodens kontrollieren. Bei Bedarf Dränage verbessern. Mindestens eine dreijährige, noch besser vier- oder fünfjährige Fruchtfolge einhalten. Resistente Porreesorten wie 'Poristo' und 'Porino' verwenden. Nicht zu dicht säen. Alle kranken Pflanzenteile entfernen und kompostieren.

Rapsglanzkäfer

Die erwachsenen Käfer sind grün bis bronzefarben oder glänzend schwarz und 2–3 mm lang. Sie treten im Frühjahr und Hochsommer an Blüten sowie an Brokkoli und Blumenkohl auf. Sie wandern im Hochsommer in großer Zahl von Rapsfeldern in die Gärten ab.

Anfällige Pflanzen Viele Zier- und Gemüseblüten, Brokkoli und Blumenkohl.

Symptome Die erwachsenen Käfer fressen Pollen. Im Garten sind sie eher lästig, vor allem an Schnittblumen. An Brokkoli und Blumenkohl können sie Schaden anrichten.

Was tun? Schnittblumen in Vasen an einen dunkleren Platz etwas abseits von hellen Fenstern oder Leuchten stellen. Die Käfer verlassen die Blüten und bewegen sich auf das Licht zu. Brokkoli und Blumenkohl unter Vlies oder besonders feinem Netz (0,8 mm Maschenweite) ziehen, wenn häufig Rapsglanzkäfer auftreten.

Raupen

Raupen sind die Larven von Schmetterlingen. Ihre Körper sind in Segmente unterteilt. Im ersten Segment hinter dem Kopf, am Thorax, finden sich zwei mit Gelenken ausgestattete Beine. Die restlichen zehn Segmente bilden das Abdomen und können bis zu fünf fleischige Beinpaare haben. Sägewespenlarven, die ähnlich aussehen, aber nicht verwandt sind, haben mindestens sechs Beinpaare am Abdomen.
Siehe Eulenfalter, Frostspanner, Kohlweißlingsraupen, Nelkenwickler; *vergleiche auch* Sägewespen.

Rhizomfäule der Erdbeere

Diese Pilzkrankheit lebt im Boden und wird von spritzendem Regenwasser auf die Früchte übertragen. Die Sporen dringen durch beschädigte Pflanzenteile ein.

Anfällige Pflanzen Erdbeeren.

Symptome Wie bei Trockenheit. Junge Blätter welken, die anderen verfärben sich rot. Die Pflanzen sterben ab. Der Wurzelhals ist braun und abgestorben, wenn er aufgeschnitten wird.

Was tun? Infizierte Pflanzen entfernen. Eine dicke Strohschicht oder anderes sauberes Material zwischen die Früchte und den Boden geben. Neue Pflanzen in einiger Entfernung vom letztjährigen Beet setzen.

Rosenrost

Die Sporen dieses Pilzes überwintern an abgefallenem Laub. Sie keimen im Frühjahr und infizieren die Sträucher neu durch Wind und Regen. Die Sporen überleben auch am Boden, an Pflanzenstängeln, Zäunen, Stützen und Pflanzenabfällen.

Anfällige Pflanzen Rosen.

Symptome Anfangs erscheinen leuchtend orangefarbene Pusteln an Blattstielen, Zweigen, Blattunterseiten, vor allem entlang der Adern, und an Hagebutten des vorigen Jahres. Im Sommer bilden sich auch weiter entfernt von den Adern gelborangefarbene Pusteln an den Blattunterseiten. Später zeigen sich schwarze Sporenflecken an den Pusteln. In dieser Form überwintert die Krankheit. *Rosa pimpinellifolia* ist besonders anfällig.

Was tun? Gesunde Pflanzen in gut dränierten Boden setzen. Sträucher richtig schneiden und für gute Belüftung sorgen. Befallene Blätter und andere Pflanzenteile entfernen. Stängel, die Symptome zeigen, sofort abschneiden, wenn sie entdeckt werden. Bis in das gesunde Holz zurückschneiden.

Rote Spinne
Siehe Obstbaum-Spinnmilbe.

Rotpustelkrankheit

Diese Pilzkrankheit befällt normalerweise krankes oder absterbendes Holz. Pflanzen mit Frostschäden, beschädigter Borke oder solche in feuchter Umgebung, etwa hohem Gras im Frühjahr, sind anfälliger.

Anfällige Pflanzen Die meisten laubabwerfenden Bäume und Sträucher.

Symptome Die ersten Symptome zeigen sich im Frühjahr. Oberhalb der Eintrittsstelle, an der kaffeebraune, stecknadelkopfgroße Pusteln auszumachen sind, welken die Blätter und die Borke stirbt ab. Einzelne Triebe oder mehrere Äste können absterben. Rosa oder rote Flecken zeigen sich an den toten oder absterbenden Zweigen.

Was tun? Gehölze und Hecken nur bei trockenem Wetter schneiden. Alle kranken Äste entfernen, sobald sie entdeckt werden, und verbrennen. Schnittwerkzeug desinfizieren. Stark befallene Beerensträucher entfernen.

Rüben-Minierfliege

Die Larven dieser Fliege fressen Gänge in die Blätter von Roter Bete und verwandten Arten. Dabei entstehen hellbraune, papierartige Blasen und Tunnel. Die Schädlinge überwintern im Boden, kommen im Frühling hervor und legen Eier an den Blattunterseiten ab. Pro Jahr können zwei oder drei Generationen heranwachsen.

Anfällige Pflanzen Rote Bete, Mangold und Rübstiel.

Symptome Braune Blattflecken, die sich schnell ausbreiten. Auf jedem Fleck ist eine kleine weiße Larve zu sehen. Rote Bete nehmen keinen ernsten Schaden, die Blattgemüse können aber ungenießbar werden.

Was tun? Befallene Blätter entfernen, die Larven zerdrücken und auf den Kompost geben. Werden nur Rote Bete angebaut, besteht kein Handlungsbedarf, wenn die Pflanzen gedeihen. Im Winter den Boden umgraben, damit Vögel die Kokons aufpicken können.

Rüsselkäfer

Käfer mit typischem Rüssel und keulenförmigen Antennen, je nach Art von 2 mm bis 2,5 cm Länge. Die Larven haben einen weichen, weißen Körper mit klar abgesetztem Kopf. *Siehe* Erbsen-/Bohnenkäfer, Dickmaulrüssler.

Rußtau

Rußtaupilze wachsen auf dem Honigtau, den Saft saugende Insekten absondern. Sie schädigen die Pflanze nicht direkt, sie wirken nur unansehnlich und halten das Licht ab, das für die Fotosynthese gebraucht wird. Die Blätter fallen eventuell ab. In schweren Fällen wird die Pflanze geschwächt.

Anfällige Pflanzen Kamelien, Lorbeer, Birken, Ziercitrus, Linden, Eichen, Pflaumen, Rosen, Tomaten, Wein, Weiden und viele andere Freiland- und Gewächshauspflanzen.

Symptome Schwarze oder braune rußige Ablagerungen erscheinen an der Oberfläche der Blätter und anderer Pflanzenteile. Die Pflanzen sind zudem von Saft saugenden Insekten wie Blatt-, Schild- oder Schmierläusen befallen.

Was tun? Schädlinge bekämpfen, die den Honigtau absondern. Blätter mit Wasser abspritzen oder -wischen. Früchte sind essbar, wenn der Rußtau entfernt wurde.

Rutensterben der Himbeere

Die Pilzkrankheit wird vor allem bei feuchtem Frühlingswetter durch Wind und Regen übertragen.

Anfällige Pflanzen Himbeeren und Loganbeeren (Hybriden).

Symptome Braune Flecken auf den Blättern im Frühsommer. Später violette Flecken auf den Trieben um die Knospen, die im Winter braunschwarz oder silbrig werden. Kranke Ruten tragen winzige,

schwarze Fruchtkörper der Pilze. Die Ruten sterben selten wirklich, tragen aber schlecht. In trockenen Sommern können die Ruten runzlig werden.

Was tun? Kranke Ruten entfernen und verbrennen. Im Frühling die Ruten kräftig ausdünnen. Resistente Sorten bevorzugen.

Sägewespen

Erwachsene Sägewespen sind unauffällige Insekten mit dunklem, bis zu 1 cm langem Körper. Die Larven, welche die Schäden an den Pflanzen anrichten, sind cremefarben bis grün und braun und erinnern an Raupen. Sie sind 1,5–3 cm lang. (*Zum Vergleich siehe auch* Raupen.) Die Larven fressen Blätter, Stängel und Früchte der verschiedensten Wild- und Kulturpflanzen. Bei schwerem Befall bleibt oft nur noch das Skelett der Pflanze stehen. *Siehe auch* Apfelsägewespe, Salomonssiegel-Sägewespe, Stachelbeerblattwespe.

Salatwurzellaus

Kleine, gelbweiße, flügellose, wachsige Läuse mit kleinen dunklen Flecken am Hinterleib finden sich im Sommer zwischen den Salatwurzeln. Sie überwintern vor allem an Pappeln und ziehen im Juni um auf Salat und Gänsedistel. Die Kolonien können bis in den Winter und sogar bis zum nächsten Frühjahr im Boden überleben. *Siehe auch* Blattläuse.

Anfällige Pflanzen Kopfsalat, Gänsedistel; Pappeln dienen als Winterwirt.

Symptome Bei starkem Befall welkt der Salat plötzlich und stirbt ab.

Was tun? Resistente Sorten verwenden. Fruchtfolge einhalten. Boden um die Pflanzen im Winter hacken, um die Kokons freizulegen.

Salomonssiegel-Sägewespe

Die Eiablage erfolgt im Spätfrühling und Frühsommer an den Pflanzen. Die Larven sind grau-gelb, später hellgrau, runzlig, mit abgesetztem Kopf und bis 2 cm lang. Sie fressen auf beiden Seiten der Blätter. Wenn sie ausgewachsen sind, kriechen sie in den Boden und verpuppen sich zur Überwinterung.

Anfällige Pflanzen Salomonssiegel.

Symptome Die Blätter werden schnell abgefressen, sodass nur die Hauptader stehen bleibt.

Was tun? Larven und Eier absammeln und vernichten. Im Winter umgraben, damit Vögel die Puppen aufpicken können.

Schildläuse

Diese Saft saugenden Schädlinge bewegen sich nur, wenn sie frisch geschlüpft sind. Sie suchen sich eine geeignete Futterstelle. Die Jungtiere lassen sich in der Nähe von Blattadern oder an Trieben der befallenen Pflanze nieder und entwickeln eine wachsige Haut (den Schild). Die erwachsenen Insekten erinnern an winzige Napfschnecken und werden anfangs leicht für kleine braune Flecken gehalten.

Anfällige Pflanzen Viele Pflanzen, vor allem unter Glas und in der Wohnung.

Symptome Die Pflanzen werden von den saugenden Läusen geschwächt, die Blätter fallen ab. Schildläuse sondern eine klebrige Substanz ab, den sogenannten Honigtau, der auf die Blätter unter der befallenen Stellen tropft. Darauf wächst oft schwarzer Rußtau.

Was tun? Pflanzen regelmäßig auf Schildläuse kontrollieren, vor allem die Unterseiten der Blätter. Bei schwachem Befall können die Läuse leicht mit dem Finger oder einem Wattebausch entfernt werden.
Spritzmittel: Insektizidseife, Pflanzenöl-Produkte.

Schlechter/fehlender Fruchtansatz

Die Störung tritt vor allem bei Obst, Zucchini und Prunkbohnen auf.

Symptome Die Pflanzen tragen keine oder nur wenig Früchte. Himbeeren und Erdbeeren können verkrüppelt sein oder trockene Stellen haben. Ansonsten wachsen die Pflanzen gut.

Was tun? Die Ursache finden und beheben, soweit möglich. Ursachen können sein: Frost zur Blütezeit, fehlende Bestäubungspartner (bei Äpfeln und Birnen), keine Blüten durch falschen Schnitt, männliche und weibliche Blüten öffnen sich zu verschiedenen Zeiten (Kürbisgewächse), kein Insektenflug wegen schlechen Wetters während der Blüte, trockener Boden.

Schnakenlarven

Die Larven von Kohlschnaken sind beinlos, braun bis grauschwarz, dick, weich, bis zu 5 cm lang und haben keinen erkennbaren Kopf. Im Spätsommer legen die erwachsenen Schnaken bis zu 300 Eier in Grasland oder in den Boden in der Nähe von Pflanzen. Die Larven schlüpfen etwa zwei Wochen später und fressen im Herbst, Frühjahr und Sommer Wurzeln. Die erwachsenen Insekten schlüpfen im Spätsommer bis Herbst.

Anfällige Pflanzen Rasen; Kohlgewächse, Erdbeeren, Kopfsalat und verschiedene Zierpflanzen.

Symptome Gelbe Flecken im Rasen bei Trockenheit. Stare und andere Vögel suchen im Rasen nach Schnakenlarven. Die Larven fressen im Frühjahr auch die Wurzeln junger Pflanzen. Diese werden gelb, welken und sterben ab. Die Symptome erinnern an Eulenfalter oder Pilzinfektionen an den Wurzeln. Es ist wichtig, die Anwesenheit von Schnakenlarven festzustellen, bevor die Bekämpfung beginnt, damit sie nicht falsche Maßnahmen ergreifen.

Was tun? Pflanzen in Töpfen vorziehen, um ein kräftiges Wurzelsystem zu erhalten. Keine anfälligen Pflanzen auf neu bestelltes Land setzen. Schnakenlarven im Rasen können Sie fangen, indem Sie die gelben Stellen gründlich gießen und über Nacht mit Säcken, Leinwand oder etwas Ähnlichem abdecken. Die Larven kommen unter der Abdeckung nach oben. Diese Methode können Sie auch in Beeten verwenden, wenn Sie unter die Abdeckung eine Schicht Grasschnitt legen. Lassen Sie sie ein bis zwei Tage liegen und vernichten Sie alle Schnakenlarven, die sich zeigen. Wiederholen Sie den Vorgang und lockern Sie den Boden mit der Gabel, um eventuell noch vorhandene Larven zu entdecken und so eine Ausbreitung zu verhindern. Biologische Bekämpfung: Im Freiland kann *Steinernema feltiae,* ein parasitischer Fadenwurm eingesetzt werden. Er sollte Mitte September auf feuchten Boden ausgebracht werden.

Schnecken: Gehäuseschnecken

Sie sind von Frühjahr bis Herbst aktiv und verstecken sich tagsüber meist unter Hecken und an kühlen, feuchten Plätzen. Nachts kommen sie zum Fressen heraus, besonders bei feuchtem Wetter. Die Weinbergschnecke hat ein graubraunes Haus von etwa 3 cm Durchmesser. Bänderschnecken sind in der Regel keine gefährlichen Schädlinge. Ihre Häuser sind weiß, gelb, grau oder rosa gebändert und zeigen dunkle Streifen; manche sind auch einfach blassgelb.

Anfällige Pflanzen Viele verschiedene Pflanzen.

Symptome Unregelmäßige Fraßlöcher in Wurzeln, Stängeln, Zwiebeln, Knollen, Knospen, Blüten, Früchten und Blättern. Samen laufen nicht auf, Sämlinge werden abgefressen. Der größte Schaden entsteht nachts.

Was tun? Einige der für Nacktschnecken vorgeschlagenen Methoden wirken auch gegen Gehäuseschnecken. Pflanzen Sie sehr anfällige Pflanzen nicht in die Nähe von Steingärten, Mauern oder Holzstapeln, wo sich die Schnecken verstecken.

Schnecken: Nacktschnecken

Die Weichtiere bewegen sich auf einem muskulösen Fuß fort und hinterlassen dabei eine typische Schleimspur. Sie sind rosa bis schwarz und wenige Millimeter bis mehrere Zentimeter lang. Manche leben und ernähren sich vor allem über der Erde, wie die Genetzte Ackerschnecke. Andere etwa der Grüne Kielschnegel, ein gefährlicher Kartoffelschädling, leben im Boden. Tagsüber finden sich Nacktschnecken in Ritzen und Spalten oder anderen kühlen, feuchten Verstecken. Nachts sind sie, vor allem bei feuchtem Wetter, an den Pflanzen unterwegs, um zu fressen. Ihre Eier legen die Nacktschnecken in Höhlungen im Boden. Sie sind kugelförmig, opak oder durchscheinend und farblos.

Anfällige Pflanzen Nacktschnecken fressen fast alle Pflanzen, vor allem Sämlinge und Jungpflanzen, Einjährige und Stauden. Außerdem befallen sie Knollen und Früchte.

Symptome Unregelmäßige Fraßlöcher an Wurzeln, Stängeln, Zwiebeln, Knollen, Knospen, Blüten, Früchten und Blättern vieler Pflanzen. Sämlinge laufen nicht auf oder werden abgefressen. Der größte Schaden entsteht nachts. Oft sind verräterische Schleimspuren zu sehen.

Was tun? Es gibt keine einfache, sichere Methode zur Schneckenbekämpfung. Schützen Sie gefährdete, vor allem junge Pflanzen mit verschiedenen Techniken. Gießen Sie bei der Aussaat den Boden der Saatrille und decken Sie sie mit trockener Erde ab. Fördern Sie die schnelle Keimung und Entwicklung der Jungpflanzen. Pflanzen Sie robuste, in Töpfen vorgezogene Jungpflanzen aus, statt direkt zu säen. Gießen Sie morgens, abends lockt feuchter Boden die Schnecken an. Mulchen Sie junge Pflanzen nicht. Schützen Sie einzelne Pflanzen mit Hauben aus Plastikflaschen. Hacken Sie regelmäßig, um die Schleimspuren zu unterbrechen, die andere Schnecken zu den Futterstellen führen. Graben Sie im Winter um, damit die Schnecken und ihre Eier dem Wetter und Fressfeinden ausgesetzt sind. Pflanzen Sie weniger anfällige Kartoffelsorten und ernten Sie alle Knollen im Frühherbst. Sammeln Sie die Schnecken nachts ab und vernichten Sie sie. Stellen Sie Fallen mit Bier, Milch oder Traubensaft; der Rand sollte 2–3 cm über dem Boden liegen, damit keine Käfer hineinfallen. Streuen Sie Kleie um anfällige Pflanzen und sammeln Sie die dort gefundenen Schnecken ab. Legen Sie Beinwellblätter um anfällige Pflanzen. Das lenkt die Schnecken ab, wirkt aber nur bis zum Hochsommer. Sorgen Sie für anderes Futter wie Salatblätter, die Sie unter Steine legen, damit sie feucht bleiben, wenn Sie junge Pflanzen in ein leeres Beet setzen. Pflanzen Sie Studentenblumen als Schneckenfutter. Verwenden Sie Schneckenkragen. Schützen Sie Töpfe und größere Pflanzen mit Kupferband. Locken Sie Fressfeinde wie Frösche, Igel, Käfer und Hundertfüßer an. Auch Hühner können die Schnecken auf Brachland oder im Gewächshaus dezimieren. Biologische Bekämpfung: Im Freiland und unter Glas den parasitären Fadenwurm *Heterorhabditis megidis* einsetzen; optimale Boden-/Substrattemperatur: 12 °C.

Schokoladenflecken-krankheit der Bohne

Diese Pilzkrankheit gedeiht in feuchter, schlecht belüfteter Umgebung. Die Sporen überwintern an befallenen Pflanzen und an Pflanzenabfällen. Die Krankheit tritt in kaliumarmen Böden häufiger auf.

Anfällige Pflanzen Dicke Bohnen, Ackerbohnen.

Symptome Runde, schokoladenbraune Flecken bilden sich an Blättern, Trieben, Hülsen. Diese ziehen sich zusammen, bis das völlig geschwärzte Pflanzenteil abstirbt.

Was tun? Für reichlich Abstand zwischen den Pflanzen sorgen. In gut dränierten Boden pflanzen. Wenn die Krankheit regelmäßig auftritt, nicht im Herbst säen. Im Frühjahr ausgesäte Bohnen erholen sich leichter als solche, die spät in der Saison befallen werden. Eventuell den Kaliumgehalt des Bodens steigern.

Schwarzbeinigkeit der Kartoffel

Die Bakterien, welche diese Krankheit hervorrufen, überwintern in Kartoffelknollen, Pflanzenabfällen und dem Boden. Sie dringen durch die beschädigte Schale in die Knollen ein. Schlechte Dränage, Kaliummangel oder Stickstoffüberschuss fördern die Krankheitsentwicklung.

Anfällige Pflanzen Kartoffeln.

Symptome Zuerst bilden sich kleine, wässrige Wunden am Spross. Der Spross wird 10 cm unter und über der Erde schwarz und weich. Die Blätter rollen sich auf und werfen Blasen. Der untere Spross löst sich auf und riecht unangenehm. Auch die Knollen können von einer schleimigen Fäule befallen werden. Die Krankheit kann auch einzelne Pflanzen oder auch nur einzelne Sprosse einer Pflanze befallen. Bei anhaltender Nässe tritt sie häufiger auf.

Was tun? In gut dränierten Boden pflanzen. Resistente Sorten wählen. Pflanzen möglichst bei trockenem Wetter ernten, um die Infektion gesunder Knollen zu vermeiden. Knollen nicht beschädigen. Keine Knollen von kranken Pflanzen zum Setzen aufbewahren. Ideale Lagertemperatur: 4 °C.

Spargelhähnchen

Die erwachsenen Käfer werden bis zu 6,5 mm lang und haben typische gelbschwarze Deckflügel. Die Larven sind grauschwarz und haben einen Buckel. Adulte Insekten überwintern unter Steinen, im Boden und in Pflanzenabfällen. Im Frühjahr kommen sie hervor und ernähren sich von Spargelkraut. Im Juni legen sie ihre Eier. In einem Jahr können zwei bis drei Generationen heranwachsen.

Anfällige Pflanzen Spargel.

Symptome Angefressenes Kraut. Das Wachstum kann gestört werden.

Was tun? Larven und ausgewachsene Insekten absammeln. Pflanzenabfälle, in denen die Käfer überwintern, entfernen. Spritzmittel: Derris.

Stachelbeerblattwespe

Die Larven dieses Schädlings sind grün, haben schwarze Flecken und einen glänzenden schwarzen Kopf. Sie werden 3 cm lang. Die Eier sind blassgrün/weiß und etwa 1 mm lang; sie werden an der Unterseite der Blätter abgelegt, meist weit unten mitten im Strauch. Jedes Jahr entwickeln sich zwei bis drei Generationen, die Schäden zeigen sich erstmals im April oder Mai. Die Larven der dritten Generation überwintern als Kokons im Boden.

Anfällige Pflanzen Stachelbeeren, Rote und Weiße Johannisbeeren.

Symptome Die ersten Symptome sind winzige Löcher in den Blättern, die von den jungen Larven gefressen wurden. Die frisch geschlüpften Larven fressen ein bis zwei Wochen lang im Inneren des Strauchs und arbeiten sich nach außen vor. Sie können schnell einen ganzen Strauch entblättern, sodass nur noch die Blattadern stehen bleiben. Geschieht das mehrmals, verringert sich der Ertrag.

Was tun? Erziehen Sie die Pflanzen als Cordon oder Fächer, damit Sie die Larven gleich entdecken und entfernen können. Inspizieren Sie die Sträucher Mitte des Frühjahrs, im Früh- bis Hochsommer und im Frühherbst sorgfältig auf nadelgroße Löcher. Vernichten Sie alle Eier und Larven. Bei schwerem Befall entfernen Sie das ganze Blatt. Entfernen Sie im Spätherbst/Winter den Mulch und graben Sie

den Boden zwischen den Sträuchern leicht um. *Siehe auch* Sägewespen.

Staunässe

Diese Störung tritt häufig bei Zimmer- und anderen Topfpflanzen sowie bei Pflanzen in schlecht dräniertem Boden auf.

Symptome Gelbfärbung der Blätter, trockene, eckige Flecken auf den Blättern, allgemein reduziertes Wachstum. Wurzelfäule wird gefördert.
Ursachen: Übermäßiges Gießen, vor allem während der Ruhezeit. Schlechte Dränage.

Was tun? Nach Bedarf der Pflanze in Übereinstimmung mit der Jahreszeit gießen. Dränage verbessern, auch bei Töpfen auf gute Dränage achten. Pflanzen setzen, die in staunassem Boden gedeihen.

Sternrußtau

Die Pilzkrankheit wird durch spritzendes Regenwasser, durch Hände oder Werkzeug übertragen. Der Befall ist besonders stark bei warmem, feuchtem Wetter. Der Pilz überwintert an Stängeln, abgefallenem Laub und im Boden.

Anfällige Pflanzen Rosen.

Symptome Kleine bis große schwarze Flecken bilden sich auf den Blättern. Diese verschmelzen schließlich zu großen, unregelmäßigen Flächen. Ober- und Unterseite der Blätter werden befallen. Die Ränder der Flecken werden mitunter gelb. Die Blätter fallen vorzeitig ab. Bei starkem Befall werden die Sträucher geschwächt.

Was tun? Abgefallene Blätter entfernen. Kranke Triebe im Frühjahr kräftig zurückschneiden. Resistente Sorten wie 'Veilchenblau', 'New Dawn' und 'Little Rambler' pflanzen. Vor dem Erscheinen der Knospen im Frühjahr mit Kompost oder Laubkompost mulchen, um die Infektionsgefahr durch im Boden überwinternde Sporen zu verringern.
Spritzmittel: Schwefel. Dieser kann junge Blätter schädigen. Vor Anwendung das Etikett lesen.

Sturmschäden

Junge Bäume, Sträucher und Stauden, die in Relation zur Wurzelgröße viel Blattmasse haben, werden manchmal vom Wind so stark bewegt, dass sie schlecht anwurzeln oder aus dem Boden gerissen werden. In die so entstehenden Lücken kann im Winter Wasser eindringen und gefrieren. Dadurch entstehen Frostschäden an der Sprossbasis, durch die Krankheiten eindringen können.

Was tun? Pflanzen bei Bedarf gut festtreten und anbinden.

Teerfleckenkrankheit

Die Erreger dieser Pilzkrankheit überwintern auf abgefallenen Blättern und befallen im Frühling junge Triebe.

Anfällige Pflanzen Berg-Ahorn, befällt aber auch Zierahornarten.

Symptome Gelbliche Flecken auf den Blattoberseiten, die ab Hochsommer dunkler werden, aber den gelben Rand behalten. Die Blätter sehen hässlich aus, die Wuchskraft der Pflanze wird aber selten geschwächt.

Was tun? Von kleinen Zierbäumen befallene Blätter entfernen. Herbstlaub entfernen. Für große Bäume gibt es keine sinnvollen Maßnahmen.

Thripse

Diese Schadinsekten befallen viele Pflanzen unter Glas und im Freiland. Sie sind länglich und zylinderförmig und werden bis zu 4 mm lang; sie werden auch als Blasenfüße oder Fransenflügler bezeichnet. Die Insekten können weiß/gelb bis braun/schwarz sein. Die Larven ähneln den adulten Tieren, haben aber keine Flügel. Es gibt mehr als 150 Arten in Europa. Sie sammeln sich in großer Zahl auf den Blattoberflächen sowie an Blüten und Knospen der verschiedensten Pflanzen im Gewächshaus oder im Freiland. Ihr Fraß verursacht typische silbrige Flecken und Verwachsungen. Sie legen ihre Eier an den Pflanzen ab und können sich innerhalb eines Monats vermehren. Erwachsene Insekten und Jugendformen überwintern im Boden, in Laub und Pflanzenabfällen. *Siehe auch* Erbsenblasenfuß, Zwiebelblasenfuß.

Trauermücken

Diese auch Pilzmücken genannten Mücken sind dunkelbraun und 4 mm lang. Sie sind an der Oberfläche von feuchtem Substrat zu entdecken. Sie laufen schnell,

ihre Flügel vibrieren. Wenn sie gestört werden, fliegen sie auf. Ihre Eier legen sie in das Substrat, aus dem eine Woche später durchscheinende weiße Larven von bis zu 1 cm Länge mit glänzend braunem oder schwarzem Kopf schlüpfen, die an Pflanzenwurzeln fressen. Ihr gesamter Lebenszyklus kann sich bei 20 °C innerhalb von vier Wochen abspielen. Bei entsprechenden Temperaturen vermehren sie sich das ganze Jahr über.

Anfällige Pflanzen Topfpflanzen unter Glas, Pilze. Sämlinge, Stecklinge und Jungpflanzen sind besonders gefährdet.

Symptome Sämlinge und Jungpflanzen fallen zusammen und sterben. Reife Pflanzen wachsen bei starkem Befall schlecht. Pflanzen in Substraten mit reichlich Kokosfaser, Torf oder anderem organischem Material sind besonders anfällig.

Was tun? Immer von unten und nur so viel wie nötig gießen, damit die Pflanzen nicht austrocknen. Pflanzen nach Bedarf in ein erdhaltiges Substrat umtopfen. Das Substrat mit 1 cm Sand oder Splitt abdecken, um die Insekten fernzuhalten. Klebefallen und Fleisch fressende Pflanzen wie Fettkraut (*Pinguicula moranensis*) fangen die erwachsenen Fliegen. Neu gekaufte Pflanzen auf Trauermücken kontrollieren, bevor sie ins Gewächshaus oder die Wohnung gebracht werden. Stark befallene Pflanzen entfernen. Biologische Bekämpfung: Die Raubmilbe *Hypoaspis miles* bei Temperaturen über 11 °C einsetzen. *Steinernema feltiae*, ein parasitärer Fadenwurm, braucht feuchten Boden und Temperaturen von mindestens 14 °C.

Umfallkrankheit

Es gibt verschiedene dieser lästigen, im Boden lebenden pilzlichen Krankheitserreger. Manche leben an verrottenden Pflanzenabfällen, andere als Sporen im Boden. Sie vermehren sich schnell in kühler, feuchter, schlecht belüfteter Umgebung.

Anfällige Pflanzen Samen, Sämlinge, Stecklinge, Wurzeln und Gemüseteile über oder unter der Erde wie bei Mohrrüben oder Sellerie. Die Krankheit breitet sich schnell in Saatschalen mit Sämlingen aus, etwa bei Beetpflanzen.

Symptome Die Samen keimen nicht. Sämlinge werden auf oder unter der Erde befallen; ihre Sprosse werden nass und dünn und verfärben sich schwarz. Sie fallen um und sterben. Bei Sämlingen und älteren Pflanzen bilden sich rötlich braune Wurzelverletzungen, anfangs direkt unter der Oberfläche. Kleine Wurzeln älterer Pflanzen sterben ab. Gemüse wie Kartoffeln, Kürbisse und Bohnen werden bei längeren Regenperioden infiziert. Es bildet sich dann ein watteähnlicher Pilzbewuchs und das Innere der Pflanze löst sich in einer weichen, wässrigen Masse auf. *Rhizoctonia* ruft auch braune Flecken im Rasen hervor.

Was tun? Vor der Aussaat oder der Pflanzung von Stecklingen Töpfe und Schalen gründlich reinigen. Für Samen ein steriles Substrat verwenden. Für gute Dränage sorgen – bei Staunässe sind Pflanzen anfälliger für Schädlinge und Krankheiten. Sämlinge, Stecklinge und ältere Pflanzen nicht zu dicht setzen – gute Belüftung ist wichtig, um die Luftfeuchtigkeit zu reduzieren, welche die Krankheitsentwicklung fördert. Erst säen, wenn der Boden sich im Frühjahr erwärmt hat. Dadurch wachsen die Pflanzen schneller und ohne Störungen.

Verbrennungen

Ursachen: Starke Sonneneinstrahlung. Besonders gefährlich sind Wassertropfen auf den Blättern, welche die Strahlen bündeln.

Symptome Ausgebleichte oder blassbraune Flecken auf den Blättern. Die beschädigten Stellen werden eventuell trocken.

Was tun? Bei starker Sonne die Blätter nicht nass machen. Anfällige Pflanzen immer von unten gießen. Für Schatten sorgen.

Viren

Viren sind für das bloße Auge unsichtbar. Sie sind in lebendem Pflanzenmaterial enthalten und rufen nicht unbedingt Symptome hervor. Sie werden von Sauginsekten wie Blattläusen, durch Berührung (mit Händen und Werkzeugen, vor allem Schnittwerkzeug wie Scheren), durch Vögel und bei der Vermehrung infizierter

Pflanzen übertragen. Manche Viren sind artspezifisch, andere befallen verschiedene, nicht miteinander verwandte Pflanzen.

Anfällige Pflanzen Fast alle Pflanzen.

Symptome Viele verschiedene Schadbilder, etwa reduziertes Wachstum, Flecken und Mosaikmuster auf Blättern, verwachsene Früchte oder Absterben der Pflanze. Der Ertrag mehrjähriger Pflanzen geht zurück.

Was tun? Übertragungsmöglichkeiten reduzieren. Resistente Sorten pflanzen. Garantiert virenfreies Pflanzgut zukaufen. Fruchtwechsel gegen im Boden lebende Viren. Ist eine Pflanze infiziert, gibt es kein Gegenmittel mehr. Befallene Pflanzen ausgraben. Holzige Pflanzen verbrennen. *Siehe auch* Gurkenmosaikvirus und Zucchini-Gelbmosaikvirus.

Weiße Fliege

Es handelt sich hierbei um verschiedene Schildlaus-Arten (z.B. Kohlmottenschildlaus, Gewächshaus-Mottenschildlaus). Diese Insekten vermehren sich im Gewächshaus das ganze Jahr über, wenn Pflanzen vorhanden sind. Über Sommer kommen sie möglicherweise in den Garten, können aber den Winter dort nicht überleben.

Anfällige Pflanzen Tomaten, Gurken und viele andere Gewächshaus- und Zimmerpflanzen.

Symptome Die Blätter entwickeln gelbe Flecken und andere Verfärbungen. Die Pflanzen werden klebrig und bleiben klein. Bei hellem Sonnenlicht können die Blätter welken und absterben.

Was tun? Leimtafeln in die Nähe der Pflanzen hängen, um schwachen Befall zu bekämpfen und die Anwesenheit von Schädlingen festzustellen, wenn biologische Bekämpfungsmittel eingesetzt werden sollen. Die Fallen werden entfernt, bevor die Nutzorganismen eingesetzt werden. Stark befallene Pflanzen wegwerfen. Das Gewächshaus im zeitigen Frühjahr gründlich reinigen. Alle Flächen, auch die Stellage, abwischen.
Biologische Bekämpfung: Unter Glas *Encarsia formosa,* eine Schlupfwespe (am besten bei 18–25 °C; nicht unter 10 °C),

oder den Raubkäfer *Delphastus* (Idealtemperatur 21–28 °C) einsetzen.
Spritzmittel: Insektizidseife früh am Morgen direkt auf die Fliegen spritzen, wenn es noch kühl ist und die Insekten weniger mobil sind. Drei bis vier Wochen lang wöchentlich anwenden, um ein möglichst gutes Ergebnis zu erzielen.

Weißrost der Kohlarten

Die Pilzkrankheit wird durch Wind, Insekten und spritzendes Regenwasser übertragen. Sie überwintert im Boden.

Anfällige Pflanzen Gemüse- und Zierkohlgewächse; das einjährige Unkraut Hirtentäschel.

Symptome Kleine, glatte, weiße Flecken, die an Lackspritzer erinnern, zeigen sich an Blättern und Trieben. Die Flecken werden später mehlig. Die befallenen Stellen oder die ganze Pflanze verformen sich. Wird häufig mit Falschem Mehltau in Verbindung gebracht.

Was tun? Kranke Pflanzen vernichten. Eine strenge Fruchtfolge von mindestens drei, besser vier oder fünf Jahren einhalten.

Welke

Unter diesem Begriff werden häufige und weit verbreitete Krankheiten mit ähnlichen Symptomen zusammengefasst. Der Schaden entsteht meist durch die Blockierung des Wasserleitgewebes im Spross, sodass die Blätter nicht mehr versorgt werden können. Die Krankheit kann, je nach Erreger, im Boden mehrere Jahre überleben und durch Wunden eindringen. In der Regel tritt sie im Zusammenhang mit Älchen auf. Manche Welken, die etwa bei Sommerastern oder Erbsen auftreten, sind pflanzenspezifisch, andere hingegen befallen verschiedene Pflanzen.

Anfällige Pflanzen Obst, Gemüse (vor allem Leguminosen, Tomaten, Kürbisgewächse), Zierpflanzen.

Symptome Die Welke beginnt meist bei den unteren Blättern, anfangs erholt sich die Pflanze während der Nacht. Dunkle Verfärbungen zeigen sich in der Mitte des Sprosses, wenn er aufgeschnitten wird.

Was tun? Infizierte Pflanzen anhäufeln. Bei starkem Befall alle kranken Pflanzen und die umgebende Erde entfernen. Die

Pflanzen nicht kompostieren. Mindestens sechs Jahre lang keine anfälligen Pflanzen an dieselbe Stelle setzen.

Wespen

Die erwachsenen Insekten haben Flügel und einen auffällig gelb und schwarz gestreifen, bis zu 2 cm langen Körper. Sie bauen in Erdhöhlen, Mauern, Gebäuden und Komposthaufen große Nester aus papierartigem Material. Zu Anfang des Jahres sind Wespen wertvolle Raubinsekten, die ihre Jungen mit kleinen Raupen und anderen Schädlingen füttern. Die meisten erwachsenen Tiere sterben bei Frost im Herbst. Wespenköniginnen überwintern an trockenen, geschützten Stellen, etwa im Gartenschuppen oder unter loser Borke an Bäumen.

Anfällige Pflanzen Reifende Äpfel, Birnen, Trauben, Reineclauden und Pflaumen.

Symptome Fraßlöcher in reifenden Früchten im Sommer und Frühherbst. Meist wird bestehender Schaden vergrößert. Die Stängel von Dahlien, bei trockenem Wetter auch Bohnenhülsen, können dadurch geschädigt werden, dass Wespen ihre Fresswerkzeuge daran reiben.

Was tun? Lassen Sie Wespen möglichst am Leben. Schützen Sie Früchte mit Tüten aus Musselin, Strumpfhosen oder ähnlichem Material. Wenn es unbedingt notwendig ist, können zugängliche Nester zerstört werden. Das sollte bei Dunkelheit geschehen. Wenn Sie allergisch gegen Wespen sind, sollten Sie es nicht selbst tun. In jedem Fall sind strenge Sicherheitsvorkehrungen einzuhalten. Halten Sie Kinder und Haustiere möglichst fern, tragen Sie am ganzen Körper Schutzkleidung. Stecken Sie hängende Nester in eine Plastiktüte, binden Sie sie fest zu und legen Sie sie in den Gefrierschrank, um die Wespen zu töten. Nester im Boden oder Komposthaufen können Sie mit einer Glasschüssel abschließen, die Sie über dem Eingang in den Boden drücken. Nach einigen Wochen sind die Wespen verhungert. Die sicherste Methode ist, einen Schädlingsbekämpfungsexperten hinzuzuziehen. Achten Sie darauf, dass Seifen oder synthetische Pyrethroide an Stelle von Carbamaten oder Organophosphat verwendet werden.

A–Z DER PFLANZENPROBLEME 341

Wiesenschaumzikade

Dieser Saft saugende Schädling kann gelb bis grünlich braun sein. Er wird etwa 6 mm lang, ist stumpf keilförmig und hat große Augen. Die erwachsenen Tiere springen davon, wenn sie gestört werden. Die Nymphen sitzen an Pflanzenstängeln und schützen sich dort mit weißem Schaum.

Anfällige Pflanzen Rosen, Rosmarin und viele andere.

Symptome Junge Triebe können sich verformen und welken. Die Blüten werden gelegentlich auch beschädigt. Tritt der Schaum in Massen auf, kann er unansehnlich wirken.

Was tun? Der Schaden hält sich meist in Grenzen. Schaum und Nymphen können mit kräftigem Wasserstrahl abgespritzt werden.

Winddürre

Eine Störung, die viele Pflanzen betreffen kann.

Symptome Braunfärbung der Blätter auf der Seite, die der Hauptwindrichtung zugewandt ist. Blattränder und -spitzen können stärker betroffen sein als die Blattflächen. Äpfel und andere Früchte können rotbraune, raue Stellen auf der Schale entwickeln.

Was tun? Windverträgliche Pflanzen wählen. Geeignet sind viele Arten für Küstenlagen, sofern sie ausreichend frostverträglich sind. Einen Windschutz pflanzen oder bauen.

Wolllaus

Siehe Blutlaus.

Wurzelfäule der Pastinake

Es gibt drei Haupttypen dieser Wurzelfäule. Die schwarze Form wird durch spritzendes Regenwasser von erkrankten Blättern übertragen. Die Sporen dringen durch Wunden, z. B. von Möhrenfliegen, in die Wurzeln ein. Orange-braune Wurzelfäule wird vermutlich durch Bodenorganismen verursacht. Violette Wurzelfäule tritt in torfigem Boden mit viel organischer Substanz auf.

Anfällige Pflanzen Pastinaken.

Symptome Dunkle Flecken bei schwarzer Wurzelfäule. Braunfärbung der Schale, am Blattansatz beginnend, bei der orangebraunen Form. Violette Wurzelfäule erzeugt violette Flecken mit braunen, wässrigen Rändern.

Was tun? In durchlässigem Boden pflanzen und resistente Sorten wählen. Im Sommer anhäufeln, damit die Sporen der schwarzen Wurzelfäule die Wurzeln nicht erreichen können. Bei dichten Abständen bleiben die Wurzeln kleiner und sind manchmal weniger anfällig. Die Fruchtfolge einhalten.

Wurzelfäule, Rote

Die Sporen dieser Pilzkrankheit werden von den verrottenden Wurzeln befallener Pflanzen an den Boden abgegeben. Dort können sie mindestens zwölf Jahre überleben. Gesunde Wurzeln werden bei Nässe infiziert. Die Krankheit wird durch befallene Pflanzen oder infizierten Boden an Werkzeug und Schuhen verbreitet.

Anfällige Pflanzen Erdbeeren.

Symptome Die Blätter verfärben sich bräunlich violett. Ein rötliches Band erscheint am Blattrand, eventuell verfärbt sich das ganze Blatt. Die Pflanzen wachsen unregelmäßig, manche bleiben schwach und klein. Die Wurzeln bleiben klein und werden dunkelbraun oder schwarz, die äußeren Schichten lassen sich leicht abziehen. Wird die Wurzel aufgeschnitten, zeigt sich als klassisches Symptom ein roter Streifen in der Mitte der Wurzel. Im Frühjahr und Herbst ist er besonders deutlich, im Sommer weniger klar zu erkennen.

Was tun? Immer gesundes Pflanzgut mit Zertifikat verwenden. Für gut dränierten Boden sorgen. Gegen bestimmte Formen der Wurzelfäule resistente Sorten pflanzen. Fragen Sie in einer zuverlässigen Obstgärtnerei nach geeigneten Sorten. Sorten wie 'Tenira', die besonders anfällig ist, vermeiden. Befallene Pflanzen verbrennen. Erdbeeren nicht wieder in dasselbe Beet setzen. Die Sporen können viele Jahre im Boden überleben und immer wieder aufs Neue Ihre Ernte schädigen.

Zucchini-Gelbmosaikvirus (ZYMV)

Anfällige Pflanzen Zucchini und Kürbisse.

Symptome Leuchtend gelbe Mosaikmuster auf den Blättern. Kurze, verwachsene Pflanzen. Knotige, verwachsene Früchte.

Was tun? Infizierte Pflanze entfernen, sobald die Krankheit erkannt wird. Es gibt kein Gegenmittel.

Zwiebelblasenfuß

Siehe Thripse.

Anfällige Pflanzen Zwiebeln und Porree, vor allem bei Gewächshauspflanzen.

Symptome *Siehe* Thripse.

Was tun? Im Freiland kann das Gemüse einen leichten Befall vertragen. Bei Trockenheit gut gießen. Pflanzenabfälle nach der Ernte abräumen und vernichten. Spritzmittel: Rapsöl, Derris.

Zwiebelfliege

Die erwachsenen Insekten schlüpfen im Mai aus Puppen, die im Boden überwintern. Die Eier werden an jungen Blättern und Trieben oder am Boden in der Nähe der Pflanze abgelegt. Weiße, bis zu 8 mm lange Larven fressen zwei bis drei Wochen lang an Trieben, Wurzeln und Zwiebeln, bevor sie sich verpuppen. Pro Jahr können sich drei bis vier Generationen entwickeln.

Anfällige Pflanzen Zwiebeln, außerdem Schalotten, Knoblauch und Porree.

Symptome Junge Pflanzen welken und sterben ab. Die Blätter und Triebe älterer Pflanzen werden weich und faulen. Die Larven bohren sich in die Zwiebeln, die dann faulen. Der Befall ist besonders stark im Früh- bis Hochsommer. Kann mit Zwiebelälchen und der Mehlkrankheit verwechselt werden.

Was tun? Anbau unter Vlies oder feinem Netz, das sofort nach der Aussaat oder Pflanzung aufgelegt wird. Befallene Pflanzen entfernen, sobald die Fliege entdeckt wird. Fruchtfolge einhalten, Boden im Winter umgraben, um die Puppen freizulegen.

Register

Kursiv gedruckte Seitenzahlen
verweisen auf Abbildungen.

A

abflämmen, Unkraut 77
abhärten 199
abschüssige Grundstücke 211
Abstände, Gemüsepflanzen 256–258
Achillea filipendula 'Parker's Variety'
    116
Ackerbohnen 243
Acker-Kratzdistel *81*
Agapanthus 61
Ahorn *156*
Akelei *177, 182*, 196
Älchen 90, 321, 329
Algen
    als Dünger 54, *54*, 55
    auf gepflasterten Flächen *135*
    in Teichen 119, 123
Algenextrakt 85, 195
alkalische Böden 31, 291
Allium giganteum 181
Alpenveilchen 177
alte Gemüsesorten 208–209, 254
Alyssum 185
Ameisen *298*, 321
Amelanchier 114
Ampeln 65, 188–189, *188, 194*
Ampfer 78, *79, 80*
Amphibien 115, 119
anbinden
    Cordon- und Spalierobst 296
    Gemüse 267
    Kletterpflanzen 166, 171
anhäufeln, Kartoffeln 249, *249*
ankeimen, Kartoffeln 262, *263*
Anzuchtkasten 198, 202
Äpfel *287*, 290, *290–291*, 294–299,
    294–299
Apfelmehltau 321
Apfelsägewespe 321
Apfelschorf 88, 321
Apfelwickler 299
Aquilegia 177, 182
Artischocken *220, 233*, 246, 247, 267,
    267, 268

B

Asche 54
asiatische Gemüse 234–236
Asseln *29*, 321
Astern *117*, 181, *182*
Astilbe 182, 184
Auberginen 222, 226, 227, *227*, 248,
    248, 250, *250*
aufplatzen, Früchte 322
ausdünnen
    Äpfel 298
    Sämlinge 256
ausgeizen 251
Ausläufer, Unkraut *71*
ausputzen
    Einjährige 195
    Stauden 192–193
    Zwiebelblumen *193*
Aussaatschalen 198

Bacillus thuringiensis (Bt) 103
Badewasser, Wiederverwendung 67, *67*
Bakterien
    Boden 18–20, 29
    Krankheiten 88–89, *89*
Bakterienbrand 322
Bakterien-Nassfäule 333
Bambusstangen 140, *141*
Barrieren, Schädlinge 100
Bartfaden *203*
Basal-Triebstecklinge 202–203
Basilikum 279, *280*, 282
Bau- und Pflastermaterialien 128,
    130–131, 134–137, *134–137*
Bäume 154–159
    bewässern 65
    Blüten und Früchte *157*
    Herbstfärbung *156*
    kappen und entwipfeln 158–159,
        158–159
    pflanzen 170–171, *170*
    schneiden 170, 171, 172–173, *172–173*
    Standort 155
    stützen 170
    trockenheitsverträgliche *60*
Baumwanze *107*
Beeren, Ziergehölze *157*
Beete
    Einfassungen *160*, 214, *215*
    Gehölzbeete 163

Gemüsebeete 212–215, *212–215*
    Hochbeete *211*, 214, 215, *214–215*
    Stauden 178–179
Beinwell 103
Berberis 114, 143, *144, 165*
Berberitze 114, *144, 165*
Bergenien *183*
Bestäubung 266, 289, 290, 294
Bewässerungssysteme 59, 64, *64*, 65,
    65, 292, *292*
Bewurzelungshormon 202
Bienen
    Blattschneiderbienen 323
    Blumen für 115, *116*, 184–185
    Kräuter für 275
    Mauerbienen 113, *113*
    Nistkästen für 113
Bierfallen 102, *102, 292*
Bindematerialien
    Bäume *171*
    Kletterpflanzen 166, *166*
    Stauden 192
biologische Schädlingsbekämpfung 97
Birnen 290, 300–301, *301*
Birnengallmücke *301*
Birnenschorf 322
Blattfleckenkrankheit der Himbeere 322
Blattfleckenkrankheit der Rübe 322
Blattfleckenkrankheiten 89, 322
Blattfresser, Schädlinge *90*
Blatthornkäfer 322
Blattläuse 97, 322–323
Blattminierfliegen
    bei *Ilex* 328–329
    bei Rüben 245, *245*, 335–336
    der Chrysantheme 323
Blattsalate 222, *224*, 225, *228*, 229
Blattsauger 323
Blattschneiderbienen 330
Blattwanzen 323
Blauregen 89, 166, 167, *167*
Bleiglanz *302, 302–303*, 305, 323–324
Blindschleichen *99*
Blöcke, Anordnung von Gemüse 256–
    258
Blumenkohl 234
Blumenwiese *105*, 124–125, *124–125*
Blüten
    ausputzen 192–193, *193, 195*
    Blütenfresser (Schädlinge) *90*

REGISTER 343

essbare Blüten 219
für Tiere 115, *116–117*
Schnittblumen *182*
Zierbäume *157*
Blütenbräune der Rhododendren 336
Blütenendfäule *86*
Blutlaus 324
Boden 24–55
Arten 28–29, *28*
Bodenverbesserer 34–35
Dünger 18
Fruchtfolge 230
Gewächshausbeete 226
Gründünger 50–51, *50–51*
Hochbeete 214
kalken 55, *55*
Kompost 36–49
Laubkompost 44–45
Mulch 33, 35, 58–59
Nährstoffe 30
Obst 291
organische Bodenpflege 32–33
organische Dünger 54–55
organische Substanz 29, 30
Organismen 18–20, 29
Pflanzengesundheit 92
pH-Wert 30–31, *31,* 55
spatenlose Methode 214, 216–217
Stallmist 52–53
Staunässe 86, 338
Struktur 26–27
umgraben 33, 214
urbar machen 78–79
Verdichtung *32,* 33
Wasserverbrauch reduzieren 58–59
siehe auch einzelne Obst- und
Gemüsearten
Bodendecker
als Mulch 74, *74*
Kräuter als 276
naturnaher Gartenstil *180,* 181
Sträucher als 163
Bodenmüdigkeit 324
Bohnen 242–243
Fruchtfolge 231
gießen 62
lagern 271
siehe auch einzelne Arten
Bohnenblattlaus, Schwarze 243, *243,*
324

Bohnenkäfer 325
Bohnenkraut 277
Bor 54, 132
Borax 54
Borretsch 279
Botrytis *89*
breitwürfige Aussaat 256
Brennnesseln *81*
Brokkoli 234, *267,* 269, *269*
Brombeeren 312–313, *312, 313*
Brombeeren, wilde *80*
Brunnenkresse *224,* 225
Buche 142, *144*
Buchsbaumfloh 324
Buchsbaumhecken 142, *145*
Buddleja 117, 164, 170
Buntnesseln 176

C

Carex comans 184
Caryopteris 60
Castanea sativa 60
Centaurea 179, 197
Chicorée 246
Chili 248, *248,* 250
Chlor im Leitungswasser 66
Christrosen *183*
Chrysanthemen 192
Cistus 60
Clematis 167
Clematiswelke 324–325
Convolvulus tricolor 185
Cordonobst 290, *291,* 296
Cornus 159
C. alba 153, 162
C. mas 144
C. stolonifera 158, 162
Cotinus 164
Cotoneaster 165
C. salicifolius 109
Crataegus laevigata 'Paul's Scarlet'
109
Crocosmia 182
Cytisus 60

D

Dahlien 202–203
Daphne 114, *165*
Dianthus 61
Dicke Bohnen *228,* 242, *243,* 266

Dicke Bohnen:
Schokoladenfleckenkrankheit 243
Dickmaulrüssler 90, 91, 98, 195, 325
Dill 277
Disteln *78, 79, 81*
Dolomitkalk 55
doppelte Ernte 259
Drahtwürmer 31, *90,* 325
Dränage
Gemüsegarten 210
Kübel 185, 187
Obst 291
Dung, Nutzvieh 21, 35, 52–53
Dünger 17, 18
Ampeln 189
biologische Dünger 54–55
Flüssigdünger 194–195
Fruchtfolge 233
Gemüse 265
Gründünger 50–51, *50–51*
Mist 21, 35, *35,* 52–53
Obst 292
organische Dünger 54–55
Rasen 147
Stauden 191
Umweltschäden 16
siehe auch einzelne Pflanzenarten

E

Eberesche *157*
Echium 116
Echter Mehltau 88, 95, 240, 243,
332–333
Edeldistel *182*
Edel-Kastanie (Ess-Kastanie) *60*
Efeu 166
Eibe 142, *145*
Eiche *156*
Eichengallen *90*
Eidechsen *99*
Einfassungen
für Beete *160,* 214, *215*
Kräuter als *276, 277*
Einjährige 176, *177*
als lebender Mulch 74
ausputzen 192, *195*
in Kübeln 185, 186
pflanzen 179
säen 197, *197*
einjährige Unkräuter 70

Einkauf
  Gemüsepflanzen 262
  Obstbäume 294–296
Einlagen für Ampeln 188, *189*
Einlegegurken 241
Eisenbahnschwellen 133
Eisenholzbaum *156*
Eisenmangel 54, *87*, 325
Encarsia formosa 97
Enchytraiden (Würmer) *47*
Endivie 246, 247
Engelwurz 275
Enten, Schädlingsbekämpfung 102
Entwipfeln 158, 159, *159*
Erbsen 208, *209*, 242–243, *243*
  Fruchtfolge 231, 242
  gießen 62
  Probleme *84*, 243
  stützen *266*, 267
Erbsenblasenfuß 326
Erbsenkäfer 243, 325
Erbsenreiser *266*, 267
Erbsenwickler 243, 326
Erdbeeren *288–289*, 289, 290, 308–309, *308–309*
Erdbeeren, Rhizomfäule 335
Erdflöhe 237, 326
Erdwände 141
Erle 114
ernten
  Gemüse 268–271
  Kräuter 284–285
  Samen 200–201, *200, 201*
  siehe auch einzelne Arten
Eryngium 61, *182*
Esche 158
Eschscholzia 179
essbare Landschaften 218–220, *218–221*
Estragon 279
  Französischer *280*
  Russischer *279*
Eukalyptus *60*
Eulenfalter 247, 326
Euonymus 114, *157*
Euphorbia 61

F

Fächerspalier *304*, 305
Fackellilie *61*
Fadenalgen 123, *123*
Fallen, Schädlingsbekämpfung 102, *102*, 299
Fallopia baldschuanica 71
Falscher Mehltau 88, 239, *239*, 247, 333
Farne 184
Fäulekrankheiten
  Braunfäule 331
  Halsfäule der Zwiebel 328
  Mehlkrankheit der Zwiebel 332
  Nassfäule, bakterielle 333
  Rhizomfäule der Erdbeere 335
Federgras *182*
Feldmäuse 326
Felsen, Verwitterung 28
Felsenbirne 114
Fenchel (Gemüse) 252, *253*, 269
Fenchel (Würzkraut) *281*, 282, *285*
Fenchel (Zierstaude) *183*
Festuca glauca 184
Fetthenne *61*, *117*, 193
Fettringe *298*, 299
feuchter Boden, Kräuter für 277
Feuerbohne *220*, *242*, 243
Feuerdorn *143*, *145*
Filz, Rasen 147
Findlinge *134*
Fingerhut 176
Fingerstrauch *165*
Flechtzaun, natürliche Ruten 141
Fledermäuse 113, *113*
Fliegennetz 100
Florfliegen 96, 97, *99*,
Flüssigdünger 189, 194–195
flüssiger Algenextrakt 85, 195
Folgesaaten 229, 259
Forsythie 143, *144*
Fressfeinde von Schädlingen 96–99
Frösche *98*, 112, 115, 122
Frost 86, 326
  Gemüse 266
  Kübelpflanzen 195
  Obst 289
frostempfindliche Stauden 176
Frostspanner 101, *298*, 327
Fruchtfolge 93, 211, 230–233
Fruchtkapseln 285
Fruchtstände *181*, *200–201*
Frühbeet 203
Frühlingszwiebeln 238

Fuchsien *144, 164*
Fungizide 88
Funkien 91, 184

G

Gallen *90*
Garden Organic 8, 13, 208–209
Gartenvlies *21*, 100, 266
gebrauchte Materialien 135
Gefälle, Grundstücke mit 211
Geflügelmist 52, 53, *53*, 54–55
Gehäuseschnecken 337
Gehölze 152–173
Geißblatt *109, 116*
gemischte Pflanzungen 94–95, *94*
Gämswurz 176
Gelbfärbung 87
Gemüse 204–271
  Abstände 256–258
  alte Sorten 208–209, 254
  Aufplatzen 322
  Beete 212–215, *212–215*
  bewässern 62, 63, 64
  Boden 30–31
  ernten und lagern 268–271
  essbare Landschaften 218–220, *218–221*
  Folgesaaten 229, 259
  Fruchtfolge 93, 211, 230–233
  Gewächshaus 224–227, *224–227*
  Kübel 222–223, *223*
  mehrjährige 232, 262, 267
  pflanzen 260–263, *260–263*
  Pflege 265–267
  säen 229, 254–259, *255, 257*
  Samen 208
  schießen 265, 266
  spatenlose Methode 214, 216–217
  Standorte 210–211
  Untersaat 258–259
  Zwischensaat 259
  siehe auch einzelne Arten
Gemüsefenchel 252, 269
Gemüsemais *74*, *263*
Genmanipulation 17, 207
geotextile Membranen 75
Gewächshaus
  Gemüse 224–227, *224–227*
  gießen 65
  Sauberkeit 250

REGISTER **345**

Gewächshaus-Spinnmilbe 327
Giersch 78, 79, *80*
Giftigkeit, Kräuter 275
Ginster *60*
Gips 55
Glaschips als Mulch 72
Glockenblumen *185*
Goldlack 185
Grabenkompostierung *43*
Grabgabel 78, *78*
Granulosevirus 103
Gras
  mähen 37, *148*–149
  Wege 215
  siehe auch Rasen
Gräser 177, *181*
  in Kübeln 184
  jäten *76*
  Raster-Pflanzung 107
  Teilung 193
Grauschimmel *89*, 247, 327
Grauwasser 67, *67*
Gründünger 50–51, *50–51*, 74, 233
Grüne Bohnen *87*, 95, *209*, 222, 242,
  243
Grünkohl 234, *235*, 236
Grünkragen 86
Grünschnittkompost 35, *35*
Günsel *183*
Gurken *227*, 231, 240–241, *241*
Gurkenmosaikvirus *89*, 240, 327–328
Guter Heinrich 244, 245

H
hacken *69*, 77, *77*, 264
Häcksler 39
Hagelschäden 86
Hahnenfuß, Kriechender *81*
Hainbuche 143, *144*
Hakonechloa 183
Hallimasch *88*, 328
Halsfäule der Zwiebel 328
Hamamelis × intermedia 'Jelena' *165*
Hanglage, Grundstück 211
harken *148*
Hartriegel 156, *157*, 159, 162
Haselruten, Stützen für Stauden
  191–192
Hauswurz *185*
Hebe 117

Hecken 142–145, *142–145*
  für Tiere 108, *108, 109*, 110
  pflanzen *142*, 142
  Pflanzen für 142–143, *144–145*
  schneiden 143
  Schnittabfälle kompostieren 39
Heckenkirsche, Glänzende *145*
Heckenzaun 160
Hedera helix 109
Heidekraut 31
Heidelbeeren 291, 319, *319*
Heiligenkraut *60*
Helmbohnen 243, *243*
Herbizide 23
Herbstfärbung *156*
Heritage Seed Library (HSL) 208–209
Heu als Mulch 72
Himbeere, Blattfleckenkrankheit 322
Himbeere, Rutensterben 336
Himbeeren 291, 310–311, *310, 311*
Himbeerkäfer 328
Himbeerrutenkrankheit 328
Hirschkäfer *110*
Hitze, Unkrautbekämpfung 77
Hochbeete *211*, 214, 215, *214–215*
Holunder *109*, 114
Holz 132–133, *133*
  Bodenbelag *136*, 137
  Holzhackschnitzel, Mulch 72
  Schnittabfall 39
  Zäune 139–140, *139–140*
Holzapfel *157*
Holzasche 54
Holzdecks *136*, 137
Holzkohle 158
Holzschutzmittel 132–133
Horstsaat 258
Hortensien *31*, 162, *164*, 167
Hühner, Schädlingsbekämpfung 102
Hülsenfrüchte 242–243
Hummeln 115
Humus 29
Hundertfüßer *29*, 99
Hygiene 92–93, 250
Hypericum 'Hidcote' *164*

I
Iberis 74, *116*
Igel 96, 110, 111, 112, 138
Ilex-Minierfliege 328–329

Immergrün 71
immergrüne Hecken 142, *145*
Indianernessel *116*
Insekten, nützliche 95, 96, 275
  Bestäubung 289
  Nahrung 114–115
  Schutz für 112–113
  siehe auch Schädlinge
Insektizide 103
Iris *183*, *185*

J
jäten von Hand *76*, 77
Johannisbeerblasenlaus 329
Johannisbeeren, Rote 316–317, *316, 317*
Johannisbeeren, Weiße 316–317, *317*
Johannisbeer-Gallmilbe 329
Johanniskraut *164*
Juncus effusus 'Spiralis' *185*
Jungfer-im-Grünen 193, 197

K
Käfer 90, 96, *99*
  Blatthornkäfer 322
  Erdflöhe 326
  Himbeerkäfer 328
  Hirschkäfer *110*
  Laufkäfer *29*, 96, 99, 107
  Lilienhähnchen 332
  Rapsglanzkäfer *90*, 335
  Spargelhähnchen 338
Käfer, räuberische *99*
Kakaoschalen (Mulch) 72
Kalium 54, 55
Kaliumbikarbonat 88, 103
kalken,
  Boden 31, 55, *55*, 233
  Rasen 151
kalkhaltige Böden 29, 291
Kalkstein 55
Kalzium 31, 55, *86, 87*
Kamelien 62, 86
Kaninchen 100, 329
kappen *153*, 158–159, *158*
Kapuzinerkresse *184*, 197
Kardy *232*, 246, 247
Kartoffel, Kraut- und Knollenfäule 39,
  84, 93, 250–251, 331
Kartoffel, Schwarzbeinigkeit 338
Kartoffelälchen 329

Kartoffeln *208*, 248–249, *248, 250*
 Fruchtfolge 231
 Gewächshaus 224–225
 Krankheitsresistenz *92*
 lagern 271, *271*
 Pflanzkartoffeln 262
 Probleme *87, 89*
 vorkeimen 262, *263*
Kartoffelschorf 31, *89*, 329
Katzen 91
Keimung 197
Kerbel 277
Kernobstfäule 330
Kies
 als Mulch 72, 181, 187, 277
 Dränage 187
 für Wege 136–137
Kiesgarten *137*
Kirschen 290, 304–305, *304–305*
Kirschenblattlaus, Schwarze 330
Kirschlorbeer *145*
Klee 50, *50*, 95, 150, *150*
kleinwüchsige Veredelungsunterlagen 290
Kletterpflanzen 166–167
 Rankhilfe 160, *160*, 170
 für Tiere 108, *109*
Klima 289
Kniphofia 61
Knoblauch 238, 262, 271
Knoblauchöl 103
Knochenmehl 54
Knollensellerie 252, 253
Knöterich, Japanischer 71, *81*
Koeleria glauca 184
Kohl 234, *235*, 236
 Abstände 258
 ernten *268*
 Zierkohl *220*
Kohlblattlaus, Mehlige 237, 330
Kohlfliege, Kleine 90, 95, 101, *236*, 237, *237*, 330
Kohlgewächse 234–237
 Fruchtfolge 231, 236–237
 kalken (Boden) 31
 Schädlingsbekämpfung 93, 101, 237
 Zierkohl *220*
Kohlhernie 31, 39, 88, 92, 237, 330
Kohlmottenschildlaus 237, 330–331
Kohlrabi 222, 234, 236

Kohlweißling 101, 237
Kohlweißlingsraupen 331
Kokosfaser 187
Kompost 17, *34*, 35, 36–49
 Grabenkompostierung *43*
 Hygiene *92*
 Silos 23, *36*, 40, 41, *42–43*, 110
 Starter 37
 verwenden 43
 Wurmkompost 46–49
Komposter aus Brettern *40, 42*
kompostierbare Abfälle 37–39
kompostierbare Membranen 74–75, *75*
Kompostwürmer 46–49
Königskerze *61*
Koriander *117*, 277, *280*
Kornblumen 179
Kornelkirsche *144*
Krabbenspinnen *107*
Krankheiten 85, 88–89
 bei Gehölzen 171–172
 bei Gemüse 265–266
 bei Kübelpflanzen 195
 bei Obst 293
 bei Stauden 179
 im Gewächshaus 227
 im Komposthaufen 39
 pH-Wert des Bodens 31
 Resistenz 93
 Sauberkeit 92–93
Kräuselkrankheit des Pfirsichs *89*, 331
Kraut- und Braunfäule bei Kartoffel und Tomate 331
Kraut- und Knollenfäule der Kartoffel 39, *84*, 93, 250–251, 331
Kräuter 272–285
Kräutergarten 276, *276*
Krautfäule der Tomate 39, 93, 331
krautige Pflanzen 174–203
 in Kübeln 184–189
 Pflanzstile 178–181
 Pflege 190–195
 Vermehrung 196–203
Krebs 92
 Obstbaumkrebs *89, 334*
Krokusse 191
Kröten *98*, 115
Kübel
 Aussaat im 198
 Gemüse im 222–223, *223*

gießen 62, 65
Kräuter im 277, *278, 279*
Pflege 194–195
Stauden im 184–189
Substrate für 186–187, *187*
Kultivator, mechanischer 78–79
Kunststoff 130
Kupfer, Schneckenbarriere 101
Kürbisgewächse 240–241
Kürbisse *220, 229, 240, 241, 240–241, 266*, 271
Küstengärten 142
Küstenklima 142

L

lagern
 Gemüse 268–271
 Samen 201
 siehe auch einzelne Obst- und Gemüsearten
Lamium galeobdolon 71, 176
Larven 90
laubabwerfende Heckenpflanzen *144*
Laub
 bei trockenheitsverträglichen Pflanzen 58
 Mineralstoffmangel 87, *87*
 Schädlinge *90*
 Verbrennungen 63, 86, 339
 Vergilben *84*
Laubkompost 44, 45, 110
 Bodenverbesserung *34*, 35
 Fruchtfolge 233
 herstellen 44–45, *44, 45*
 Mulch 72, *73*
Lauchmotte 334
Läuse 89, *90*, 91, 321
 an Kübelpflanzen 195
 Blattläuse *97*, 247, 322
 Blutlaus 324
 Bohnenblattlaus, Schwarze 243, *243, 324*
 Fressfeinde *97*, 98, 99, 115
 Johannisbeerblasenlaus 329
 Kohlblattlaus, Mehlige 237, 330
 Mischkultur 95
 Obstbäume *298*, 299
 Pflaumenblattlaus 334
 Wolllaus 341
 Wurzelläuse 247

REGISTER 347

Lavendel *60, 277, 280, 282*, 283, *283*
lebender Mulch 74, *74*
Lehm 28
Lehmkies 137
Leimfallen, Schädlingsbekämpfung 102
Leimringe 101
Leitungswasser 66
Lenzrosen *183*
Leyland-Zypresse 143
Libellen *107*
Liebstöckel 275
Liguster 114, 142, *145*
Lilienhähnchen 332
Limnanthes douglasii 74
Loganbeeren 312
Lorbeer *280*
Löwenzahn 78, *79, 81*
Luffa 241
Lüften des Rasens 147
Lupinen 193
Luzerne *50*

M
magere Zeit 224, 228–229
Magnesium 30, 54, 55
Magnolien *165*
mähen, Rasen 148–149
Mammutblatt 176
Mangan *87*
Mangelerscheinungen 30, 54, 84, *84*, 87, *87*
Mangetout-Erbsen 242
Mangold *221*, 222, 244–245, *245*
Marienkäfer *19*, 96, *97, 98*, 112, 113
Markkürbisse *241*
Mauerbienen 113, *113*
Mauern und Wände 138, *138*, 139, 140–141
Maulwürfe 332
Mäuse 326
mechanische Schäden 86
Meerkohl *221*, 234, 262
Meerrettich 279, *279*
Mehlkrankheit der Zwiebel 239, 332
Mehltau
  Apfelmehltau 321
  Echter 88, 95, 240, 243, 332–333
  Falscher 88, 239, *239*, 247, 333
mehrjährige Gemüse 232, 262, 267
mehrjährige Unkräuter 70, *80–81*

Melde 244, 245
Melonen 240, 241
Metallzäune 140
Mexikanische Orangenblüte *165*
Mikroklima 289
Mikroorganismen im Boden 18–20, 29
Milben 90, *99*, 327, 334
Mineralstoffmangel 30, 54, 84, *84*, 87, *87*, 333
Miniermotten 333
Minze 275, 279, *281*
Mischkultur 94, *94*
Mist, Nutzvieh 21, 35, *35*, 52–53
Module, Anzucht 198, 199
Mohn *177*, 179, *196*, 285
Möhrenfliege 95, 100, *252*, 253, 333
Mohrrüben 252–253, *252, 253*
  Fruchtfolge 231
  in Kübeln 222
  Mischkultur *94*, 95
Molche 98
Montbretie *182*
Moorböden 29
Moos im Rasen 151, *151*
Moosimitat 188, *189*
Mörtel 134, *135*
Mulch 22, 33, 58–59
  Bodenverbesserer 35
  für Tiere 111
  Gemüse 265
  krautige Pflanzen 191
  Laubkompost 45
  naturnaher Gartenstil 181
  Obst 292–293, *292*
  spatenlose Methode 217, *217*
  Stallmist 53
  Unkrautbekämpfung 72–75, *73–75*
  siehe auch einzelne Pflanzen
Mulchfolie 75
Mulchmembranen 74–75, *75*

N
nachwachsendes Gemüse 269, *269*
Nacktschnecken 337
Nährstoffe 30, 54–55, 230
Nahrungskette 20
Narzissen *177, 193*
Nassfäule 333
naturnahe Gartengestaltung *179*, 180–181, *180*

Neem 103
Nektarinen 306–307
Nelken *61*
Nelkenwickler 325
Nematoden 90, *98*
Netze, Schädlingsbekämpfung 100, *236*, 237
Nigella 197
Nistkästen 96, 112, *112*
Nitrate 16
Notizen, Ernteerträge 211, 233
Nützlinge (Insekten) 95, 96, 275

O
Obst 286–319
  aufplatzen 322
  Bestäubung 289, 290
  bewässern 292
  Boden 31
  Dünger 292
  Frostschäden 289
  Fruchtansatz, schwacher oder fehlender 336
  Käfige 100
  Krankheiten und Schädlinge *90*, 101, 293
  Mulch 292–293, *292*
  Windschäden 289
  siehe auch einzelne Arten
Obstbaumkrebs *89*, 334
Obstbaum-Spinnmilbe 334
Ohrenkneifer 90, *91*, 112, 334
Ökosystem 84
Oregano *117*
organische Dünger 54–55
organische Substanz 29, 30

P, Q
Pak Choi 234, *235*
Päonien 192
Päonienwelke 334
Papier
  als Mulchmaterial 75
  kompostieren 37, *37*
Pappe
  als Mulch 74–75, *75*
  kompostieren 37, *37*
Paprika 222, 248, 250
  im Gewächshaus 226–227, *227*
Parasiten 96, 97

Parthenocissus henryana 167
Pastinake, Wurzelfäule der 253, 341
Pastinaken 252–253, *253, 259*
Pavie *157*
pelletierter Geflügelmist 53, 54–55
Perovskia 'Blue Spire' *116*
Perückenstrauch *164*
Pestizide 14, 16, 23, 96, 103
Petersilie 252, *253, 277, 281,* 282
Pfeifenstrauch *164*
Pferdemist 52
Pfirsich, Kräuselkrankheit *89,* 331
Pfirsiche 306–307, *306, 307*
pflanzen
   durch Folien und Membranen 75, 217
   Einjährige 179
   Gemüse 260–263, *260–263*
   Hecken *142*
   Kletterpflanzen *171*
   Rosen 168
   Stauden 190, *190*
   Zwiebeln und Knollen 190–191
   siehe auch einzelne Pflanzen
Pflanzenbasis, Dünger auf 54
Pflanzengesundheit 82–103
Pflasterung 134–136, *135, 279, 279*
Pflaumen *288,* 290, 302–303, *303*
Pflaumenblattlaus 334
Phacelia 51, 74, *95,* 197
Pheromonfallen 102, *102,* 299
Phlox 192, 193
Phosphor 30, *87*
pH-Wert, Boden 30–31, *31,* 55
Pillensaat 254
Pilzkrankheiten 88, *89,* 265–266
Pilzsubstrat *34, 35*
Planung 126–151
   Baumaterialien 130–131
   Gemüse 228–229, 232–233
   harte Bodenbeläge 134–137
   Hecken 142–145
   Holz 132–133
   Mauern, Zäune, Sichtschutz 138–141
   Rasen 146–151
Plastik 130
Porree *209,* 238, 239, *259, 260, 262*
Porreemotte 334
Porreerost 239, 335
Potager *213,* 215, 218, *219*
Potentilla fruticosa 145, 165

Primeln *185*
Prunkbohnen *220,* 242, *242*
Prunus laurocerasus 'Otto Luyken' *109*
Purpurglöckchen *185*
Pyrethrum 103

Quecke 78, *79,* 80, *81*

R

Radieschen 234, *235, 259*
Rankhilfen *139, 140,* 160
Rapsglanzkäfer *90,* 335
Rapsöl 103
Rasen 146–151
   Dünger 147
   für Tiere 110, 146
   mähen 148–149
   Moos im 151, *151*
   Rasenschnitt 37, *73,* 149
   Strukturverbesserung 147–148
   Trockenheitsverträglichkeit 59
   Unkraut im *59,* 150–151
   Wiesen 124–125
   Zwiebeln im Rasen pflanzen 191
Rasenmäher 149
Rasensprenger 64
Raster-Pflanzung 107
Raupen *83, 90, 102, 115,* 335
   bei Kohlgewächse 237, *237*
   Fressfeinde 115
rechtliche Aspekte von Pestiziden 103
Recycling 21, 34
Regentonnen *22,* 66–67, *66*
Regenwasser 66–67
Regenwürmer 29, *29,* 31, 46
Reineclauden 289, 302–303
Resistenz gegen Krankheiten und
   Schädlinge 93
Rhabarber 232, *233,* 262, 267
   Zierform 176
Rhizome, Unkräuter 70, *71*
Rhizomfäule der Erdbeere 335
Rhododendren 30, 162, *165*
Rhododendren, Blütenbräune 324
Riesen-Federgras *182*
Rillensaat 256
Rinde
   Bodenverbesserer 35, *35*
   farbige 158, 160
   Mulch *22,* 72, *73*

Ringelblumen 176, 185, 197
Rittersporn 91, 191, 192, 193, 202
Rodgersie 176
Roggen, Gründünger 50, *50,* 74
Rollstühle 214, *215*
Rose, Sternrußtau 338
Rosen 168
   als Bodendecker 163
   Hagebutten 168
   Hunds-Rose *109, 116*
   in Hecken *144*
   kletternde 166, 167
   Krankheitsresistenz *93,* 169
   pflanzen 168
   Schädlinge 91
   schneiden 167, 173, *173*
   Wildtriebe *173*
Rosenkohl 93, *229,* 234, 267, *267,* 268
Rosenrost 335
Rosmarin *277,* 279, *281,* 283
Rost
   Porree 239, 335
   Rosen 335
Rote Bete 222, 244, *244*
Rote Johannisbeeren 316–317, *316*
roter Mangold *221,* 245
Rotpustelkrankheit 335
Rüben 234
Rüben-Minierfliege 245, *245,* 335–336
Rubus 164
Rückschnitt von Stauden *192,* 192–193
Rüsselkäfer 336
   Dickmaulrüssler 90, 91, 98, 195, 325
   Erbsenkäfer 243, 325
Rußtau 88, 336, 338
Rutensterben der Himbeere 336

S

säen
   Gemüse 229, 254–259, *255, 257*
   krautige Pflanzen 196–201, *197*
   Wiesenblumen *124*
Sägewespen *90, 102,* 336
   Apfel- 299, 321
   Salomonssiegel- 336
   Stachelbeer- *84,* 336
Salate 95, 246–247, *246–247,* 258–259
Salat-Grauschimmel 327
Salatwurzellaus 336
Salbei *280,* 282, 283

REGISTER 349

Salomonssiegel-Sägewespe 336
Samen
  Gemüse 208, 229, 254–259, *255, 257*
  Keimfähigkeit 201
  Keimung 197
  Saatband 254
  sammeln 200–201
  Unkraut *71*
  von krautigen Pflanzen 196–201
Sämlinge
  Abstände 199
  ausdünnen 256
  Gemüse 260–263, *260–263*
  Gewächshaus 198
  pikieren *199*
sandige Böden 27, 28, *28*
Santolina 60
Sauberkeit 92–93, 250
Sauerklee *80*
Sauerstoff produzierende Pflanzen 122, 123
saugende Schadinsekten *90*
saure Böden 30–31, 291
Schachbrettblume 191, *191*
Schachtelhalm 79, *80*
Schädlinge 85, 90–91, 320–341
  an Kübelpflanzen 195
  bei Gehölzen 171–172
  bei Gemüse 265–266
  bei Obst 293
  biologische Bekämpfung 20, 97, 100, 103
  Fressfeinde 96–99
  im Gewächshaus 227
  Nützlinge gegen 97
  siehe auch einzelne Schädlinge
Schafgarbe *116*
Schalotten 238–239, 262, *264*, 271
Scharbockskraut *81*
Schatten
  im Gemüsegarten 210
  Kräuter für 276–277
  Obst im 289–290
Schaumzikaden 91
schießen (in Saat) 265, 266
Schildläuse 336, 340
Schlangen 111
Schläuche 64
Schluffböden 29
Schmetterlinge 115, 117, 275

Erbsenwickler 243, 326
Eulenfalter 326
Frostspanner 101, *298,* 327
Lauchmotte 334
Nelkenwickler 333
Pheromonfallen 102, *102,* 299
Schmetterlingsflieder *117*
Schnakenlarven 29, 31, 337
Schnecken 29, 90, 91, 337
  Barrieren 101
  Fallen 102, *102,* 103
  Fressfeinde 20
  gießen und 63
  Kübelpflanzen 195
Schneeball 109, *162*
Schneeglöckchen 177, 190, 191
schneiden
  Gehölze 171–172, *172*
  Hecken 143
  Kletterpflanzen 167
  Sträucher *164–165*
  siehe auch einzelne Pflanzen
Schnittabfall
  als Mulch 72
  kompostieren 39
Schnittblumen 14, *182*
Schnitt-Knoblauch *183,* 238
Schnittlauch 238, *281,* 282, *282*
Schokoladenfleckenkrankheit der Bohne 243, 338
Schorf
  Apfel- 88, 321
  Birnen- 322
  Kartoffel- 31, 88 *89,* 329
schreddern 39
Schuppen 110
Schutzglocken *21*
Schwarzbeinigkeit der Kartoffel 338
Schwarze Johannisbeeren 289, 314–315, *314, 315*
Schwarzwurzel 246–247
Schwebfliegen 96, *98,* 275
Schwefel 88, 103
Sedum 61, *117*
Seife, insektizide 103
Sicherheit, Stützstäbe 192
Silberblatt *117,* 193
Siliziumkristalle 201
Skabiose *117*
Sommerflieder (Buddleja) *117, 164,* 172

Sommerkürbisse 241
Sonnenblumen *182,* 185
Sonnenenergie *128*
Sonnenhut 176, 185
Sonnenschäden 86
Spaliere 296, *296*
Spargel 232, 262, *263,* 267
Spargelerbse 243
Spargelhähnchen 338
spatenloser Gartenbau 51, 214, 216–217
Sphagnum 186, 188
Spinat 244
Spindelstrauch 114, *157,* 162
Spinnen *99, 107*
Spinnmilbe *90, 99,* 251, 327, 334
Splitt 136, *137*
Spurenelemente 30, 195
Stachelbeeren 292, 318, *318*
Stachelbeer-Sägewespe *84,* 336
Stachys 61
Stallmist 21, 35, *35,* 52–53
Stangenbohnen 242, 267
Stangensellerie 252, 253
Stauden
  ausputzen 192–193
  frostempfindliche 176
  krautige 176, *177*
  naturnahe Pflanzung 180–181, *180*
  pflanzen 190, *190*
  Raster-Pflanzung 107
  säen 196
  Stecklinge 202–203, *203*
  teilen 193, *193*
  trockenheitsverträgliche *61*
Staunässe 338
Stechpalme 142, *145, 157*
Stecklinge 202–203, *203,* 283, *283*
Steckrüben 234
Steine *134,* 135, 139
Stewartia 156
Sternrußtau 338
Stickstoff 30, 34, 50–51, 149, 150
Stipa gigantea 181, *182*
Stippigkeit 87
Storchschnabel 176, 184
Stockrosen *177*
Sträucher 162–163, *162, 163, 164–165*
  als Bodendecker 74, 163
  bewässern 65

für Tiere *109*, 110, 114
kappen *153*, 158–159
pflanzen *170*
schneiden 172–173, *173*
trockenheitsverträgliche *60*
Streu 52
Streu-Pflege, Rasen 147–148
Stroh 52, 53, 72, *73*
Stützen
  Bäume *171*
  Gemüse *266–267*, 267
  Kletterpflanzen 160, *160*
  Stauden *190*, 191–192
  Tomaten 227
Stützen und Sicherheit 192
Sturmschäden 338–339
Substrat
  für Ampeln 188–189
  für Aussaat 199
  für Kübel und Töpfe 186–187, *187*
  für Stecklinge 202
Sumpfbeet 277
Sumpfblume 74, 197

T

Tachiniden *98*
Tagetes 94, *94*, 197
Tamariske *60*
Tausendfüßer 29
Taybeeren 312
Teerfleckenkrankheit 339
Teiche 96, 118–123, *118, 120–123*, 277
teilen, Stauden 193, *193*
Terrassen, Unkraut 77
Tetanus 53
Thripse 90, 326, 339
Thymian *74*, 275, *281*
Tiere 15, 21, 104–125
  füttern 114
  im Rasen 110, 146
  im Wasser 118–123
  in Wildblumenwiesen 124–125,
    124–125
  Kräuter für 275
  krautige Pflanzen für 179
  Nahrung für 114–117
  Schädlingsbekämpfung 20
  Unterschlupf 112–113, *112–113*
Tomate, Krautfäule der 331
Tomaten *209*, 248

bremsen, Wachstum 251
im Gewächshaus 226–227, *226*
im Kübel 189, *222*
Probleme 86, *86, 87*, 249–250
Stützen *251*, 267
Töpfe ohne Boden *262*
Tonböden 28
tonige Böden 26–27, 28, *28*, 155
Tontöpfe, eingegrabene (Bewässerung)
  64, 64–65
Topinambur 246–247, *247*, 262
Torf 186–187
Tränendes Herz 184
Transportwege für Nahrungsmittel 206,
  207
Trauermücken 339
Trichterschwertel *182*
Triebstecklinge 202, 283, *283*
Trittsteine *136*, 137
trockenheitsverträgliche Pflanzen 58,
  58, 60–61, 62, 277, *277*
Trockenmauern 140–141
trocknen
  Gemüse 271
  Kräuter 284–285
Tropfschlauch 64, *64, 65, 292, 292*
Tulpen 177, *177*
Tupelobaum *156*

U

Umfallkrankheit 339
umgraben 33
  Gründünger 51
  Hochbeete 214
  im Winter 93
  urbar machen von Flächen 78
Umweltschutz 21
Umweltverschmutzung 16–17
Unkraut und Unkrautbekämpfung *20*,
  21, 68–81
  einjährige Unkräuter 70
  Fruchtfolge 230
  Gemüsegarten 265
  gepflasterte Flächen 134
  kompostieren 37–39
  mehrjährige 70, *80–81*
  Mulch zur Bekämpfung 72–75, *73–75*
  Obstgarten 293
  Rasen *59*, 150–151
  spatenlose Methode 217

umgraben und 33
urbar machen des Bodens 78–79
Untersaat 258–259
urbar machen 78–79

V

Verbascum 61
Verbene *116*
Verbrennungen der Blätter 63, 86, 339
Veredelungsunterlage, Obstbäume 290,
  294
vergilben, Blätter *84*
Vergissmeinnicht 179, 185
Vermehrung
  Kräuter 282–283
  krautige Pflanzen 196–203
  siehe auch Stecklinge, Teilung, Samen,
    Aussaat
vertikutieren, Rasen 147
Viburnum 162–163
Vinca major 71
Viruskrankheiten 89, 92, 266, 339–340
Vlies *21*, 100, 266
Vögel 15, 108
  als Schädlinge 90, 100
  als Schädlingsbekämpfer *96*
  füttern 114, 115
  Kräuter für 275
  Netze als Ernteschutz *236*
  Nistkästen 96, 112, *112*
  Vogelscheuchen *21, 85, 101*
  Wasser für 118
Vogel-Sternmiere 70, *79*
vorbehandelte Samen 254
vorgekeimte Samen 254

W

Wachstumsprobleme 86–87
Waldpflanzen 176, 177
Wände und Mauern 138, *138, 139*, 140–141
Wasser und Bewässerung 56–67
  Ampeln 189
  Gemüse *264*, 265
  Gewächshaus 226–227
  gießen 62–65
  Knappheit 86
  krautige Pflanzen 191
  Kübelpflanzen 194, *194*
  Obst 291, 292
  Staunässe 86, 340

REGISTER 351

Tiere 118–123
Typen von Wasser 66–67
Umweltverschmutzung 16–17
Wasserverbrauch reduzieren 58–59
Wassermelone *241*
Wasserpflanzen 122, *122*
Weberknecht 98
Wege 33, 77, 215
Weichholz-Stecklinge 283, *283*
Weide *164*
   für Zäune 141, *141,* 143, 160–161, *161*
   kappen 159, *159*
Weißdorn *144*
Weiße Fliege 90, 97, 251, 340
   Gewächshaus 97, 251, 340
   Kohl-Mottenschildlaus 330–331, 340
   Mischkultur 94
   Nützlinge gegen 97
   Virusübertragung 89
Weiße Johannisbeeren 316–317, *317*
Weißfäule 39
Welke 324, 334, 340
welken 86
Wespen 90, *99, 292,* 340
   Raubwespen 96, 97, *98*
Wetter 289
Wicken *184, 198*
Wickler 326, 333
Wiesen *105,* 124–125, *124–125*
Wiesenschaumzikaden 341
Wildblumen 124–125, *124–125*
Wildtriebe *173*
Winde *79*
Windschäden 86, 289, 341
Windschutz 211
Winter, krautige Pflanzen für *183*
Winterling 190
Wisteria 167
Wolfsmilch *61*
Wolllaus 341
Wollziest *61, 183*
Würmer 29, *29,* 31, 46
Wurmkompost 35, 46–49, *46–49*
Wurzelfäule der Pastinake 253, 341
Wurzelfäule, Rote 341
Wurzelläuse 247, 336
Wurzeln
   von Bäumen 155
   von Unkraut 70, *71, 79*
   Wurzelfresser, Schädlinge *90*

Wurzelpetersilie 252
Wüstengarten *58*

Z

Zaubernuss *165*
Zäune 138, 139–140, *139–141,* 160–161
Zaunwinde *80*
Zeitung als Mulchmembran 74
Zeltgestänge 160, 267
Ziegelsteine 136
Zierkirsche (Higan-Kirsche) *157*
Zikaden 89, 91, 324
Zistrose *60*
Zitronenverbene *185*
Zucchini *211,* 222, 240, 241, *261, 268*
Zucchini-Gelbmosaikvirus 341
Zuckerschoten 242
zweijährige Blumen 176, *177,* 178,
   184–185, 192
zweijährige Unkräuter 70
Zwetschgen 289, 302–303
Zwiebel, Falscher Mehltau 332
Zwiebel, Mehlkrankheit 239, 332
Zwiebelblasenfuß 341
Zwiebelfliege 239, 341
Zwiebel-Halsfäule 328
Zwiebeln 238–239, *238, 239*
   Abstände 239, 258, *258*
   Fruchtfolge 231
   lagern 271
   Mischkultur *94,* 95
   pflanzen 262
Zwiebeln und Knollen 177–178, *177*
Zwiebelpflanzen
   ausputzen *193*
   im Rasen 191
   in Kübeln 185
   pflanzen 190–191
   teilen 193, 203
   Unkraut *71*
Zwiebelthrips (Zwiebelblasenfuß) 341
Zwischenfrucht 259
Zwischensaaten 259

Dank

Der Verlag dankt

Lawrence D. Hills, der vor 50 Jahren die britische Organisation Garden Organic (damals unter der Bezeichnung HDRA) gründete. Er war einer der Vorreiter des biologischen Gartenbaus und wäre begeistert, wenn er erleben könnte, wie weit seine Faszination, sein Wissen und sein vorausschauendes Denken uns in den letzten 50 Jahren gebracht haben.

Dank auch an die Mitarbeiter der ursprünglichen *HDRA Encyclopedia of Organic Gardening:* Pauline Pears, Alan Gear, Jackie Gear, Dr. Isabelle Van Groeningen, Colin Shaw, Owen Smith, Dr. Martin Warnes, Kathleen Askew, Adam Pasco, Sally Cunningham, Bernard Salt, Bob Sherman, Anna Corbett, John Walker, Patsy Dyer, Janet Walker, Rebecca Potts, Maggi Brown und Andrew Miller.

Register

Hilary Bird

Bildnachweis

Der Verlag bedankt sich für die freundliche Genehmigung zur Verwendung von Bildmaterial:

(o = oben, u = unten, M = Mitte, l = links, r = rechts)

Airedale Publishing: 102ur, 225ol; Sarah Cuttle 62ul, 67ur, 215ul, 257ul, 257ur, 257ol, 257or, 261ul, 261ur, 261ol, 261or, 262or, 264ul; Alamy Images: Brian Hoffman 40or; RF Company 122l; Peter Anderson: 58; Leigh Clapp: 176; Charlotte De La Bedoyere: 14ul, 16ul, 37or, 40ur, 42u, 42M, 42o, 42or, 64ur, 65ul, 67ul, 207ul, 235ur, 237ur, 241M, 245ur, 252ur, 258ul, 258ur, 259ul; DK Images: Sarah Cuttle 223; Jacqui Hurst 137ur; Amanda Jensen 205; Dave King 254or; David Murphy 264or; FLPA: Nigel Cattlin 29Mr, 71M, 84ul, 84Ml, 84Mr, 86, 87ul, 87ur, 87M, 87Ml, 87Mr, 90Ml, 98uM, 98ur, 98Mo, 98Mu, 98oM, 99uM, 99ul, 99Mo, 99Mlo, 99Mlu, 99ol, 107uM, 107ur, 227r, 237l; Rosie Mayer 98Mra; Phil McLean 119t; Gordon Roberts 53b; Peter Wilson 98Mru, 119b; GAP Photos: Jonathan Buckley 208ur, 253ul; Leigh Clapp 154r; FhF Greenmedia 253or; Geoff Kidd 76ul; Zara Napier 263ol; Friedrich Strauss 255; Garden Picture Library: Philippe Bonduel 89Mr; Chris Burrows 208ul; Sunniva Harte 107ul; Garden World Images: 133t; The Garden Collection: Liz Eddison 211or; Marie O'Hara 49or; Stephen Josland: 106, 181b; Andrew Lawson: 19ol, 184l; Joy Michaud/Sea Spring Photos: 99Mu, 99oM, 227l; OSF: D. G. Fox 115l; David Fox 98or; Terry Heathcote 113ur; Gordon Maclean 92r; John McCammon 210b; Photos Horticultural: 80Mo, 80oM, 80or, 119M, 227M; Arends Nursery, Germany 187ol; S & O Mathews Photography: 43l; Jo Whitworth: 267ur

Alle anderen Abbildungen
© Dorling Kindersley

Weitere Informationen unter
www.dkimages.com